作者简介

　　陈来，经济学博士，安徽大学商学院教授，教育部物流管理与工程类教学指导委员会委员，安徽省优秀中青年骨干教师，合肥市专业技术拔尖人才。现任安徽大学现代管理所所长，安徽省经济学会常务理事兼副秘书长，安徽省经管学科联盟常务理事、副理事长，安徽省战略研究会常务理事，安徽省循环经济研究会常务理事，安徽省资本论研究会常务理事等。主持各级各类项目20余项，出版专著《信息产业发展的比较研究》《创新与发展：高技术产业竞争力研究》2部。

区域战略:
生态文明与经济发展

陈来◎等 著

QUYU ZHANLUE:
SHENGTAI
WENMING
YU
JINGJI
FAZHAN

图书在版编目(CIP)数据

区域战略:生态文明与经济发展 / 陈来等著.—合肥:安徽大学出版社,2014.6

ISBN 978-7-5664-0758-0

Ⅰ.①区… Ⅱ.①陈… Ⅲ.①生态文明－关系－区域经济发展－研究－中国 Ⅳ.①X321.2②F127

中国版本图书馆 CIP 数据核字(2014)第 102958 号

区域战略:生态文明与经济发展

陈来 等著

出版发行	北京师范大学出版集团 安徽大学出版社 (安徽省合肥市肥西路 3 号 邮编 230039) www.bnupg.com.cn www.ahupress.com.cn
印　刷	合肥远东印务有限责任公司
经　销	全国新华书店
开　本	170mm×240mm
印　张	20.75
字　数	410 千字
版　次	2014 年 6 月第 1 版
印　次	2014 年 6 月第 1 次印刷
定　价	47.00 元

ISBN 978-7-5664-0758-0

策划编辑:朱丽琴　　　　　　　装帧设计:李　军　金伶智
责任编辑:李　君　　　　　　　美术编辑:李　军
责任校对:程中业　　　　　　　责任印制:陈　如

版权所有　侵权必究

反盗版、侵权举报电话:0551-65106311
外埠邮购电话:0551-65107716
本书如有印装质量问题,请与印制管理部联系调换。
印制管理部电话:0551-65106311

前言
发展生态经济是保持人与自然协调发展的根本保证

长期以来,人类生存与发展主要是从自然环境中获取资源,加工生产成产品供消费,然后将废弃物丢弃到自然环境中。随着人口数量和人类物质消费需求的无节制增长,以及偏重于索取自然资源的科学技术的高速发展,人类活动在程度、规模、数量上均发生了巨大变化,致使自然资源供不应求而趋向枯竭,自然环境消纳污染物的能力难以支撑环境质量的急剧恶化,最终将导致自然资源与环境的生产系统遭到破坏而严重失衡,使人类的生存与发展陷入困境而难以为继。

生态经济是对传统经济发展方式进行的一次重大变革,既是一场生产技术领域的革命,也是一场社会生活领域和环境伦理道德的革命,它要求人类用生态经济的思维方式来重新选择自己的行为,用符合生态经济的发展模式来推动社会进步。

一、生态经济理念的发展

中国古代生态意识的萌芽最早可以追溯到夏代,《逸周书·大聚篇》中记载了公元前21世纪大禹关于环境资源保护的思想:"春三月,山林不登斧,以成草木之长;夏三月,川泽不入网,以成鱼鳖之长。"在西方,"生态"一词原有住所和栖息地的含义,古希腊哲学家泰勒斯认为,"水生万物万物有灵";德谟克利特认为,"没有任何东西从无中来,也没有任何东西毁灭后归于无"。

20世纪60年代后期,美国经济学家尼斯·鲍尔丁第一次正式提出"生态经济学"的概念,著名生态经济学家 Robert Costanza 对"生态经济学"定义最具权威性,认为生态经济学是从最广泛的意义上阐述生态系统和经济系统之间关系的学科。

生态经济学要求经济增长要以生物资源的持续力为依据,经济效益和生态效益的统一是衡量经济发展的总原则。20世纪60年代末至70年代末,人们关注的是不可再生资源的枯竭问题与生态环境恶化问题,任务是解决人类发展的困境;20世纪80年代至90年代,人们不仅关注不可再生资源,也高度关注可再生资源与环境容量、资源承载力等问题,目标是促进生态系统和经济系统实现协调发展;20世纪90年代至今,人们关注的焦点扩展到生态经济价值理论,探索可持续发展问题。

二、生态经济的基本特征

生态经济强调生产、消费和废弃的全过程就如生态系统一样是密闭循环的,最终达到资源的零输入和废弃物的零排放与能量守恒,既保证经济活动正常进行,又确保环境清洁和生态平衡。生态经济是生态和经济的复合体,是在经济和环境协调发展思想的指导下,按照生态学原理和经济规律,运用系统工程的方法和现代科学技术,形成生态和经济的良性循环,实现经济、社会、生态协调发展的现代经济体系。作为人类社会的一种新兴发展理念和经济模式,生态经济具有三个基本特征:一是系统性,生态经济系统是由人、自然资源、环境和科学技术等要素构成的大系统,人类在进行生产、消费等经济活动时,不能置身于生态经济系统之外,更不能违背自然规律,而应当主动将自己视为生态经济系统的一部分;二是循环性,传统经济社会片面追求经济发展,超越了自然资源和环境的承载能力,生态系统的平衡问题难以解决,最终会阻碍经济的发展,生态经济理念要求人们必须尊重生态系统的客观规律,将经济活动限制在资源和环境的可承载能力范围之内;三是协调性,自然与社会都是一个复杂的整体系统,只有保证整体系统之间的协调有效运行,才能发挥整体效应。

三、生态经济与传统经济的根本区别

在工业文明观的主导下,人类过于注重自身的发展,片面追求人口生产和物质生产,忽视了人与自然的和谐共存,忽视了资源与环境价值的存在,忽视了资源的高效利用和环境保护,形成了单纯追求经济增长的传统模式。经济系统的运行机制是"增长型"的,而生态系统的运行机制是"稳定型"的。在生态经济系统中，不断增长的经济系统对自然资源需求的无止境性，与相对稳定的生态系统对资源供给的局限性之间就必然地构成一个贯穿始终的矛盾。围绕这一矛盾来推动现代文明的进程，就必须不断创新，构建更加理性的现代经济发展模式。这种模式，既不是以牺牲生态环境为代价的经济增长模式，也不是以牺牲经济增长为代价的生态平衡模式，而是强调生态系统与经济系统相互适应、相互促进、相互协调的生态经济发展模式。

四、发展生态经济的几个误区

王如松院士认为，现代生态学早已超出生物学甚至自然科学的范畴，是包括人类在内的生物与环境之间关系的一门系统科学，是人类塑造环境、模拟自然的一门工程学和美学，是人类与环境关系的一种观念、方法、艺术，为人类认识自然、改造环境提供世界观和方法论。但是，在生态环境保护、生态经济发展的进程中，需要消除认识与行为的误区。

误区一是发展生态经济就是严禁发展高物耗、高能耗、重污染型产业。产业发展有其自身的规律，在不同的国家或地区，在经济发展的不同阶段，一般来讲，有一定的产业结构与之相对应，不是从末端"一刀切"、简单地淘汰或挤走这些产业，相反，需要为相关产业创造发展机遇。

误区二是发展生态经济就是拉长产业链，链条越长生态效益越好。实际上，产业生态链条不是越长越好，产业生态网络也不是越复杂越好，一定程度的多样性、复杂性可能导致稳定性。发展生态经济需要在生态效率、生态效用、生态服务、生态文化等方面不断创新。

误区三是衡量生态城市产业结构合理程度的指标是第三产业的比重。实际上，以任何一类产业为核心，都可以合纵联横结链成网，发展生态经济的关键在于通过产业网络结构的构建以及产业服务体系的完善来推进各层次产业间的融合，从而使现有资源得到合理高效的利用。

误区四是发展生态经济就是建设生态城市和生态产业园区。我国当前很多地区都有生态区建设规划，如生态省、生态市、生态产业园等规划，其彰显了领导的政绩和理念的先进性，但大多数是不可行性的，或者成效不明显，甚至有相当一部分是将污染转移到郊区、农村等地，造成转移地面源污染或污染隐患。

五、发展生态经济的基本措施

当前，世界各国均采取积极措施应对全球气候变化、不可再生能源枯竭等问题，把开发新能源和支持节能环保等新兴产业发展作为其调整经济结构、促进经济增长的国家发展战略。发展低碳经济，简单地说，就是在不影响经济发展的前提下,通过技术创新和制度创新,降低能源和资源的消耗,尽可能最大限度地减少温室气体和污染物排放,从而实现经济和社会的可持续发展。

第一,实现生产系统自持。模拟自然生态系统的全封闭循环,重构产品生产、使用和废弃的全过程,最终达到资源的零输入和废弃物的零排放,实现可持续发展。

第二,提倡绿色消费观。反对浪费,促进消费需求与自然界供给能力之间的协调与均衡,努力形成节约、健康的生活方式,主动适应自然的刚性约束,使社会文明建设与生态文明建设保持高度一致。

第三,优化产业结构,发展生态产业。生态产业是按循环经济规律组织起来的基于生态系统承载能力的网络型、进化型、复合型产业,具有完整的生命周期、高效的代谢过程以及和谐的生态功能。生态产业运作的基本单元是产业生态系统,以对社会的服务功能为目标,将生产、流通、消费、回收、环境保护及能力建设结合起来,将不同行业的生产工艺耦合起来,将生产基地与周边环境包括物质的第一性生产、社区发展和区域环境保护纳入生态产业园统一管理,通过生产方式、生活模式和价值观念的改革去合理、系统、持续地开发、利用和保育生态资产,为社会提供高效和谐的生态服务,建立整体、和谐、公平、持续的自然和人文生态秩序,尽可能地促使生态资产不断增值。

第四,发展低碳经济,强化节能减排。近年来,减缓和适应全球气候变化已成为涉及世界政治、经济、外交、能源、环境等领域的热点,也是2007年以来各国特别是欧洲主要大国领导人特别关注的议题。气候变化在经济学上提出的挑战是迄今为止规模最大、范围最广的市场失灵现象。因此,经济分析必须涵盖全球,着眼长期,把风险和不确定的经济因素摆在中心。在气候变化问题上应尽早采取有力的行动减少排放,并将其看成是一种投资,是一种为了避免在现在和未来产生严重后果所需要的成本。

综上,发展生态经济,以生态环境建设和社会经济发展为核心,将区域内生态建设、环境保护、自然资源的合理利用、生态的恢复与区域社会经济发展有机结合,培育天蓝、水清、地绿、景美的生态景观,积极构建整体、和谐、开放、文明的生态文化,孵化高效、低耗的生态产业,建立人与自然和谐共处的生态社区,实现经济效益、社会效益与生态效益,物质文明与精神文明,自然生态与人类生态的高度统一。

目 录

前言　发展生态经济是保持人与自然协调发展的根本保证 ……… 1
绿色经济思想与理论 ……………………………………………… 1
淮河流域产业布局与生态文明 …………………………………… 5
巢湖流域产业结构演化及其生态效应 …………………………… 12
产业生态化与巢湖污染防治 ……………………………………… 34
社会经济发展与巢湖流域生态演化 ……………………………… 38
巢湖流域水质与社会经济因子 …………………………………… 72
巢湖流域生态承载力与可持续发展 ……………………………… 79
巢湖流域污染与治理 ……………………………………………… 106
生态产业园区与产业集群化发展 ………………………………… 112
产业生态化与生态城市建设 ……………………………………… 142
合肥旅游业循环经济发展的生态足迹 …………………………… 151
合肥经济圈工业布局的生态适宜性 ……………………………… 190
工业节能减排与区域生态环境 …………………………………… 229
基于变异系数法的区域节能减排评价 …………………………… 255
节能减排的科技政策及技术创新 ………………………………… 264
发展低碳经济的区域实践 ………………………………………… 285
低碳经济与新型工业化道路 ……………………………………… 293
参考文献 …………………………………………………………… 300
后记 ………………………………………………………………… 321

绿色经济思想与理论

绿色经济是实现经济发展与资源环境保护协调发展的一种可持续发展经济,是指以市场为导向、以传统产业经济为基础,以经济、环境和谐为目的而发展起来的一种新的经济形式。绿色经济萌芽于20世纪60年代的一场绿色植物种植改进革命,这场革命随后演变成一场全球"绿色运动"。绿色经济的本质特征是以生态经济为基础,以知识经济为主导,以维护生态环境、保护资源能源、有益人体健康为特征,强调可持续发展,是生态经济和可持续发展经济的实现形态和形象概括[1]。

从绿色经济思想的产生出发,将其发展阶段划分为以皮尔斯为主导的环境经济及中国生态经济两大阶段。其中,中国生态经济阶段又划分为可持续发展经济及可持续发展指导下的循环经济阶段。低碳经济的出现无疑是对绿色经济思想的延续及补充,绿色经济是可持续发展理论、循环经济、低碳经济三者的有机结合。

一、绿色经济思想的产生

人类社会发展至今,经济形态不断发生变化。最初是以种植业为主要形式的农业,科技水平及社会生产力极其低下,生产出来的产品只能自给自足,但是人类的活动与自然环境的修复处于相对平衡的状态;随后18世纪的工业革命,以第一台蒸汽机的诞生为标志,带来了从手工劳动向动力机器生产的重大转变,以制造业为生产的主要形式,它打破了人类长久以来认识改造自然能力的限制,带来了工业的迅速崛起,自此人类进入工业经济形态。如果将工业革命后的时期进行分类,19世纪末美国的第二次工业革命与20世纪末欧洲和日本的第三次工业革命当之无愧具有划时代的意义,前者以电力、内燃机等新技术的应用推动了重工业的发展,继而使西方进入垄断资本主义的全盛时期;后者则是以电子计算机、生物工程、航天技术、纳米等新材料为代表的高新技术,使劳动生产率得到极大提高。

但是,工业经济在满足日益增长的物质需求的同时,付出的代价却是昂贵的,动植物的加速灭绝、水土流失、森林面积锐减、淡水供应不足、化石燃料枯竭等均揭示了地球在漫长的年代里积累下来的资源能源在不断耗竭,臭氧层空洞、酸雨、温室效应、沙尘暴、赤潮等无不昭示着人类生存环境的恶化。与此同时,一些具有颇有先见的作品相继问世,蕾切尔·卡逊的《寂静的春天》,描绘了由于杀虫剂的大规模使用导致鸟类动物大量死亡及生态环境的恶化;《增长的极限》由罗马俱乐部执笔,揭示出人口增长、经济发展会导致粮食短缺、资源枯竭、环境污染,而这反过来又会限制人口与经济的增长。如何改变发展经济与保护资源环境的对立关系,成为新世纪经济学家们争相研究的焦点,绿色经济在此情况下应运而生。

二、绿色经济的发展阶段

依据不同时期绿色经济所包含的内容,人们将其分为两大阶段,即以皮尔斯为主导的西方环境经济阶段与以可持续发展为导向的东方循环经济阶段。

(一)以皮尔斯为主导的西方环境经济阶段

"绿色经济"一词最早来源于1989年英国经济学家皮尔斯所著的《绿色经济的蓝图》[2],该书是在1989-1995年间所著,共分四部,书中皮尔斯将环境问题、环境政策及可持续发展研究的进步提炼为"绿色经济"一词,但遗憾的是书中并未对"绿色经济"的概念、范畴和理论及发展蓝图进行更深层的阐述。因而,绿色经济仅停留于浅绿色环境经济阶段,以人类中心主义为其思想基础,保护资源环境的根本目的是为求得人类的生存与发展;将生态环境视为经济增长的外生变量,主张采用末端治理的方式解决工业经济造成的污染。

(二)以可持续发展为导向的东方循环经济阶段

"绿色经济"的概念传入中国之后,中国一大批学者对绿色经济思想、绿色经济理论、绿色经济实践等进行大胆探索,基本形成较为完整而独立的绿色经济思想体系与理论体系。刘思华在1994年出版的《当代中国的绿色道路——市场经济条件下生态经济协调发展论》[3]中,将生态经济协调发展论作为研究绿色经济发展道路的理论支撑点,在世界范围内首次将发展绿色经济纳入生态经济学的理论体系。

1. 可持续发展经济阶段

1980年,由世界自然保护同盟等组织发起,多国政府官员与专家参与并制定的《世界自然保护大纲》中首次提出"可持续发展"理念;1987年,挪威首相布伦特兰夫人出版的《我们共同的未来》中对"可持续发展"进行了定义,认为可持续发展是既满足当代人的需求,又不对后代人满足其需求构成危害的发展。1994年,国务院第十六次常务会议上通过的《中国21世纪议程》提出了我国可持续发展战略的基本思考。

李向前、曾鸷认为,绿色经济是实施可持续发展战略的重要途径和实现方式,并从发展绿色工业、生态农业、节水产业、生态旅游、绿色文化、绿色海洋、绿色营销等角度构建了绿色经济发展的主要框架,以达到物质、人力、生态资本的共同增值,使可持续发展经济的最佳模式——绿色经济得以实现[4];刘思华认为,绿色经济是可持续经济的实现形态和形象概括,其本质是可持续发展经济[5];赵弘志、关键在2003年出版的《绿色经济发展和管理》中,阐述了绿色经济与可持续发展的辩证关系,即绿色经济鼓励经济持续增长,要求经济社会发展要在资源环境承载力之内,强调社会公平,即实现可持续发展经济、可持续发展生态、可持续发展社会三者的和谐统一,最终达到人类的全面发展[6]。

可持续发展经济的表现形式贯穿于生产、流通与消费的全过程,包括绿色产品的设计、清洁生产、产品的绿色标志或生态标志认证,农业的集约化、规模化、产业化,绿色林业工程,绿色处置假冒伪劣产品,绿色交通,绿色营销,专业化绿色市场流通体系,政府绿色采购,绿色城市,人们吃、穿、住、用中推行绿色消费等。

2. 可持续发展指导下的循环经济发展

1960年,美国学者鲍尔丁提出的宇宙飞船模型成为现代循环经济思想的源头。在中国,现代意义上的循环经济,真正始于2005年的《国务院关于加快发展循环经济的若干意见》。循环经济的基本思想是物质的闭路循环使用及能量的梯级利用,通过将线性(资源→产品→废物)的机械型经济发展方式转向反馈(资源→产品→再生资源→再生产品)的生态型,使经济活动对自然环境的影响降低到尽可能小的程度,从而实现经济与环境的"双赢",而这正是绿色经济思想的根本要求。中国学者严行方在2008年出版的《绿色经济》中明确指出,"绿色经济的核心内涵是可持续发展和循环经济"。

循环经济的发展模式,是指在工业层面上,通过技术链条和产业链条的纵向延伸和横向扩展,实现副产品和废弃物的循环利用及能量的梯级利用,在企业自身内部及企业与企业之间建立起复杂的共生网络体系；在农业层面上，包括农林牧复合系统模式、农林间作或混林农业模式、种养加产品开发模式、农业多种群立体种植模式、生物能多层次循环再生模式、庭院立体经营模式、人工林复合经营模式；在社会层面上，表现为以废弃物回收中心等中介机构为枢纽构建起来的循环型社会网络体系。

总而言之，中国生态经济阶段下的绿色经济属于深绿色生态发展观，相对于皮尔斯的浅绿色环境经济阶段，它建立在人、自然、社会形成的有机复合系统整体的思想基础之上，视生态环境为经济发展的内生变量，主张源头预防、过程控制与废物的资源化相结合，减少对资源能源的消耗与环境的破坏，实现可持续发展，建立生态文明。

三、绿色经济思想的新发展

随着近年来国家高度重视推行节能减排，"低碳经济"一词跃入人们的眼帘，成为生态学界及经济学界时尚名词的新宠儿。低碳经济是通过技术创新、制度创新、产业转型、新能源开发等多种手段，尽可能地减少煤炭石油等高碳能源消耗及温室气体排放，最终目的是实现可持续发展。它包括低碳能源系统、低碳技术和低碳产业体系。低碳能源系统是指通过发展清洁能源，包括风能、太阳能、核能、地热能和生物质能等替代煤、石油等化石能源；低碳技术包括清洁煤技术（IGCC）和二氧化碳捕捉及储存技术（CCS）等；低碳产业体系包括火电减排、新能源汽车、节能建筑、工业节能与减排、节能材料等。我国提出以2005年为基准线，碳排放量到2020年减少40％－45％的目标。

绿色经济是以生态经济为基础，并隶属于生态经济范畴，是可持续发展理论、循环经济、低碳经济三者的有机结合，循环经济主要针对环境污染，低碳经济主要针对能源结构和温室气体减排，而可持续发展理论是循环经济与低碳经济的前提及依据，它贯穿于绿色经济的整体发展过程中，是绿色经济发展的最终目的。

淮河流域产业布局与生态文明

淮河流域地处我国东部,介于长江和黄河两大流域之间,跨河南、安徽、江苏、山东四省,流域面积27万km^2,干流全长1000km。其平均人口密度约为611人/km^2,是全国平均人口密度(122人/km^2)的4.8倍,居我国各大江河流域之首。流域主要作物有小麦、水稻、玉米、薯类、大豆、棉花和油菜,是我国重要的粮食供应基地。淮河流域工业以煤炭(包括煤炭采掘及煤化工)、电力及农副产品加工、轻纺等为主要支柱产业。在煤炭业方面,淮河流域拥有淮南、淮北、平顶山、徐州、兖州、枣庄等一批国家大型煤炭生产基地,年产煤量占全国的1/8左右。近十多年来,煤化工、建材、电力、机械制造等轻重工业也有了较大发展。淮河流域面积广,资源丰富,人口密集,在我国国民经济和社会发展中具有举足轻重的地位。

随着社会经济的快速发展,淮河流域资源与环境问题日渐突出。自20世纪80年代以来,淮河流域水质逐年恶化。至1995年底,全流域80%以上的河流和水域已受到污染,水污染事故频繁发生,给沿淮城乡居民的饮用水及身体健康造成极大危害,严重影响了流域工农业生产,破坏了水生生态系统。据测算,流域水土流失面积占其国土面积的21.9%。资源与环境问题已成为淮河流域经济发展的重要制约因素。

优化产业布局,转变经济发展方式,是实现淮河流域经济社会可持续发展的最佳途径,是落实科学发展观,建设生态文明的必然选择和重要保证。新形势下,分析流域产业布局和生态文明发展的关系,探讨优化产业布局和建设生态文明的路径,将为淮河流域可持续发展解决资源环境的制约问题,为实现经济增长和生态保护协调发展提供重要的理论指导。

国内有关淮河流域的研究主要集中在经济开发的历史轨迹、流域产业的发展、产业布局及其与环境的关系、流域的水生态问题和可持续发展等,对生态文明的研究主要涉及科学内涵、核心内容和原则、建设路径和马克思主义生态文明观等方面,对淮河流域产业布局和生态文明建设途径的系统研究还有待深入。

一、流域经济开发

王鑫义在《淮河流域经济开发的轨迹及其历史启示》一文中阐述了历史上淮河流域经济发展的轨迹,并从宏观上对各个历史阶段淮河流域经济的发展水平及其在全国经济中的地位作出了基本估计。先秦是淮河流域初步开发的时期。两汉时期淮河流域经济出现了一个繁荣局面,铁农具和牛耕得到进一步推广。隋唐时期是历史上淮河流域经济的辉煌时代,主要表现为农业生产进一步发展、手工业发达、交通航运发达、商业和城市繁荣。北宋是继隋唐以后淮河流域经济又一个繁荣的时代,流域的造船业、制盐业在唐朝的基础上继续发展,汴河、惠民河、五丈渠漕运繁忙。明朝初年,统治者实行复兴经济的政策,向流域地区移民垦荒,营建凤阳中都城,促进了流域经济的恢复和发展。康熙至嘉庆年间,由于实行了"摊丁入亩"、"班匠银"等制度,农民和手工业者的人身依附关系有所削弱,流域内农业和手工业生产的商品化倾向更为明显。进入近代后,由于国家政治腐败和外国资本主义的入侵,流域人民遭受的剥削和压迫更加沉重,加之淮河流域自然灾害更为频繁,农业生产基本处于停滞状态。新中国成立以来,党中央和人民政府重视治淮,淮河流域的工农业生产迅速发展。近几年来,全流域粮食年产量都在60万吨以上,占全国粮食总产量的1/6,成为重要的商品粮基地。同时,淮河流域也是棉花、油料、水果、蔬菜的重要产区。在工业方面,目前全流域已建立平顶山、淮南、淮北、徐州、枣庄、兖州等大型煤炭基地,年产量超过1亿吨,淮河流域已成为我国重要的能源基地。其他工业部门,如钢铁、机械、纺织、制革、食品、卷烟、酿酒等,以及交通运输方面的铁路、公路、航空等均得到迅速发展。

二、流域产业发展

万伦来等基于2000—2005年安徽淮河流域8个地级市有关工业化的经验数据,选定经济发展水平、工业结构、产业结构、城市化水平和就业结构等5个指标对流域工业化进程进行综合评价和计量分析。研究表明:区域内大部分地区工业化进程在加速,但流域工业化整体水平偏低,工业结构和空间布局不够合理,区域内部差距较大。万伦来等建议,大力实施城镇化战略,提高城镇化水平;优化工业结构和空间布局,形成合理的工业经济发展格局,促进工业化水平快速提高;加强人才培养,增加科技投入,大力发展高新技术产业,以现代科学技术改造和提升传统产业;加大对污染企业的监管力度,制定相关措施限制企业污染排放等。

  长期以来,工业作为淮河流域的主导产业,虽得到较快的发展,但层次水平相对较低,工业发展主要建立在资源的粗放式开发基础之上。林斐认为,淮河流域虽已形成煤炭、电力、化工、冶金机械、机械、建材、纺织、食品加工等较为齐全的工业体系,但以食品、纺织、能源和建材为支柱产业;流域资源型行业比重大大高于加工型行业,工业行业产值列居前五位的分别是食品、纺织、能源、建材和机械行业,资源型行业比重占82.6%,而加工型行业比重仅占17.4%;资源开发和农副产品初加工比例较高,轻工业以农副产品为原料的工业比重高达69.7%,比全国平均水平高4.3个百分点,而以非农产品为原料的工业比重比全国平均水平低2个百分点,重工业与全国平均水平相比有一定差距。由此可见,淮河流域工业主要是资源密集型行业,工业体系是建立在以农产品生产和当地资源开采加工基础之上,流域的支柱产业还处在资源开采及农产品加工开发的粗放发展阶段,层次较低的工业结构造成能源、原材料消耗高,必然增大资源环境压力,制约工业的进一步扩张,并导致经济社会效益差等一系列问题。为此,林斐提出了流域资源型工业的主导战略:推行流域经济整体开发战略,强调整体规划和统一布局,在资源开发方面注重区域规划与产业规划和布局有效结合;实行产业的深度开发战略,加大科技投入,提高产品的科技含量和产品的附加值,加强分工与协作,组建本地区或跨地区的企业集团,扩大企业竞争实力,走规模化的产业发展道路,摆脱粗放型的资源开发模式,建立资源深加工、精加工的生产模式;实施产业结构转换综合开发战略,组合多重资源,推进产业结构升级与转换,适当扩大加工型行业的比重,使资源型行业与加工型行业经济比重得以逐步协调,减轻该地区人口增长和经济发展对资源环境的压力;推行工业可持续发展战略,强化企业的节能意识,制定合理的节能降耗标准,提高资源综合使用效率,从末端治理到源头治理,推行清洁生产,加大节能技改投入,提倡"三废"的综合利用,支持企业采用新设备、新工艺降低消耗,鼓励资源节约技术的研究与推广。

  李鸿昌认为,选择淮河流域的经济发展模式必须充分考虑淮河流域自身的自然、经济和社会特点。根据淮河流域的具体特点,应该采取如下措施发展流域经济;运用新技术、新工艺、新设备,发展农副产品加工业,将农副产品加工业所排放的污染总量控制在地区环境容量的限度内;充分利用淮河流域的旅游资源,发展旅游观光业;利用传统优势,结合时代要求,发展传统手工业,主要是手工艺品。黄润认为,长期以来淮河流域的产业结构是以资源开发为基础,形成了以煤炭为龙头的重化工业生产体系和以粮食为龙头的农副产品生产加工体系,产业结构的层次不高,低水平的趋同化明显。因此,要充分利用现代科学技术,对传统的产业部门进行技术改造,促使产业结构、产品结构升级换代,向低能耗、低物耗、低污染方向发展;大力发展生态型、节水型产业,积极发展高效生态农业;围绕扩大规模、优化结构、提高素质,建立与全流域经济发展相适应的服务多元化、设施现代化、结构高级化的现代化第三产业体系,在加快商贸、交通运输等传统第三产业的同时,大力发展旅游、金融、信息等新兴行业。

三、流域产业布局与生态环境

淮河流域集中了大批化工、造纸、食品酿造、水泥等高消耗、高污染、科技含量低的企业,污染极其严重。淮河水利委员会的调查表明,2004年,淮河流域内化工、造纸、饮料、纺织、食品五个行业产生的COD(化学需氧量)和氨氮分别占工业排放总量的78.4%和94.2%。其中,化工行业的经济贡献率为9.4%,其氨氮的贡献率却占到了77.3%;造纸行业的经济贡献率仅为3.6%,其排放的COD却占到了47.5%。

国家发展和改革委员会委托中国国际工程咨询公司对淮河流域的化工医药、造纸、纺织、食品四个污染较严重的行业发展现状和清洁生产情况进行了调研。调研范围为淮河上游区域的漯河、平顶山市;中游区域的阜阳、郑州、周口;洪泽湖区域的淮北;南四湖区域的济宁、枣庄;沂沭河及淮河下游区域的徐州、淮阴、宿迁等11个城市及行政区内的50多家企业。

(一)化工医药行业

据不完全统计,淮河流域的化工和医药企业共有437家,其中,化学原料及化学制品企业284家,石油加工、炼焦制造业企业30家,塑料及橡胶加工企业39家,医药制造业企业84家。在这437家企业中,小型企业约210家,占48%;中型企业160家,占36%;其余70家为大型企业,占16%。

从污染贡献情况来看,塑料及橡胶加工企业主要是废气和固体废物的排放,污水排放很少;医药企业84家,除山东鲁抗医药集团和江苏扬州制药厂是大型企业外,其余都是中小型药厂,而且多数是制剂生产,污水排放相对较少;石油加工、炼焦制造业企业29家,均为焦化厂,生产焦炭、煤气;相对而言,对淮河水体污染最严重的是化工行业。淮河流域化学原料及化学制品企业有284家,这其中包括有机化工、无机化工、氮肥、磷肥、农药、染料等多个门类的化学品生产,产品近百种。这些企业多为购买原料加工,产品品种多,规模小,工艺水平比较落后。从以上企业情况分析可以看出,淮河流域的企业小型企业占多数,这些企业规模小,工艺落后,能耗物耗较高,产品效益差,缺乏竞争力,从长远发展看,属于应淘汰的企业。对于大、中型企业,则可以根据企业具体情况(产品、工艺流程、技术水平),开展清洁生产,从而实现节能、降耗、减污、增效的效果。

(二)造纸行业

淮河流域盛产稻、麦草,所以以草类为原料来制浆造纸是淮河流域的一大特点。根据国家环保总局2003年提供的资料显示,淮河流域造纸企业共330家,其中200多家属于工艺设备落后的乡镇企业,近几年由于污染严重已关停大部分。环保总局的淮河流域工业清洁生产及污染治理项目清单(2005—2007)显示,其中造纸企业近80家规模都在5万吨/年左右,虽然还有一些企业的制浆工艺属于落后的、将要淘汰的,但大部分是有条件开展清洁生产的。

淮河流域仍有大部分中型偏小的乡镇企业,如石灰浆(池式发酵)生产线,在制浆和造纸技术装备上都还属于落后的方式,这部分企业由于规模小、产品档次低、经济效益差而没有能力进行技术和设备上的改造。这部分企业随着造纸行业在规模和原料上的调整或者关停,或者合并向大型企业发展。

(三)纺织行业

淮河流域是我国重要的产棉区之一,纺织工业发达,主要集中在棉纺、毛纺和丝绸行业。据不完全统计,淮河流域有纺织工业企业210家,主要有棉纺织厂、印染厂、毛纺厂、针织厂、丝绸厂及化纤厂等,相当一部分企业规模比较小,占企业总数的40%以上。

纺织行业是污染物排放量较大的产业之一,主要以废水污染为主,其次为废气、废渣、噪声污染。其中,废气、废渣主要为锅炉燃烧产生的废气及废渣,噪声是纺织工业一个相当严重的污染,主要为纺织机、织布机产生的高频噪声污染。纺织行业对环境的污染以水污染为主,印染废水是一种色度很高、以人工合成有机污染物为主、浓度较高的有机废水,属于较难处理的工业废水。

(四)食品行业

据不完全统计,淮河流域原有一定规模的食品与发酵企业258家,经过关停并转,尚余227家,主要为酒精与酒类产品、柠檬酸、味精、淀粉、乳制品、豆制品、屠宰及肉蛋类等企业。

在食品与发酵工业企业中,60%的酒精企业、21%的啤酒企业年产量均在万吨以下,合计产量分别仅占淮河流域相应产品总产量的11%和3%;而62%的白酒企业、28%的淀粉企业、20%的味精企业年产量均在千吨以下,合计产量仅占淮河流域相应产品总产量的8%、0.5%和0.1%。相当数量的企业规模偏小,经营效益不佳,不利于资源综合利用、污染的综合治理。

食品与发酵工业对环境的污染以生产废水和废渣为主。废渣主要源自原料处理后剩下的固体废料,如大米渣、麦糟、水果渣、淀粉渣、禽肉下脚料;分离与提取主要产品后的各种废母液与废糟,如粮薯酒精糟、白酒糟、味精发酵废母液、柠檬酸发酵渣等。废水主要源自加工和生产过程中的清洗水、冷凝水、冷却水以及高浓工艺废水。

四、经济发展与流域水环境

淮河流域环境问题的产生,有其深刻的社会和经济根源。从经济地理的角度看,淮河流域农业资源、渔业资源、矿产资源以及旅游资源十分丰富,有着一定的资源和区位优势。但在20世纪80年代,我国经济刚刚起飞,从计划经济向市场经济过渡的时候,淮河流域无商品优势和经济优势可言,人民不得温饱,直至今日,其上游地区仍是我国经济欠发达地区,大多数地市工业基础差、经济底子薄。改革开放以来,淮河流域经济社会快速发展。然而,众多不符合区域布局的项目也给流域和所在地带来了严重的环境问题。

水资源短缺和水污染严重在淮河流域并存,并且相互影响,成为淮河流域水资源面临的两个最主要问题。程绪水对淮河流域水污染的原因进行了分析,认为工业仍然是淮河流域的主要污染源,城镇生活污水则是淮河流域另一个重要污染来源。随着城市化进程加快,生活污水的影响将不断加大。农业面源污染对水质的污染影响主要集中在汛期第一场洪水,汛后河道水质普遍较好。淮河流域水污染主要表现在枯水期,由于降雨较少,农业面源对水污染的影响非常有限。

谭炳卿等在《论淮河流域水污染及其防治》中针对目前的水污染状况和治污10年来所开展的工作进行分析,认为水污染面临的困难主要有:水资源保护意识淡薄,可持续发展的观念不强;管理体制不顺,缺乏配套的政策措施;有法不依,执法不严;科研滞后,缺乏有效的技术支持。近期需研究的治污主要技术问题是:地理信息系统、遥测遥感技术、计算机模拟技术和最优化方法等的应用;21世纪水污染防治规划编制;水资源与水环境保护的强制性措施研究;防污调度决策支持系统研究,主要包括水量、水质和排污信息的实时接收和处理系统,水质监测与水质预报系统,水闸防污的调控方案以及突发性水污染事故的应急方案等内容;面污染源的模拟方法研究,以地理信息和分布式流域水文模型为工具,以遥感影像分析获取流域下垫面状况信息,结合流域内土地利用、农业生产方式和作物组成、农药和化肥施用量以及灌溉方式,畜牧业状况,农村生活污水的排放与利用情况等,在现有水质管理模型的基础上,研究淮河流域面污染源的模拟方法,为定量分析面污染源水质的影响提供工具以及为编制淮河流域水污染防治规划提供技术支持。

  为了根治淮河流域水污染,确保南水北调工程东线水质安全,梁本凡提出,将南水北调工程建设与淮河流域新农村建设结合起来,建立水质控制与经济发展联动的长效机制;改革水资源税的管理使用办法,让经济发达的调水输入城市替代调水沿线落后农村地区,分担国家级工程的前期投入成本;将排污收费划分为排污管理费与排污处理费,适当提高排污处理费征收标准,以排污处理费为基础,实现排污处理的市场化运营;加大对污染控制的农村地区财政转移支付力度,解决县乡政府机构运转困难问题;实行财政转移支付力度与新农村地区水质保护绩效挂钩的制度;以县为单位实行产业倾斜政策,鼓励污染严控区大力发展绿色循环经济,对农村税费与土地管理进行深化改革,培育有利于清洁生产与循环经济大发展的良好市场环境,加快社会主义新农村的建设。

五、流域可持续发展

  淮河流域地处多重过渡地带,开发历史久远,人口密度大,人均耕地少,工业基础薄弱,自然资源匮乏,产业技术含量较低,生态破坏和环境污染状况严重。虽然近年来我国一直把淮河水系的污染治理作为环境治理的重点和典型,但收效甚微。究其原因,主要还是没有摆脱末端治理的老路,没有将污染治理纳入到社会综合发展的战略轨道,这也使得淮河流域可持续发展战略研究更具紧迫性。前川孝昭等从五个方面提出了淮河流域可持续发展研究的基本内容:社会、经济与自然环境变迁过程研究,总结出能够为实现淮河流域可持续发展提供借鉴作用的历史经验和教训;社会、经济、环境、资源现状调查与人地系统协调性分析,初步论证解决经济发展与生态保护之间矛盾与冲突的协调机制;可持续发展战略的制定,实施大治淮战略,即着眼于全流域经济的可持续发展而对淮系之水的综合开发战略,以水利为主,同时兼顾水产、水运、水电、水土保持和水体保护,目标是为淮河流域的经济社会发展构建安全、可靠的水系支撑;可持续发展的指标体系研究,将淮河流域可持续发展的指标体系分为经济、社会、资源、环境四大部分,突出淮河流域的区域性特征,反映可持续发展的一般要求,具有代表性,可以较为全面地反映淮河流域可持续发展的总体状况;可持续发展保障机制研究,提出一套实现流域可持续发展战略实施的保障机制,重点在于构建淮河流域可持续发展战略的实施机制、政策与法律法规保障机制、流域洪涝灾害社会保障制度、环境管理技术保障、政府推动与调控、公众参与机制等。

巢湖流域产业结构演化及其生态效应

自工业革命以来,世界人口数量急剧膨胀,科学技术突飞猛进,人类征服并改造自然的能力大大增强,创造了前所未有的物质财富,这在推动经济快速发展的同时,也引发了深重的环境灾难,环境问题开始从根本上影响人类的生存与发展。长期以来,人类一直在无偿地使用环境资源,无节制地滥用环境资源,结果造成严重的环境污染和生态破坏。

经济快速发展所带来的环境问题引起国家和各级政府高度重视。我国的环境保护工作从20世纪70年代初起步,40余年来,人们对环境保护的认识不断深入;环境保护政策不断增多、不断完善;环境管理机构从无到有,不断加强;环境管理经验不断丰富,环境管理和监督职能不断强化。但对环境工作的重视并没有带来环境质量根本上的改善,在这样的背景下,我们必须从源头上遏制环境质量的恶化,从根本上缓解经济发展与环境容量的激烈矛盾[7]。

作为发展中的大国,我国在现代化建设的过程中,面临着比世界其他国家更为严峻的人口、资源和环境问题。而且,随着工业化进程和第三产业的快速发展,产业结构不合理对经济增长的制约作用也逐渐凸显。

从我国资源与环境状况来看,我国环境现状不容乐观。大气污染状况依然十分严重,一些大城市的大气污染类型向石油污染转化,大气污染以总悬浮颗粒、二氧化硫为主,汽车尾气的比率在上升;水污染形势严峻,随着人口增长、生活质量的提高,城市生活污水排放量及其污染分担率上升,农村以农药、化肥等化学品为主要组成的面源污染也迅速上升;土壤状况不容乐观,其分布面积广、发展迅速、治理难度大、经济效益差、重金属污染严重,许多土壤面临严重的水土流失、沙漠化、盐碱化等问题[8];森林资源锐减,对森林资源的滥砍滥伐和多年战乱使我国在20世纪40年代就成为世界上的少林国,不合理的利用以及过度放牧使草原生态系统遭受严重破坏,荒漠化程度日益严重[9];我国还是世界上自然灾害最为严重的国家之一,归纳起来主要有气象灾害、地质灾害、地震灾害,另外还有以风暴潮、灾害性海浪、海啸、赤潮等为代表的海洋灾害。

从我国产业结构现状来看,产业结构快速发展但仍存在较多问题。三次产业结构发生了显著变化,第一产业比重明显下降,第二产业比重稳步升高,对GDP的贡献率基本在60%左右,第三产业对GDP的贡献率逐年增加;工业化进程进一步加快,第二产业特别是工业的增长构成了我国经济增长的主要内容,轻工业生产增长经历了"重工业拉动轻工业跟进——轻重工业同步增长"的变化过程;第三产业发展迅速,满足人们生活层次提高的文化、教育、旅游、电信和为生产提供高效能服务的金融、保险、专业化的咨询和服务得到较快发展。然而,产业结构不尽合理对经济增长的制约作用越来越明显地表现出来。当前,影响经济增长的关键是结构问题而不是总量问题[10],我国产业结构的发展已经到了瓶颈期。产业结构升级滞后日益突出,主要体现在以下4点:一是生产技术体系未能随经济实力的增强做出相应的调整,高技术含量产品的供给能力相当有限,工业生产领域中许多重要产业的整体规模与技术水平严重不对称,产量增长迅速而与先进水平相比的技术差距没有缩短,属粗放型经济增长,资源效用率较低。二是高增长的新生行业地位尚不突出。每一轮高速经济增长,都依靠结构调整升级产生一批高增长性支柱行业,带动整个经济高速增长。先后成为高增长性支柱行业的有轻纺工业、原材料工业、家用电器工业、基础设施和能源原材料工业,缺乏高增长性、带动力强的支柱行业,这是经济增长乏力的一个重要原因。三是第三产业发展滞后。当前第三产业构成多以零售、餐饮娱乐、旅游等流通行业和生活服务业增长为主要特征,且第三产业市场规则不完善,部门中普遍存在过量进入、违法违规、政企不分、政事不分等无序现象,传统的分配、消费方式也在限制第三产业社会化发展的空间[11]。四是可持续发展面临较大压力。我国是一个拥有13亿人口的大国,人口众多,我国工业化所面临的国土、资源、生态、环境承载力等问题,比其他绝大多数国家所面临的压力大,且存在地区发展不平衡,地区差异较大等诸多问题。

巢湖作为合肥经济圈社会经济发展的水资源基础和重要的淡水资源库,对巢湖流域乃至安徽省的社会经济发展都有非常重要的影响,但是近年来污染日益严重,环境问题越来越突出,并严重制约和阻碍了流域的社会经济发展。因此,要实现巢湖流域社会经济的可持续发展,必须从源头抓起,加快产业结构的调整优化,降低不同产业结构类型对生态环境影响程度。研究两者之间的变动关系,尤其是从产业结构演变的角度分析区域产业结构对生态环境的影响和评价,对保证整个流域社会经济与生态环境协调、稳定和可持续发展等方面都具有重要的现实意义。

一、产业结构演变理论

许多经济学家对三次产业结构的变动做了大量的研究,观察他们对各国产业结构演变历史过程的研究,我们可以清晰地看到三次产业结构演变的一般趋势和规律。在这些经济理论中最具有代表性的是配第—克拉克定理、库兹涅茨对产业结构演变规律的研究,以及工业结构重工业化的霍夫曼定理。

(一)配第—克拉克定理

配第—克拉克定理是英国经济学家科林·克拉克在威廉·配第研究成果的基础上,深入分析研究劳动力在三大产业分布结构的演变及其趋势后得出的,同时提出了一些带有普遍性的经验总结。克拉克认为,他的发展只是验证了配第的观点,因而后人统称为"配第—克拉克定理"。早在17世纪,西方经济学家威廉·配第就已经发现,随着经济的不断发展,产业中心将逐渐由有形的财物生产转向无形的服务性生产。克拉克在此基础上完成《经济进步的诸条件》一书,通过对40多个国家不同时期的三次产业的劳动投入和总产出资料的整理与比较,指出随着人均国民收入的提高,劳动力在三次产业分布结构变化的一般趋势,后人把克拉克的发现称之为"配第—克拉克定理"[12]。该定理以若干国家在时间推移中发生的变化为依据,使用了劳动力这一指标来分析产业结构的演变,把人类全部经济活动分为第一产业(农业)、第二产业(制造业、建筑业)和第三产业(广义的服务业),经过大样本对产业结构演进的趋势进行了考察,将各国经济发展分为以下三个阶段。

一是以农业为主的经济社会。在这一阶段,人们主要从事农业劳动,由于劳动生产率太低,人均收入比较低,全社会的国民收入较少。

二是以制造业为主的经济社会。在这一阶段,由于制造业的劳动生产率高,人均收入比较高,劳动力从农业向制造业转移,全社会国民收入增大,人均国民收入提高。

三是以商业和服务业为主的经济社会。随着经济的进一步发展,商业和服务业得到了迅速发展,由于商业和服务业的人均收入比农业和制造业高,引起了劳动力从农业向商业以及服务业的转移,全社会国民收入增长加快,人均国民收入随之大大提高。

克拉克比较粗略地描绘了宏观产业结构变化的基本趋势,揭示了人均国民收入水平与产业结构变动之间的内在关联。随着人均国民收入水平的提高,劳动力首先从第一产业向第二产业转移,当人均国民收入水平进一步提高时,劳动力便向第三产业转移。虽然克拉克定理揭示了产业结构演变的基本趋势,然而他的研究尚不成熟,在研究方法上有两个主要缺陷:一是使用单一的劳动力的指标,不可能从更深层次上揭示产业结构变动的总趋势;二是所利用的原始数据的处理比较简单,取样范围小,典型意义不够[13]。

(二)霍夫曼定理

霍夫曼定理又被称作"霍夫曼经验定理",是指资本资料工业在制造业中所占比重不断上升并超过消费资料工业所占比重。他将工业产业分为三大类,即消费品工业、资本品工业和其他工业。由于受到各种因素的影响,各个工业部门的成长率并不相同。衡量经济发展水平或者工业化进程,可以采用霍夫曼系数来计算。霍夫曼根据对许多国家的实证分析,发现各国工业化虽然在时间起始和发展水平上不同,但工业化过程存在一个共同的趋势,即霍夫曼系数不断下降。根据霍夫曼定理,工业化可分成以下四个阶段。

一是消费资料工业迅速发展阶段。消费资料工业在制造业中占有统治地位,资本资料工业则不发达,在制造业中所占比重较小,其净产值平均为资本品工业净产值的5倍。

二是资本资料工业发展快于消费资料工业阶段。消费资料工业虽也有发展,但速度减缓,资本资料工业的规模仍远不及消费资料工业的规模。

三是消费资料工业与资本资料工业在规模上大致相等状况阶段。

四是资本资料工业规模在制造业中的比重超过消费资料工业并继续上升阶段。整个工业化过程就是资本资料工业在制造业中所占比重不断上升的过程,后者的净产值将大于前者。

工业化四个阶段的划分,被称为"霍夫曼工业化经验法则"。实际情况表明,霍夫曼关于工业化过程中工业结构演变规律的理论在工业化前期是基本符合现实的。这一法则在总体上是正确的,但仅主要说明工业化过程中重化工业化阶段的结构演变趋势,并仅从工业化内部比例关系分析工业化过程,而且划分消费品工业的资本品工业的标准也不够合理或完善。霍夫曼进而预言,进入工业化的后期阶段以后,资本品工业产值的比重将继续上升,成为主导的产业部门[14]。在当时通行的国民经济只包含工业和农业两个主要的产业部门的分析框架下,这也就意味着,资本品工业在工业化后期将成为整个国民经济中的主导产业部门,这些都是不全面的。

(三)库兹涅茨曲线

兹涅茨曲线是 20 世纪 50 年代诺贝尔奖获得者、经济学家库兹涅茨用来分析人均收入水平与分配公平程度之间关系的一种学说。他继承了克拉克的研究成果,改善了研究方法,收集和整理了 20 多个国家的数据,从国民收入和劳动力在产业结构中的分布两个方面,对伴随经济发展的产业结构变化作了更深入的研究,得出了收入不均现象随着经济增长先升后降,呈现倒 U 型曲线关系。而环境库兹涅茨曲线也具有这样的曲线,它通过人均收入与环境污染指标之间的演变模拟,说明经济发展对环境污染程度的影响。也就是说,在经济发展过程中,环境状况是先恶化而后得到逐步改善的[15]。

20 世纪 90 年代初,美国经济学家格鲁斯曼等人,通过对 42 个国家横截面数据的分析,发现部分环境污染物(如颗粒物、二氧化硫等)排放总量与经济增长的长期关系也呈现倒 U 形曲线,就像反映经济增长与收入分配之间关系的库兹涅茨曲线那样。当一个国家经济发展水平较低的时候,环境污染的程度较轻,但是随着人均收入的增加,环境污染由低趋高,环境恶化程度随经济的增长而加剧;当经济发展达到一定水平后,也就是说,到达某个临界点或称"拐点"以后,随着人均收入的进一步增加,环境污染又由高趋低,其环境污染的程度逐渐减缓,环境质量逐渐得到改善,这种现象被称为"环境库兹涅茨曲线"。环境库兹涅茨曲线是通过人均收入与环境污染指标之间的演变模拟,说明经济发展对环境污染程度的影响,即在经济发展过程中,环境状况先是恶化而后得到逐步改善。

(四)工业化发展阶段理论

钱纳里通过建立了多国模型,从经济发展的长期过程考察了制造业内部各产业部门的地位和作用的变动,提出了标准产业结构。他发现,产业关联效应是制造业内部结构转换的原因,即制造业发展受人均 GDP、需求规模和投资率的影响大,而受工业品和初级品输出率的影响小。钱纳里将不发达经济到成熟工业经济过程划分为三个时期六个阶段,从任何一个发展阶段向更高一个阶段的跃进都是通过产业结构转化来推动的,这对于揭示产业结构发展的一般变动趋向,具有很大的价值[16]。

初期产业,是指经济发展初期对经济发展起主要作用的制造业部门,如食品、皮革、纺织等部门。第一阶段是不发达经济阶段。产业结构以农业为主,没有或极少有现代工业,生产力水平很低。第二阶段是工业化初期阶段。产业结构由以农业为主的传统结构逐步向以现代化工业为主的工业化结构转变,工业中则以食品、烟草、采掘、建材等初级产品的生产为主。这一时期的产业主要是以劳动密集型产业为主。

中期产业,是指经济发展中期对经济发展起主要作用的制造业部门,如非金属矿产品、橡胶制品、木材加工、石油、化工、煤炭制造等部门。第三阶段是工业化中期阶段。制造业内部由轻型工业的迅速增长转向重型工业的迅速增长,非农业劳动力开始占主体,第三产业开始迅速发展,也就是所谓的重化工业阶段。重化工业的大规模发展是支持区域经济高速增长的关键因素,这一阶段产业大部分属于资本密集型产业。第四阶段是工业化后期阶段。在第一产业、第二产业协调发展的同时,第三产业开始由平稳增长转入持续高速增长,并成为区域经济增长的主要力量。这一时期发展最快的领域是第三产业,特别是新兴服务业,如金融、信息、广告、公用事业、咨询服务等。

后期产业,指在经济发展后期起主要作用的制造业部门,如服装和日用品、印刷出版、粗钢、纸制品、金属制品和机械制造等部门。第五阶段是后工业化社会。制造业内部结构由资本密集型产业为主导向以技术密集型产业为主导转换,同时生活方式现代化,高档耐用消费品被推广普及。技术密集型产业的迅速发展是这一时期的主要特征。第六阶段是现代化社会。第三产业开始分化,知识密集型产业开始从服务业中分离出来,并占主导地位,人们消费的欲望呈现出多样性。

(五)产业结构理论

欧美学者的产业结构研究及提出的理论模型具有一般意义,形成该研究领域的主流。但作为应用经济理论,各国在实践中会形成各具特色的理论概括。战后以来,立足日本国情,逐步发展形成了一套独特的产业结构理论,他们认为产业结构变动与周边国家或世界相关联,对产业结构理论研究比较深入的学者有筱原三代平和赤松要。

筱原三代平的"动态比较费用论"是针对"比较费用论"而提出的。"比较费用论"是李嘉图提出的有关国际贸易形成的原因及维系国际贸易秩序的重要原理。筱原则提出,不能仅按这一原理建立国际分工秩序,这样势必使各国产业结构长期不变,后进国家只能永远居于生产初级产品的地位。他的"动态比较费用论"提出了幼小产业扶植政策,其核心思想是强调扶持目前暂时处于幼小地位,但需求增长快、生产率上升潜力大的产业[17]。他认为,扶植幼小产业不受现代经济学的欢迎,日本经济正是由于撇开了现代经济学的传统观念,才有今天的汽车、钢铁工业和经济大国的地位。他认为,从短期看,比较费用论有一定的合理性,但从长期看,应当以动态、发展的观点修正比较费用论。

日本经济学家赤松要在1932年提出了产业发展的"雁形形态论"。在其研究中指出:在产业发展方面,后进国家的产业赶超先进国家时,产业结构的变化呈现出"雁行形态"。该理论主张,本国产业发展要与国际市场紧密地结合起来,使产业结构国际化。即后进国家的产业发展是按照"进口—国内生产—出口"的模式相继交替发展的。具体表现为：先是国外产品大量进口引起的进口浪潮，进口刺激国内市场所引发的国内生产浪潮，最后是国内生产发展所引起的出口浪潮。人们常以此表述后进国家工业化、重工业化和高加工度发展过程，并称之为"雁形形态论"。雁形产业发展形态说表明，后进国家可以通过进口利用和消化先进国的资本和技术、同时利用低工资优势打回先行国市场。这种由于后起国引进先行国资本和技术，扩张生产能力，使先行国已有产业受到国外竞争压力威胁的现象，叫作"反回头效应"。如果后起国善于把握好时机，就能在进口—国内生产—出口的循环中缩短工业化乃至重工业化、高加工度化的过程。人们常以此表述后进国家工业化、重工业化和高加工度发展过程。在一国范围内，"雁形形态论"先是在低附加值的消费品产业中出现，然后才在生产资料产业中出现，继而在整个制造业的结构调整中都会出现雁形变化格局。

通过对产业结构演进理论研究可知，早期国外的学者对产业演进理论相关研究形成了许多系统的理论。而我国在改革开放以前，经济学界对产业结构的研究多集中在对马克思主义再生产理论、计划经济体制下的产业结构与产业政策、部门经济学等的研究上。改革开放以后，经济学界也开始比较系统地研究经济结构特别是产业结构的问题，如马洪、孙尚清主编的《中国经济结构研究》，开始系统地研究中国的产业结构问题及演进趋势；杨治主编的《产业经济学导论》，系统地介绍了产业经济学的研究内容和研究方法等。此外，目前国内学者对产业结构演变也做了很多探索和研究，其中比较突出的如张俊伟提到今后一段时期，我国将由重化工业发展阶段向技术密集型、知识密集型产业发展阶段过渡，产业升级演变呈现向高加工度、高附加值转型的趋势，环保型产业具有广阔发展前景，服务业快速发展，产业组织结构优化步伐加快。张米尔认为，产业演进是一个动态的过程，由于城市内部产业在不断发展，所面临的外部环境也在不断变化，所以要根据自身条件和外部环境之间的关系，选择合适的演进模式。姜琳应用产业转型环境评价体系，评估了目前西部产业演变的环境要素的支撑能力，提出了西部产业演进的方向。蒋洪亮提出了要从以低成本为主导的传统产业体系，转向以高附加值为主导的现代产业体系转型，构建了传统产业向主导产业演进的一般趋势。从总体上看，产业结构的研究内容和研究方法存在许多不足，其研究也没有深入到行业组织中去，内容过于庞杂并偏于宏观，所以有必要对产业结构演化的学科体系进行反思和研究，使其逻辑结构合理，努力与国际先进理论研究接轨。

二、产业结构演变与生态环境效应

巢湖流域位于安徽中部，处于江淮之间。其独特的地理位置和区域环境背景,使该区域一直是学者研究关注的焦点。巢湖流域面积12349 km²,地势西高东低,中间低洼平坦,流域的水系呈放射状,水网密度大,全流域共有河流33条,分别属杭埠—丰乐河、派河、南淝河—店埠河、柘皋河、白石山河、裕溪河、兆河等7条水系,涵盖合肥、(原)巢湖、六安3市的9县(区)。巢湖流域农业经济水平较高,已由过去单纯的粮食生产向复种方向发展;工业经济也比较发达,全流域共有工矿企业2500多家,其中合肥市工矿企业数量占一半以上,(原)巢湖市和六安市的工业经济也有一定的规模,是安徽省经济和社会发展水平较高的区域。目前,巢湖流域的规模结构以大中型企业为骨干、以小型企业为补充,轻重工业并举,服务业、交通运输业快速发展的体系已经形成。截至2008年底,巢湖流域共有人口16451801人,其中农业人口占45.1％,3市的GDP总量达2678.12亿元,占安徽省国内经济生产总值的30.18％,人均GDP16277.85元,略低于全国平均水平,三次产业结构比例为12.52∶46.72∶40.76,流域GDP总量增长的趋势明显(图1)。

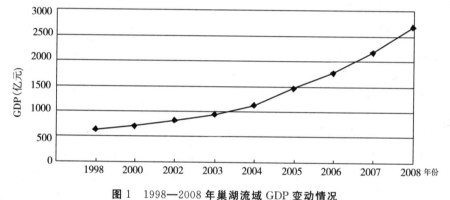

图1　1998—2008年巢湖流域GDP变动情况

资源来源:《1998—2008年安徽省统计年鉴》,《安徽省环境质量公报》。

(一)巢湖流域产业结构演变

产业结构指区域经济中产业组成要素的构成和各产业部门之间的比例关系,产业结构变化既包括各产业之间在发展规模上的数量比例关系的变化,也包括各产业间关联方式的变化,一般用各产业增加值在GDP中的比重和各产业就业人数的比重变化来衡量。

1998年以来,巢湖流域社会经济发展迅速,流域GDP从1998年的646.97亿元增长到2008年的2678.12亿元,年均增长率为14.4％。从三次产业GDP总量变化(图2)中可以看出:(1)三次产业GDP总量变化幅度不一,其中第一产业稳中有升;(2)第二产业和第三产业GDP总量上升幅度明显,尤其是2005年之后,上升幅度变得更快;(3)2007年以后,第二产业GDP总量增加趋势明显,上升幅度高于第三产业,其原因是流域在承接珠三角加工业和制造业转移过程中第二产业产值迅速增加。

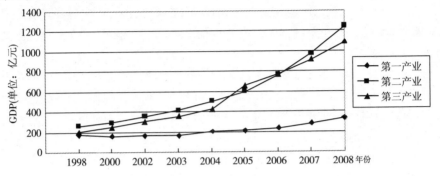

图2 1998—2008 巢湖流域三次产业 GDP 变动情况

资源来源:《1998—2008 年安徽省统计年鉴》,《安徽省环境质量公报》。

从三次产业结构比重变化中可以看出(图3):(1)第一产业产值在研究时间段内比重持续下降,第二产业和第三产业经历了两次波动,主要是由于两者经济增长速度差异所致;(2)在研究时间段内,流域产业结构经历了两次产业结构转型,从1998年的"二、三、一"到2005年的"三、二、一",再到2007年的"二、三、一",这是由于2007年流域承接了沿海城市和珠三角的产业转移,第二产业产值明显增加的结果,并且第二产业比重增加的趋势在扩大;(3)三次产业产值比例的变动幅度不一,第一产业最大,第三产业次之,第二产业最低,表明流域产业结构变动驱动力以工业化,加工业等相关产业拉动为主,农业发展进程相对缓慢;(4)流域产业结构优化的重点在于深化第三产业的发展,稳固第二产业的发展速度,降低第一产业在三次产业结构中的比重,在维持"二、三、一"产业结构的格局上,维持各次产业协同增长。

总体来看,全省产业结构发生了比较合理的变化,第一产业比重逐步降低,第二产业和第三产业比重逐步提高。其中,第二产业在国民经济 GDP 中的比重以较快的速度增加,并逐渐达到 50%,处于工业化进程中第二阶段的初期,符合产业结构演变的一般规律。

研究产业结构离不开研究就业人口在各产业间的构成。巢湖流域三次产业就业人口比重在 1998 年到 2008 年经历了一个动态平衡过程,从流域三次产业就业结构的变化(图4)可以看出:第一产业就业人数占总就业人数的比重从 70% 降到 40%,降幅明显,第二产业和第三产业就业人数的比重持续增加,其中第三产业就业人数的比重增加幅度尤为明显。这说明流域第二产业和第三产业的发展对农村剩余劳动力的吸收能力很强,农村劳动力转移到加工业、服务业、工业、建筑业等相关非农产业,城镇化进程加快,从另一方面证明了随着经济发展,第一产业实现的国民收入在整个国民收入中的比重和农业劳动力在全部劳动力中的比重,都有不断下降的趋势;第二产业在国民收入中的比重一般呈上升趋势,在工业部门的劳动力比重大体不变或略有上升;第三产业的劳动力相对比重,几乎在所有国家都是上升的产业演变理论。

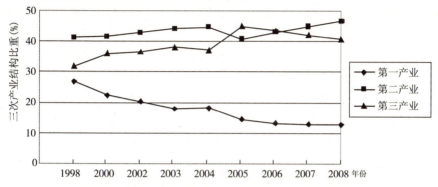

图3　1998—2008年巢湖流域三次产业结构比重变化

资源来源:《1998—2008年安徽省统计年鉴》,《安徽省环境质量公报》。

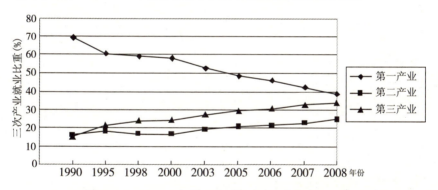

图4　1990—2008年巢湖流域三次产业就业结构变化

资源来源:《1998—2008年安徽省统计年鉴》,《安徽省环境质量公报》。

(二)巢湖流域生态演化

人类的经济活动和生态环境之间有着极为密切的关系。在经济发展过程中,产业结构与生态环境之间是互动关系,即产业结构的变动会导致生态环境的变化,同时,生态环境的变化对产业结构的调整具有反作用。

对于环境质量的评价,一般常选取水环境、大气环境、固体环境。其中,废水排放量、废气排放量、烟尘排放量和固体废弃物的产生量是产业对环境造成污染的比较具有代表性的污染物。根据1998—2008年的工业废水排放量、工业废气排放量、二氧化硫排放量以及工业固体废弃物的产生量的变动情况,来分析流域生态环境的演变过程。但受统计数据取得的限制,分析的环境质量仅限于工业对环境所造成的污染,即工业废水排放量、工业废气排放量、工业粉尘排放量和工业固体废弃物产生量。

1. 水环境

巢湖是中国典型的富营养化湖泊,是国家重点治理的"三河三湖"之一。2005年,巢湖湖体处于中度富营养状态,水质总体为劣Ⅴ类,主要污染指标是总氮、总磷。东半湖处于轻度富营养状态,水质为Ⅴ类;西半湖处于中度富营养状,水质为劣Ⅴ类。

1998年以来,巢湖流域工业废水排放大体经历了两个阶段,第一阶段是1998—2006年工业废水迅速增加阶段,从1998年的3024万吨增加到2006年13377万吨,平均年排放量为6345万吨,年增加排放量为1479万吨,其中2003—2006年增加幅度最为明显;第二阶段是在2006年达到最高13377吨之后,工业废水排放量呈逐步下降趋势,但是与第一阶段相比,减排速度缓慢。近年来工业废水排放量的下降可能与《巢湖流域水污染防治规划2006—2010》颁布之后减排力度的强化有关(图5)。

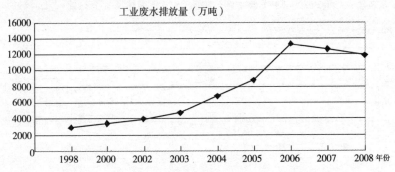

图5　1998—2008年巢湖流域工业废水排放量变化

资源来源:《1998—2008年安徽省统计年鉴》,《安徽省环境质量公报》。

2. 大气环境

在研究的时间段内,从图6中可以看到,工业废气排放总量趋势比较明显,一直处于上升的趋势,且增速越来越快。从1998年的198.7万标m^3增加到2008年的1421.4万标m^3,年增长111.2万标m^3。

从图7中可以看出,流域工业粉尘排放量呈波动性变化,且波动幅度较大。2005年之前处于上升的趋势,上升的幅度不大,在2006年激增到最高数值(23658吨)之后缓慢下降。

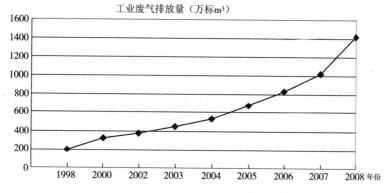

图6 1998—2008年巢湖流域工业废气排放变化

资源来源:《1998—2008年安徽省统计年鉴》,《安徽省环境质量公报》。

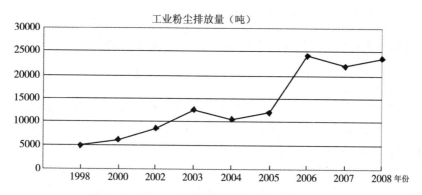

图7 1998—2008年巢湖流域工业粉尘排放变化

资源来源:《1998—2008年安徽省统计年鉴》,《安徽省环境质量公报》。

3. 固体废物

在研究时间段内,工业固体废弃物的排放量呈现波动性变化。从总体上来看是先上升后下降(图8),工业固体废弃物排放量在2006年达到最高数值(562万吨)之后呈现下降的趋势,但下降的趋势不明显。工业固体废弃物排放量的变动大体可分为两个阶段,从1998—2006年工业固体废弃物排放量的变动呈平稳上升的趋势;2006—2008年工业固体废弃物排放量逐步下降。

(三)三次产业结构演变的生态环境效应

1. 三次产业结构与环境效应的相关性

典型相关分析是研究两组变量之间相关关系的一种统计分析方法,通过主成分分析和因子分析,把两组变量之间的相互关系变为研究两个新的变量之间的相关,而且又不抛弃原来变量的信息,这两个新的变量分别由第一组变量和第二组变量的线性组合构成,并且两组变量的个数可以是不同的,两组变量所代表的内容也可以是不同的。在本文中设有两组变量,一组是产业结构要素变量组,为控制变量;另一组为环境质量要素变量组,为效应变量。

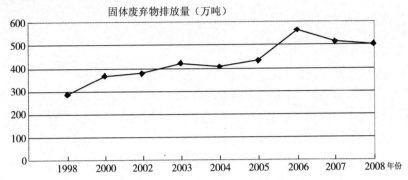

图 8　1998—2008 年巢湖流域固体废弃物排放量变化情况

资源来源:《1998—2008 年安徽省统计年鉴》。

根据典型相关性分析方法要求,首先,确定两组变量如下。

$X=(x_1,x_2,x_3)$

$Y=(y_1,y_2,y_3,y_4)$

其中,控制变量 x_1,x_2,x_3 分别表示第一产业比重,第二产业比重,第三产业比重;效应变量 y_1,y_2,y_3,y_4 分别表示工业废水排放量,工业废气排放量,工业粉尘排放量,工业固体废物排放量。

其次,搜集样本数据资料。本文相关产业结构数据和环境数据来源于《1998—2008 年安徽省统计年鉴》以及《安徽省环境质量公报》。

最后,利用 SPSS12 统计软件对所搜集到的数据资料进行处理,得到典型相关变量和典型相关系数(表 1)。

表 1　巢湖流域三次产业与环境质量的典型相关性

控制变量 X	相关系数		效应变量 Y	相关系数	
X_1	−0.836	−0.045	y_1	−0.836	−0.046
X_2	0.912	0.093	y_2	0.912	0.093
X_3	0.452	0.072	y_3	0.452	0.072
			y_4	0.942	−0.010
变异数百分比	63.7	0.5	变异数百分比	56	1.6

2. 单整性检验

本文各变量的时间序列可能具有非平稳性,我们先对各变量进行单位根平稳性检验,若为非平稳,采用协整检验分析各变量之间的关系,最后对变量之间的关系进行因果分析;若为平稳,采用格兰杰因果关系检验。

产业结构的变量有 x_1,x_2,x_3,分别代表第一产业产值比重,第二产业产值比重,第三产业产值比重。环境方面的变量有 y_1,y_2,y_3,y_4,分别为工业废水排放量,工业废气排放量,工业粉尘排放量,工业固体废物排放量。为了不改变序列的特征且得到平稳变量,我们对 $x_1,x_2,x_3,y_1,y_2,y_3,y_4$ 分别取自然对数,记为 $Lx_1,Lx_2,Lx_3,Ly_1,Ly_2,Ly_3,Ly_4$。综合考虑到各产业的发展对环境的影响可能在一定的滞后期内达到最大,取对数后可以反应各变量长期变化的弹性,这对考虑该种产业对环境污染的滞后性是可行的。用 ADF 单位根检验法检验 7 个变量的平稳性,检验结果如下(表2)。

表2 流域产业结构和环境质量各变量的 ADF 平稳性检验

序列	水平			一阶差分		
	ADF 原值	临界值	结论	ADF	临界值	结论
Ly_1	-3.756894	-3.659824	不平稳	-3.568785***	-3.329734	平稳
Ly_2	-3.978614	-3.659824	不平稳	-3.587456***	-3.329734	平稳
Ly_3	-2.462285	-3.754125	不平稳	-3.652475***	-3.329734	平稳
Ly_4	-1.145863	-3.68545	不平稳	-4.654221***	-3.329734	平稳
Ly_5	-0.985456	-3.68545	不平稳	-4.694109***	-3.329734	平稳
Ly_6	-0.965874	-3.68545	不平稳	-3.587641***	-3.329734	平稳
Ly_7	-1.235647	-3.68545	不平稳	-3.547826***	-3.329734	平稳

注:*表示在1%的水平上显著,**表示在5%的水平上显著,***表示在10%的水平上显著。

由以上检验结果可以看出,7个变量的原始序列都不平稳,各变量在10%的显著性水平上均不能拒绝原假设,即存在单位根,但是经过一阶差分后他们的一阶差分变量都是平稳的。表明时间序列 $Ly_1,Ly_2,Ly_3,Ly_4,Ly_5,Ly_6,Ly_7$ 一阶差分后是平稳的,且都是一阶单整的。

3. 格兰杰因果关系检验

在经济学上确定一个变量的变化是否是另一个变量变化的原因,一般用格兰杰因果关系检验。上面的单整性检验发现7个变量存在单位根,在经过一阶差分后他们的一阶差分变量都是平稳的。而通过协整检验发现各变量序列之间存在协整关系,即变量之间存在长期的均衡关系,故可以对1998—2008年巢湖流域产业结构与环境质量之间的关系进行格兰杰因果关系检验。

格兰杰因果关系检验的基本原理是 Y 对其他变量的回归时,如果把 X 的滞后值包括进来能显著地改进对 Y 的预测时,原假设被接受从短期看 Y 是 X 的原

因,通过构造限制模型且原假设成立则:

$$F=\frac{(ESS_0-ESS_1)/m}{ESS_1/(n-k-m-1)}\sim F(m,n-k-m-1)$$

即 F 的统计量服从第一自由度为 m,第二自由度为 $n-(k+m+1)$ 的 F 分布。若 F 检验值大于标准 F 分布的临界值,则拒绝原假设,说明 X 的变化是 Y 变化的原因。并考虑回归模型:

$$y_t=\sum_{i=1}^{k}\alpha_i y_{t-i}+\sum_{j=1}^{k}\beta_j x_{t-j}+\psi_t$$

式中 xt,yt 分别表示环境质量,产业结构变量;α_i,β_j,k,Ψ_t 表示相关变量的系数。代入相关数据得到检验结果(表 3)。

表 3　环境质量对产业结构的因果关系检验

1998—2008	因果关系假定	统计量	概率值	结论
大气环境	y_t 不是 x_t 的原因	0.95642	0.04523	拒绝
	x_t 不是 y_t 的原因	1.85694	0.25647	接受
水环境	y_t 不是 x_t 的原因	1.63256	0.35624	接受
	x_t 不是 y_t 的原因	0.03654	0.85456	接受
固体环境	y_t 不是 x_t 的原因	0.39841	0.04585	拒绝
	x_t 不是 y_t 的原因	1.58648	0.26547	接受

若概率值小于 0.05,表示因果关系在 5% 的显著性水平下成立;若概率值小于 0.1,表示因果关系在 10% 的显著性水平下成立。反之,因果关系不成立。

4. 产业结构变动的生态环境效应

通过两组变量的典型相关分析可知,巢湖流域三次产业结构与生态环境质量的相关性。将第一个典型变量 y_1 和 y_4 提取出来,典型载荷分别为 0.780、0.920。对应的效应变量为第一产业和第二产业,典型载荷分别为 0.836、0.942。这说明巢湖流域第一产业和第二产业对水环境和大气环境的影响较大,而且第二产业相对影响更大。

将第二个典型变量 y_2 和 y_3 提取出来,其典型载荷分别为 -0.940、-0.750,控制变量中与之相对应的主要解释变量为第三产业,其典型荷载为 0.452。这表明巢湖流域第三产业对环境质量的影响较小。

因此,巢湖流域三次产业结构对环境质量的影响简单地说:第一产业和第二产业对水环境和大气环境的影响显著,第一产业比第三产业对水环境和大气环境的影响显著,这与一般认为第三产业对环境影响大于第一产业的看法不一致,是巢湖产业结构与环境关系中表现出来的一个特点,这可能与巢湖流域第一产业农业面源污染严重有关。

巢湖流域第一产业对生态环境的影响有其自身的特点,首先是面源污染大于点源污染;其次是流入湖泊的氮、磷营养盐与耗氧有机物为主要污染成分;另外秸秆焚烧和农药化肥的大面积使用也对环境造成了重要的影响。归纳起来,主要是由于种植业中的农田化肥和农药流失;畜牧业牲畜粪便流失;水产养殖业的排磷。此外,农田水土流失和湖岸崩塌带来的泥沙淤也加重了流域的面源污染。

巢湖流域第二产业主要以工业为主,第二产业的构成方式决定了能耗水平以及污染物产生和排放水平要远大于第一产业和第三产业,在三次产业中对环境的影响最大。特别是近年来,随着承接珠三角产业结构转移和省会工业圈的打造,流域第二产业得到快速发展,特别是重工业及加工业的发展所排放的大量废弃物使环境受到更加严重的污染。近年来,工业排污占流域废气、废水、固体废弃物的比重一直在85%、70%、80%左右。造成大气污染的行业依次为电力、冶金、化工、建材、煤炭等。废水排放量最大的行业是化工、石油、化纤、电力、纺织冶金、造纸食品等。工业废渣的排放主要集中于电力、黑色冶金、煤炭、有色金属等行业。

相对第一产业、第二产业来说,第三产业对环境的影响是最小的。第三产业对生态环境资源的依赖很小,但旅游业、集体运输业、餐饮业等行业的发展对生态环境质量有直接影响,巢湖流域第三产业的支柱行业是交通运输业、餐饮业、旅游业等传统行业,信息服务业、技术服务业、水利管理业等对环境污染少的新兴行业在第三产业中所占的比重极低。由于多种原因,近年来巢湖流域第三产业在快速发展的同时,对生态环境也产生了许多消极影响。

三、产业内结构细分与生态环境效应

(一)不同产业类型的生态环境影响

产业结构指区域经济中产业组成要素的构成和各产业部门之间的相互联系与量的比例关系,其研究对象为区域内的所有产业。因此,产业结构变化既包括各产业之间在发展规模上的数量比例关系变化,也包括各产业间联系方式或关联方式的变化。从流域产业发展的实际情况出发,考虑各产业发展对生态环境影响方式与程度的不同,在三次产业分类的框架下,将流域产业细分为以下七种类型:(1)种植业,包括粮食、经济、绿肥作物以及蔬菜、花卉等园艺作物生产;(2)林业,包括林木栽培、林产品采集等活动;(3)畜牧业,利用动物的生活机能,通过人工饲养、繁殖以取得畜产品的产业部门;(4)渔业,一般指采集、捕捞与人工养殖、繁殖水生经济动植物的产业部门;(5)工业,包括轻工业和重工业两大类;(6)建筑业,国民经济中从事建筑安装工程的勘察设计、施工安装和维修更新活动的物质生产部门;(7)其他产业,包括流域产业结构中除上述产业外的其他所有产业。

不同类型产业在其发展过程中,从自然环境中吸取所需要的资源不同,同时所释放出各种产品和废弃物对生态环境产生的影响也不同。(1)种植业:不适宜耕作和开垦会造成水土流失和土地退化;农业灌溉会改变地表和地下水循环、造成河流断流等,农业耕作中使用的农药、杀虫剂、化肥等常会污染自然水体;不合理耕作导致土壤沙化、酸化、盐渍化等土壤退化过程;秸秆燃烧所排放的各种气体会在不同程度上污染大气;(2)林业:林业采伐造成森林覆盖面积缩小,影响区域土壤蓄水能力,同时也会减少温室气体的吸收,能流、物流、产流功能衰退,影响生态系统的稳定性;(3)畜牧业:超载放牧会导致草场退化、土地沙化。畜禽粪便及废弃物会引起恶臭,还会污染土壤,如未加妥善处理随污水排放,将污染地面水和地下水;(4)渔业:饵料过量投放易引发水域环境中氮、磷含量剧增,使邻近自然水体富营养化,部分地区鱼类资源枯竭、鱼类繁殖过程受破坏,同时产生大量的有害有毒物质,危害渔业生物;(5)工业:轻工业产生的废水中含有各种大量矿物元素,容易引起水源的缺氧和富营养化,使水质变黑发臭;重工业产生的污水会导致主要河流、河段水环境恶化,破坏生态系统,同时轻重工业的大量用水加重了水资源的稀缺;(6)建筑业:建筑工地现场会产生噪声污染,不合理的运输和施工会造成建筑粉尘污染,是地表扬尘的主要来源,也是影响城市环境空气质量的重要因素[18]。

(二)不同产业类型的生态环境影响指数

依据上述七种产业发展对区域自然生态环境要素影响或干扰方式和程度的不同,对不同产业类型的生态环境影响在[1,100]区间内赋值,定义为不同产业类型的生态环境影响系数(表4),依此反映各产业单位产值比重的生态环境影响之间的比例关系,系数越大,表明该产业对环境负面影响越大[19]。

表4 不同产业类型的生态环境影响系数

产业名称	种植业	林业	畜牧业	渔业	工业	建筑业	其他产业
影响系数	55	30	45	35	90	75	20

依据各产业类型相应的生态环境影响系数对其值比例进行加权求和,得到区域产业结构的总体生态环境影响指数IIISNE,以表征一定产业结构对区域生态环境的总体影响和干扰状态(表5)。其公式为:

$$IIISNE = \sum_{i=1}^{7} IS_i \cdot E_i$$

式中 IIISNE 为区域产业结构的总体生态环境影响指数，IS_i 为 i 产业的产值比例，E_i 为 i 产业的生态环境影响系数。

表5 产业结构总体生态环境影响指数分级

生态环境影响指数	1—1.5	1.5—2.5	2.5—3.5	3.5—4.5	4.5—5
分级	弱	较弱	中等	较重	严重

(三)细分产业结构变化的生态环境效应

从流域各市产业产值比重构成(表6)可以看出，合肥、巢湖和六安三市产业结构的动态变化差异显著。

1.各市第一产业比重均持续下降，第二产业和第三产业波动上升；

2.巢湖市和六安市种植业比重相对较高，三次产业比重相差不大。而合肥市经济相对发达，第二产业和第三产业比重较高；

3.合肥市工业比重出现两次波动，从1998年到2001年的逐步下降到2007逐步上升，主要是由于承接东部沿海城市产业转移，工业产值比重增加，产业结构以工业和其他产业为主；

4.巢湖市各产业比重在时间尺度上比较稳定，说明三次产业的增加值比重相对平均。产业结构变化趋势是种植业和林业略有下降，工业和其他产业比重稳中有升，产业结构以工业、其他产业、植业和林业为主；

5.六安市以种植业、畜牧业比重显著下降与工业、其他产业比重上升为特征，产业结构发展为以工业、其他产业、种植业、畜牧业为主。

表6 1998—2008年巢湖流域各市产业产值比重构成

	年份	种植业	林业	畜牧业	渔业	工业	建筑业	其他产业 %
合肥市	1998	7.13	0.23	5.52	1.71	37.00	7.06	41.36
	2001	8.68	0.39	6.93	1.83	40.68	6.96	34.53
	2003	6.26	0.39	5.44	1.45	37.23	10.13	39.11
	2005	5.33	0.24	4.07	1.02	32.25	9.73	47.35
	2007	4.86	0.25	3.74	0.89	37.51	9.36	43.40
	2008	5.13	0.24	0.42	0.86	39.19	10.77	43.37
巢湖市	1998	15.33	9.23	7.18	5.69	24.23	6.56	31.79
	2001	18.01	14.36	9.14	7.58	22.89	5.70	22.31
	2003	16.06	13.14	8.60	6.87	23.24	6.54	25.24
	2005	17.76	10.76	7.75	6.42	21.82	6.34	29.15
	2007	16.52	9.95	5.66	5.22	27.43	6.13	29.09
	2008	17.39	9.94	6.02	4.96	29.17	6.80	34.72

续表

	年份	种植业	林业	畜牧业	渔业	工业	建筑业	其他产业 %
六安市	1998	24.31	2.70	13.76	4.51	20.82	5.60	28.29
	2001	22.83	4.84	19.40	4.99	20.78	4.12	23.05
	2003	15.95	4.14	19.23	4.41	22.35	5.80	28.11
	2005	18.80	2.87	14.10	3.97	21.42	6.01	32.82
	2007	16.59	2.97	12.78	3.71	24.52	6.48	32.95
	2008	16.92	2.99	13.47	4.08	28.75	5.97	27.79

通过比较 IIISNE 在不同时期的数值差异，得到在某一时段内产业转型的生态环境效应 SE，通过比较 SE 在各年的变化情况定量综合评价区域产业结构变化的生态环境效应[20]。

$$SE = \frac{R_{iiisne}(t_2) - R_{iiisne}(t_1)}{R_{iiisne}(t_1)} \times 100\%$$

式中 $R_{iiisne}(t_1)$，$R_{iiisne}(t_2)$ 分别为 t_1，t_2 时期产业结构的生态环境影响指数。根据合肥、巢湖、六安三市产业结构比例，得到 IIISNE 数值表（表7）。

表7 1998—2008年巢湖流域各市 GDP 与 IIISNE

	GDP 与 IIISNE	1998	2000	2002	2004	2006	2007	2008
合肥市	IIISNE	2.93	3.02	3.15	3.36	3.26	3.21	3.15
	GDP(亿元)	270.47	324.73	412.81	589.7	1073.76	1334.2	1664.8
巢湖市	IIISNE	3.13	3.06	3.15	3.30	3.23	3.16	3.13
	GDP(亿元)	206.36	190.23	222.73	294.62	344.52	404.62	479.3
六安市	IIISNE	3.15	3.03	2.81	2.56	3.08	3.12	3.24
	GDP(亿元)	170.14	170.9	196.23	253.1	363.34	439.83	534
流域	IIISNE	3.06	2.98	3.08	3.21	3.24	3.19	3.16
	GDP(亿元)	646	700.8	831.7	1137.4	1774.6	2178.7	2678.1

资源来源：《1998—2008年安徽省统计年鉴》，《安徽省环境状况公报》。

1. 流域内三市 IIISNE 值波动性变化，且数值偏高。三市产业结构整体对生态环境的干扰与影响程度偏高，该区域产业结构调整还没有缓解生态环境的压力；

2. 研究时段内，合肥市的 IIISNE 一直较高，维持在 3.0 以上，主要原因在于其较高的工业比重。并且合肥市的 IIISNE 有一定波动，产业结构变化对生态环境的影响程度先升后降，表明区域产业结构变化带来了正效的生态环境效应，部分缓解了合肥市的环境保护压力；

3. 研究时段内,巢湖市的 IIISNE 先升后降,在 2004 年达到最高的 3.30 后下降,表明产业结构对生态环境的影响程度逐步降低;

4. 六安市的 IIISNE 在 2006 年以前相对较低,大体上在 3.0 以下,但最近几年 IIISNE 持续增加,同时最近 5 年内市国内生产总值增加了 211%,说明六安市的社会经济快速发展是以生态环境的恶化为代价,产业结构的调整限制了人类活动对自然生态环境的扰动,表明了其经济发展的不可持续性;

5. 流域产业结构的总体生态环境影响指数经历先降后升的过程,以 2006 年为拐点,前一阶段基本处于上升的趋势,说明产业结构的变化对生态环境的影响压力较大。2006 年以后处于缓慢下降的趋势,产业结构的变化对生态环境的影响变小,这说明流域各县市积极落实《巢湖流域水污染防治规划》,取得正态的生态环境效应(图9)。

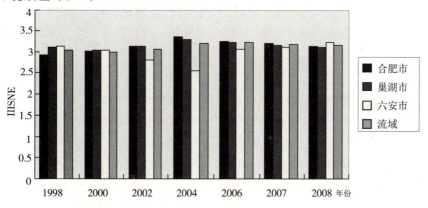

图9 1998—2008 年巢湖流域生态环境效应变化

资源来源:《1998—2008 年安徽省统计年鉴》,《安徽省环境状况公报》。

四、调整产业结构,促进生态环境改善

(一)优化第一产业结构,改善流域生态环境

巢湖流域产业结构中第一产业所占比重较大,高于全国平均水平。第一产业对生态环境的影响程度较大、面源污染大于点源污染,这是巢湖流域生态环境问题的一大特点。表现为种植业中的农田化肥和农药流失、畜牧业牲畜粪便流失、水产养殖业的排磷以及农田水土流失和湖岸崩塌带来的泥沙淤。农业面源污染不仅使环境质量下降,直接影响流域人民生活,而且将影响区域社会经济的快速发展。因此,充分利用流域农业资源优势,改变流域的耕作方式,提高农产品品种竞争力,优化调整第一产业势在必行。

1. 加快调整农产品种植结构

积极发展生态农业、有机农业,降低第一产业在三次产业中的比重。和传统农业相比,生态农业具有污染小、产值高等特点,第一产业的转变就是要改变作业方式,各级地方政府和农业相关部门应加强政策引导,并给予必要的技术支持。

2. 因地制宜地治理村镇生活污染,全面治理面源污染

生活污水和生活垃圾不得直接排入河道和湖库,以控制磷的排放。科学合理施用化肥农药,减少农药化肥的使用量。全面治理畜禽养殖污染,严格控制畜禽养殖规模,鼓励养殖方式由散养向规模化养殖转化,对于牲畜的粪便集中处理,配套建设垃圾渗滤液处理站,防止垃圾渗滤液对水环境的污染。

合理配置土地、水、资金、技术、劳动力等生产要素,大力发展农业基础设施。优化农产品品种结构,发展特色农业,多种经营,促进我国传统农业和传统工业与现代工业体系和现代服务业相结合,大力开展农副产品深加工工业,改变传统的农业作业方式,从根本上减少第一产业对流域的面源污染。

(二)调整传统工业结构,大力发展现代制造业

1. 制定更加严格的环保准入制度,优化产业结构

对化工、造纸等重污染行业,制定严于国家的行业排放标准和排污收费标准,重点监管并加强对工业企业氮、磷污染物排放的控制。达不到排放标准的企业,要停产治理或关闭。严格审批对环境污染严重的工业企业,特别对于会造成氮、磷大量排放的企业,一律停止审批和建设。改变流域不合理的工业体系,结合流域实际情况,努力优化流域产业各行业的分工布局和结构,建设高效、环保的工业体系。尽管目前流域的工业规模不小,但是大部分以装配为主,产业中粗加工、低附加值、产品雷同现象较多。转变传统高污染、高消耗、低效率的工业发展模式,大力培育高效率、低污染的低碳环保产业,加快技术创新,增加产品的附加值。引进一批高技术含量、高附加值的工业企业成为行业主导,增加产品的技术含量和竞争力,促进流域工业形成快速、高效、生态的发展模式。

2. 加强生态工业园区建设

生态工业园区是将各关联企业集中到工业园集中生产和管理。在现实园区生产过程中,企业之间存在相互依存关系,一家企业排放或弃之不用的副产品可以作为另一家企业利用的原材料,使园区产业生态系统生产力和生态经济效益显著提高,从而最大限度地利用自然资源,减少园区废弃物的排放。合肥市在生态工业园建设方面已有初步的尝试,政府应加大政策扶持和技术支撑力度,构建流域科学、文明、现代的生态工业园区。

3. 大力推行清洁生产,积极发展循环经济

对化工、造纸、煤电等行业及有严重污染隐患的其他企业,实施强制清洁生产审核和管理。对基础较好、节能减排措施得力的企业,要引导其优化重组,形成规模效应,逐步用先进生产能力替代落后生产能力,提高区域环境绩效。此外,要淘汰一批生产力落后的工业企业,培育和发展新的经济增长点,打造以高新技术主导的产业结构。继续加大对电子信息、生物工程、新材料和光机电一体化等高新技术产业的投入比重,打造成流域未来的主导产业。

(三)大力发展第三产业,推进产业结构高级化

一方面通过创造性的知识集约化的发展来促进产业结构的进一步高加工度化、高附加值化,另一方面在产业结构发展过程中,随着第三产业比重不断增大,出现经济服务软化的趋势。以金融、保险、信息、旅游、房地产等为主要内容的现代服务业的发展代表着世界经济发展的大趋势,应加大资金、技术的投入,以提升第三产业在整个流域中的比重,促进产业结构的优化升级,减低产业结构对生态环境的影响程度。

我国是目前世界上最大的 IT 产品消费国家之一,同时也是当今世界参与信息产业国际分工最多的国家。我国东部沿海地区已经集中了大量发展信息产业所必需的人力资本,较低的劳动力成本使我国的 IT 产业具有强大的国际竞争力。巢湖流域在承接沿海产业转移,努力打造合肥经济圈过程中,应该抓住这次发展机遇,通过参与信息产业的分工合作,既实现充分就业,也获得较高的经济社会效益。而且信息产业对环境的影响效应较小,应该大力扶持和发展,使之成为流域未来的主导产业。

随着工业化的推进和城镇化进程的加快,流域将进入城市化快速发展时期。城市的发展会带动第三产业部门投资的增长,尤其是会带来房地产、城市基础设施建设投资的增长,社会对服务业的需求将日益增大。与此同时,随着收入水平提高,住房、医疗、教育等方面的改革继续影响国民的预期和消费支出,服务消费支出比重将不断增加。这些因素都将推动服务业快速发展。巢湖流域的服务业和沿海等城市相比,产值比重偏低,在吸引人口就业等方面还存在较大差距。其中,满足人们提高生活层次需求的文化、教育、旅游、电信服务得到较快发展,而为生产提供服务的金融、电子商务、新型物流发展则相对缓慢。

(与袁抗生合作研究)

产业生态化与巢湖污染防治

巢湖是我国著名的五大淡水湖之一,属于长江中下游北岸水系,位于安徽中部江淮之间的丘陵地带。主要入湖河流有杭埠河、丰乐河、南淝河等9条,岸线周长180km。以中庙—姥山—齐头嘴为界,将巢湖划分为东、西两大湖区,行政区划调整后成为合肥内湖。

巢湖流域主要包括合肥、六安2市,流域人口近千万,占全省人口的近1/5。巢湖不仅是久负盛名的旅游胜地,也是皖中工农业生产和人民生活的重要水源。巢湖流域的主要水体是合肥、(原)巢湖等城市用水的主要水源之一,具有生活用水、工业用水、农灌用水、水产养殖、航运、蓄排水和调节气候及旅游观光等多种功能,是沿湖人民赖以生存的资源和环境基础。巢湖水体质量直接关系到当地社会经济发展目标的实现。

一、巢湖污染现状

目前,巢湖及其流域生态环境破坏严重,湖盆淤积,水质恶化,已成为长江中下游地区典型的富营养化湖泊。巢湖的富营养化由来已久,早在20世纪70年代就多次出现水华现象。自"九五"时期就被国务院列为重点治理的流域和区域。"十五"期间,各级政府对巢湖流域治理高度重视,投入了大量的资金和技术用于巢湖流域的水污染防治工作。近年来,巢湖蓝藻发生呈加速趋势,出现频度增加,范围扩大到全湖。水质的严重恶化已成为巢湖流域经济、社会发展的瓶颈,严重影响和制约了流域内经济、社会的可持续发展。

20世纪50年代以来,巢湖流域的植被破坏和水土流失严重,大量有机质排放入湖。改革开放以后,随着工农业生产的发展和人口的猛增,城镇化进程不断加快,城市范围不断扩大,给巢湖地区的自然环境造成巨大的生态压力。上游水源地林木横遭砍伐和土地资源大量开发,水土流失严重,加速了湖盆的淤积;城市生活污水和工业废水的大量排放、农业滥施化肥、农药,巢湖水体污染严重,出现富营养化;由于建闸和围垦,使巢湖水生植物破坏殆尽;长期酷渔滥捕,水产资源面临枯竭,渔获量逐年减少。

20世纪90年代,巢湖水体呈现严重的富营养化,引起了党和政府的高度重视。2007年6月30日,中共中央政治局常委、国务院总理温家宝在江苏无锡召开的太湖、巢湖、滇池治理工作座谈会上指出,要把治理"三湖"作为国家工程,摆在更加突出、更加紧迫、更加重要的位置,坚持不懈地把"三湖"治理好。尽管采取了一系列的举措,但巢湖湖体水质总氮、总磷还是超标严重,湖体为劣V类水质,西半湖污染程度明显重于东半湖。巢湖西半湖处于中度富营养状态,东半湖处于轻度富营养状态,全湖平均为中度富营养。其特点是面源污染大于点源污染,流入湖泊的氮、磷营养盐与耗氧有机物为主要污染成分。

二、巢湖水质污染原因

对流域系统内部要素和外部环境的综合分析表明,造成巢湖严重污染的原因比较复杂。自然环境因素也是造成巢湖水环境恶化的原因之一,巢湖光热资源丰富,湖水浅,阳光穿透性好,水体温度上升快,有利于水藻生长;流域内植被覆盖率低,水土流失严重;湖水封闭,容易加剧营养物质在湖内滞留和水生生态环境的恶化;地层中的含磷层位是磷污染来源之一。从经济学理论而言,产业结构与发展模式是造成污染加重的重要人为因素。

(一)工业污染源

巢湖全流域有工矿企业3000多家,工业废水排放量为每年2亿多 m^3,排入巢湖的工业废水和生活污水每年达50万吨以上,其中大部分工业废水和生活污水未经处理就直接排入巢湖。合肥市区工业废水、生活污水主要由流经合肥的南淝河排入巢湖,是巢湖污染的主要来源。

(二)农业污染源

农村面源染源是巢湖的重要污染源之一。巢湖沿湖四周均是农田,是安徽省的主要商品粮生产基地。污染源分散,细水慢汇。流域内农田化肥、农药施用量逐年增加。由于肥料结构和施用方法不科学,实际利用率不高,有相当一部分氮、磷流失入湖，成为巢湖水体富营养化面源污染氮、磷的重要来源。全流域每年化肥使用量约为27万吨，每年至少携带6000吨氮和2800吨磷入湖。

由此可以看出，产业结构不合理造成的环境问题日益突出，传统的产业结构和发展模式造成资源利用率不高，废物产出量大，且排放出来的废弃物得不到有效处理和利用。目前，工业废水和生活污水的治理工作已得到广泛重视，但农业面源污染尚未得到应有的关注。

三、产业生态化与巢湖污染防治

生态环境的变化归根结底是由人类自身的生活要求和人为活动造成的，盲目追求经济效益而忽视环境及资源问题造成不同程度的污染，进而影响社会发展和人民生产生活，从而陷入一个恶性循环，如此反复。因此，环境问题不单纯是生态范畴的问题，它受到不同部门资源配置以及相关产业政策和相应产业结构的影响。一方面，单从生态环境治理角度出发，势必会造成过分强调经济污染治理而忽视由此带来的各种经济和社会问题；另一方面，单从经济学原理角度出发，会导致过分强调经济效益，只能在一定程度上取得阶段性成果，而不能从根本上解决环境污染问题，还会造成一系列有悖于可持续发展战略的问题。因此，要从根本上解决巢湖污染问题，必须站在可持续发展战略的高度，调整优化产业结构，彻底断开污染源。传统产业以"高消耗、高污染、低效益"为特征，增长方式已不适应生态经济和可持续发展的要求，为了追求经济效益与环境协调发展，循环经济学理论为可持续发展战略带来了新的思路。循环经济将清洁生产和废物利用融为一体，实行废物减量化、资源化和无害化，有效保护和改善生态环境，采用"资源—产品—再生资源"的反馈式流程，是对"资源—产品—污染排放"线性经济模式的根本变革。

根据资料分析，导致巢湖水质恶化的工业、农业污染源很大部分来自合肥。合肥市目前正处于生态城市建设的中期起步阶段，要实现建设生态城市的目标，就必须构建合理的产业结构与发展模式。产业生态化是指依据生态经济原理，运用生态规律、经济规律和系统工程的方法来经营和管理传统产业，以实现产业的社会经济效益最大、资源高效利用、环境污染最小和废弃物循环利用为目的。产业生态化的关键在于：在宏观上，协调产业之间的结构和功能，促进各种物质的合理利用和循环运转；在微观上，通过清洁生产、环境设计等手段，提高资源的利用效率，尽可能降低物耗、能耗和污染排放。

产业生态化是解决巢湖水质恶化的根本途径。推进巢湖流域的产业生态化，关键在于大力发展生态型产业。

一是大力发展生态农业。用现代科学技术对传统农业进行升级改造，在一定区域内因地制宜地规划、组织并发展起来一种多级、分层次优化利用农业资源的集约经营管理的新型农业生产的产业形式。围绕提高农业可持续发展能力，降低农业资源消耗，提高农业整体素质和水平，增加农民收入等总体要求，通过调整农业结构、发展现代化农业、建设生态农业示范区，逐步发展精细种植业、精品养殖业和深加工业，推广农业废弃物的无害化、资源化处理技术，推动传统农业的生态化和向现代化转变。

二是大力发展生态工业。工业是现代城市经济的核心，也是城市赖以生存和发展的基础。同时，工业是影响一个城市社会发展和环境质量的重要因素，是城市最主要的污染源。生态工业就是以生态经济学的理论为指导，运用各种先进的科学技术，尊重经济规律和自然生态规律，实现对自然资源的充分合理利用和对生态环境无污染或少污染的一种现代工业生产形式。发展生态工业是产业生态化的核心内容。多要素、大范围的生态工业系统的构建必须成为生态城市建设的重要内容。

工业污水和农业面源污染是巢湖水质受污的主要源头，要治理、改善巢湖水环境，从根本上解决污染问题，就要全面系统地改造传统的农业、工业模式，使产业生态化，结构合理、生态产业系统完善。钢铁、化工、造纸、发电厂等企业，要积极改造生产模式，走循环经济道路，充分利用资源，减少污染废弃物的排放。

构建产业生态化技术平台的同时，需要不断完善法律法规体系，引导产业生态化，使产业生态化发展有法可依，有章可循。在此基础上，地方各级政府结合本地实际情况，制定适合当地需要的产业生态化发展条例、规范性文件，放宽市场准入条件，制定切实可行的扶持和培育规划。

产业生态化的内涵远远不止工业农业的发展模式转型以及现代服务业的发展，它还强调在人类生存和发展的自然生态环境可再生的基础上，达到人—社会—自然之间的协调持续发展。依据生态经济学原理，运用生态、经济规律和系统工程的方法来经营和管理传统产业，以实现其社会、经济效益最大、资源高效利用、生态环境损害最小和废弃物的多层次利用。

社会经济发展与巢湖流域生态演化

水是工农业生产的重要原料,也是人类赖以生存的宝贵自然资源,没有水就没有生命,就没有良好的自然环境,也就无法实现社会经济的可持续发展。当今世界已经进入一个水资源紧张的年代,出现全球范围的水危机,水域污染与水资源短缺已成为当前全球生态环境危机的一大问题,水环境保护中的水域富营养化综合治理迫在眉睫。我国的水环境也日趋恶化,水资源可利用率降低。新中国成立后,随着许多新城镇建立,人口密集,人类活动加剧,流域水环境急剧恶化。改革开放后,随着流域人口、工农业生产快速增长和流域大规模经济开发,需水量和废污水排放量增大,相应增加了入湖污染量,导致流域环境的生态调节和自我恢复能力大幅下降,引起水体污染,频繁出现富营养化现象等许多生态问题,湖泊富营养化问题日益尖锐,从多个方面影响流域工农业生产、人民生活、饮水和旅游等活动的正常进行。水污染已经严重制约流域城市区域经济发展,并影响当地人民的生产和生活质量。一些流域环境治理的速度赶不上环境污染和生态破坏的速度。中国平均每年有 20 个天然湖泊在消亡,新中国成立 50 年来已经减少了约 1000 个内陆湖泊[21]。

作为我国五大淡水湖泊之一的巢湖,同样面临着这样的问题。巢湖的形成距今约 1.2 万年,古巢湖面积约为 2000km²,经过漫长岁月的演变和人类的活动,形成了今日的巢湖,因其形似鸟巢,故名"巢湖"。20世纪50年代,巢湖生态环境良好,是镶嵌在江淮大地的一颗耀眼明珠,是抚育江淮儿女的母亲湖。其水质优良、矿化度很低、水草茂盛、溶氧丰富,是鱼虾肥美的鱼米之乡。但是,20世纪70年代巢湖开始出现"水华"污染现象,湖泊水质开始下降;到80年代,湖泊的富营养化扩展到全湖;90年代,全湖处于重富营养化状态,湖水质超过了国家规定的Ⅴ类水质标准。1986—1990年底的"七五"国家重点攻关课题《巢湖水域环境的生态评价及对策研究》的结论是:全湖约73.3%的水域处于富营养状态,约26.4%的水域处于重营养状态,约0.3%的水域处于异常(极富)营养状态[22]。近年来,随着巢湖流域人口增加、人类活动影响和社会经济快速发展,以及流域所处的特殊地理位置,巢湖的洪涝灾害、水质污染、湖泊富营养化以及沿湖生态退化、自然生态系统环境日益恶化,其中水污染和富营养化等水环境问题尤为突出。近期研究结果显示,巢湖已是中国典型的富营养化湖泊。在调蓄流域洪水、保障城市用水、发展农业灌溉、观光旅游、促进内湖水运和维持生态平衡方面发挥重大作用的巢湖水质一旦受到污染,必将影响巢湖区域社会经济发展,成为该地区进一步发展的环境瓶颈,影响该地区安全的投资环境,不能形成良好的人居环境并危及人们的身体健康。

加强巢湖水资源综合治理已经刻不容缓,党中央、国务院将巢湖流域列为国家"三河三湖"重点水污染防治工程之一,且为全国环境重点防治"33211"工程的首要位置。对巢湖进行系统的大规模研究始于20世纪60年代初,中科院南京地理研究所、华东水利学院、安徽省水产研究所等对巢湖的湖泊成因、湖泊特征、水产资源等进行了综合调查,合肥市环境监测站自1978年起对巢湖水系开展常规水质监测。"六五"期间,安徽省环境保护科研所的"巢湖水域环境的生态评价及对策研究"对湖泊生态环境中存在的问题作了大量的调查研究。但真正对巢湖进行全面深入研究的是1987年中国科学院南京地理与湖泊研究所巢湖富营养化课题组开始的为期三年的巢湖富营养化形成机制和防治措施研究,研究内容包括富营养化状况评价,湖泊营养盐外负荷量,沉积物理化性质和水土界面交换,磷、氮在湖体内的迁移转化,浮游生物量及其生态模型,湖泊流产和富营养化时空分布的数学模拟,湖泊功能区划和各功能区允许负荷量及消减量,富营养化防治途径和治理措施等[23]。"七五"期间,中国科学院南京地理与湖泊研究所等科研机构着重从生态学观点出发,运用系统分析方法,力图揭示巢湖富营养化形成、发展的机制,进而提出富营养化防治措施。安徽省也从"九五"开始对巢湖进行水污染综合防治,是经安徽省政府批准的第一个环境专项计划[24]。"九五"期间,美国生态和环境公司的亚行支援项目,从流域治理角度对巢湖流域水环境进行全面调查,提出综合环境管理规划。2001年,中科院合肥智能研究所、安徽省区划所与俄罗斯莫斯科大学合作开展了"富营养化湖泊治理"研究等。以上是或从生态学角度、或从纯治理技术角度对巢湖水污染的治理开展的研究。"九五"以来,历经多次大规模治污行动,先后投入大量资金,建成一批重点治污项目,污染物排放强度趋缓。近年来,巢湖水质恶化趋势得到初步缓解,水环境治理取得了一定成效[25]。但巢湖污染治理进程仍相对滞后于经济发展,目前还尚未从根本上有效遏制巢湖水质恶化和湖泊富营养化问题。随着流域社会经济的进一步发展,巢湖面临的污染治理压力更大。

一、巢湖水质污染现状

目前,巢湖水体氮、磷等营养负荷加重,湖泊出现富营养化,导致蓝藻暴发,水体严重污染。巢湖的污染是由于过分强调经济发展而导致一系列生态环境问题。但是,环境问题不仅受自然因素的影响,更主要的是受人类生产和生活的干扰,以及不同部门资源配置、相关产业政策和相应产业结构的影响。在巢湖治理方面,如果单方面从生态环境治理出发,会导致过分强调污染治理而忽视经济和社会问题[26]。不同的经济发展时期要有特定的产业结构与之相适应,产业结构的内容和水平反映了区域经济发展的内容和层次,产业结构的调整以致最终实现升级是提高区域经济发展水平的必要措施,是维持区域经济可持续发展的动力源泉。合理的产业结构是区域经济健康发展的前提,它不但有利于充分利用区域资源,发挥区域优势,提高区域产业经济效益,增强区域经济实力,而且还有利于满足区域不断增长的人口和社会发展需求[27]。因此,为了适应区域社会经济与生态环境的协调发展,有必要加快产业结构优化升级,早日实现经济增长方式转变,提高经济增长质量。

以流域为单元开展社会经济发展与环境演变相互作用及调控研究,是实现可持续发展的有效途径,自20世纪90年代以来,此方面的研究方兴未艾。范文华等定性讨论了黄河下游山东段水资源量减少及水质污染对山东经济发展的制约[28];马敏立等研究了白洋淀水量减少及水质恶化对安新县旅游业及水产品产量的影响[29];谢红彬等运用系统分析方法将人文驱动因素与太湖流域水质环境进行耦合,得到了流域人类活动与水环境相制约的4个发展阶段[30]。但是这些研究大多以定性描述为主。虽然黄智华等运用多元线性回归分析,定量研究了太湖水环境演变与流域内社会经济发展之间的关系[31];焦峰等使用了偏相关分析方法探讨了影响水环境污染的社会经济因子[32]。但是回归分析要求大量数据,其分布必须是典型的,并且计算工作量大,有可能出现反常的情况;偏相关分析要求两个变量是双变量正态分布。然而目前大多数地区的统计数据有限,没有什么典型分布规律,故采用以上两种方法难以达到目的。

对于一般的如社会系统、经济系统、生态系统等抽象系统都是由许多因素组成的,它们共同作用的结果决定着系统的发展态势。这些系统之间、因素之间是非常复杂的,特别是其表面现象及变化的随机性、模糊性,使人们在观察、分析、预测、决策时得不到全面、足够的信息,从而给复杂系统的分析带来困难。此外,水体环境是一个充满不确定性因素、变化复杂的环境。首先,由于受气候、土壤、生物和人类活动的影响,作为污染物载体的水流变化(水文过程)是一个不确定因素;其次,进入水体的污染物成分和数量也是随时间和空间而变化的不确定量;最后,由于水体的物理、化学、生物等随机因素的作用导致污染物在水体中的释放、扩散、分解和沉淀既遵循固有的变化规律,又存在不确定性的变异。因此,水环境系统是一个不确定的系统,可运用 20 世纪 80 年代由邓聚龙教授创立的灰色系统理论来进行研究。[33]又由于产业结构本身是一个动态系统,各层级间的关联度随着系统的发展、数据列的增长而不断变化。这个变化能反映系统的发展态势,便于对产业结构的机制进行宏观上的回顾与反思。因此,对产业结构关联度进行动态分析,有助于决策者对系统进行有效地调整和控制,因而更具实际意义[34]。为此,选择不同长度的数列,通过计算分别求出不同时间范围内各因素间的关联度,按时序排列,便构成产业结构各层次灰色关联动态矩阵[35]。

本部分主要运用灰色系统理论中的灰色关联分析法定量研究巢湖流域社会经济发展与巢湖水质之间的关系,以期阐明对巢湖水质影响较大的社会经济因子,探讨与巢湖密切联系的城区合肥市、(原)巢湖市产业结构和巢湖水污染的关联现状,分析产业结构与环境问题之间的关系,同时采用灰色预测模型对未来 5 年巢湖水质的污染状况进行预测,从而为确定污染物来源、促进区域经济可持续发展提供科学依据。

(一)巢湖水质污染现状

近期研究结果显示,巢湖是中国典型的富营养化湖泊。根据国家环境保护总局发布的《地表水环境质量标准》(GB3838—2002)(表 13),1991 年以来,巢湖水质整体是在波动中呈现下降趋势,其中高锰酸钾指数指标已达到Ⅲ类水质标准,总磷、总氮指标始终介于Ⅳ类和Ⅴ类之间,总磷指标在 2003—2005 年一直处于较高水平,2006 年才趋于改善(图 1)。

通过分析 1991—2006 年巢湖东半湖主要污染物指标变化趋势,我们可以看出:1991 年以来,巢湖市巢湖湖区高锰酸钾指数、总磷、总氮等主要污染物指标整体呈逐年下降趋势,除了 2001 年高锰酸钾指数指标出现最高峰,达到Ⅳ类水质,其余时间高锰酸钾指数指标已达到Ⅲ类水质标准,但是总氮指标在 1995—2001 年间基本处于劣Ⅴ类标准,其余时间总磷、总氮指标始终介于Ⅳ类和Ⅴ类之间,基本处于轻度富营养化状态。进而分析 1991—2006 年巢湖西半湖主要污染物指标变化趋势,合肥巢湖湖区水质介于Ⅳ类和Ⅴ类之间,一直介于中度和重度富营养化之间,其中 1997—2000 年高锰酸钾指数、总氮指标,以及 2001—2003 年各指标均有恶化的趋势,2004 年以后趋于改善。高锰酸钾指数指标除了在 1997 年和 2000 年有恶化的趋势,其他时间也基本平稳在Ⅲ类水质标准左右(图 2)。总体来看,巢湖西半湖污染程度明显重于东半湖。

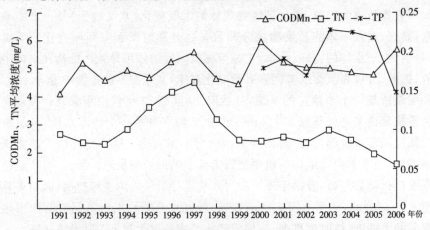

图 1　1991—2006 年巢湖主要污染物指标变化趋势比较

资源来源:《1991—2006 年安徽省统计年鉴》。

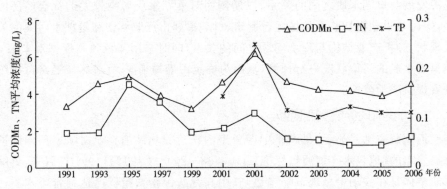

图 2　1991—2006 年巢湖东、西半湖主要污染物指标变化趋势比较

资源来源:《1991—2006 年安徽省统计年鉴》。

与 2005 年相比,2006 年巢湖湖区水质有所好转,总磷、总氮年均浓度较上年分别下降了 34.2% 和 18.9%,但是全湖仍呈中度富营养状态,巢湖湖体水质总体为Ⅴ类,东半湖呈轻度富营养状态,西半湖呈中度富营养状态(表 1)。巢湖环湖河流 12 个地表水国控监测断面中(包括两个纳污控制断面),Ⅲ类水质断面占 8%,Ⅳ、Ⅴ类占 67%,劣Ⅴ类占 25%[36]。湖区主要污染指标为总磷、总氮,环湖河流主要污染指标为氨氮和生化需氧量。在主要的 9 条环湖河流中,与 2005 年相比,杭埠河水质由好转为优,柘皋河、裕溪河水质由好转为良好,白石天河水质由良好下降为轻度污染,其他河流水质无明显变化。其中巢湖流域污染源主要排污城区为合肥市和巢湖市,表现为十五里河、派河、双桥河水质是重度污染,南淝河中度污染,且与2005年相比水质无明显变化[37](表2)。

表1　2006年巢湖湖体主要污染指标及水质状况

湖区	COD$_{Mn}$ (mg/L)	TP(mg/L)	TN(mg/L)	营养状态指数	水质 2006年	类别 2005年
西半湖	7	0.19	1.55	64	V	劣V
东半湖	4.5	0.11	1.67	53	V	V
全湖平均	5.8	0.15	1.61	60	V	劣V

资源来源:《2006年安徽省统计年鉴》。

表2　巢湖环湖河流2006年水质状况

水质类别	水质状况	河流名称
Ⅱ类	优	杭埠河
Ⅲ类	良好	柘皋河、裕溪河
Ⅳ类	轻度污染	白石天河、兆河
V类	中度污染	南淝河
劣V类	重度污染	十五里河、派河、双桥河

资源来源:《2006年安徽省统计年鉴》。

(二)巢湖水污染成因分析

巢湖水体严重富营养化,究其原因主要有以下四个方面:一是点源污染。主要来源于工业废水和城镇生活污水的大量排放;二是非点源污染。主要来源于水土流失、农业生产和农村生活污水;三是江湖交换水量的大幅减少。随着20世纪巢湖闸、裕溪闸的兴建,巢湖已成为半封闭型湖泊,与长江的换水周期加长,水体自然交换量大大减少,湖泊中氮、磷等营养盐输出能力变差;四是巢湖本身的含磷地质和湖底底泥的释放[38,39,40,41,42]。

1. 工业污水的排放

改革开放以来,流域内人类经济活动频繁、流域内的工业高速发展是水环境恶化的一个主要原因。短短30多年来,巢湖流域内工业生产的发展在全流域从无到有,从小到大。目前,流域内工业经济比较发达,全流域共有工矿企业2500多家,2006年,全流域工业总产值达819.4亿元,是1980年的155倍多,是2000年的2倍多(工业总产值按1990年不变价格计算,全部国有及年产品销售收入在 500 万元及以上的非国有工业企业)(图 3)。而流域内的合肥市是建国后发展起来的新兴工业城市,工业企业数占全流域的 52%。现已拥有机械、电子、化工、轻纺、冶金、食品、建材、医药等 34 个工业行业,形成汽车装备制造业、家用电器、化工及橡胶轮胎、新材料、电子信息及软件、生物技术及新医药和食品及农副产品加工业等八大重点产业。"十五"末,八大产业占合肥市工业总产值的比重达到 78.2%。

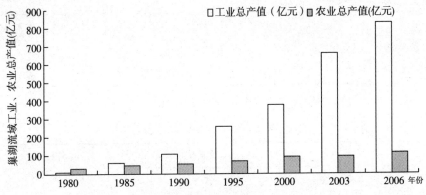

图 3　1980—2006 年巢湖流域内工业、农业总产值

资源来源:《1980—2006 年安徽省统计年鉴》。

然而,随着流域沿湖工矿企业生产的快速增长,年工业废污水排放量也增大,除少量废水处理达标排放外,绝大多数直接排入河道、湖泊,使巢湖水体营养负荷日益加重。2006 年,巢湖流域工业、生活污水全年排放量高达 45555 万吨,虽然流域内工业废水排放量自 1999 年以来有逐年下降的趋势,这说明近年来对工业废水的治理是卓有成效的,但毋庸置疑的是,工业废水仍然是巢湖流域水环境污染的重要污染源,2006 年,工业废水排放量已达 8133 万吨。其中,合肥市工业、生活污水全年排放量占流域内排放总量的 49.4%,工业污水全年排放量占流域内工业废水排放总量的 67.7%,而巢湖流域污水排放量占全省的 27.4%(图 4)。

2. 城镇生活污水的排放

随着经济的快速发展,巢湖流域内人口也在不断增长,2006 年末总人口已达到了 943.5 万人,比 1983 年增加 195.55 万人,占安徽省人口总数的 14.3%。巢湖流域非农业人口也一直呈增长趋势,2006 年比 1983 年增长 165.44 万人,是 20 世纪 80 年代初的 2.5 倍之多(图 5)。其中,合肥市到 2006 年末,户籍总人口为 469.85 万人,其中非农业人口 196.16 万人,农业人口 273.69 万人,市区人口为 193.14 万人。流域内快速增长的人口导致每年大量城镇生活污水的产生。流域内城镇生活污水排放量从 1999 年开始一直成快速增长趋势,2006 年城镇生活污水排放量已经比 1999 年增长 2.17 倍(图 4),城市污水中主要污染物磷来自家庭用的含磷洗涤剂。

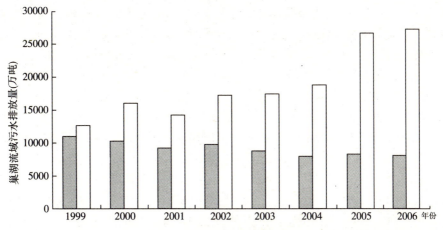

图 4　1999—2006 年巢湖流域内工业、城镇生活污水排放量

资源来源:《1999—2006 年安徽省统计年鉴》。

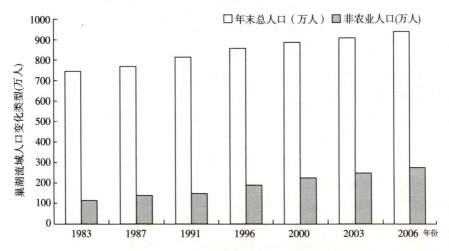

图 5　1983—2006 巢湖流域人口类型变化

资源来源:《1983—2006 年安徽省统计年鉴》。

　　人口的增长使山区林粮矛盾突出,又由于兴建大型水利工程,耕地面积减少了 2.8%。舒城县兴建龙河口水库时,占用熟耕地 5 万多亩,且对库区 4 万多移民未妥善安置,导致移民为解决口粮问题,乱砍滥伐、开荒种粮,致使森林覆盖率下降、绿化程度低,水土流失面积占流域总面积的 65.9%[43]。由此可见,人口的增长对流域生态环境的影响甚大。

3. 农村地面径流

巢湖流域内以地貌为主的自然条件复杂,从皖西大别山北坡延伸到沿江平原,按照水稻、旱粮、经济作物等栽培的土地类型,可以分为水田、冲田、旱地等耕地类型。由于流域内气候适宜,水资源充足,劳动力资源丰富,流域农业经济水平较高,是长江中下游主要农业区之一,是我国主要的商品粮生产基地,也是安徽省农业最发达的地区和粮食基地。其经济特点是以种植业为主、水产业为辅的多种经营,粮食生产占主导地位。2006 年,流域内农业总产值达到 116.8 亿元,比 1980 年增长 3 倍多(图 3)。但是,流域内人均耕地仅为全国平均水平的 56%,复种指数高。多项种植新技术的使用,高产出和高投入是近年来流域农业的特点,其负面影响是化肥、农药的过量使用。20 世纪 60 年代初,每公顷农田仅用化肥 76 千克,而到了 80 年代,每公顷农田施用化肥量增加到 758 千克,在水土流失严重的地区,每公顷的化肥使用高达 2015 千克。近年来,在巢湖流域,每年化肥和农药的用量分别为 60 万吨、1 万吨,每公顷化肥施用量高于全国平均水平约 150 多千克。如果有效率以 50% 来计算,每年将有 30 万吨化肥和 5000 吨农药从农田转向大气、地面径流、地下水或残留在土壤中。

4. 水土流失严重

巢湖流域属于北亚热带季风湿润区,应是林草丰茂的地方。20 世纪 50 年代后期以来,巢湖水源涵养林、水土保持林遭到 3 次大破坏,加剧了水土流失。另外,巢湖处于红壤地区,土壤易受侵蚀。巢湖流域森林植被覆盖率仅为 20%,低于全省平均水平 8 个百分点。平原圩区防护林网标准较低、低效、残次林占大多数,幼林比重大,郁闭度低,森林防护效益差。森林涵盖水源、保持水土能力较弱,水土流失已成为巢湖流域的突出问题,流失面积达到了 1773 km²,占流域面积的 19%。水土流失严重破坏了人类赖以生存的土地资源,使本来就十分稀缺的土地资源大量丧失,土层日益瘠薄,土壤养分随土冲走,生产力日趋下降[44]。其原因是树木过量砍伐,水土流失从几个方面影响巢湖水体,最突出的是对巢湖及其支流堤岸的破坏,使其不能阻挡含磷、氮的水土流失。据南京地理所根据不同流失区的土壤侵蚀模数推算,年侵蚀模数平均为 1098 吨/km²。大量泥沙入湖,增加了湖泊氮、磷营养负荷。据巢湖市环保局的资料显示,每年冲刷入湖的 100 万吨悬移质泥沙中,大约携带氮 600 吨、磷 10 吨[45]。

5. 水体交换能力下降

巢湖原是与长江相通的过水型湖泊,为防御江洪和蓄水灌溉,1962 年兴建巢湖闸,1968 年建裕溪闸,巢湖水体受闸堤控制,成为人工控制的半封闭性水域。建闸前,每年从长江流向巢湖的水量平均达 13.6 亿 m³,补给部分占总入湖径流量的 45%;建闸后,每年从长江流入巢湖的水量平均降至 1.6 亿 m³。长江和巢湖的水量交换大量减少,长江入湖水量减为巢湖径流量的 5%,巢湖不能接纳来自于长江之水以稀释湖内的污染物,湖水换水周期大大增长,湖内氮、磷不断积累,而且巢湖流域的入湖河流大多属于雨源型季节河流,时有河道断流,导致河流自净能力不足。水体自净能力基本丧失。另一方面,巢湖水域封闭,湖水浅,长江水补充减少,湖水中沉降物流动减少,致使湖中底泥量增加。营养物质在湖区长期滞留,水位受人为控制,湖水交换量大大减少。缓慢流动的水体,不仅有利于氮、磷等营养物质在湖区积累,而且还有利于增高浅水湖泊的温度,降低湖水的复氧能力,加快CO_2等的形成和底泥中氮、磷的释放,以致易形成湖底下层水体缺氧。据统计,每年滞留于湖内的氮约14961吨、磷约219.8吨,在湖泊生态系统内循环转化,为浮游植物生长提供了丰富营养源。同时,由于湖闸控制,冬春水位较高,露滩面积减小,致使湖岸大型水生生物难以萌发生长,并且巢湖生态系统结构单一,水生生物产量相对较小,使生态系统内部失去了与藻类争夺营养物质的竞争者,营养物质主要为藻类所摄取,导致湖内藻类繁茂生长,蓝藻暴发现象频繁发生,加快了湖泊富营养化进程[46]。

6. 含磷地质和湖底底泥的释放

巢湖地质条件特殊,巢湖地层中的天然含磷矿层中磷的释放,致使区域环境中磷的背景含量较高。北岸的富磷矿床面积约$40km^3$,每年携带大量的磷进入湖体。同时,巢湖流域土壤中总磷浓度也高于我国其他主要湖泊流域。由于巢湖污染物的长期积累,内源污染已十分严重,在水—沉积物交换过程中,由沉积物向水中释放的总磷每年约228吨,总氮约2100吨,底泥释放的氮磷贡献量约占全湖总负荷的10%左右。

水体的污染有两类,一类是自然污染;另一类是人为污染。随着流域人口、工农业生产的快速增长,在取得经济效益的同时,也相应增加了污染物的排放量、入湖污染量,加大了对自然生态环境的破坏,从而导致了流域环境的生态调节和自我恢复能力大幅下降,引起水体污染,频繁出现富营养化现象等许多生态问题,湖泊富营养化问题日益尖锐。所以当前对水体危害较大的是人为因素所造成的污染。

(三)巢湖流域水环境现存问题

1. 水域污染负荷居高不下

"十五"以来,国家及安徽省政府虽然对巢湖流域加大治理力度,使城市工业和生活入湖污染负荷有所减缓,但由于面上富磷地带、水土流失、巢湖底泥氮肥磷释放、农业灌溉水量回归等难以控制因素,入湖污染负荷仍然居高不下。

2. 富营养化严峻

自20世纪80年代后期起,巢湖湖泊整体逐渐呈严重富营养化状态,水生植物不断消失,大规模蓝藻时有爆发。湖泊环境容量下降,鱼类栖息地丧失,物种多样性下降;有毒蓝藻大量爆发。伴随着流域人口的不断增加和经济的快速发展,巢湖面临着更大的环境压力。

3. 湿地逐步退化消失

天然岸带和滩地是巢湖湖滨湿地的重要组成部分,由于沿岸缺乏防风防浪林和水保工程的防护,属于中崩塌和轻微岸塌的土岸长 66km,年崩塌入湖土方 34km³,约 57 万吨,损失农田 2600km²,造成湖体淤积。沿岸植物因控制水位提高而减少,加剧了风浪淘蚀作用,破坏了湖泊景观与植被缓冲带。另外,长期以来随着巢湖周边城市经济发展和人类生产活动的加剧,大量湖岸被侵占蚕食,部分岸线受风浪影响崩塌,巢湖湿地逐步退化消失,生物多样性减少,其污染净化功能急剧下降,湖泊衰老加速[47]。

三、研究范围与方法

环巢湖形成的合肥经济圈,北连沿淮城市群,南临沿江经济带,具有引领安徽省发展、加快安徽省崛起的重要作用。其中,合肥市是安徽省政治、经济、文化的中心,并与以上海为中心的长江三角洲经济区相邻。近年来,巢湖流域区域经济也快速发展,区域经济在安徽省的经济和社会可持续发展中具有举足轻重的作用,2006 年,流域 GDP 占全省的 29%。

流域气候。巢湖流域气候温和湿润,属于亚热带和暖温带过渡性的副热带季风气候区,四季分明,气候温和,雨量集中;年平均气温为 15℃—16℃,极端最高气温 39.2℃,极端最低气温零下 20.6℃;无霜期长,约为 224—252 天。流域内降水量年际变化较大,多年平均降水量为 1100mm。降水时间分布不均,3—5 月降水占年降水量的 28%,6—8 月占年降水量的 39%,9—11 月占年降水量的 21%,12—2 月占年降水量的 11%。每年 6、7 月由于副热带太平洋高气压与北方冷空气交锋而形成梅雨季节,雨量集中,局部地区 5—9 月降水量占全年降水量的 65%。夏季多暴雨,易发生洪涝灾害,从而形成较大的地面径流。

流域地形地貌。巢湖流域地形地貌较为复杂,位于江淮之间的丘陵地带,流域地势总轮廓是东西长、南北窄,有西高东低,中部低洼平坦,形成巢湖盆地的态势。四周分布有浮山、浮搓山、凤凰山、银屏山、冶父山、大别山、防虎山等山脉。按其地貌特征可以划分为低山区、低山丘陵区、丘陵岗地区、岗冲地区及冲积平原区 5 种类型。流域内低山、低山丘陵、丘陵岗地区共 2657km²。其中水土流失不明显的为 1151km²,占 43.5%;有明显水土流失的约 1500km²,占 56.5%,这表明地形坡度对水土流失的影响很大。

流域水系。巢湖流域的河流水系密度大,纵横交错。流域内共有大小 33 条河流,主要出入河流有 9 条,呈向心状分布汇入巢湖,分别为南淝河、十五里河、派河、柘皋河、双桥河、兆河、白石天河、裕溪河、杭埠河(图6),由裕溪河连接汇入长江。其中,合肥市域内有南淝河、十五里河、派河、杭埠河等4条入湖河流,径流量占流域总径流量的80%以上,流域跨合肥市与六安市的杭埠河是入巢湖水量最大河流,其次为南淝河,分别占总径流量的65%、11%。巢湖是构造盆地基础上发育起来的典型断陷构成湖泊,成湖时间距今约1万年左右,自然状态巢湖属于过流性湖泊,经主要出口裕溪河泄水注入长江,长江汛期江水倒灌入湖。1962年建成巢湖闸和裕溪闸,控制水位后基本上切断与长江自然状态下水量交换,巢湖由过水性河流型浅水吞吐湖成为人工控制水位的半封闭型水域。

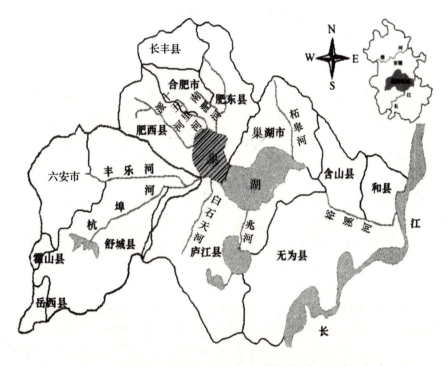

图6 巢湖流域位置示意图(其中斜线部分表示西半湖合肥市域内湖面,东半湖表示巢湖市域内湖面)

资源来源:《1991—2006年安徽省统计年鉴》。

流域内植被。巢湖流域内原生植被基本已不复存在,现存植被基本为人工林和次生林,以及大范围分布的种植农作物。森林植被主要分布于舒城、庐江、巢湖、肥东等县(市),森林覆盖率20%,低于全省平均水平(28%)8个百分点。流域内森林类型和种类较为单调,主要包括针叶林、阔叶林、经济林以及杂树灌丛林等。其中,针叶林主要分布在低山区与丘陵区,疏密不等,呈片状分布;阔叶林主要分布在流域西部以及西南部低山区;经济林分布零星,面积不大;杂树灌丛林主要分布于舒城、肥西两县西部丘陵岗地,面积小且分散。

(一)指标的选取及相关数据来源

一般来说,进入水体的氮、磷污染源分为点源和面源两大类。其中,点源污染主要是指富含氮磷的工厂企业废水和城市生活污水的排放;而面源污染主要是指通过地表和农田径流进入河流的氮、磷。自20世纪90年代初开始,农村人居和畜禽排泄物已不再用做肥料,绝大部分都是直接排入水体,进而成为河湖水体主要的氮污染源之一[48]。因此,根据对巢湖水质影响较大的污染指标选取CODMn(高锰酸盐指数)、TN(总磷)、TP(总氮)3个因子作为参考序列,水质资料为巢湖2000—2006年各年水质平均值,由安徽省环境监测站对巢湖湖面12个断面水质监测数据加工整理而成。作为比较序列的社会经济指标的选取依据污染物的主要来源,工业点源污染以工业总产值代表,农业面源污染以农业总产值代表,农村生活污水的排放以农业人口代表,城镇生活污水的排放以非农业人口代表[49,50]。社会经济资料系巢湖流域所辖市县的合计值,数据来源为《2001—2007年安徽省统计年鉴》。其中,工业总产值为全部国有及年产品销售收入在500万元及以上的非国有工业企业的产值;农业总产值是农林牧渔业的合计值计算,以上数据均按照1990年不变价格计算统计。

在研究合肥市、(原)巢湖市三次产业结构与巢湖水质污染程度的相关研究中,以第一产业、第二产业、第三产业增加值来反映产业结构构成,数据来源于安徽省统计局。水污染排放相关指标的选取主要以湖区和环湖河流主要污染指标总磷、总氮、氨氮和生化需氧量为依据,数据来源于安徽省环保局。化肥施用量的数据来源于《安徽省统计年鉴》。以上各指标均取自2002—2006年数据。

根据合肥全市规模以上工业主要经济指标,按国民经济行业分类标准,参照国家标准选取重点水污染行业工业增加值来反映工业构成,数据来源于《2001—2007年合肥市统计年鉴》;巢湖市以农林牧渔业增加值反映第一产业构成,数据来源于《2001—2007年安徽省统计年鉴》。两市以 TN、TP、CODMn 反应水质污染指标,数据由安徽省环境监测站对巢湖湖面12个断面水质监测数据加工整理而成。以上各因素均以一年为时间单位。

(二)研究方法

1.灰色系统理论

灰色系统理论是一种研究"小数据"、"贫信息"不确定性问题的新方法,也是一种兼备软硬科学特性的新理论。灰色系统理论的研究对象是"部分信息已知,部分信息未知"的"小样本"、"贫信息"不确定性系统。近年来,灰色系统理论发展较快,已初步建立起一门新学科的体系结构。它在众多科学领域中的成功应用,赢得了国际学术界的肯定和关注。据不完全统计,SCI、EI、ISTP、SA、MR 和

MA等国际权威检索机构跟踪、摘引我国学者的灰色系统论著3000多次[51,52]。

灰色系统理论主要包括灰色关联分析——关联矩阵、关联动态矩阵;灰色动态模型——GM(1,1)、GM(1,N)、GM(0,N)等;灰色预测方法——数列预测、系统协调(结构或控制)预测、灾变预测、季节灾变预测、拓扑预测;灰色局势决策——单目标决策、多目标决策;多维灰色评估——灰色统计、灰色聚类、多层次综合评估;多维灰色规划——预测型规划、灰色规则综合规划;灰色去余控制[53]。灰色系统理论与概率论、模糊数学一起并称为研究不确定性系统的3种常用方法,具有能够利用少数数据建模寻求现实规律的良好特性,克服了数据不足或系统周期短的矛盾[54]。

这种系统方法已经在农业、经济、医疗、生态、环境、水利、气象、地质、军事、历史、文化教育、交通管理、工程控制等十几个领域都得到了广泛的应用,收到了较为显著的经济效益和社会效益,成为软科学定量分析的重要工具之一[55,56]。

国内外对灰色数学在环境方面应用的最早报道是环境事故原因的分析与事故发生的预测。21世纪初期,国内外学者把它应用于环境、经济、社会、安全等领域。由于环境现象的复杂性和资料信息的不足,迫使很多学者对这些不确定性问题进行着广泛深入的研究。灰色系统理论在环境科学中的应用成果主要在以下四个方面[57,58,59]。

第一,系统关键因子的确定。对于系统关键因子的确定,灰色数学在灰色聚类和灰色关联度分析方面都有很多成果。环境灰色模型被应用于江苏省骆马湖水质关键因子分析,得出高锰酸盐、总氮、总磷、非离子氨硝酸盐等为关键因子。

第二,系统评价。用灰色聚类法对系统分析,确定系统状态,有较大的灵活性,可根据不同系统的不同特点,使用不同的线性或非线性白化函数。夏军用灰色聚类法对水文系统各种状况进行了分析,提出了一套完整的灰色水文系统模型。

第三,数列预测。对未来某一时刻环境要素进行预测,就可以预先了解环境发展的动向,在污染之前进行保护。数列预测的结果为灰色决策提供了依据。

第四,灾变预测。灾变预测也称为异常值预测,它与数列预测的区别在于前者只需要预测异常值出现的时刻,而异常值的大小是事先给定的,并且一般给定的不是一个具体值,而是给定这个值的上限或下限,这个数其实是个灰数。因此,灾变预测是对给定灰数发生时刻的预测。

2. 灰色关联分析法

灰色关联分析是灰色系统理论的主要内容之一,也是灰色系统分析、预测和决策的基础。对于信息部分明确、部分不明确的灰色系统,我们可以采用灰色关联分析方法来对其进行分析和讨论,并用关联度来描述各种信息之间的关联顺序。灰色关联分析的实质上就是关联系数的分析,对反映各因素变化特性的数据序列所进行的几何比较。先是求各个方案与由最佳指标组成的理想方案的关联系数,由关联系数得到关联度,再按关联度的大小进行排序、分析,得出结论。灰色关联度是两个系统或两个因素间关联性大小的量度,它描述系统发展过程中因素间相对变化的情况,也就是变化大小、方向与速度等的相对性,有关研究还将关联度分为四个等级(表3)[60]。如果两因素在发展过程中相对变化态势一致,即同步变化程度高,则两者的灰色关联度大;反之,两者的灰色关联度小。作为一个发展变化的系统,关联度分析实际上是动态过程态势的量化分析,即发展态势的量化分析,它根据因素之间发展态势的相似或相异程度来衡量因素间的接近程度。发展态势的比较,实际上就是系统有关统计数据列几何关系的比较[61,62]。

表3 关联度分级

关联度	评价描述	意义
0~0.3	低关联度	表明该指标所描述的专题要素与目标值有较大偏离,处于低发展水平
0.3~0.6	中等关联度	表明该指标所描述的专题要素与目标值有一定偏离,处于中等发展水平
0.6~0.8	较高关联度	表明该指标所描述的专题要素接近目标值,处于相对较高的发展水平
0.8~1	高关联度	表明该指标所描述的专题要素逼近目标值,处于相对高的发展水平

灰色关联分析从其思想方法上来看,属于几何处理的范畴,其基本思想是根据序列曲线几何形状的相似程度来判断其联系是否紧密。曲线越接近,相应序列之间关联度就越大,反之就越小。通过灰色关联分析方法可以分析出一个抽象系统所包含的多种因素中,哪些是主要因素,哪些是次要因素,哪些因素对系统发展影响大,哪些因素对系统发展影响小,哪些因素对系统发展起推动作用,哪些因素对系统发展起阻碍作用[63]。

通过计算而得到的关联曲线,几何特征与代数特征都得到了反映,是一种成熟的、简单的、准确的计算方法,这种方法优于传统的多因素回归分析法,具有原理简单、易于掌握、计算量小、计算简便、排序明确、对数据分布类型及变量之间的相关类型无特殊要求等特点,并且该方法对样本量的多少和样本有无规律都同样适用,不会出现量化结果与定性分析结果不符的情况。经过把意图、观点和要求概念化、模型化,从而使所研究的灰色系统从结构、模型、关系上逐渐由黑变白,使不明确的因素逐渐明确。故具有极大的实际应用价值,特别是在计算机科学与技术的支撑下,与数学毫不相关或关系不大的学科,如生物学、心理学、语言学、社会科学等,都有可能定量化描述和处理,从而使该方法的适用范围大大扩展。目前,灰色关联分析方法已在工程控制、经济管理、社会系统和环境工程等领域,甚至在复杂多变的农业系统领域都得到了广泛的应用[64,65]。

关联系数及关联度计算如下:

$$\xi_{0i}(k) = \frac{\triangle\min + \rho\triangle\max}{\triangle_{0i}(k) + \rho\triangle\max} \qquad r_{0i} = \frac{1}{N}\sum_{k=1}^{N}\xi_{0i}(k)$$

式中:$\triangle_{0i}(k) = |x_0(k) - x_i(k)|$ (i=1,2,…,n; k=1,2,…,m),x0(k)与xi(k)分别为参考数列和比较数列第 k 个指标的数,$\triangle_{0i}(k)$ 为 k 时刻两序列的绝对差;△min 为绝对差中的最小值,△max 为绝对差中的最大值,ρ 为分辨系数,且 ρ∈(0,1),通常取 ρ=0.5。r0i 为两序列的关联度;N 为数据个数[66,67]。

由于系统中各因素的物理意义不同。导致数据的量纲也不一定相同。为了便于比较,统一各指标量纲与缩小指标间的数量级差异,在进行灰色关联度分析时,一般都要进行无量纲化的数据处理,然后利用变换后所得到的新数据做关联度计算。本研究采用全距标准化对原始数据进行标准化处理,得到其标准化值[68,69]。

对于正向指标,指标值越大越好的指标,即

$$X'j = \frac{Xj - Xmin}{Xmax - Xmin}$$

对于逆向指标,指标值越小越好的指标,即

$$X'j = \frac{Xmax - Xj}{Xmax - Xmin}$$

式中:X′j 为标准化后某指标的值,Xj 为标准化前某指标的值(j=1,2,…,n),Xmin 为标准化前某指标的最小指标值,Xmax 为标准化前某指标的最大指标值。

3. 灰色理论预测和 GM(1,1)模型

灰色系统理论的核心是灰色动态模型,其特点是以灰色生成函数概念为基础,以微分拟合方程为描述形式的建模方法,揭示的是事物发展的连续过程。对于灰色量的处理不是寻求它的统计规律和概率分布,而是将杂乱无章的原始数据通过一定的方法处理,使用累加生成概念作为灰色量的"白化"工具,变成比较有规律的时间序列数据,再建立动态模型。对于建立的灰色 GM(h,n)模型,是差分函数方程的时间连续模型,括号中的 h 表示微分方程的阶数,n 表示变量的个数。h 越大模型所描述的内涵可能越丰富,但是阶次过高的系统其特征方程的求解越困难,而且精度并不一定高,结果也不是解析的[70,71,72,73]。

GM 模型概括地说具有以下几个特点:(1)建模所需信息较少,通常只要有 4 个以上数据即可建模;(2)不必知道原始数据分布的先验特征,对于无规律或服从任何分布的任意光滑离散的原始数据序列,通过有限次的生产即可转化成有规律序列;(3)建模精度较高,可以保证原系统的特征,能较好地反映系统的实际状况[74]。

灰色预测具有方法简单、资料容易获取、短期预测精度高、实用性较强,建模后还能进行残差辨识,即使较少的历史数据,任意随机分布,也能得到较高的预测精度。因此,在社会经济、管理决策、农业规划、气象生态等部门和行业都得到了广泛应用[66-75,75,76,77]。

GM(1,1)模型是灰色预测模型单序列一阶线性动态模型,即 h=1 的 GM(h,n)模型。该模型是根据多年离散的或连续的历史数据的变化中所隐含的规律而建立的模型,以预测今后几年甚至几十年变化的一种典型的趋势分析模型,是最常用的一种灰色预测模型[78]。灰色建模的设计思想是把原始非负数据序列经过一次累加后,形成一个递增数列,这个新数列数据点的连线接近于差分函数,曲线累加的次数越多,形成的数据点的连线也越接近某个差分函数,那么根据这个差分函数可以外推列下一个累加和,最后经过累减还原得到原序列预测值。

GM(1,1)模型基本的建模方法如下[79,80]:

设 x(0)=(x(0)(1), x(0)(2),…,x(0)(n))为原始序列,

x(1)=(x(1)(1), x(1)(2),…,x(1)(n))为累加生成序列

即:$x^{(1)}(k) = \sum_{m=1}^{k} x^{(0)}(m)$

则 GM(1,1)模型为: x(0)(k)+az(1)(k)=u

(a,u)T=(BTB)-1BTY

式中,$B = \begin{bmatrix} -\frac{1}{2}(x^{(1)}(2)+x^{(1)}(1)) \\ -\frac{1}{2}(x^{(1)}(3)+x^{(1)}(2)) \\ \vdots \\ -\frac{1}{2}(x^{(1)}(n)+x^{(1)}(n-1)) \end{bmatrix}$ $Y = [x(0)(2),x(0)(3)\cdots x(0)(n)]T$

模型的预测值为: X^(1)(k+1)=(x(0)(1)-u/a)e-ak+u/a

通过累减还原即可得到模型预测值:

X^(0)(k+1)= X^(1)(k+1)- X^(1)(k)   k=1,2,…,n

该模型具有很好的通用性,短期预测能够取得比较准确的预测结果[80]。灰色 GM(1,1)预测模型已在经济、生物、农业、电力、水利、地质和气象等众多领域得到广泛应用[81,82,83,84,85]。

模型建立之后,通常采用残差检验、后验差检验对模型的精度进行检验,其中后验差检验有后验差比值 C 和小误差频率 P 两个指标,检验合格后模型方可用于预测,当精度不在四级以内或认为精度不够时,需要对模型进行残差修正(表 4)[86,87]。

(1)残差检验:是一种逐点检验方法,定义相对误差 ε(k),平均相对误差 ε(avg)与精度 P0 如下:

$$\varepsilon(k) = \frac{x^{(0)}(k) - \hat{x}^{(0)}(k)}{x^{(0)}(k)} \times 100\%$$

$$\varepsilon(avg) = \frac{1}{n-1}\sum_{k=2}^{n}|\varepsilon(k)|$$

$$P0 = (1 - \varepsilon(avg)) \times 100\%$$

(2) x(0)的均值与方差分别为

$$\bar{x} = \frac{1}{n}\sum_{k=1}^{n}x^{(0)}(k), \quad S_1^2 = \frac{1}{n}\sum_{k=1}^{n}(x^{(0)}(k) - \bar{x})^2$$

q(0)的均值与方差分别为

$$\bar{q} = \frac{1}{n}\sum_{k=1}q(k), \quad n' < n$$

$$S_2^2 = \frac{1}{n}\sum_{k=1}(q(k) - \bar{q})^2$$

后验差比值 C 与小误差频率 P 分别为:

$$C = \frac{S_2}{S_1}, \quad P = P\{|q(k) - \bar{q}| < 0.6745 S_1\}$$

表 4 模型检验分类表

	相对误差 ε(k)	精度 P0	后验差比值 C	小误差频率 P
一级(好)	1%	99%	0.35	0.95
二级(合格)	5%	95%	0.50	0.80
三级(勉强)	10%	90%	0.65	0.70
四级(不合格)	20%	80%	0.80	0.60

4. 马尔科夫残差修正灰色模型

GM(1,1)模型虽然是最常用的一种灰色系统模型,但是 GM(1,1)模型也和其他预测方法一样有其局限性。当数据离散程度越大,即数据灰度越大时,预测精度越差。另外它对序列数据出现异常的情况考虑不够,因此 GM(1,1)模型在实际应用中普遍存在预测精度差的问题。为了解决上述缺点,对 GM(1,1)模型的改进方法已有很多种,如残差 GM(1,1)模型、无偏灰色模型、参数优化灰色模型、新陈代谢 GM(1,1)模型等,都在不同的场合下对 GM(1,1)模型进行了一定程度的改进。残差 GM(1,1)模型在实际应用中最为广泛,但其预测精度仍然不够理想,为此依据灰色模型的残差是一种马尔科夫链,采用残差数据正数化和马尔科夫状态矩阵对灰色残差模型进一步改进,以提高对其的预测精度,并在此基础上提出马尔科夫残差修正灰色模型。比较该方法与灰色预测模型的精度,实例表明该修正模型不仅可以弥补马尔科夫预测的局限,又可以弥补灰色模型的不足,具有较高的预测精度[88,89,90,91]。

马尔科夫过程是研究事物的状态及其转移的理论,它既适合于时间序列,又适合于空间序列。马尔科夫链分析方法是一种以概率论和随机过程理论为基础,运用随机数学模型来分析客观对象发展变化过程中数量关系的一种统计分析方法。转移概率反映了各种随机因素的影响程度,因而马氏链适合于随机波动性较大的预测问题,在这一点上恰恰可以弥补灰色预测模型的局限[92,93,94,95]。

马尔科夫残差修正灰色模型就是用 GM(1,1)模型拟合系统的发展变化趋势,并以此为基础再对随机波动大的残差序列进行马尔科夫预测。如果用 GM(1,1)模型得出的预测值与实测值的差值序列,即残差序列全为正数,那么可以用残差序列直接建立 GM(1,1)模型修正;若残差序列中存在负数,则对该残差序列灰色预测模型改进的关键是将残差数列的绝对值作为原始序列,然后再重新建立残差 GM(1,1)预测模型。可得到改进后的修正模型为[96,97]:

$$\dot{x}^{(0)}(t+1) = (x^0(1) - \frac{u}{a})e^{-a t} + \frac{u}{a} + \eta(t+1)\left[(x^{0'}(1') - \frac{u'}{a})e^{-a't} + \frac{u'}{a'}\right].$$

其中,

$$\eta(t+1) = \begin{cases} 1, & x^{(0)}(k) - \dot{x}^{(0)}(k) > 0 \\ 0, & x^{(0)}(k) - \dot{x}^{(0)}(k) = 0 \\ -1, & x^{(0)}(k) - \dot{x}^{(0)}(k) < 0 \end{cases}$$

通过对 GM(1,1)模型进行马尔可夫残差修正,残差修正模型考虑了残差的变化趋势,实践表明该修正模型能明显提高预测模型的建模精度。但是修正模型没有考虑预测中残差符号的变化规律,事实上,残差的变化具有较大的随机性,马尔科夫预报适合于随机波动较大的预报问题,文中将预测数据序列残差分成两种状态(+,−),然后预测残差符号[98,99,100]。

假设第 k 时刻模型的残差为正数,则记为状态 1;若为负数,记为状态 2,则把残差从状态 i 转移到状态 j 的概率记为一步转移概率 P,并且一步转移概率 P 可以用下式来估计:

$P_{ij} = M_{ij}/M_i$, $i=1,2$; $j=1,2$

式中:Mi 为残差 q(0)(k)为状态 i 的次数;Mij 为残差从状态 i 转移到状态 j 的次数,那么 Pij 的值构成如下:

$$R = \begin{bmatrix} P_{11} & P_{12} \\ P_{21} & P_{22} \end{bmatrix}$$

转移矩阵用向量Π(0)=[Π1(0),Π2(0)]表示初始状态分布,其中Π1 为状态 1(+)的概率,Π2(0)为状态 2(−)的概率,经过 n'步转移之后的状态概率用下式Π(n')=Π(0)R^n'式中Π(n')=[Π1(n'),Π2(n')],Π(n')是第 n+n'时刻残差状态概率,设第 n+n'时刻残差的符号为:

$$\sigma(n+n') = \begin{cases} +, if \pi_1^{(n')} > \pi_2^{(n')} \\ -, if \pi_1^{(n')} < \pi_2^{(n')} \end{cases}, n = 1, 2, \cdots$$

四、研究结果

依据灰色关联分析方法,通过数据的无量纲化转换,通过计算可以得出 2000—2006 年间巢湖水质和巢湖区域社会经济指标的关联度(表5),结果显示,巢湖区域社会经济指标与巢湖水质指标 CODMn 主要关联顺序为工业总产值(0.64)、农业人口(0.63)、年末总人口(0.60);与巢湖水质指标 TN 主要关联顺序为国内生产总值(0.79)、农业总产值(0.77)、工业总产值(0.71);与巢湖水质指标 TP 主要关联顺序为农业人口(0.63)、非农业人口(0.60)。

表5 2000—2006 年巢湖水质和社会经济指标的关联度

	COD_{Mn}(mg/L)	TN(mg/L)	TP(mg/L)
年末总人口(万人)	0.60	0.50	0.59
非农业人口(万人)	0.58	0.54	0.60
农业人口(万人)	0.63	0.56	0.63
农业总产值(万元)	0.57	0.77	0.57
工业总产值(万元)	0.64	0.71	0.52
国内生产总值(亿元)	0.55	0.79	0.58

(一)合肥市产业结构变化与巢湖西半湖水质关系

2006 年,合肥市 GDP 为 1073.76 亿元,是 1990 年的近 19 倍。三次产业结构由 1990 年的 28.7∶45.3∶26 调整为 2006 年的 5.8∶47.5∶46.7,第一产业比重有大幅下降,第二产业比重总体保持平稳趋势,在产业结构中仍占有较大比重;第三产业比重稳步提高,比 20 世纪 90 年代初提高 20% 左右(图7)。

根据灰色关联分析法,在分析合肥市的三次产业与巢湖西半湖水污染相关程度时,我们可以发现合肥市水污染指标中与产业结构关联度较强的是工业废水中氮氨、COD排放量(表6),在众多因素中,工业的污染物排放更大程度上影响产业结构的变化。

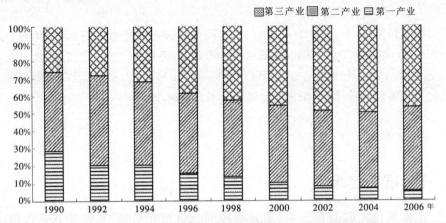

图7　1990—2006年合肥市主要年份产业结构比重变化示意图

表6　2002—2006年合肥市产业结构与水污染关联度

	第一产业	第二产业	第三产业	关联度平均值
工业废水中氮氨排放量	0.8069	0.8102	0.8379	0.8183
工业废水排放总量	0.8125	0.8232	0.7903	0.8087
工业废水中COD排放量	0.8119	0.7808	0.8187	0.8038
氮肥施用量	0.6976	0.7253	0.7600	0.7276
磷肥施用量	0.6771	0.6992	0.7310	0.7024
城镇生活污水中COD排放量	0.4925	0.5574	0.5517	0.5339
钾肥施用量	0.5761	0.4952	0.5225	0.5313
城镇生活污水排放量	0.5072	0.4413	0.4700	0.4728
城镇生活污水中氮氨排放量	0.4897	0.4364	0.4635	0.4632

就合肥市而言,2000—2006年工业中各行业与巢湖西半湖水污染关联度较强的为电力、热力的生产和供应业(0.6768),食品制造业(0.6743),有色金属冶炼及压延加工业(0.6512)(表7);2002—2006年工业中各行业与巢湖西半湖水污染关联度较强的为食品制造业(0.7214),纺织业(0.7105),有色金属冶炼及压延加工业(0.6970)(表8);2004—2006年工业中各行业与巢湖西半湖水污染关联度较强的为皮革、毛皮、羽毛(绒)及其制品业(0.7264)、交通运输设备制造业

(0.7214)、饮料制造业(0.7163)(表9)。

表7 2000—2006年合肥市工业分行业与巢湖西半湖水质污染关联度

行业	关联度	行业	关联度
电力、热力的生产和供应业	0.6768	造纸及纸制品业	0.6177
食品制造业	0.6743	皮革、毛皮、羽毛(绒)及其制品业	0.6161
有色金属冶炼及压延加工业	0.6512	塑料制品业	0.6159
金属制品业	0.6337	烟草制造业	0.6144
饮料制造业	0.6313	化学原料及化学制品制造业	0.6064
燃气生产和供应业	0.6301	交通运输设备制造业	0.6060
化学纤维制造业	0.6295	医药制造业	0.6058
纺织业	0.6289	农副食品加工业	0.6025
专用设备制造业	0.6281	通信设备、计算机及其他电子设备制造业	0.6024
印刷业和记录媒介的复制	0.6233	黑色金属冶炼及压延加工业	0.5974
石油加工、炼焦及核燃料加工业	0.6226	电气机械及器材制造业	0.5915
非金属矿物制品业	0.6201	橡胶制品业	0.5662

表8 2002—2006年合肥市工业分行业与巢湖西半湖水质污染关联度

行业	关联度	行业	关联度
食品制造业	0.7214	燃气生产和供应业	0.6443
纺织业	0.7105	石油加工、炼焦及核燃料加工业	0.6405
有色金属冶炼及压延加工业	0.6970	医药制造业	0.6374
饮料制造业	0.6853	农副食品加工业	0.6359
印刷业和记录媒介的复制	0.6752	化学原料及化学制品制造业	0.6272
金属制品业	0.6692	通信设备、计算机及其他电子设备制造业	0.6269
造纸及纸制品业	0.6624	化学纤维制造业	0.6168
非金属矿物制品业	0.6576	交通运输设备制造业	0.6125
塑料制品业	0.6523	电气机械及器材制造业	0.6124
皮革、毛皮、羽毛(绒)及其制品业	0.6495	黑色金属冶炼及压延加工业	0.6021
电力、热力的生产和供应业	0.6473	烟草制造业	0.5954
专用设备制造业	0.6458	橡胶制品业	0.5449

表9 2004—2006年合肥市工业分行业与巢湖西半湖水质污染关联度

行业	关联度	行业	关联度
皮革、毛皮、羽毛(绒)及其制品业	0.7264	电力、热力的生产和供应业	0.708
交通运输设备制造业	0.7214	烟草制造业	0.707
饮料制造业	0.7163	专用设备制造业	0.707
金属制品业	0.7154	纺织业	0.7066
造纸及纸制品业	0.7153	医药制造业	0.7064
化学原料及化学制品制造业	0.7122	石油加工、炼焦及核燃料加工业	0.706
电气机械及器材制造业	0.7121	通信设备、计算机及其他电子设备制造业	0.706
印刷业和记录媒介复制	0.7121	非金属矿物制品业	0.7057
食品制造业	0.712	农副食品加工业	0.7057
有色金属冶炼及压延加工业	0.7111	黑色金属冶炼及压延加工业	0.6021
塑料制品业	0.7096	橡胶制品业	0.5988
燃气生产和供应业	0.7088	化学纤维制造业	0.5886

(二)原巢湖市产业结构变化与巢湖东半湖水质关系

2006年,巢湖市GDP达341.91亿元,是1990年的近10倍,三次产业结构由1990年的54.2∶28∶17.7到2006年的22.6∶40∶37.5,第一产业比重有所下降,但在巢湖市三次产业结构中比例还是比较高,第二产业、第三产业比重稳步提高(图8)。

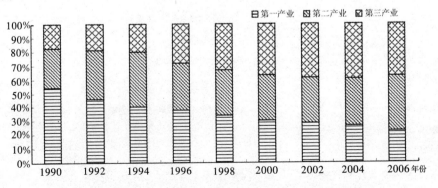

图8 1990—2006年巢湖市主要年份产业结构比重变化示意图

根据灰色关联分析法,我们可以发现巢湖市水污染指标中与产业结构关联度较强的主要是农业中氮肥、磷肥施用量(表10)。约束巢湖市产业结构变化的主要因素更多体现在农业方面。

根据对巢湖市农林牧渔业与巢湖东半湖水质污染分析(表11),我们发现关联度高低的排列顺序为:2000—2006年为渔业(0.7510)、牧业(0.7468)、农业(0.6747)、林业(0.6620);2002—2006年为牧业(0.6682)、渔业(0.6377)、农业(0.5924)、林业(0.5643);2004—2006年为牧业(0.5797)、渔业(0.5509)、农业(0.5216)、林业(0.4969)(表11)。

表10　2002—2006年巢湖市产业结构与水污染关联度

	第一产业	第二产业	第三产业	关联度平均值
工业废水中氨氮排放量	0.9017	0.7492	0.8069	0.8193
氮肥施用量	0.7737	0.6526	0.7117	0.7127
磷肥施用量	0.6610	0.6503	0.6584	0.6566
工业废水排放总量	0.5258	0.5430	0.6101	0.5596
工业废水中COD排放量	0.4183	0.5141	0.4585	0.4636
钾肥施用量	0.4293	0.4658	0.4749	0.4567
城镇生活污水中COD排放量	0.4373	0.4017	0.4210	0.4200
城镇生活污水中氨氮排放量	0.4282	0.3909	0.4109	0.4100
城镇生活污水排放量	0.4178	0.3883	0.4051	0.4037

表11　2000—2006年巢湖市农林牧渔业与巢湖东半湖水质污染关联度

	2000—2006年	2002—2006年	2004—2006年
农业	0.6747	0.5924	0.5216
林业	0.6620	0.5643	0.4969
牧业	0.7468	0.6682	0.5797
渔业	0.7510	0.6377	0.5509

(三)巢湖湖区主要水质指标未来五年灰色预测

运用GM(1,1)模型进行预测时,由于该模型是一个短时期序列模型,并不是数据越多越好,所以原始数据不一定全部用来建模。一般来说,取不同的数据建立的模型参数a和u都不一样,因而模型的预测值也不一样。为了提高预测精度,有必要建立不同维数的GM(1,1)模型,从中选择适当的维数模型进行预测[101,102]。为了筛选合适模型进行预测,考虑到灰色建模数据一般要求不少于5维,所以选择2001—2006年原始数据进行预测。

根据GM(1,1)模型建立方法[103]对巢湖水质影响较大的污染指标

CODMn、TN、TP 建立 2001—2006 年的预测模型,并进行残差修正及检验。通过模型检验得知,精度 P0 大于 95%,达到二级检验标准,用后检验误差结果分析,模型的后验差比值 C 均小于 0.35,小误差频率 P 均为 1,符合一级检验标准(表 12)。依据只要模型的 P0>95%,C<0.35,P>0.95,表明 GM(1,1)预测模型合格,可以进行预测[87]。对 2007—2011 年巢湖水质进行预测,结果见(图 9)。

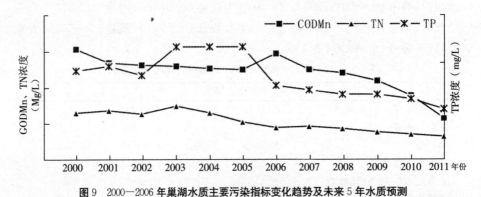

图 9 2000—2006 年巢湖水质主要污染指标变化趋势及未来 5 年水质预测

表 12 2000—2006 年巢湖水质主要污染指标的灰色预测模型及检验

项目	GM(1,1)预测模型	残差修正模型	检验
CODMn	X(1)(t+1) = 204.977399e0.02355262t−199.767399	X(1)(t+1)=0.265154e0.4162220t−0.06515 X(1)(t+1)=0.20875e0.343980344t−0.14875	P0=98.6% C=0.1865 P=1
TN	X(1)(t+1)=−29.233708e−0.0977121t+31.823708	X(1)(t+1)=−1.11726e−0.3741017t+1.45726	P0=96.0% C=0.2336 P=1
TP	X(1)(t+1)=−12.19e−0.01730t+12.38	X(1)(t+1)=0.057778e0.2914072t−0.01778 X(1)(t+1)=0.16e0.068027211t−0.14 X(1)(t+1)=0.51e0.040632054t−0.48	P0=97.3% C=0.1524 P=1

五、结果分析

根据本研究中采用的关联度分级,0.30~0.60 属于中等关联度,表明该指标所描述的专题要素与目标值有一定偏离,处于中等发展水平;0.60~0.80 属于较高关联度,表明该指标所描述的专题要素接近目标值,处于相对较高的发展水平[61]。

COD主要的排放源是工业废水的排放,其次是农村人口的生活中产生的污水排放。农业总产值与TN的关联度比工业总产值高说明农业生产中农药化肥的大量使用影响水体。人口与TP的排放关联较明显,表明城镇、农村人口的生活废水垃圾排泄物对TP影响最大,是主要的污染源。

(一)合肥市第二产业结构与水污染程度关系

"十五"期间,合肥经济持续快速发展,工业增加值由2000年的139.91亿元增加到2006年的409.36亿元,增长了近2倍;2000年以来,经济增速高于全国和全省水平5—7个百分点。根据合肥市全市规模以上的工业主要经济指标,通过分析与西半湖水污染关联度较大的行业的比重变化趋势,其中电力、热力的生产和供应业比重逐渐呈现下降趋势,但是国民经济产值仍然占有较大比重,2006年占总产值的11.5%;食品制造业、纺织业、有色金属冶炼及压延加工业、金属制品业比重自2000年以来总体有下降的趋势,但是2006年时,均有不同程度的回升,金属制品业比重更是比2005年翻一番;而皮革、毛皮、羽毛(绒)及其制品业、饮料制造业3个行业的比重,近7年来一直表现出增长趋势(图10)。合肥市八大产业中的医药制造业、通信设备、计算机及其他电子设备制造业、农副食品加工业、橡胶制品业、电气机械及器材制造业与水污染的关联排序比较靠后,但是其所占的比重却在基本平稳发展或保持稳步增长。与合肥市密切相关的巢湖西半湖水质主要污染物指标均在2001年时大幅下降,此后CODMn浓度一直居高不下,有增长趋势;TN平均浓度只在2003年以后有所下降;TP的平均浓度到2006年时才有所下降(图10)。

通过合肥市工业分行业分别与巢湖西半湖水污染程度的关联分析,像通信设备、计算机及其他电子设备制造业、农副食品加工业、医药制造业、橡胶制品业等行业,虽然所占国民生产总值的比重稳步发展或呈现增长趋势,但是与西半湖水质的关联排序仍然处于比较靠后的位置。"十五"时期,合肥市产业结构调整和发展重点之一就是用高新技术改造提升轻纺工业、食品工业、机械工业、建材工业和冶金工业等5个传统产业,大力采用先进适用技术和高新技术,加大技改力度,推进技术创新,实现产业升级[104]。从而使电力、热力的生产和供应业、食品制造业、纺织业、有色金属冶炼及压延加工业等行业的比重有所下调,主要水质污染物指标平均浓度也在2003—2005年之间有不同程度的下降,巢湖西半湖水质得到改善。

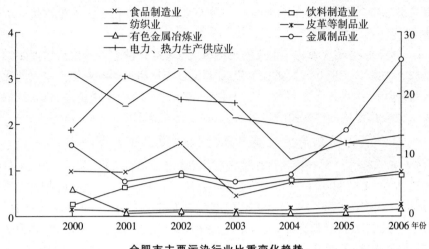

合肥市主要污染行业比重变化趋势

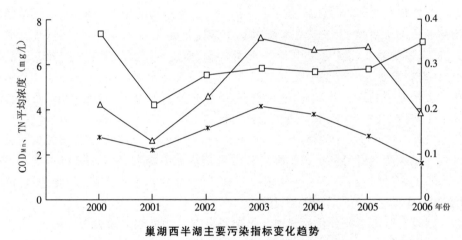

巢湖西半湖主要污染指标变化趋势

图10　合肥市主要污染行业比重与巢湖西半湖水质变化趋势(2000—2006年)

(二)巢湖市第一产业结构与水污染程度关系

巢湖市第一产业农、林、牧、渔业构成由2000年50.32∶3.22∶24.77∶21.69调整为2006年49.72∶2.77∶26.27∶21.24。第一产业的农林牧渔结构有所优化,农业比重在2000年至2003年间一直保持下降趋势,并且2003年农业比重已经比2000年下降了约5个百分点,2004年以后,农业比重又有所回升,不过农业比重整体来看还是处于缓慢下降趋势;牧业比重在不断上升,林业、渔业产值在不断增加但比重基本保持平稳。另外,在2003年除了农业比重下降至近7年最低值以外,林业、牧业、渔业比重在该年均达到了近7年的最高峰。而东半湖水质指标TN、TP、CODMn平均浓度在2000—2006年整体也呈下降趋势,其中 TN、CODMn 污染物指标分别在 2001 年和 2006 年出现回升现象,TP 指标也在 2001 年时达到近几年最高值(图 11)。根据表 11 中分析的 2000—2006 年间巢湖市农林牧渔业与巢湖东半湖水质污染的动态关联度,我们可以看出,尽管牧业比重在不断上升,林业、渔业比重基本保持平稳。随着农业比重逐渐降低,巢湖东半湖水质也出现好转趋势,可见农业地面径流的管理控制对巢湖水质的改善起着重大作用。随着流域内规模化养殖业的发展,与巢湖东半湖水质的关联度较强的由原先渔业转变为牧业,牧业污染物排放成为治理的重点。

总体来看,巢湖水质与流域内产业结构变化相联系,调整与优化流域内产业结构,大力发展环保型产业,控制污染严重行业的发展,加强污染物排放的控制及处理,对巢湖治理起着重要作用。

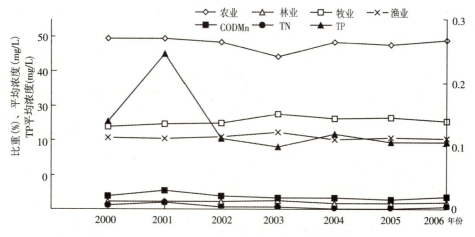

图 11　2000—2006 年巢湖市农林牧渔业比重与巢湖东半湖水质变化趋势

(三)巢湖主要污染物水质指标五年测算

依据对巢湖水质影响较大的污染指标 CODMn、TN、TP 建立的灰色 GM(1,1)预测模型,结果表明,主要污染物指标呈逐年下降趋势,其中 CODMn 下降幅度较大,加强工业废水排放的控制及治理对巢湖水质的改善效果明显;TN、TP 基本平稳下降(图 9)。随着经济的快速发展、污染防治力度的加大以及人们环保意识的增强,巢湖水质呈现好转趋势。但是,根据国家环境保护总局发布的《地表水环境质量标准》(GB3838—2002)(表 13),巢湖湖区 CODMn 指标到 2010 年基本达到 Ⅱ 类标准,TN 指标到 2009 年以后基本能处于 Ⅳ 类以下,但仍不能达到 Ⅲ 类标准要求,TP 指标在一段时间内仍然处于 Ⅴ 类标准。未来巢湖水质的主要污染物是 TN、TP,而农业和城镇、农村人口的生活废水垃圾排泄物的排放将成为污染物的主要来源。

表 13　GB3838—2002 地表水环境质量标准限值

	Ⅰ类	Ⅱ类	Ⅲ类	Ⅳ类	Ⅴ类
高锰酸钾指数	2	4	6	10	15
总磷(湖库,以 P 计)	0.01	0.025	0.05	0.1	0.2
总氮(湖库,以 N 计)	0.20	0.500	1.00	1.5	2.0

采用灰色关联分析法对巢湖流域内影响水质的社会经济因子进行关联排序,可以方便简洁地找出影响巢湖水质的主导因素,为有效治理巢湖的水污染提供科学依据。但是,灰色关联分析法在分辨系数的选取方面具有主观性较大、比较序列曲线空间位置不同、数据无量纲化方法不同、取平均值求关联度影响评价准确性等缺点。因此,采用灰色关联分析法时,需定量分析与定性分析相结合。

在研究过程中,仅仅分析流域内社会经济的发展状况对巢湖水质所产生的影响,对于流域内土地利用类型的改变以及政府采取的政策措施,则没有给予应有的重视,预测结果有可能夸大,但总体而言,灰色预测方法对巢湖水质的总体趋势预测结果应该可信。此外,灰色预测模型是一个指数函数,适合用于发展系数较小的短期预测,对于中长期的预测可能存在模型精度不高的缺陷。另外,灰色预测模型是对系统总体发展趋势的预测,预测的具体结果可能与代表事物发展的方向不一定完全吻合。

六、政策建议

采用灰色系统理论中的灰色关联分析方法及灰色预测,搜集有关区域经济发展和巢湖水质相关数据,对巢湖流域经济发展与巢湖水质污染程度关系的相关研究,找出对巢湖水质影响较大的社会经济因子,分析与巢湖密切联系的城区合肥市、巢湖市的产业对巢湖水污染的影响,对巢湖水质情况进行预测,从而确定污染物主要来源。

(一)强化环境管理,调整产业结构

产业结构优化过程就是通过产业政策调整影响产业结构变化的供给结构和需求结构,实现资源优化配置,推进产业结构的合理化和高度化发展。经过调整,合肥市三次产业结构比重由 1990 年的 28.7∶45.3∶26 调整为 2006 年的 5.8∶47.5∶46.7,第一产业地位下降,第二产业产值比重仍较大,以汽车、家用电器为代表的耐用消费品和以微电子技术、信息技术、新能源和新材料为代表的高新技术产业迅速发展,第三产业地位上升。按照有关工业化进程指标体系,合肥正处于工业化发展从中期向后期逐渐推进阶段。所以对于巢湖流域工业比较发达的合肥市,有必要从以下三个方面来调整产业结构。

第一,对于经过有关政府部门采取一系列措施后,污水排放有所减少的行业,依据"十五"时期,对轻纺工业、食品工业、机械工业、建材工业和冶金工业加大整治力度,从而使在2000—2006年和2002—2006年行业与巢湖西半湖的关联分析中,排序比较靠前的行业如食品制造业、纺织业、有色金属冶炼及压延加工业、电力、热力的生产和供应业等对水污染的影响逐渐减小,在此基础上通过技术创新、加强管理,提升企业竞争力。

第二,依据关联分析2004—2006年间的合肥市规模以上的工业分行业与巢湖西半湖水质的情况,结果显示皮革、毛皮、羽毛(绒)及其制品业、交通运输设备制造业、饮料制造业、金属制品业、造纸及纸制品业、印刷业和记录媒介的复制将有可能随着产值比重的逐年提高对西半湖的水质产生一定程度的威胁,其中饮料制造业、金属制品业在2000—2006年和2002—2006年行业与巢湖西半湖的关联分析中已经处于关联排序比较靠前的行业,近几年来更有恶化趋势,排序一直在提升。因此,在该类行业对水污染造成严重影响之前,需要通过政府部门采取相应政策措施,如全面推行企业清洁生产技术改进和节约降耗,加大技术工艺改造和升级的力度,淘汰工艺设备落后、高耗能、高污染的小型企业,提高废水处理技术,加强处理力度以及提高废水中污染物的去除量。另外,结合市场经济运行机制,用经济杠杆激励企业控制污染物的排放和污染处理,积极促进建立排污权交易制度。

第三,促进通信设备、计算机及其他电子设备制造业、农副食品加工业、医药制造业、橡胶制品业等轻度污染的支柱产业发展,引导各级各类开发区开展生态园区和循环经济建设,重点扶持建设一批污染物"零排放"的示范企业。

巢湖市第一产业中农、林、牧、渔业构成,2000年为50.32∶3.22∶24.77∶21.69,2006年为49.72∶2.77∶26.27∶21.24。农业、渔业的比重近些年来变化不大,林业比重逐渐缩小,牧业比重小幅增加。世界发达国家及畜牧业产值占农业总产值的比重在50%以上,其中美国、法国等发达国家畜牧业产值占农业总产值的比重超过60%;我国山东、广东、江苏等沿海发达地区,畜牧业也成为农村经济的支柱。发达国家及发达地区的实践证明,全面建设小康社会,必须加快畜牧业发展[105]。大力发展畜牧业应当作为农业产业结构调整的重心。但根据农、林、牧、渔业与巢湖东半湖水质的关联分析来看,随着牧业比重的逐年增加,对巢湖水质的污染影响也在逐渐加大,牧业污染物排放将成为治理的重点与关键。畜禽养殖业中主要污染源在畜禽类排泄物中,主要成分含有大量的氮、磷、微生物和药物及饲料添加剂残留物,未经处理的粪尿中氮、磷渗入地下或随地表水流入江河中,造成河流水质严重污染。对粪便进行干湿分离,无害化处理,同时加强监管[106]。专业养殖户饲养动物数量如果超过规定限额,必须向有关部门申请经营许可证,并建造畜粪处理系统。

(二)控制人口,加大生活污水处理力度

随着经济的发展、污染防治力度的加大以及人们环保意识的增强,巢湖水质整体呈现好转趋势。但是,湖区水质 TN、TP 指标介于Ⅳ—Ⅴ类之间,始终不能满足Ⅲ类标准要求,巢湖水质的主要污染物是 TN、TP,农业和城镇、农村人口的生活废水垃圾排泄物的排放成为污染物的主要来源。所以,控制人口数量、加大污水排放的集中处理力度,成为防治巢湖水质污染的重点。

(三)积极参与地区合作

巢湖流域地跨 13 个县市,单独某个地方解决流域内水环境富营养化问题,既不明智,也不可取,只有在地区合作基础上才有可能解决。近年来的研究主要集中在区域环境条件分析、环境污染和破坏程度分析、环境自净能力、环境承载力等方面,这些需要多方面的合作。

流域污染防治,一是要加强有效管理,管理措施是实施技术措施的保证,管理措施包括设立行政管理机构、调整产业结构、制定污染防治的法律、法规和标准,采取一定的经济手段;二是加快技术发展,技术发展是污染防治的基础,必须加强污染物处理技术和工艺的研发[107];三是巢湖流域治理是一项长期工程,在治污的同时,加强宣传教育是不可缺少的重要环节,需要全民参与环境保护的决策和监督。

附表

附表1 2002—2006年合肥市产业结构与主要水污染指标数据标准化

	2002年	2003年	2004年	2005年	2006年
第一产业增加值(亿元)	0.0184	0	0.5874	0.5754	1
第二产业增加值(亿元)	0	0.1390	0.3182	0.6529	1
第三产业增加值(亿元)	0	0.2010	0.4557	0.6782	1
工业废水排放总量(万吨)	0	0.4662	0.7818	0.6565	1
工业废水中COD排放量(吨)	0	0.5348	0.5301	0.3757	1
工业废水中氮氨排放量(吨)	0	0.5594	0.7512	0.6673	1
城镇生活污水排放量(万吨)	1	0.8492	0.6089	0.1418	0
城镇生活污水中COD排放量(吨)	1	0.2121	0.1298	0.1945	0
城镇生活污水中氮氨排放量(吨)	1	0.7121	0.6573	0.0508	0
氮肥施用量(吨)	0	0.2763	1	0.7819	0.6984
磷肥施用量(吨)	0	0.3061	1	0.8577	0.6855
钾肥施用量(吨)	1	0.8802	0.5842	0.4899	0

附表2 2002—2006年巢湖市产业结构与主要水污染指标数据标准化

	2002年	2003年	2004年	2005年	2006年
第一产业增加值(亿元)	0	0.2010	0.6987	0.8907	1
第二产业增加值(亿元)	0	0.1310	0.3410	0.6443	1
第三产业增加值(亿元)	0	0.1935	0.5419	0.7269	1
工业废水排放总量(万吨)	1	0.7688	0.5532	0.6956	0
工业废水中COD排放量(吨)	1	0.9291	0.3522	0.2196	0
工业废水中氮氨排放量(吨)	0	0.6166	0.7120	0.8966	1
城镇生活污水排放量(万吨)	0.8898	1	0.9679	0.0061	0
城镇生活污水中COD排放量(吨)	1	0.9868	0.9098	0	0.2549
城镇生活污水中氮氨排放量(吨)	0.9675	1	0.8926	0.0080	0
氮肥施用量(吨)	0	1	0.6958	0.8352	0.6512
磷肥施用量(吨)	0	1	0.8213	0.5677	0.5182
钾肥施用量(吨)	1	0.8368	0.4603	0	0.0140

附表3 2000—2006年合肥市工业分行业与巢湖西半湖主要水质污染指标数据标准化

	2000年	2001年	2002年	2003年	2004年	2005年	2006年
CODMn	0.0000	0.6409	1.0000	0.8453	0.9171	0.8343	0.2044
TN	0.5326	0.4559	0.3602	0.0000	0.1494	0.5287	1.0000
TP	0.8824	0.6471	0.7647	0.0000	0.1765	0.1176	1.0000
电力、热力的生产和供应业	0.0474	0.0000	0.0474	0.1899	0.5010	0.5850	1.0000
食品制造业	0.0073	0.0772	0.5449	0.0000	0.3349	0.5336	1.0000
有色金属冶炼及压延加工业	0.0000	0.1174	0.3529	0.2735	0.5196	0.6822	1.0000
金属制品业	0.0848	0.1078	0.1510	0.3303	0.0000	0.4064	1.0000
饮料制造业	0.0140	0.1444	0.0288	0.0000	0.2610	0.3595	1.0000
燃气生产和供应业	0.0000	0.0545	0.2396	0.1778	0.6679	0.6649	1.0000
化学纤维制造业	0.0000	0.0446	0.2749	0.1931	0.4876	0.7935	1.0000
纺织业	0.0617	0.4905	0.0000	0.3169	0.0118	0.5980	1.0000
专用设备制造业	0.0000	0.0770	0.0584	0.1278	0.0688	0.2467	1.0000
印刷业和记录媒介的复制	0.0000	0.0444	0.0261	0.0495	0.5269	0.9294	1.0000
石油加工、炼焦核燃料加工业	0.0000	0.0323	0.5051	0.6677	0.6304	0.8991	1.0000
非金属矿物制品业	0.0000	0.4333	0.2076	0.1226	0.2650	1.0000	0.5510
造纸及纸制品业	0.0000	0.0819	0.1921	0.5067	0.7248	1.0000	0.8860
皮革、毛皮、羽毛及其制品业	0.0000	0.0459	0.0671	0.1432	0.4396	0.5907	1.0000
塑料制品业	0.0000	0.0258	0.0704	0.1416	0.3192	0.4303	1.0000
烟草制造业	0.0808	0.0000	0.3907	0.4595	1.0000	0.6523	0.9369
化学原料及化学制品制造业	0.0000	0.0933	0.2313	0.3320	0.2969	0.4530	1.0000
交通运输设备制造业	0.0000	0.0922	0.2323	0.4755	0.6162	0.8146	1.0000
医药制造业	0.0000	0.0141	0.1216	0.2033	0.5936	0.9390	1.0000
农副食品加工业	0.0256	0.0000	0.0704	0.3077	0.4330	0.5059	1.0000
通信及其他电子设备制造业	0.0395	0.0000	0.0332	0.1149	0.4334	0.6380	1.0000
黑色金属冶炼及压延加工业	0.0000	0.4433	0.5001	0.6838	0.2845	0.7550	1.0000
电气机械及器材制造业	0.0000	0.2419	0.2603	0.3247	0.5737	0.6027	1.0000
橡胶制品业	0.0000	0.0554	0.0997	0.1555	0.1960	0.8646	1.0000

附表4 2000—2006年巢湖市农林牧渔业与巢湖东半湖主要水质污染指标数据标准化

	2000年	2001年	2002年	2003年	2004年	2005年	2006年
COD_{Mn}	0.0000	0.5301	0.0241	0.5422	0.6265	1.0000	0.1446
TN	0.0686	0.0000	0.6471	0.6569	1.0000	1.0000	0.5196
TP	0.0000	0.2500	0.5000	1.0000	0.5000	0.7500	0.7500
农业	0.0833	0.2678	0.4138	0.0000	0.6413	0.6425	1.0000
林业	0.0452	0.2053	0.4263	1.0000	0.0000	0.1341	0.4876
牧业	0.0000	0.2392	0.4755	0.7832	0.8626	0.9507	1.0000
渔业	0.0000	0.1304	0.4843	0.7343	0.6304	0.8123	1.0000

附表5 2000—2006年巢湖水质和社会经济指标的数据标准化

	2000年	2001年	2002年	2003年	2004年	2005年	2006年
COD_{Mn}	0.0000	0.6838	0.7863	0.8462	0.9402	1.0000	0.2137
TN	0.3171	0.2033	0.3740	0.0000	0.2927	0.6992	1.0000
TP	0.6250	0.5000	0.7500	0.0000	0.0000	0.0000	1.0000
年末总人口	1.0000	0.8821	0.7446	0.5768	0.4161	0.2250	0.0000
非农业人口	1.0000	0.8967	0.7208	0.5296	0.2925	0.2505	0.0000
农业人口	0.4941	0.3529	0.5294	0.6000	1.0000	0.0000	0.0588
农业总产值	0.0000	0.0761	0.1480	0.2012	0.6057	0.7282	1.0000
工业总产值	0.0000	0.1287	0.3235	0.5449	1.0000	0.6174	0.9028
国内生产总值	0.0000	0.0543	0.1236	0.2355	0.4102	0.7119	1.0000

巢湖流域水质与社会经济因子

随着流域人口、工农业生产的快速增长和流域大规模经济开发,需水量和废水排放量增大,相应增加了巢湖入湖污染量,从而导致流域环境的生态调节和自我恢复能力大幅下降,引起水体污染,频繁出现富营养化现象等许多生态问题,水污染已经严重制约流域城市区域经济发展,影响到区域经济发展以及当地人民的生产和生活质量。党中央、国务院将"三河三湖"流域的水污染防治列为全国环境重点防治"33211"工程的首要位置。然而,环境问题不是单纯的生态范畴问题,同时受到社会经济发展的影响。

以流域为单元开展社会经济发展与环境演变相互作用及调控研究,是实现可持续发展的有效途径,自20世纪90年代以来,此方面的研究方兴未艾,但大多以定性描述为主。黄智华等运用多元线性回归分析,定量研究了太湖水环境演变与流域内社会经济发展之间的关系[108]。焦峰等使用了偏相关分析方法探讨了影响水环境的社会经济因子[109]。然而回归分析要求大量数据,其分布必须是典型的;偏相关分析要求两个变量是双变量正态分布。但是目前多数地区由于统计数据有限,没有什么典型分布规律,故采用以上两种方法难以达到目的。运用灰色关联分析法定量研究巢湖流域社会经济发展与巢湖水质之间的关系,阐明对巢湖水质影响较大的社会经济因子,同时采用灰色预测模型对巢湖水质的污染状况进行分析,从而为确定污染物来源、促进区域经济可持续发展提供科学依据。

一、研究方法

灰色关联分析法和灰色理论预测是20世纪80年代邓聚龙教授首创的一种系统方法,是"灰色系统"理论的一部分[110]。该系统方法已在工程控制、经济管理、社会系统、农业系统和环境工程等领域得到了广泛的应用[111]。

(一)灰色关联分析法

灰色关联分析的基本思想是根据序列曲线几何形状的相似程度来判断其联系是否紧密。曲线越接近,相应序列之间关联度就越大,反之就越小。通过灰色关联分析法可以分析出一个抽象系统所包含的多种因素中,哪些是主要因素,哪些是次要因素,哪些因素对系统发展影响大,哪些因素对系统发展影响小,哪些因素对系统发展起推动作用,哪些因素对系统发展起阻碍作用。与传统的多因素分析方法回归分析相比,灰色关联分析方法对样本量的多少和样本有无规律都同样适用,而且计算量小,十分方便,更不会出现量化结果与定性分析结果不符的情况,便于广泛应用[112]。关联系数及关联度计算如下:

$$\xi_{0i}(k) = \frac{\triangle\min + \rho\triangle\max}{\triangle_{0i}(k) + \rho\triangle\max} \qquad r_{0i} = \frac{1}{N}\sum_{k=1}^{N}\xi_{0i}(k)$$

式中:$\triangle_{0i}(k) = |x_o(k) - x_i(k)|$ ($i=1,2,\cdots,n$; $k=1,2,\cdots,m$),$x_0(k)$与$x_i(k)$分别为参考数列和比较数列第k个指标的数,$\triangle_{0i}(k)$为k时刻两序列的绝对差;$\triangle\min$为绝对差中的最小值,$\triangle\max$为绝对差中的最大值,ρ为分辨系数,且$\rho\in(0,1)$,通常取$\rho=0.5$。r_{0i}为两序列的关联度;N为数据个数[113,114]。

(二)灰色理论预测

1. GM(1,1)模型

GM(1,1)模型就是根据多年离散的或连续的历史数据变化中所隐含的规律而建立模型以预测水质(污染物浓度)今后几年甚至几十年变化的一种典型的趋势分析模型[115]。模型建立后,通常采用残差、后验差检验对模型的精度进行检验,其中后验差检验有后验差比值C和小误差频率P两个指标,检验合格后模型方可用于预测[116]。

2. 马尔科夫残差修正灰色模型[117,118,119,120]

马尔科夫残差修正灰色模型是用GM(1,1)模型拟合系统的发展变化趋势,并以此为基础再对随机波动大的残差序列进行马尔柯夫预测。其主要是利用转移概率矩阵来揭示预测序列系统内部变化规律,从而实现对受随机波动影响较大的时间序列发展趋势合理预测的数学处理方法。对该残差灰色预测模型改进的关键是将残差数列的绝对值作为原始数列,重建立残差灰色 GM(1,1)预测模型。可得改进后的修正模型为:$\hat{X}^{(0)}(t+1)=(x0(1)-u/a)e-at+u/a+\eta(t+1)[(x0'(1')-u'/a')e-a't+u'/a']$。其中,

$$\eta(t+1)=\begin{cases} 1 & x^{(0)}(k)-\hat{x}^{(k)} \geqslant 0 \\ 0 & x^{(0)}(k)-\hat{x}^{(0)}(k)=0 \\ -1 & x^{(0)}(k)-x^{(0)}(k)<0 \end{cases}$$

通过对 GM(1,1)模型进行马尔可夫残差修正,明显提高了预测模型的预测精度。

二、巢湖流域社会经济因子与趋势分析

(一)巢湖流域概况

巢湖流域位于安徽省中部,处于长江与淮河流域之间,属长江下游左岸水系,是我国五大淡水湖泊之一,也是安徽省境内最大的湖泊。巢湖流域总面积 13486km², 包括合肥、(原)巢湖、六安三个市。巢湖是巢湖流域城区工农业生产和人民生活的重要水源地,且在调节长江水量、防涝抗旱、灌溉农田、扩大水运、改善生态环境方面具有显著功能[121]。巢湖流域农业经济水平较高,是我国主要的商品粮生产基地。工业经济也比较发达,全流域共有工矿企业 2500 多家, 2006 年全流域工业总产值达 819.4 亿元,是 2000 年的 2 倍多(图1)。2000 年以来,巢湖流域非农业人口一直呈增长趋势,2006 年比 2000 年增长 52.3 万人(图2)。巢湖流域区域经济在安徽省经济发展的比例举足轻重,2006 年流域 GDP 占全省的 29%。然而,近期研究结果显示,巢湖是中国典型的富营养化湖泊, 2006 年全湖仍呈中度富营养状态,湖区主要污染指标为总磷、总氮,环湖河流主要污染指标为氨氮和生化需氧量。

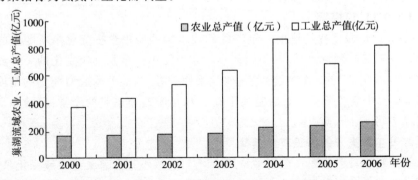

图1 2000—2006 年巢湖流域内农业、工业总产值

资源来源:《2000—2006 年安徽省统计年鉴》。

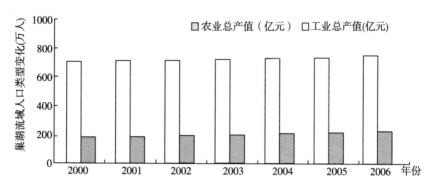

图 2 2000—2006 巢湖流域人口类型变化

资源来源:《2000—2006年安徽省统计年鉴》。

(二)研究范围及指标的选取

本文的研究区域为合肥市(合肥市区、肥东县、肥西县),巢湖市(居巢区、庐江县、和县、含山县、无为县),六安市的舒城县(图3)。

根据对巢湖水质影响较大的污染指标,选取 CODMn、TN、TP 3 个因子作为参考序列,水质资料为巢湖 2000—2006 年各年水质平均值,由安徽省环境监测站对巢湖湖面 12 个断面水质监测数据加工整理而成。作为比较序列的社会经济指标的选取依据污染物的主要来源,工业点源污染以工业总产值代表,农业面源污染以农业总产值代表,农村生活污水的排放以农业人口代表,城镇生活污水的排放以非农业人口代表[122,123]。社会经济资料系巢湖流域所辖市县的合计值,数据来源于《2001—2007年安徽省统计年鉴》。

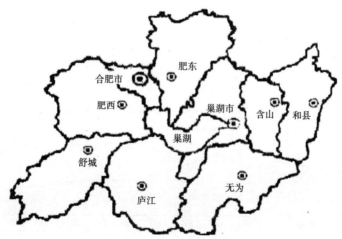

图 3 巢湖流域地理位置示意图

(三)结果

1. 巢湖水质和社会经济指标的关联分析

通过计算得出 2000—2006 年间巢湖水质和社会经济指标的关联度(表1),结果显示社会经济指标中和 COD 关联顺序为工业总产值(0.64)、农业人口(0.63)、年末总人口(0.60);和 TN 关联顺序为国内生产总值(0.79)、农业总产值(0.77)、工业总产值(0.71);和 TP 关联顺序为农业人口(0.63)、非农业人口(0.60)。

表1 2000—2006 年巢湖水质和社会经济指标的关联度

	CODMn(mg/L)	TN(mg/L)	TP(mg/L)
年末总人口(万人)	0.60	0.50	0.59
非农业人口(万人)	0.58	0.54	0.60
农业人口(万人)	0.63	0.56	0.63
农业总产值(万元)	0.57	0.77	0.57
工业总产值(万元)	0.64	0.71	0.52
国内生产总值(亿元)	0.55	0.79	0.58

2. 巢湖主要水质指标灰色预测

根据 GM(1,1)模型建立方法[124]对巢湖水质影响较大的污染指标 CODMn、TN、TP 建立 2001—2006 年的预测模型,并进行残差修正及检验。通过模型检验得知,精度 P_0 大于 95%,达到二级检验标准,用后检验误差结果分析,模型的后验差比值 C 均小于 0.35,小误差频率 P 均为 1,符合一级检验标准(表2)。依据只要模型的 $P_0>95\%$,$C<0.35$,$P>0.95$,表明 GM(1,1)预测模型合格,可以进行预测[125]。对 2007—2011 年巢湖水质进行预测,结果见图4。

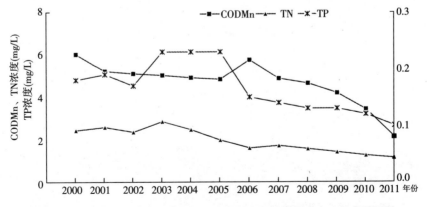

图4 2000—2006 年巢湖水质主要污染指标变化趋势及未来5年水质预测

表2 2000—2006年巢湖水质主要污染指标的灰色预测模型及检验

项目	GM(1,1)预测模型	残差修正模型	检验
CODMn	$X(1)(t+1)=204.977399e0.02355262t-199.767399$	$X(1)(t+1)=0.265154e0.4162220t-0.06515$ $X(1)(t+1)=0.20875e0.343980344t-0.14875$	P0=98.6% C=0.1865 P=1
TN	$X(1)(t+1)=-29.233708e-0.0977121t+31.823708$	$X(1)(t+1)=-1.11726e-0.3741017t+1.45726$	P0=96.0% C=0.2336 P=1
TP	$X(1)(t+1)=-12.19e-0.01730t+12.38$	$X(1)(t+1)=0.057778e0.2914072t-0.01778$ $X(1)(t+1)=0.16e0.068027211t-0.14$ $X(1)(t+1)=0.51e0.040632054t-0.48$	P0=97.3% C=0.1524 P=1

(四)讨论

根据研究,关联度分级为0.30~0.60属于中等关联度,表明该指标所描述的专题要素与目标值有一定偏离,处于中等发展水平;0.60~0.80属于较强关联度,表明该指标所描述的专题要素接近目标值,处于相对较高的发展水平[126]。

因此,COD主要的排放源是工业废水的排放,其次是农村人口在生活中产生的污水排放。农业总产值与TN的关联度比工业总产值高说明农业生产中农药化肥的大量使用影响水体。人口与TP的排放关联较明显,表明城镇、农村人口的生活废水垃圾排泄物对TP影响最大,是主要的污染源。

对巢湖水质影响较大的污染指标CODMn、TN、TP建立的灰色GM(1,1)预测模型结果表明主要污染物指标呈逐年下降趋势,其中CODMn下降幅度较大,加强工业废水排放的控制及治理对巢湖水质的改善效果明显;TN、TP基本平稳下降。随着经济的发展、污染防治力度的加大以及人们环保意识的增强,巢湖水质未来5年呈现好转趋势。但是,根据国家环境保护总局发布地表水环境质量标准(GB3838—2002),巢湖湖区CODMn指标到2010年基本能达到Ⅱ类标准,TN指标到2009年以后基本能处于Ⅳ类以下,但仍不能达到Ⅲ类标准要求,TP指标未来5年仍然处于Ⅴ类标准。总体看来,未来5年巢湖湖区水质TN、TP指标介于Ⅳ—Ⅴ类之间,始终不能满足Ⅲ类标准要求。因此,今后巢湖水质的主要污染物是TN、TP,而农业和城镇、农村人口的生活废水垃圾排泄物的排放将成为污染物的主要来源。

(五)污染防治建议

一是全面推行企业的清洁生产技术,淘汰落后工艺设备以及高耗能、高污染的小型企业;二是提高废水处理技术,提高废水中污染物的去除量;三是改善农田生态系统,提高土壤质量;四是提高农民的生产技术知识,科学施肥,严格控制氮肥的使用量,平衡氮、磷、钾的比例;五是采用深施等措施,减少肥料的流失,大力推广农家肥、沼肥的使用,减轻农业面源对巢湖的氮、磷排放;六是对农药和化肥征收污染税,从而间接地限制农药和化肥的使用量。

巢湖流域生态承载力与可持续发展

人类社会的发展离不开大自然,人类文明发展的进程可以说就是人类开发大自然的历史。从工业革命开始,科技逐渐成为推进人类发展的重要因素,人类创造了几千年都没有取得的巨大物质财富。与此同时,人类对大自然的掠夺和对环境的破坏也愈演愈烈。特别是20世纪以来,人类在欣喜于汽车、电话、电脑、卫星等带来的社会进步的同时,也忍受着人口剧增、资源过量消耗、气候变化日趋明显、生态环境日益恶化等问题带来的巨大生存压力,标志性的事件如"伦敦烟雾事件"、"日本水浯事件"等。1962年《寂静的春天》一书在美国问世,引起了巨大轰动,促使各国政府以及民众关注环境保护问题。由此,越来越多的人开始关注生态环境,思考现有的人类发展模式会不会使地球超负荷,人类如何才能持续发展而不至灭亡。20世纪70年代,IUCN/UNEP/WWF 在《世界自然保护大纲(The world conservation)》中首次使用了"可持续发展"一词[127]。20世纪80年代,随着《全球保护战略》和《我们共同的未来》两书的出版,"可持续发展"一词变成了流行的词汇[128],越来越多的学者投入到可持续发展的研究中。

由于研究者研究的视角不同,对"可持续发展"的定义也不同。国际生态学联合会(INTECOL)和国际生物科学联合会(IUBS)1991年提出"可持续发展"就是"保护和加强环境系统的生产和更新能力"。《保护地球——可持续生存战略》把"可持续发展"定义为"不超出维持生态系统供容能力的情况下,改善人类的生活品质"[129]。Edivard B. Barbier 在其著作《经济、自然资源:不足和发展》中提出,"可持续发展"是"在保持自然资源的质量及其所提供服务的前提下,使经济发展的净利益增加到最大限度"[130]。JammGustare Spath 认为:"可持续发展就是转向更清洁、更有效的技术——尽可能接近'零排放'或'密封式',工艺方法尽可能减少能源和其他自然资源的消耗。[131]"最经典的定义还是《我们共同的未来》中提到的:既满足当代人需求,又不对后代人满足其需要的能力构成危害的发展[132]。

由此看来,"可持续发展"的概念可以说是仁者见仁,智者见智,但有一个共同点就是要实现生态环境与经济的协调发展。因此,要实现可持续发展,对生态环境的保护至关重要,也就必须了解生态环境承载能力,让人类经济、社会活动在其承载阈值内。基于以上共识,近些年来,对生态环境承载能力的研究逐渐引起了学者和社会的重视。

生态环境的承载能力即生态承载力,是建立在研究生态系统各项服务功能的基础上,结合社会经济系统运行的条件进行衡量的,即包括生态系统对社会经济系统的支撑和社会经济系统对生态系统的压力。因此,生态承载力可以描述生态系统与人类的社会经济活动之间的关系。可以说,对生态承载力进行相关研究能够理顺人类与生态环境的关系,实现人与自然协调发展,实现可持续发展。

巢湖流域是安徽省经济较发达地区。随着经济迅速发展和人口快速增加,流域生态环境质量日趋恶化,生态平衡遭到破坏,已经成为区域发展的瓶颈。因此,保护和改善巢湖流域生态环境已成为国家和安徽省政府环保工作的一项重要课题。根据巢湖流域具体情况,结合2007年数据对巢湖流域整体及流域地区生态承载力进行定量评级,并对结果进行分析,具有重要的实际意义。

首先,通过资源、环境、社会、经济等方面数据的收集,建立评价指标体系,从系统的角度衡量巢湖流域生态系统对流域各县市及流域整体的支持能力,了解生态系统是否超载。

其次,根据评价结果,结合巢湖流域实际情况,找出影响生态承载力的主要因素,提出提高巢湖流域生态承载力的对策措施。

通过对生态承载力理论的学习,结合巢湖流域现状的调查,构建巢湖流域生态承载力评价指标体系,通过熵值法计算各指标的权重,得出巢湖流域生态弹性指数、资源——环境承载指数、资源——环境承载压力指数的结果,并对巢湖流域生态承载力进行综合评价,调查分析影响巢湖流域生态承载力的主要因素,最后提出提升巢湖流域生态承载力的对策措施。

一、生态承载力基本理论

(一)生态承载力的起源

承载力(Carrying Capacity,即 CC)最初是力学的一个概念[133],后来被广泛应用于生态学各相关领域。1798 年,马尔萨斯提出人类种群增长论[134],阐述人口增长受食物供给限制的思想,可以说是承载力理论应用的开始。此后承载力理论逐步发展,随着生态环境恶化、资源匮乏等问题的出现,承载力理论被大量应用于研究生态环境问题。较早的就是草地承载力与最大载畜量的应用。在当时由于草地开垦、过度放牧等原因,草场开始退化,适时引入了承载力理论,对草地的可持续发展进行了规划和研究。即使在今天草原生态学家仍然在使用这一理论,用以指导畜牧业生产[127,135]。

由于资源稀缺程度不断加大,人类对资源的可持续利用和保护促使承载力的研究不再局限于草地资源。1948 年威廉·福格特在其著作《生存之路(Road to Surviva)》中对土地的承载能力进行了研究,并提出了一种土地承载力的计算方法。随后一年,威廉·艾伦也就土地承载力提出了自己的量化方法。大量研究者在总结前人经验的同时,不断扩展资源承载力研究领域,承载力研究逐渐在水资源、森林资源等大量出现,以及后来出现旅游资源等新兴研究课题。直到今天,水资源、森林资源仍然是研究的热点。

实际上对于资源承载力的概念出现的较晚,比较权威的定义是联合国教科文组织(UNESCO)于 20 世纪 80 年代初提出的概念,即一个国家或者地区的资源承载力是指在可以预见到的时间内,使用本地自然资源、能源、智力以及技术等条件,在保证符合其社会文化准则的物质生活水平条件下,该国家或者地区能持续供养的人口数量[136]。

20 世纪 60、70 年代,大气、水污染等全球性环境问题的恶化,引起了人们对环境承载能力思考。1968 年,日本学者提出了环境容量的概念,后来逐渐引申为环境承载力。环境承载力概念在国外鲜有,最初出现于中国的科研项目《我国沿海新经济开发区环境的综合研究——福建省湄洲湾开发区环境规划综合研究总报告》中[137]。1995 年,诺贝尔经济学奖获得者 Arrow 在《Science》上发表了名为《经济增长、承载力和环境》的文章[138],在学界和政界均产生了极大的反响,进一步引起了人们对环境承载力相关问题的关注[139],并引发了环境承载力研究的热潮。

随着承载力研究在生态学领域的发展,越来越多的学者开始认识到,从生态环境单要素研究承载力问题,难以找到解决环境问题的根本出路,因而需要从生态系统角度研究生态承载力问题。1921 年,帕克和伯吉斯在《人类生态学》杂志上,提出"生态承载力"概念,即"某一特定环境条件下(主要指生存空间、营养物质、光照等生态因子组合),某种个体存在数量的最高极限"[140]。在对生态承载力内涵探讨的同时,衡量生态承载力水平的方法也趋于多样化。

(二)生态承载力的不同量化模型

生态承载力研究是区域生态环境规划和实现区域生态环境协调发展的前提,其研究方法目前尚处于探索阶段。下面是几种目前国内外生态承载力的研究方法。

1. 生态足迹法

生态足迹法是1992年由加拿大人William Rees与他的学生首次提出,后来不断被各国研究人员发展,在承载力研究中应用比较广泛。这种方法主要是根据资源与其产生的废弃物基本都能转化为一定的生物生产性土地或水域面积这一假定,把研究区域的资源与其产生的废弃物转化为生物生产性土地或水域面积即生态足迹,与该区域能提供的生物生产性土地进行比较,用生态赤字和生态盈余来衡量地区生态承载力状况。主要计算模型如下:

生态足迹:

$$EF = N \cdot ef = N \cdot \sum_{i=1}^{n} aai = N \cdot \sum_{i=1}^{n} (ci/pi)$$

式中:EF为总的生态足迹,N为人口数,ef为人均生态足迹,i为消费商品和投入的类型,aai为人均i种交易商品折算的生物生产面积,pi为i种消费商品的平均生产能力,ci为i种商品的人均消费量。

生态承载力:

$$Ec = N \cdot ec = N \cdot \sum_{i=1}^{n} SiPIi = N \cdot \sum_{i=1}^{n} Si \cdot (Pai/Pgi) \cdot ri$$

式中:Ec为总生态承载力,N为区域人口数,ec为人均生态承载力,Si为i种类型的土地面积,PIi为i种类型土地的产量因子,Pai为地区第i种生物生产性土地的实际生产能力,Pgi为世界第i种生物生产性土地的平均生产能力,ri为均衡因子。[141,142,143]

2. 自然植被净第一性生产力法

自然植被净第一性生产力(NPP)是植物活动的关键表征,反映了一个自然系统的恢复能力。由于特定区域内第一性生产者的生产能力是在一个中心位置上下波动,且可以测定;同时,可与背景数据进行比较,偏离中心位置的某一数值可视为生态承载力的阈值[144]。国内外许多学者对NPP进行研究并建立许多模型,以下是王家骥等人在对黑河流域生态承载力中使用的模型:

$$NPP = RDI2 \cdot \frac{r(1 + RDI + RDI^2)}{(1 + RDI)(1 + RDI^2)} \exp-(\sqrt{9.87 + 6.25\, RDI})$$

$$RDI = (0.629 + 0.237 PER - 0.00313 PER2)$$
$$PER = PET/r = BT \times 58.93/r$$
$$BT = \sum_{i=1}^{n} t/365 \text{ 或 } \sum_{i=1}^{n} T/12$$

式中：NPP 为自然植被的净第一性生产力；RDI 为辐射干燥度，r 为年降水量；PER 为可能蒸散率；PET 为可能蒸散量；BT 为年平均生物温度；t 为小于 30℃ 与大于 0℃ 的日均值；T 为小于 30℃ 与大于 0℃ 的月均值。[145]

3. 供需差量法

生态系统为人类活动提供了各种服务包括资源供给和环境质量。该方法认为生态承载力可以通过衡量研究区域生态系统供给的资源量与人类经济社会活动所需的资源量之间的差量、研究区域环境质量与当地人类所需的环境质量之间的差量关系来表示区域的生态承载力状态[146]。通过选取资源、环境质量的各项指标建立一套指标体系，通过各资源指标差量和各环境质量指标差量来衡量承载状态，如果差值大于0，表明该评价指标在可承载范围内；如果差值等于0，表明该评价指标处于临界状态；如果差值小于0，表明该评价质保承载力超载。最后，综合分析得到评价区域的整体承载水平。计算公式如下：

资源差量：$(Pi - Qi)/Qi$

环境质量差量：$CBQli - CBQli/CBQli$

式中：Pi 为研究区域各种资源量，Qi 为当前发展中研究区域各种资源的需求量，CBQli 为研究区域现有的生态环境质量，CBQli 为当前人们所需求的生态环境质量。

4. 状态空间法

状态空间法是现代控制理论中的方法，主要是运用线性代数的方法，通过状态空间图研究系统内部的状态变量与外部输入变量和输出变量之间的关系，用以描述系统的运动状况。具体来说，是用向量表示状态变量、输入变量、输出变量，即状态向量、输入向量、输出向量，构造这3种向量的三维状态空间轴[147]，通过系统状态点与原点的矢量模数来衡量系统状态。在生态承载力研究中，用人口、经济社会活动、资源环境建立三维状态空间轴[148]，用系统状态点来表示不同情况下生态承载力状况。由承载状态点可构成一曲面，通过与承载曲面的关系确定生态承载力状态，即高于曲面为超载，位于曲面上为满载，低于曲面为可载[149]。具体公式如下：

$$RCC = |M| = \sqrt{\sum_{n=1}^{n} wi \cdot x_{ij}^2}$$

式中：RCC 为区域承载力的大小，|M| 为代表区域承载力的有向矢量的模数，wi 为状态指标的权重，x_{ij} 为区域承载处于理想状态时人口和资源在状态空

间中的坐标值。

5. 生态承载力综合评价法

高吉喜认为生态承载力包含三个方面内容：生态弹性能力、资源与环境承载能力、资源与环境承载压力能力，并依次建立研究区域的三级评价体系：一级评价指标体系，以生态系统弹性指数作为评价对象，评价结果主要反映生态系统的自我抵抗能力和生态系统受干扰后的自我恢复、更新能力，其分值越高，表示生态系统的承载稳定性越高[150]；二级评价指标体系，以资源环境承载能力为对象，反映评价区域的承载力水平；三级评价指标体系，以资源承载压力能力为对象，主要是反映生态承载力的客观承载能力的大小与承载对象之间的关系[151]，分值越高，承受的压力越大。

二、巢湖流域自然资源与社会经济发展

巢湖流域位于安徽省中部，气候宜人，自然资源丰富，社会经济发展迅速，是安徽省经济较发达地区。近年来，随着社会经济发展，巢湖流域生态环境逐渐恶化。

（一）巢湖流域自然地理特征

1. 地理位置

巢湖是我国第五大淡水湖，地理位置大约在东经 117°16′—117°51′，北纬 31°25′—31°43′，属长江水系，东西长约 55km，南北宽近 20km，湖区面积近 800km²，湖岸长约 160km，年均径流量 25.0 亿 m³，容积 20 亿 m³。巢湖流域位于安徽省中部，其流域东南濒临长江，西接大别山山脉，北依江淮分水岭，东北邻滁河流域[152]。巢湖流域包括合肥市区、肥东、肥西、（原）巢湖市区、庐江、无为、和县、含山、舒城等 9 个行政区域，总面积 16620km²，其中闸上面积 9130km²，闸下面积 421km²[153]。

2. 地形地貌

巢湖流域地处我国华北板块和华南板块交汇地带，北邻国际上著名的大别高压变质带，西有纵贯中国东部的郯庐断裂穿越，地层古老，特别是巢湖平顶山，是地质学上三叠纪年代的典型地貌，是候选地质"金钉子"之一。流域地形地貌较为复杂，有低山区、低山丘陵区、丘陵岗地区、岗冲地区、冲积平原等五种类型，属于江淮丘陵中心地带。总轮廓为东西长、南北窄、且西高东低、中间低洼平坦，按地貌成因类型大致上可分为三种不同地貌：构造侵蚀地貌、侵蚀剥蚀地貌、侵蚀堆积地貌[154]。巢湖流域海拔最高地方位于舒城县万佛山，有 1539m，最低的地方位于合肥市辖区的巢湖沿岸，仅有 3m。

3. 土壤

流域土壤以水稻土、黄棕壤、紫色土三类为主要土壤类型,另有少量比例黄褐土、石灰土、砂黑土。水稻土有渗育型水稻土、潴育型水稻土、潜育型水稻土等亚类,多分布在平原、低山区、丘陵岗地下冲平缓处,成土母质多为山河冲积物和沟谷堆积物。黄棕壤有普通黄棕壤、黄棕壤性土、粘盘黄棕壤等亚类,多分布在丘陵岗地和低山丘陵区,成土母质为下蜀黄土、花岗岩、石灰岩、片麻岩等多种岩石风化物。紫色土多分布在低山丘陵和丘陵岗地,成土母质为紫色火山岩、石灰岩等。[155]

4. 气候

巢湖流域位于中纬度地区,属过渡性的副热带季风气候,长年气候温暖湿润,四季分明,平均温度保持在15—16℃,平均降雨量为1100 mm,降雨年际变化较大,无霜期230天左右,大于10℃积温5000℃。流域气候多变,常由于暴雨、冰雹、霜冻等灾害性天气引起旱涝灾害[156]。

5. 河流水系

巢湖河流水系发达,自古号称"三百六十汊"。现近共有大小河流33条,多分布在西部、西南部的山地,基本分为7个水系,即杭埠—丰乐河、派河、南淝河—店埠河、柘皋河、白石山河、裕溪河、兆河等,在上述7个主要水系中,由裕溪河流入长江。主要入湖河道杭埠河—丰乐河、派河、南淝河、白石山河等4条河流,占流域径流量90%以上,其中杭埠河—丰乐河是注入巢湖水量最大的河流,其次为南淝河、白石山河,分别占总径流量的65.1%、10.9%和9.4%[157]。流域内水系主要以雨水补给为主,因此巢湖水位明显受河流水情控制[156,158]。

(二)巢湖流域的自然资源

1. 水资源

2007年流域地表径流量约为5.84×10^{10} m³,地下水1.21×10^{10} m³。流域有许多水库,仅肥东县与和县两县加一起就有300座左右的水库,其中大型水库有两座都在合肥市庐阳区,分别是董铺水库、大房郢水库。流域水库总库容大约2.2×10^{10} m³,水量主要受雨量影响。巢湖流域雨水充足,但降水量季节性和空间内分布不均,降水时间上主要集中在夏季,空间上西部比东部地区雨水量充足。如此多的水库加上巢湖湖区为流域的生产生活用水提供了较有力的保障。

2. 耕地资源

巢湖流域面积16620 km²,流域土地利用类型分为耕地、林业用地、建设用地、草地、水域、未利用地。耕地占土地面积的比重最大,大约6成以上[159]。2007年流域耕地面积约8000 km²。

3. 森林资源

巢湖流域森林资源主要分布在山地,共有大约2700 km²,森林覆盖率约

20%。流域各地都有相应的森林公园,如肥西紫蓬山国家森林公园,巢湖太湖山、天井山、鸡笼山、冶父山国家森林公园。

4. 渔业资源

巢湖流域水域广阔,渔业较发达,银鱼、螃蟹、白虾更是驰名中外,被誉为"巢湖三珍"。巢湖流域历史上鱼类种类有近百种之多,现仅有50多种,以鲤科鱼类为主。近年来,随着当地对水利工程的投入,影响了一些鱼类的洄游路线,影响鱼类繁殖、生长以及种群的补充[160],使得一些洄游性鱼类也有所减少。流域经济性鱼类不但包括传统的四大家鱼,银鱼、鲚鱼等特产性鱼类的养殖数量也是很大,占了捕捞量较大部分。流域渔业生产主要由农户以及较大企业参与,年产量达到10000吨以上。

5. 旅游资源

巢湖流域旅游资源比较丰富,除了有巢湖湖区这个共知的旅游景点外,各个县市都有其特色的自然人文景点:合肥市区有包公祠、蜀山森林公园等;肥西有三河古镇、紫蓬山国家森林公园等;肥东有渡江战役总前委旧址、千年古桥—曹公桥、龙泉山生态旅游区等;(原)巢湖市区有东庵森林公园、银屏山、中庙等;庐江有新四军江北指挥部纪念馆、半汤温泉等;无为有天井山国家森林公园、锦绣溪、黄金塔等;含山有凌家滩遗址、昭关、文人熟知的褒禅山等,和县鸡笼山国家森林公园、天门山、西梁山等;舒城有万佛山自然保护区、安徽省青少年爱国主义教育基地—韦家大屋、周瑜城等。近些年在做好原有旅游产业的同时,新兴旅游项目如农家乐、生态旅游等也迅速发展。

6. 矿产资源

巢湖流域矿物种类大约有50种,其中,金属矿产有磷、铁、铅、锌、钴等,非金属矿产主要是建筑用砂石,如硫铁矿、白云岩、灰岩、砂岩、粘土、石墨、石膏、矿泉水、地热等。总体来说,巢湖流域矿产资源比较贫乏。

(三)社会经济发展

巢湖流域地处我国中部,与长江三角经济区相邻,总人口大约950万人,占全省人口15%左右,是安徽省经济较发达、人口较密集地区。其中,合肥市是安徽省政治、经济、文化的中心。国家对巢湖流域的社会经济发展十分重视,特别是国家建立的皖江城市带承接产业转移示范区更将流域部分地区规划在内。

1. 人口

2007年流域人口954万人,其中城镇人口280万人,占流域人口29.34%,占全省城镇人口的19%;农村人口674万,占流域人口70.66%,占全省农村人口13%。流域人口密度708人/km^2,比全省人口密度477人/km^{2}大(表1)。

表1 2007年巢湖流域人口状况

地区	农业人口(人)	所占比例	城镇人口(人)	所占比例	总人口(人)
合肥	320160	16.14%	1663770	83.86%	1983930
肥西	773353	84.89%	137604	15.11%	910957
肥东	965185	87.54%	137436	12.46%	1102621
巢湖	647801	74.15%	225795	25.85%	873596
庐江	1013937	86.76%	154693	13.24%	1168630
含山	355965	80.55%	85967	19.45%	441932
无为	1242436	87.92%	170760	12.08%	1413196
和县	557891	85.44%	95093	14.56%	652984
舒城	866172	87.00%	129375	13.00%	995547
流域	6742900	70.66%	2800493	29.34%	9543393
全省	52083258	78.02%	14673871	21.98%	66757129

资源来源:《2007年安徽省统计年鉴》。

2. 经济

(1) 农业

巢湖流域是安徽省主要农业种植区域,耕地面积大约100万 km^2,主要种植粮食、油料、棉花以及水果等,再辅以水产养殖,形成了以种植业为主、水产业为辅的多种生产模式,农业经济较发达。2007年全年粮食总产量约 $363.2×10^4$ 吨,油料总产量 $46.1×10^4$ 吨,棉花产量73101吨,全年实现农业总产值约285亿元。

(2) 工业

巢湖流域工业以机械、电子、化工、冶金、纺织、食品加工和建材工业为主[161]。2007年流域地区实现工业总产值1126.04亿元,占全省工业生产总值的14.2%,国有及规模以上非国有企业实现工业增加值545亿元。工业占GDP比例达46.8%。

(3) 第三产业

2007年流域地区第三产业实现GDP 755.42亿元,占全流域GDP的43.7%,占全省第三产业的26.3%,全省GDP10.3%。社会消费品零售总额598.6亿元,占全省社会消费品零售总额的1/4左右。旅游业飞速发展,2007年流域全年实现旅游总收入121.52亿元,人均旅游收入889元。

(四)生态环境问题

早年巢湖流域生态环境良好,誉为"皖中鱼米之乡",秀美的风光从古至今让许多文人墨客流连忘返。随着流域社会经济的发展和人口的增加,人类活动特别是工业生产、滥砍滥伐逐渐破坏流域生态平衡,致使巢湖流域生态环境慢慢恶化。

1. 森林覆盖率较低,水土流失严重

森林是生态系统的重要组成部分,其涵养水源、保持水土、防风固沙、调节气候、净化空气等功能,让其得到"地球之肺"的美誉。巢湖流域现有森林面积约27万 km², 森林覆盖率仅有20%,低于全省平均水平28%,且较多分布在舒城、庐江两地。流域内林木质量差,原生林木极少,多为幼林、残次森林,生态服务功能较弱,加上流域植被覆盖率不高,保水固土能力较弱,水土流失严重,流失面积达1773km², 占流域面积19%[162]。由于巢湖地势低凹,致使水流汇聚加速,侵蚀作用加剧,不仅破坏了巢湖湿地生态系统功能,更加重了水土流失的程度。由于水土流失,泥沙流入巢湖造成淤积,引起湖床上升,湖面缩小,蓄水量减小,对生态系统的破坏更加严重[163]。

2. 湖泊富营养化加重

由于人类活动,巢湖水体受到严重破坏,特别是工业废水、生活污水等排入巢湖,使得湖体氮磷元素大幅增加,打破了原有生态系统的平衡。据统计,湖水中每年约有上万吨氮磷滞留。氮磷元素的过量导致水体严重富营养化,为浮游植物生长提供了丰富营养源,导致藻类生长过旺,破坏了其他水生生物的生长环境,大量水生生物死亡甚至绝迹。近些年常有巢湖水华、蓝藻爆发等事件发生,已经引起国家重视。巢湖已成为我国"三河三湖"污染重点治理工程之一。

3. 水资源缺乏

流域水资源多少主要受雨量影响。虽然流域降雨量较大,但时空分别不均时常会引起旱情。另外巢湖流域整体包括流域各地区的人均水资源占有量都低于全国平均水平,而且还低于1700m³的缺水警戒线,因此流域算缺水严重地区。加上流域水质情况近年来不断变差,更造成了流域人们生产生活用水的紧张。

三、巢湖流域生态承载力指标体系

生态承载力研究是对于区域社会—经济—自然复合系统的研究,是个复杂的课题,应包括诸多要素,所以不能单纯用少数指标来描述生态承载力状况,而需要用多个指标构成有机的整体,通过建立指标体系来研究[164]。

(一)指标体系建立的原则

1. 普适性原则

巢湖流域包括9个县级区域,各个区域又有其自身特点。本文研究内容就是对这9个县级区域和流域整体进行评价,因此评价指标选取应该同时适用这9个区域,既能反映各区域现状,又能反映巢湖流域整体情况。

2. 代表性原则

生态承载力研究包括三个方面的内容:生态弹性指数、资源环境承载指数、生态系统承载压力指数。而影响这三个方面的因素比较多,加之研究区域较多,评价指标体系的构建必须选取对评价对象最有影响的指标,也就是最有代表性的指标。

3. 可操作性原则

对巢湖流域生态承载力的研究,主要选取2007年作为基准年,由于是从宏观层面来开展工作,因此,许多数据不能通过实验来获取,往往就依赖相关的统计资料和实地调查。而研究区域都是县级区域,一些指标数据没有进行统计,又给数据获得增加难度。故选取指标必须考虑数据获取的可操作性。

(二)巢湖流域生态承载力评价指标体系

对巢湖流域生态承载力进行研究是以巢湖流域的9个县市为研究单位,选取2007年为基准年,根据巢湖流域现状,同时结合获取的数据多少,选取不同的指标建立指标体系(图1)。其中,环境承载指数由于部分县(区)数据缺乏,根据以往研究经验,故不对环境承载指数进行评价。

(三)评价指标内涵

1. 地形地貌

不同地形地貌会有不同的动植物种类和土地生产类型,对人类社会经济活动和生态系统的弹性能力影响不同,例如喀斯特地貌区地表水大量渗漏,造成地表水不足,对农业生产非常不利,生态系统弹性能力较差[165]。本文采用陆地表面起伏度(Relief Degree of Land Surface,简称RDLS)来衡量地貌因素对生态系统弹性能力的影响[166]。RDLS可表达为:

$$RDLS = [max(h) - min(h) / max(H) - min(H)] \times [1 - P(A)/A]$$

式中:$max(h)$代表评价各区域最高海拔高度,$max(H)$代表全国的最高海拔高度即8848.14米,$min(h)$代表评价区域最低海拔高度,$min(H)$代表全国的最低海拔高度即-154.31米,$P(A)$代表研究地区平地面积,A代表研究区域的陆地总面积。

2. 气候因素

气候决定了一个地区的生物多样性和农业生产类型。本文选取年平均气温、年平均降水量、≥10℃积温、年日照时、无霜期作为衡量气候因素的指标。年平均气温、年平均降水量和≥10℃积温可以反映区域干湿程度[167]。日照和无霜期可以衡量地区的热量资源,是作物生长期长短的影响因素。

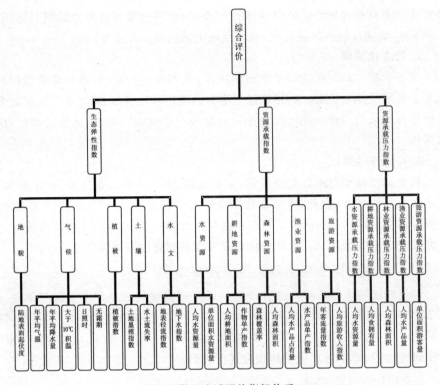

图 1　巢湖流域评价指标体系

3. 土壤因素

采用土地垦殖指数和水土流失率,来衡量土壤因素对生态系统弹性能力。土地垦殖指数大,土地的承载能力就高;土地垦殖指数小,土地的承载能力就低[168]。水土流失率反映水土流失情况,是土壤受侵蚀程度和土壤状况的重要指标。

土地垦殖指数=(当年耕地面积/评价区域国土面积)×100%

水土流失率=(当年水土流失面积/评价区域国土面积)×100%

其中,水土流失率由于水土流失面积数据难以获得,所以采用2005年的数据[169]。

4. 植被因素

植被因素影响水土保持情况,是生态系统稳定程度的重要体现。本文选用归一化植被指数作为指标来衡量植被覆盖状况。归一化植被指数是指遥感影像中,近红外波段的反射值与红光波段的反射值之差比上两者之和。归一化植被指数(Normalized Difference Vegetation Index,NDVI)与植被覆盖度、生物量、叶面积指数及净初级生产力密切相关,能够在大的时空尺度上客观地反映植物的覆盖信息[170]。它常用来反映植被状况、植被覆盖、生物量信息,是反映植被生态环境的重要指标[171]。

$$NDVI=(NIR-R)/(NIR+R)$$

其中 NIR 为近红外波段的反射值,R 为红光波段的反射值[172,173]。本文采用安徽省气象研究所的卫星数据。

5. 水文因素

一个区域的水资源通常都是由地表径流和地下水组成。本文选用地表径流指数和地下水指数作为水文因素的指标。

地表径流指数＝当年地表径流量/评价区域面积

地下水指数＝当年地下水径流量/评价区域面积

6. 水资源

衡量水资源情况的指标有很多种,本文根据数据的收集情况选取人均水资源量(m^3/人)、单位国土面积水资源量(m^3/km^2)。其中:

人均水资源量＝水资源总量/总人口

单位国土面积水资源量＝水资源总量/区域国土面积

7. 耕地资源

耕地是土地资源中的精华部分,是人类食物和轻工业原料的主要生产基地[174],是衡量区域农业以及经济发展的重要指标。本文采用人均耕地面积指数(hm^2/人)和作物单产指数(kg/hm^2)来反映耕地资源的承载情况。其中:

人均耕地面积指数＝耕地面积/区域人口数

作物单产指数＝作物总产量/耕地面积

8. 林业资源

森林具有涵养水源、保持水土、防风固沙、调节气候、净化空气等服务功能,是生态系统稳定以及经济社会发展的重要支撑。一个地区林业资源的多少是衡量资源承载能力的主要指标,本文采用森林覆盖率(%)和人均森林面积指数(hm^2/人)来反映林业资源的承载情况。其中:

森林覆盖率＝森林面积/土地总面积×100%

人均森林面积指数＝森林面积/总人口数

9. 渔业资源

巢湖流域水域面积广阔,对渔业资源进行研究可以在一定程度上反映地区的经济发展水平。本文采用人均水产品占有量(kg/人)和水产品单产指数(kg/亩)反映渔业资源的承载情况。其中:

人均水产品占有量 ＝ 水产品总量/区域人口数

水产品单产指数 ＝ 水产品总量/养殖面积

10. 旅游资源

旅游资源承载能力由客流量和旅游收入决定。本文选取年客流量指数和人均旅游收入指数作为评价旅游资源承载能力的指标。

年客流量指数＝年总客流量/区域国土面积

人均旅游收入＝年旅游收入/区域人口数

四、巢湖流域生态承载力计算与评价

根据构建的巢湖流域生态承载力评价指标体系，通过熵值法计算各指标的权重，得出巢湖流域生态弹性指数、资源—环境承载指数、资源—环境承载压力指数的结果，并对巢湖流域生态承载力进行综合评价。

（一）数据采集与标准化处理

1. 数据采集

查阅了《2008年安徽省统计年鉴》、《2008年合肥市统计年鉴》、《2008年巢湖市统计年鉴》、《2007年安徽水资源公报》以及各县级政府的统计公报，采集到所需数据（表2）。

表2 原始数据表

指标	合肥市区	肥西	肥东	巢湖市区	庐江	含山	无为	和县	舒城
陆地表面起伏度	0.0286	0.0289	0.0296	0.0333	0.0402	0.0383	0.0149	0.0145	0.1225
年平均气温（℃）	17.3	16.8	17.1	17.7	17.2	16.7	17.7	17.4	16.6
年平均降水量（mm）	976.3	869	1221.3	1224.4	1278.6	1104	1132.4	1191.4	1076.1
≥10℃积温（℃）	5756	5547.6	5691.2	5882.1	5708.6	5504	5915	5745	5587.2
日照时（h）	1814.6	2036	2081.2	2106	2270.2	2172.7	2034.9	2126.1	1969
无霜期（天）	228	259	237	240	238	235	231	232	230
土地垦殖指数	0.14	0.30	0.35	0.24	0.31	0.33	0.35	0.32	0.20
水土流失率	0.00	0.07	0.00	0.08	0.12	0.07	0.05	0.07	0.28
归一化植被指数	0.222	0.308	0.304	0.313	0.274	0.311	0.261	0.263	0.331
地表径流指数（m^3/km^2）	219309	347658	289260	455440	432893	425837	453761	412223.7	496606.6
地下水指数（m/km^2）	107271	57460	57400	114229	114614	48910	114673	114434.3	54127.7
人均水资源量（m^3/人）	113.9	792.6	583.2	1068	875.4	1018.3	786.2	978.6	1285.7
水资源指数（m^3/km^2）	286054.8	348623.9	290162.5	459379.6	435875.6	430622	456637.9	415474.6	609523.8
人均耕地面积指数（hm^2/人）	0.006	0.0654	0.0711	0.0545	0.0872	0.0787	0.0608	0.0752	0.0415
作物单产指数（kg/hm^2）	30172.1	14217.6	14722	12197	14237	10805	12941	19514.7	10044.3
森林覆盖率	8.8	15.8	16.2	14.1	19.5	22.5	22.2	14.3	43.8
人均森林面积指数（hm^2/人）	0.0037	0.0359	0.03256	0.0328	0.0183	0.0422	0.0179	0.0214	0.0924

续表

指标	合肥市区	肥西	肥东	巢湖市区	庐江	含山	无为	和县	舒城
人均肉类占有量 kg/人	10.036	154.8	101.03	35.298	26.307	28.64	34.313	44.392	38.066
人均水产品占有量 kg/人	4.588	33.24	32.734	33.937	30.708	36.32	37.502	28.027	27.393
水产品单产指数 kg/m²	1.087	0.4832	0.02439	2.059	0.639	0.4824	0.4198	0.201	0.288
年客流量指数 人/kg/m²	9868.892	511.830	532.491	823.732	383.468	312.919	226.058	331.599	342.857
人均旅游收入指数 元/人	4551.572	926.979	89.786	513.968	598.992	341.682	141.523	464.024	371.655

数据来源:《2008年安徽省统计年鉴》,《2008年合肥市统计年鉴》,《2008年巢湖市统计年鉴》,《2008年中国统计年鉴》,《2007年舒城县统计公报》。

2. 数据标准化处理

运用极差正规化法进行标准化处理(表3)。

表3 标准化数据一览表

指标	合肥市区	肥西	肥东	巢湖市区	庐江	含山	无为	和县	舒城
陆地起伏度	0.130556	0.133333	0.139815	0.174074	0.237963	0.22037	0.003704	0.000001	1
年平均气温	0.636364	0.181818	0.454545	1	0.545455	0.090909	1	0.727273	0.000001
年平均降水量	0.262963	0.000001	0.860107	0.867676	1	0.573731	0.643066	0.787109	0.505615
≥10℃积温	0.613139	0.106083	0.455474	0.919951	0.49781	0.000001	1	0.586375	0.202433
日照时	0.000001	0.485953	0.585162	0.639596	1	0.785997	0.483538	0.683714	0.338894
无霜期	0.000001	1	0.290323	0.387097	0.322581	0.225807	0.096774	0.129032	0.064516
土地垦殖指数	0.000001	0.75566	1	0.438679	0.787736	0.900943	0.995283	0.834906	0.259434
水土流失率	0.001075	0.24364	0.000001	0.290219	0.405231	0.242565	0.154261	0.225367	1
植被指数	0.000001	0.792766	0.760856	0.835564	0.481132	0.815085	0.356272	0.378435	1
地表径流指数	0.000001	0.493346	0.294703	0.85997	0.783276	0.759275	0.844259	0.712968	1
地下水指数	0.129845	0.130012	0.1291	0.993248	0.999103	0.000001	1	0.99637	0.079341
人均耕地面积指数	0.000001	0.731527	0.801724	0.597291	1	0.89532	0.674877	0.852217	0.437192
作物单产指数	1	0.207338	0.232398	0.106949	0.208302	0.037791	0.143931	0.470511	0.000001
森林覆盖率	0.000001	0.2	0.211429	0.151429	0.305714	0.391429	0.382857	0.157143	1
人均森林面积指数	0.000001	0.363021	0.325366	0.328072	0.1646	0.434047	0.16009	0.2	1
人均水产品占有量	0.000001	0.870511	0.855138	0.891687	0.793583	0.964088	1	0.712129	0.692866
水产品单产指数	0.522491	0.225503	0	1	0.302078	0.22511	0.194342	0.086803	0.129563
人均水资源量	0.000001	0.453628	0.388994	0.812196	0.647032	0.769319	0.570366	0.735874	1
单位面积水资源量	0.000001	0.193432	0.012699	0.535831	0.463169	0.446928	0.527355	0.400099	1
年客流量指数	1	0.029659	0.031733	0.062014	0.016281	0.009022	0.000001	0.010992	0.012133
人均旅游收入指数	1	0.187636	0.000001	0.09507	0.114125	0.056455	0.011594	0.083875	0.063172

数据来源:《2008年安徽省统计年鉴》,《2008年合肥市统计年鉴》,《2008年巢湖市统计年鉴》,《2008年中国统计年鉴》,《2007年舒城县统计公报》。

(二)生态弹性指数计算结果与分析

1. 生态弹性指数计算

首先,运用熵值法计算各子指标的权重值;其次,计算得出子指标的分值;再次,对子指标分值再次运用熵值法计算,得到评价指标的权重值(表4);最后,进行加权计算,得到生态弹性指数(表5)。

表4 生态弹性指数各指标权重值

评价指标	权重	评价子指标	权重
地貌	0.2217216	陆地表面起伏度	1
气候	0.1834	年平均气温	0.34356
		年平均降水量	0.341007
		≥10℃积温	0.179397
		日照时	0.059484
		无霜期	0.076552
土壤	0.1713466	土地垦殖指数	0.845511
		水土流失率	0.154489
植被	0.2293211	植被指数	1
水文	0.1942082	地表径流指数	0.28637
		地下水指数	0.71363

表5 生态弹性指数计算值

	合肥市区	肥西	肥东	巢湖市区	庐江	含山	无为	和县	舒城	流域
生态弹性指数	0.229	0.405	0.49	0.646	0.598	0.467	0.559	0.514	0.624	0.53
生态弹性状态	低稳定	中等稳定	中等稳定	较稳定	中等稳定	中等稳定	中等稳定	中等稳定	较稳定	中等稳定

2. 结果分析

对巢湖流域各县生态弹性指数评价分值进行面积加权,得到全流域生态弹性指数为0.53,生态系统处于中等稳定状态。这说明巢湖流域整个生态系统自我调节和抗干扰能力尚好,原因是气候分值较高,这与流域属于江淮区域气候湿润宜人符合。流域植被覆盖率、水文分值较低,这说明影响流域生态弹性指数的关键因素是植被和水文。

巢湖流域生态弹性指数的地域差异比较明显。巢湖市区和舒城县生态弹性弹性指数得分最高,分别为0.646和0.624,达到较稳定以上,主要是由于地势较平坦,水土流失较少,年降水量相对较大,水资源相对也较充足;而合肥市区得分最低,为0.229,处于低稳定状态以下,主要是因为森林面积少,植被覆盖率偏低,水资源缺乏,其他6个县都达到中等稳定水平(图2)。

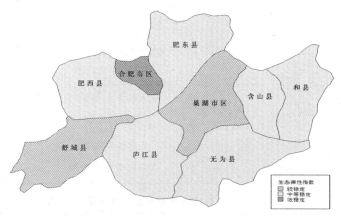

图2 巢湖流域生态弹性指数分布

(三)资源承载指数计算结果与分析

1. 资源承载指数计算

权重计算和资源承载指数计算过程同生态弹性指数(表6和表7)。

2. 结果分析

巢湖流域各区县资源承载能力面积加权后得分为0.431,说明巢湖流域整体资源承载能力处于中稳定状态,自然资源相对比较充足。其中渔业资源和水资源达到较高承载,分别为0.791和0.605;耕地资源得分0.58,达到中等承载。但是林业资源处于低承载,旅游资源承载处于弱承载,主要由于流域森林面积较少,流域各县(区)大部分属于经济相对落后地区,旅游方面的支出较少。各分县情况:和县处于低承载,其余县的承载状况都是中等承载,含山县得分最高。

在数项资源承载指数中,合肥市区的数项分值都是流域最低,特别是水资源和森林资源。合肥市区处于中等承载的原因主要是因为旅游资源承载指数最高,其他资源实际上承载水平较低。而合肥市区旅游资源承载力最高的原因主要是因为合肥市区是安徽省政府所在地,流动人口众多,加上经济较发达,居民用于旅游方面的支出较高。

表6 资源承载指数各指标权重计算值

资源类别	权重	指标	权重
耕地资源	0.143724	人均耕地面积指数	0.748696
		作物单产指数	0.251304
森林资源	0.074299	森林覆盖率	0.418896
		人均森林面积指数	0.581104
渔业资源	0.32118	人均水产品占有量	0.974375
		水产品单产指数	0.025625
水资源	0.052827	人均水资源量	0.823823
		水资源指数	0.176177
旅游资源	0.407971	年客流量指数	0.662146
		人均旅游收入指数	0.337854

表7 巢湖流域资源承载指数计算

	合肥市区	肥西	肥东	巢湖市区	庐江	含山	无为	和县	舒城	流域
耕地资源	0.251	0.6	0.659	0.474	0.801	0.68	0.541	0.756	0.327	0.580
承载状态	低	中等	较高	中等	高	较高	中等	较高	低	较高
森林资源	0	0.295	0.278	0.254	0.224	0.416	0.253	0.182	1	0.343
承载状态	弱	低	低	低	低	中等	低	弱	高	低
渔业资源	0.013	0.854	0.833	0.894	0.781	0.945	0.979	0.696	0.678	0.791
承载状态	弱	高	高	高	较高	高	高	较高	较高	高
水资源	0	0.511	0.332	0.765	0.617	0.715	0.566	0.678	1	0.605
承载状态	弱	较高	低	较高	较高	较高	中等	较高	高	较高
旅游资源	1	0.083	0.021	0.073	0.049	0.025	0.004	0.036	0.029	0.089
承载状态	高	弱	弱	弱	弱	弱	弱	弱	弱	弱
总资源承载指数	0.448	0.443	0.409	0.444	0.435	0.480	0.442	0.396	0.404	0.431
承载状态	中等	中等	中等	中等	中等	中等	中等	低	中等	中等

(四)资源承载压力指数计算结果与分析

1. 计算结果

计算过程同上,得到巢湖流域资源压力指数值(表8)。巢湖流域总体资源承载压力指数是处在高压状态,面积加权后得分为 2.209,大于 1,处于超载状态;各县的压力指数也都基本大于 1,处于超载状态。特别是合肥市区压力最大,主要由于该区域人口密度较高,而各资源拥有量相对较少,尤其是水资源和森林资源拥有量更为不足。合肥市区水资源人均拥有量仅为 120.89m³,远远低于全国 1916.3m³ 的人均水平;人均森林面积仅为 0.0037hm²,更是低于全国人均值 0.132hm²(图 3 和表 9)。

表 8 资源承载压力指数计算值

	合肥市区	肥西	肥东	巢湖市区	庐江	含山	无为	和县	舒城	流域
水资源	15.85	2.95	3.34	1.79	2.19	1.88	2.44	1.96	1.49	2.99
耕地资源	16.76	1.03	1.01	1.47	0.95	1.15	1.73	1.02	1.52	2.03
林业资源	35.78	3.69	4.07	4.04	7.23	3.14	7.40	6.17	1.43	6.35
渔业资源	7.83	1.08	1.10	1.06	1.17	0.99	0.96	1.28	1.31	1.46
旅游业资源	0.02	0.36	0.34	0.22	0.48	0.58	0.81	0.55	0.53	0.46
总资源压力指数	15.710	1.760	1.886	1.691	2.021	1.482	2.297	1.905	1.418	2.560

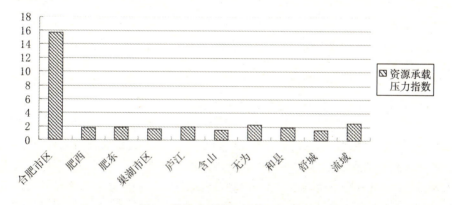

图 3 巢湖流域资源承载压力指数

2. 结果分析

面积加权后获得巢湖流域水资源承载压力指数、耕地资源承载压力指数、林业资源承载压力指数、畜牧业承载压力指数和渔业资源承载压力指数得分,分别是 1.35、1.27、9.13、1.54 和 0.47。其中林业压力最大,反映人均森林占有量严重不足,是影响压力指数的重要因素。全流域的人均森林面积为 0.06hm²/人,低于全国人均森林面积 0.132hm²/人和世界人均森林面积 0.6hm²/人的水平。其次是水资源,流域人均水资源量为 817m³,远低于全国平均水平 1916.3 m³。

(五)巢湖流域生态承载力综合评价

1. 流域整体评价

巢湖流域9县(区)基本处于"中稳定—中承载"状态,说明整个流域生态承载能力尚好;但是在压力指数方面(承载压力指数),全流域都处于"高压"状态,合肥市区程度尤为严重。整个流域资源承受的压力大,说明巢湖流域的资源利用、人口规模与经济发展不协调,生态系统处于负荷状态(表9)。

表9 巢湖流域生态承载力综合评价

	合肥市区	肥西	肥东	巢湖市区	庐江	含山	无为	和县	舒城	流域
生态弹性指数	0.229	0.405	0.49	0.646	0.598	0.467	0.559	0.514	0.625	0.53
生态弹性状态	低稳定	中等稳定	中等稳定	较稳定	较稳定	中等稳定	中等稳定	中等稳定	较稳定	中等稳定
资源承载指数	0.448	0.443	0.409	0.445	0.435	0.48	0.443	0.396	0.404	0.431
承载状态	中等承载	中等承载	中等承载	中等承载	中等承载	中等承载	较低承载	中等承载	中等承载	中等承载
资源承载压力指数	15.71	1.76	1.886	1.691	2.021	1.482	2.297	1.905	1.418	2.542
压力状态	高压	高压	高压	高压	高压	高压	高压	高压	高压	高压

2. 县(区)生态承载力分析

(1)合肥市区处于低稳定—较高承载—高压状态

合肥市区承载指数最高,但是生态弹性指数、压力指数也是最大的。合肥市区的生态弹性指数低主要体现在土地垦殖指数和归一化植被指数最低,原因是合肥市区是安徽省政治经济文化的中心,耕地少、土地需求量大、建设用地多、绿地少;较高承载主要是由旅游资源拉动的,因为其水、森林、耕地等都处于流域最低;压力指数最大的最主要原因是合肥市区人口多,而且农业生产没有其他地区规模大。归纳起来,合肥市区的生态承载状况如此主要是由其政治经济地位造成的,人口多、密度大、经济发达。因此,要改善当地生态承载状况,首先必须要解决人口问题,其次做好生态保护和规划,合理开发利用水和耕地,提高绿化面积。

(2)肥东县处于中稳定—中等承载—高压状态

肥东县生态弹性指数中等主要是因为水土流失程度相对其他地区较严重;承载指数状况中耕地、渔业资源、森林资源等相对充足,只是旅游资源收入较低;资源承载压力指数分值为1.886,超载负荷相对其他地区不大。总体来说,肥东县生态承载状况相对较好。

(3)肥西县处于中等稳定—中等承载—高压状态

肥西县生态弹性能力中等,只是降水量相对来说偏低;资源承载能力中等是由于各项资源相对于其他地区都属于中等;承载压力指数中水资源和渔业资源比其他资源承载能力高。

(4)巢湖市区处于较稳定—中等承载—高压状态

巢湖市区生态弹性能力较好,主要是年平均气温、$\geqslant 10℃$积温、年平均降水量和植被指数值比较大,特别是年平均气温在流域各个地区中最高,说明2007年光照和热量充足,农业生产状况相对较好;资源承载状况良好,只有森林资源相对较差,主要是市区林地面积小;压力指标中,同样是森林资源的承载压力大。

(5)庐江县处于较稳定—中等承载—高压状态

庐江县年降雨量与日照时在流域内分值均最高,另外水文方面分值也较高,说明该地区阳光充足、雨水充沛,农业生产水平也会受其影响,生态系统稳定性好;渔业资源和水资源承载能力较好,主要是水域面积大,而森林资源承载能力较差;森林资源和旅游资源压力较大,其他资源承载能力都较大,因此,该地应主要增加森林面积,提高植被覆盖率。

(6)和县处于中等稳定—较低承载—高压状态

和县水文方面分值较高,只是地势平坦,陆地表面起伏度最低;资源承载能力在流域中最差,主要是森林覆盖率较低,森林资源承载状况较差,因而保护森林面积和植树造林十分重要。

(7)无为县处于中等稳定—中等承载—高压状态

无为县年平均气温、$\geqslant 10℃$积温、地下水指数都排名流域第一,说明该地热量和水资源较充足,只是植被指数和陆地起伏度情况较差;资源承载状况中等,旅游资源承载能力在流域中较弱。

(8)含山县处于中等稳定—中等承载—高压状态

含山县土壤和植被情况较好,只是地下水资源较少、$\geqslant 10℃$积温低,这也是使该县生态弹性指数处于中等的重要原因;作物单产低,年客流量少,说明农业生产水平相对于其他地区较差,旅游资源没有其他地区发达;资源承载压力指数中旅游资源较差,这是因为含山县国土面积较小,人口密度相对较低,相应的旅游人数低。

(9)舒城县处于较稳定—中承载—高压状态

舒城县生态弹性指数中的水文、植被情况在流域内分值最高;森林资源、水资源承载能力在评价中最高,主要是因为该地区多山多水,水资源充足,森林面积大,森林覆盖率达到43.8%,超过全国平均水平。

五、巢湖流域生态承载力的影响因素

在巢湖流域生态承载力计算与评价中,各个指标对生态承载力的贡献值不同。调查分析影响巢湖流域生态承载力的主要因素,对研究如何提升生态承载力有着重要作用。

(一)巢湖流域生态承载力的影响因素分析

巢湖流域的生态弹性状况良好,各县(区)的生态弹性能力不等,分析得知,造成各县(区)差异的主要因素是植被覆盖。覆盖地表的植被类型中,主要以森林、耕地和草地为主。巢湖流域主要是农业区域,耕地面积较大且各县(区)有较大差异,而草地面积相对较小。因此,草地不是主要影响因素,影响巢湖流域生态弹性能力的主要因素是森林面积和耕地面积。

巢湖流域资源承载能力中等,但各资源种类的承载能力各异。森林资源、旅游资源承载状况较差且在各县(区)间差异性最大。森林资源承载能力主要受森林面积和人口数量影响。旅游资源承载能力主要由客流量衡量,而客流量受地区经济与人口数量影响。因此,影响资源承载能力的主要因素是森林面积和人口数量。

巢湖流域资源承载压力较大,各县(区)都处于高压状态,各资源种类的承载压力除旅游资源外也都处于高压。水资源、林业资源和耕地资源压力较大,其中水资源压力最大。影响这三种资源承载压力状况的主要是其资源量和人口数量。因此,对巢湖流域资源承载压力状况影响较大的因素是水资源量、耕地面积、森林面积和人口数量。

综合分析,影响巢湖流域生态承载力的主要因素是水资源量、耕地面积、森林面积和人口数量。

(二)巢湖流域生态承载力主要影响因素变化

影响流域生态承载状况的主要因素包括水资源量、耕地面积、森林面积以及人口,故对以上因素的发展变化进行分析,以期能找到提高生态承载力和可持续发展的针对性措施。

1. 水资源状况发展变化

水资源对流域社会经济发展意义重大。由于县级的资料不全,故以占流域面积大部分面积的合肥和巢湖2个市级地区的2003—2007年数值进行分析,以期能提供参考。

5年间流域水资源状况变化幅度较大,主要受降水量影响,例如,2003年降雨量达到236.65亿 m^3,大大超过其他几年的水平,当年的水资源量总量和人均水资源量也大大高于其余几年。鉴于受降水影响,而且流域降水年度差异较大,因此改善水资源状况的重要一环必然要提高流域水库的蓄水能力,减弱降水量差异的影响。这5个年份的人均水资源量都低于全国平均水平,说明巢湖流域缺水状态一直持续,对水资源的依赖性强(图4和表10)。

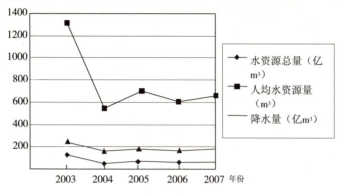

图4　2003—2007水资源状况变化

资源来源:《2003—2007年安徽省统计年鉴》。

表10　巢湖流域水资源状况变化

年份	水资源总量(亿 m³)	人均水资源量(m³)	降水量(亿 m³)
2003	119.22	1310.22	236.65
2004	49.29	548.49	154.92
2005	64.88	696.96	178.34
2006	55.27	608.19	164.33
2007	63.06	660.77	175.76

资源来源:《2003—2007年安徽省统计年鉴》。

2. 土地资源利用结构变化

土地利用结构反映一定时期内的土地利用状况,可用以分析研究区域经济发展结构、生态承载状况,以及未来经济发展和生态保护方向。从下表中我们可以看到巢湖流域30年间耕地资源、林业资源等变化情况。

巢湖流域土地资源利用结构多年来发生一定变化,由图5和表11看出,1979—2008年,土地利用结构的变化主要表现在:(1)耕地面积减小,由9242.46 km²减至8970.7 km²;(2)林地面积和草地面积稍有下降,林地面积和草地面积分别减少了101.8 km²和4.76km²,(3)水域面积减少了51.45km²;(4)建设用地增加了429.87km²;(5)未利用地变化细微。

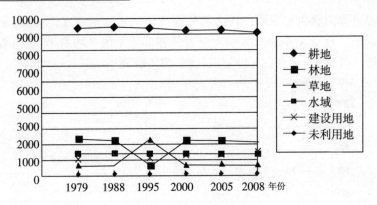

图 5　土地利用结构变化图

表 11　1979—2008 年巢湖流域土地利用结构变化　　（单位：km³）

年份	耕地	林地	草地	水域	建设用地	未利用地
1979	9242.46	2241.29	598.70	1316.66	945.03	0.35
1988	9304.05	2145.95	596.42	1288.23	1009.50	0.35
1995	9217.82	596.58	2145.92	1283.00	1100.83	0.35
2000	9137.96	2144.98	596.49	1278.80	1185.93	0.35
2005	9078.19	2143.35	596.50	1267.90	1258.21	0.35
2008	8970.70	2139.41	593.94	1265.21	1374.90	0.35

资源来源：20 年巢湖流域土地利用变化及生态服务功能价值分析[175]，巢湖流域的土地利用变化及其生态系统功能损益[176]，近 30 年巢湖流域土地利用变化及其驱动力研究[177]。

随着经济发展和社会进步，巢湖流域城镇化建设和房地产开发对建设用地需求较大，但是通过耕地转化为建设用地显然是不可取的。巢湖流域还存在围湖造田、滥砍滥伐等现象，不仅造成了水域面积和林地面积的减少，而且不利于生态系统稳定。

3. 人口

人口是影响生态系统承载能力与社会经济发展的重要因素。2003—2007 年 5 年中，巢湖流域人口总数量和人口密度持续增长，年均增速 1.2%，是全国人口量增长速度 0.56% 的 2 倍多；城镇人口相对于农村人口增长过快，年增长率达到 3.3%，与全国水平基本持平；农村人口增长较慢，仅为 0.4%，但全国农村人口 4 年内一直处于下降水平（表 12）。

表 12　2003—2007 年巢湖流域人口变化情况

年份	人口数量	人口密度	城镇人口	农村人口
2003	9111765	548	2474431	6637334
2004	9201843	554	2597576	6604267
2005	9308981	560	2619456	6689525
2006	9434663	568	2750316	6684347
2007	9543393	574	2800493	6742900
年均增长率	1.2%	1.2%	3.3%	0.4%

资源来源:《2003—2007 年安徽省统计年鉴》。

六、提升巢湖流域生态承载力的对策措施

通过以上的分析和评价,要提高巢湖流域生态系统的生态承载能力,使流域能够健康、安全和可持续发展,可以考虑从以下三个方面开展工作。

(一)合理利用水资源

巢湖流域人口密度较大,大部分县都是农业县,农业经济发达,但流域处于缺水状态。因此,水资源直接关系到流域社会经济发展和生态环境改善,实现水资源的可持续发展需要开源节流。

农业方面,大力开发节水技术,全面推广节水农业,杜绝漫灌的浪费现象,提高灌溉水的利用率;健全农村灌排系统,改进灌溉制度,控制灌水数量;积极开展农村水利工程,积极改造农业供水配套设施建设,做好水库管理,提高水库拦蓄水能力,完善打井审批制度,合理开采地下水;统筹生产、生活、生态用水,对巢湖各支流水进行有效调蓄,合理利用水资源。

工业方面,工业用水要遵循循环经济的 3R 原则,即"减量化、再利用、资源化",提倡水的循环利用,特别是高温冷却用水;推广工业节水技术,增加工业用水重复利用;在大力提高工业系统水资源生产效率、降低单位产值耗水量的同时,减少工业废弃水对水生态环境的破坏[178]。

制度方面,建立健全流域各地水资源监测和管理机制,制定严格的水资源法规体系,加大区域水资源监控力度;在做好流域水资源动态监测的同时,严格处罚不合理开发利用水资源的行为,确保水资源安全;同时做好水资源保护宣传工作,营造全社会节约用水的氛围,提高水资源综合利用水平。

(二)合理规开发用土地资源

巢湖流域是安徽省人口密度最高的地区之一,因此土地资源相应紧缺。为此要对土地使用进行合理规划,保持一定的耕地、林地,这样才能保持甚至改善

流域资源承载状况和可持续发展水平。

1. 保护耕地,控制土地流转规模

在全巢湖流域实施强有力的耕地保护措施,禁止非法占用农用地的违法行为,控制建设用地的过快增长,特别关键的是在各地城镇化建设和社会主义新农村建设浪潮中,加强基本农田保护,守住耕地红线;提高土地流转的监控力度,完善土地流转审批制度,严厉打击非法流转土地、官商勾结的行为;积极落实国家农业补贴和减免税收政策,提高农民的生产积极性;改良土壤,提高土地产出率;特别重视粮食安全问题;控制化肥农药的使用,减少农业生产的污染;发展生态农业,加大农业相关技术的开发,提高农业生产的科技含量,不断提高粮食生产能力。

2. 开展植树造林,提高植被覆盖率和林地面积比重

要提高森林植被覆盖率,做好城市市区绿化工作。巢湖流域整体植被覆盖率不高,对生态系统弹性指数影响较大,因此应加大对林地、草地等的保护力度,退耕还林,封山育林,广泛开展植树造林。

(1)植树造林,做好生态林工程

加快造林绿化和退耕还林的步伐,因地制宜,根据不同地形地貌对林种和树种进行合理组合,大量营造混交林;按照植物顺向演替规律,改针叶纯林为针阔叶混交林,改单层林为乔、灌、草结合的复层林,改低产低效林为优质高效林,使其形成多层次结构、多功能效益的森林群落,达到保持水土、美化环境的效果[179];同时可以结合封山育林的手段,提高林木的质量。重点建设农田防护林网生态体系建设工程,结合农田水利基本建设,做好平原绿化工作,提高林网标准和质量[180];可选取相应的树种,实行农田间作,合理利用空间和养分,提高农业生产经济效益。

(2)保护绿地,提高植被覆盖率

巢湖流域植被覆盖率不高,尤其是合肥市区,植被覆盖率最低。在城市化大建设进程中,巢湖流域各地特别是合肥,提高城市绿化面积,加强对林草地的保护极为关键。因此,应严格审批占用林草地、破坏植被的相关建设工程,保留城乡结合部天然林地,同时增加人工种植,扩大公共绿地面积,特别是河道、湖泊岸边,提高植物多样性和稳定性。

(三)控制人口增长速度

巢湖流域人口规模较大,人口增长速度高于全国平均水平,人口与经济、社会、资源、环境之间的矛盾不断加剧,控制人口增长,有利于缓解生态系统的压力,促进可持续发展。坚持计划生育国策,稳定低生育水平,改革户籍制度,控制流域人口规模;提高人口素质,改变人们传统的生产生活方式,提升生态环境保护意识。

生态承载力能够衡量人与生态系统之间的关系,主要表现在生态系统对人类活动的支持和人类活动对生态系统的压力。人类的可持续发展必须建立在生态系统完整、资源持续供给和环境长期有容纳量的基础上，因而人类的活动也必须限制在生态系统的弹性范围之内，即人类的活动不应超越生态系统的承载限制[181]，可以说，生态承载力是可持续发展的重要支撑和前提。巢湖流域的生态环境状况较差，在安徽省建设生态省和国家建设皖江城市带承接产业转移示范区的大环境下，开展生态承载力研究，提高可持续发展水平，意义重大而深远。

在这种背景下，在前人研究的基础上，本章结合研究区域实际状况，对巢湖流域的生态承载状况进行评价，并对主要因素的多年变化进行分析。结果表明，流域整体以及各县市生态系统都处于压力负荷状态，而影响巢湖流域生态承载力的主要因素有水资源、土地资源（包括耕地资源和森林资源）与人口。本章最后，结合可持续发展理论，提出了提升巢湖流域生态承载力的措施。研究的最大困难是数据收集不全，以致环境承载能力这一生态承载力重要组成部分需要进行相关研究。

（与徐强合作研究）

巢湖流域污染与治理

巢湖是我国五大淡水湖之一,濒临长江(图1),处于长江与淮河流域之间,属长江下游左岸水系,距省会合肥约15km,涵盖合肥、(原)巢湖和六安3市的9县(区)。巢湖接纳南淝河、杭埠河、裕溪河等33条河流,集水范围包括合肥、(原)巢湖、无为、庐江、舒城、肥东、肥西2市5县,水产资源丰富,尤以产银鱼、虾米、螃蟹著称,享有"江淮明珠"之誉,对长江水量起着良好的调节作用,其防涝抗旱、灌溉农田、扩大水运、改善生态环境的功能显著。然而,近些年来,随着工农业生产的迅速发展,大规模的水利工程建设及过快的人口增长速度,给巢湖流域自然环境带来巨大的生态压力。城市污水的大量排放和滥施化肥、农药,使水体受到了极其严重的污染,其纳污负担、富营养化和氮磷超标程度,均居我国五大淡水湖之首。为此,国家确定巢湖是全国重点治理的"三河三湖"之一,并把巢湖治污纳入"中国跨世纪绿色工程计划"之中[182]。

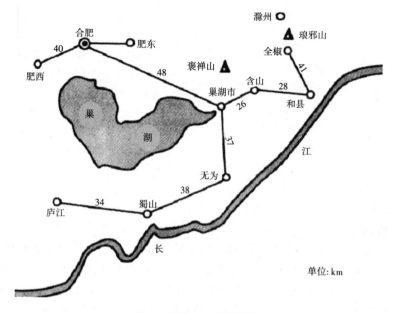

图1　巢湖地理位置[183]

一、巢湖污染

(一)污染物类型

根据调查,巢湖的污染物有:致浊物、致嗅物,病原微生物,需氧有机物,植物营养物质,无机有害物,无机有毒物质,重金属,易分解有机有毒物,难分解有毒物,油热、放射性、硫、氮的氧化物等。它们在浊度、色度、嗅度、传染病、耗氧、富营养、硬度、毒性、油污染、热污染、放射性、酸化富集等方面都有不同程度的危害。这些污染物的主要来源有:生活污水、工业污染、农田排水污染、矿山排水污染,以及垃圾和废渣堆积雨水淋流入水体造成的污染等。[184]其中巢湖的主要控制污染物是氮(N)、磷(P)和化学需氧量(COD),因此,其污染防治的重点是这三种污染物。

(二)污染原因

导致巢湖水污染的原因概括为三个层面(表1)。

表 1　巢湖流域水污染主要成因[184]

层面一	层面二	层面三
过量排放	用水量大,废污水回用率低;产业结构不合理,高耗高排;水土资源开发利用方式不当;污染治理手段落后;污染治理措施单一;废污水处理率低。	经济发展、人口增加,城市化进程加快等造成用水量增加;水资源管理体制不合理;水价、水权及水市场不健全;环保意识落后,污染防治投入不足;法律不健全,监督不力等。
治理缓慢		

　　随着巢湖流域人口的增长、国民经济的发展、人民生活水平的提高,在管理不善、措施不力的情况下,流域生态环境的压力很大,农业生产中过量施用化肥、农药,强化利用土地资源,工业生产的发展在全流域从无到有,从小到大。工农业造成的污染,由于入湖废水量增多,使水域环境质量下降;沿湖植被被破坏,水土流失严重,入湖泥沙量增加,淤积愈益严重;闸坝改变了湖泊水情,又阻隔了鱼类回游通道;围湖造田破坏了鱼类的饵料基础,也殃及鱼类的栖息和产卵场所;水生植物的减少,破坏了水生态系统,导致鱼类组成发生变化,种群结构失衡,使巢湖水质污染程度逐年增加。

　　巢湖的主要入湖河道受雨季洪水影响,导致侵蚀极为严重,水土流失又使河道淤积堵塞,河床普遍加宽,其他河流的淤积情况也都很严重。巢湖污染已严重影响巢湖地区经济健康发展以及该地区人民的生产和生活。根据巢湖水质的污染及治理对策研究报告,可以知道巢湖已出现明显的人为富营养化;上游水源林遭砍伐和土地资源的掠夺性经营,引起大面积水土流失,加快了湖盆淤积速度,巢湖闸兴建后,因水位维持过高,加上历次洪水冲击,使巢湖水生维管束植物破坏殆尽;巢湖湖底由西向东倾斜,湖水浑浊,呈黄褐色,透明度较差,围湖造田、鱼类产卵场遭到破坏。

二、治理对策

　　为保护巢湖水源不受污染,保障人民身体健康,促进经济发展,维护生态平衡,根据《中华人民共和国环境保护法(试行)》和《中华人民共和国水污染防治法》的规定,结合巢湖的实际情况,制定巢湖水源保护方针是:加强领导、依靠群众、全面规划、综合治理、除害兴利、造福人民。安徽省在治理重点流域水污染工作中突出重点、抓住难点,分阶段推进淮河、巢湖流域水污染防治工作,取得了明显成果。同时,在安徽省人大常委会的高度重视下,合肥市居民饮用水源安全问题得到解决。安徽省还于2008年年初在巢湖流域全面禁止新上排放氮、磷污染物的工业建设项目,减少污染物排放。巢湖污染底泥环境清淤工程正式开工建设,巢湖水质将得到明显改善。预计到2020年,完成巢湖西半湖治理任务,并使所有指标达到Ⅲ类标准。

国家确定的"三河"(淮河,海河,辽河)、"三湖"(太湖,巢湖,滇池)水污染防治、"两区"(酸雨污染控制区和二氧化硫污染控制区)大气污染防治、"一市"(北京市)、"一海"(渤海)(简称"33211"工程)的污染防治全面展开[185]。针对巢湖富营养化的产生原因,可以将治理措施分为外部控制治理措施和内部控制治理措施两类。

1. 外部控制措施

(1)在流域上游地区植树造林,巢湖流域地区要保护林木、植被,提倡植树种草,绿化荒山荒地;巢湖沿岸湖区提倡保护湖岸,净化水体,严禁乱垦滥伐;杭埠河上游要限期退垦还林,恢复植被,防止水土流失。

(2)对重点污染源实行关、停、并、转或搬迁至流域之外,重视前端控制和清洁生产。强调开展巢湖流域水污染防治的科学技术研究,发展少污染、低消耗的产业和产品,合理调整产业结构和发展规划,严格推行清洁生产,做好"'十一五'治理项目投资"工作(表2)。

表2 重点流域"十一五"治理项目投资汇总

流域	投资(亿元)			
	工业污染治理	污水处理厂	区域综合治理	合计
海河	63.3	210.2	68.3	341.8
淮河	59.1	216.3	70.7	346.1
辽河	51.5	79.5	41.5	172.5
黄河中上游	84.5	180.1	32.7	297.3
松花江	32.8	90.3	10.6	133.7
三峡库区及上游	61.5	106.4	55.8	223.7
太湖	104.6	41.2	80.7	226.5
巢湖	28.7	19.5	25.6	73.8
滇池	0.0	39.7	44.1	83.8
丹江口库区及上游	7.6	17.2	9.2	34.0
长江中下游	112.5	336.8	182.7	632.0
合计	606.1	1337.2	621.9	2565.2

资源来源:《巢湖水质的污染及治理对策(研究报告)》。

从表3可知,"十一五"期间,巢湖"十一五"治理项目投资总额是73.8亿元,占重点流域"十一五"治理项目投资总额的2.88%。

（3）修建集中或大规模污水处理厂，建设城镇污水处理设施，对城镇生活污水、垃圾等进行无害化资源化处理，并控制含N、P、COD总量等的排放（表3）。

表3 重点流域COD总量控制目标[188]

流域	2005年排放量（万吨）	2010年排放量（万吨）	削减率（%）	新增污水处理规模（万吨/日）
海河	142.4	123.7	14.2	638
淮河	104.2	88.4	15.2	740
辽河	58.7	50.3	14.3	288
松花江	78.4	68.5	12.6	308
黄河中上游	123.5	111.2	10.0	248
三峡库区及其上游	136.3	126.4	7.3	370.9
太湖	50.1	42.6	15.0	202
巢湖	6.2	5.6	9.7	46
滇池	2	1.8	10.0	56.5
南水北调中线	10.3	9.6	6.8	87
重点流域合计	712.1	628.1	11.8	2984.4

资源来源：《国家"十一五"重点流域水污染防治战略规划》。

表3是我国部分重点流域COD总量的控制目标，由表3可知，2010年，巢湖流域COD排放量控制在5.6万吨，比2005年削减14.97%。新增城镇污水处理规模为46万吨/日，城市污水处理率不低于90%，其余重点流域城市污水处理率不低于70%。

（4）推广沼气应用。

（5）禁止在水体中清洗装储过油类或者有毒有害污染物的车辆和容器，禁止使用含磷洗涤用品。

（6）禁止向水体排放或倾倒油类、酸液、碱液和其他有毒物质。

（7）对排污企业实行排污许可证和总量控制。

（8）规范农田用药、化肥的使用，有效利用农家肥等等。强调农业环境保护，促进农业生态环境良性循环。

（9）依法治水、管水是现代水利的重要保障。我国法制建设正在不断加强和完善，初步建立了水法规的框架体系。安徽省开始重视水资源的节约和对水环境的治理和保护，寻求人口、资源、环境与社会经济的协调发展，加大投资。1987

年8月,安徽省人大通过了《巢湖水源保护条例》;1988年4月,安徽省政府环委会通过了《关于防止巢湖水质污染、保护合肥四水厂等饮用水源的意见》;1993年,省委下文,明确巢湖污染治理是全省环保工作的重点;1998年12月,安徽省人大又颁布了《巢湖流域水污染防治条例》。建立和完善水资源统一管理的相关法律、法规,切实将水资源的开发、利用、治理、配置、节约和保护纳入法制轨道。

2. 内部控制措施

目前巢湖治理采取的物理措施为局部底泥清淤,拟采取的措施为引清洁水入湖,促进湖水的更新循环。湖泊内部治理的生物措施包括:(1)收集清除蓝绿藻和水草;(2)放养食草鱼类控制水草生长,扩大食物链;(3)控制水位以保护植被;(4)湖岸植被恢复与保护。除此之外,还有化学除藻以及加强水上运输以控制油类污染等污染[186]。

三、结论和建议

巢湖的治理必须切断污染源,采取综合措施加强污染源治理,科学施肥,减少用量和流失,结合新农村建设,解决好农村生活垃圾和污水排放问题,建设环湖湿地带、加快生态修复,积极推进"引江济巢"工程,加快水体交换等。治理巢湖污染还需要加快体制和机制建设,需要一个强有力的协调机构和常设机构来推进。

湖泊的治理需要相当长的时间,治理富营养化严重的巢湖流域水污染任务艰巨,要求各级政府和各部门密切配合,明确责任分工,多方筹集资金,落实治污项目。通过加强环境监管,有效约束各类排污行为,并鼓励公众参与,形成广泛的监督机制。只有全社会形成合力,才能有效控制污染,遏制巢湖水质恶化趋势,实现水质改善。

生态产业园区与产业集群化发展

工业革命以来,世界人口数量急剧膨胀,科学技术突飞猛进,人类征服并改造自然的能力大大增强,创造了前所未有的物质财富。这在推动全球经济快速发展的同时,也引发了深重的环境灾难,环境问题开始从根本上影响人类的生存与发展。20世纪以来,环境问题呈现出地域上扩展和程度上恶化的趋势,各种污染的交叉复合,加之愈演愈烈的过度经济开发,已使环境问题从区域性问题逐渐演变为全球性问题[187]。随着全球变暖、臭氧层破坏、酸雨区扩展、自然资源短缺、生物多样性减少等一系列生态危机的出现,人们开始对现有的经济发展方式进行深刻的认识和反思。

传统经济是一种"资源—产品—污染排放"单向流动的线性经济,其特征是"高开采、低利用、高排放"。在这种线性经济模式中,经济的增长主要依靠高强度地开采和消耗资源。这种经济运行有两个基本前提:一是自然资源的无限性,人们可以无限地从自然界获取生产所需的资源;二是自然生态系统自净能力的无限性,自然生态系统完全可以自行化解和消除社会经济发展所造成的环境污染和生态破坏。然而,在全球性能源危机和生态破坏日趋严重的今天,这两个前提事实上是不存在的。2002年联合国环境规划署在巴黎发布的《全球经济综合报告》中指出:"过去十年,传统的线性经济方式进一步导致环境退化和灾难加剧,对世界造成了6080亿美元的损失——相当于此前40年的总和。"与线性经济模式对应的末端治理方式尽管在污染控制方面发挥着重要作用,但其在治理污染方面的不足也日益显现:一方面,末端治理无法从技术上真正消除污染,且易产生二次污染;另一方面,随着污染物数量和种类的增加,加上各种复合污染物的出现,使治污难度持续增加,治污成本不断提高。

传统线性经济模式和末端治理方式的弊端越来越为人们所重视,许多有识之士开始探索如何寻找一种新的经济模式,既能促进经济增长,又能保护环境,从而实现人类与自然的协调与和谐,实现经济发展与环境保护的双赢。在这种大的历史背景下,循环经济的思想开始萌芽并日趋成熟。循环经济是运用生态学规律指导人类社会的经济活动,以资源的高效利用和循环利用为核心,以"减量化、再利用、资源化"原则为指导,以"低消耗、低排放、高效率"为基本特征的社会生产和再生产范式。它要求将经济活动组织成一个"资源—产品—再生资源"的反馈式流程,实现物质的闭环流动和能量的梯级利用。

清洁生产是循环经济在企业层面的实现形式。它将整体预防的环境战略持续应用到生产过程、产品和服务中,以增加生态效率和减少人类及环境的风险。对生产过程,要求节约原材料和能源,淘汰有毒有害原材料,降低所有废弃物的数量和毒性;对产品,要求减少从原材料提炼到产品最终处置的全生命周期的不利影响;对服务,要求将环境因素纳入设计和所提供的服务中。与末端治理相比,清洁生产将污染控制与生产过程控制紧密结合,使生产过程中的污染物产生量、流失量达到最小,资源和能源得到最充分利用,从而达到"节能、降耗、减污、增效"的生产经营和环境保护双赢的效果[188]。然而,单个企业的清洁生产具有一定的局限性,在企业之间开展副产品和废物互换则可以实现区域层次上循环经济的发展,生态产业园区正是在这种背景下逐步发展起来的。生态产业园区是循环经济在企业间运行的重要方式,是在生态学、生态经济学、产业生态学和系统工程理论的指导下,将在一定地理区域内的多种具有不同产业目的的产业,按照物质循环、产业共生等组织起来,构成一个"从摇篮到坟墓"利用资源的具有完整生命周期的产业链和共生网络,以最大限度地降低对生态环境的负面影响。发展循环经济,建设生态产业园区,以其明显的社会、经济和环境效益备受各国欢迎,迅速在世界各地开展起来。

生态产业园区以其极高的生态经济效益引起了越来越多的关注。我国自20世纪80年代后期开始兴起建设工业园区、经济技术开发区的热潮,大多数工业园区在取得良好效益的同时,普遍存在土地资源短缺、生态效率偏低、环境因子制约突出等问题。随着循环经济理论的不断完善并日益渗透到各类园区的建设和发展过程中,加之循环经济通过生态产业链网的构建会在一定程度上消除现有产业的界限,传统园区都会在引入循环经济理念的基础上,通过相应的技术改造向更完善的生态产业园区发展。从长远的角度来看,生态产业园区必将成为各种形态园区发展的方向和趋势。

我国的生态产业园区发展还处在研究和探索阶段,研究生态产业园区发展的理论和方法体系,对于促进区域循环经济的发展和保障园区的顺利建设具有极为重要的意义;生态产业园区作为一种新型的产业组织形态,对其发展模式的分析有助于对传统产业园区进行生态改造,以重新构建高效的物质和能量交换系统,提高园区整体的资源利用率;在循环经济理念的指导下,将一系列农业园区、工业园区、经济开发区等改造成生态产业园区有利于促进园区生态产业的形成,促进区域产业结构向资源利用高效化、废物排放减量化、生产过程无害化的方向调整,提高园区的核心竞争力和可持续发展能力。立足合肥实际,探讨适合的生态产业园区发展模式,对推动园区改造和升级,促进区域循环经济发展具有一定的指导意义。

一、生态产业园区理论

生态产业园区是循环经济在区域层面的实践模式,是依据循环经济理念和产业生态学原理而设计建立的一种新型产业组织形态。它通过成员间的物质集成、能量集成和信息集成,构建共享资源和互换副产品的产业共生网络,模拟自然生态系统,建立产业系统中"生产者—消费者—分解者"的循环途径和"食物链(网)"关系,寻求物质闭路循环、能量梯级利用和信息高效共享,以实现园区经济效益和环境效益的协调发展(图1)。

生态产业园区关注整个区域资源的最佳整合和优化配置。它的研究对象包括农业、服务业和该区域的一切基础设施及自然资源[189],其理念可运用到大型企业、产业较密集的城镇、郊区及绿色社区的建设中。生态产业园区运用循环经济理论,寻求企业间的关联度,进行产业链接,建立起企业之间的生态平衡关系,实现环境与经济的协调发展。生态产业园区以企业生态链(网)的建立为基础,注重产业结构和布局的调整与升级,强调用高新技术改造传统产业,培育新的经济增长点。生态产业园区要求在新建园区的规划设计和现有园区的改造提升中引入循环经济理念,延伸产业链,进行补链设计,同时引进与现有产业配套、互补的基础设施项目,将众多有关联的上、中、下游产业集聚在一起,逐步完善园区各成员间产品流、废物流、能量流、技术流和信息流的交换,使园区在资源利用上由消耗型向节约型转变,在污染处理上由末端治理向源头预防和全过程控制转变,最终达到企业内的小循环、园区内的中循环和园区间的大循环。

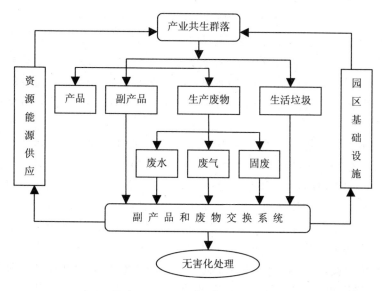

图 1　生态产业园区一般示意图

(一)产业生态学理论

"产业生态"这一概念早在 20 世纪 70 年代就出现在了西方学者的论文中,但含义并不明确,也未能引起学术界的重视。直到 20 世纪 80 年代末,由 R. Frosch 模拟生物的新陈代谢过程提出了"工业代谢"的概念[190],认为现代工业生产过程就是一个将原料、能源和劳动力转化为产品和废物的代谢过程,后经 N. Gallopoulos 等进一步发展,从生态系统的角度提出了"产业生态系统"和"产业生态学"的概念[191]。美国国家科学院和贝尔实验室于 1991 年共同组织了全球首次"产业生态学论坛",对"产业生态学"的概念、内容和方法及其应用前景进行了全面、系统的总结,基本上形成了"产业生态学"的概念框架。贝尔实验室的 C. Kumar 认为:"产业生态学是对各种产业活动及其产品与环境之间相互关系的跨学科研究。"[192]产业生态学在 20 世纪 90 年代得到了迅速发展,越来越多的学者投身到这一极具潜力的新兴学科中来,不同的学者从不同的角度提出了产业生态学的学科定义,1992 年 Hardin 提出产业生态学是"产业界的环境议程",是解决全球环境问题的有力手段。而国际电气与电子工程研究所(IEEE)于 1995 年在其《可持续发展与产业生态学白皮书》中指出:"产业生态学是一门探讨产业系统与经济系统以及它们与自然系统相互关系的跨学科研究,其研究涉及诸多学科领域,包括能源供应与利用、新材料、新技术、基础科学、经济学、法律学、管理科学以及社会科学等",可以认为是一门"研究可持续发展能力的科学"。王如松则从"社会—经济—自然复合生态系统"的理论出发,提出"产业生态学是一门研究社会生产活动中自然资源从源、流到汇的全代谢过程,组织管理体制以及生产、消费、调控行为的动力学机制、控制论方法及其与生命支持系统相互关系的系统科学"[193]。1997年，由耶鲁大学和麻省理工学院联合出版了全球第一本《产业生态学杂志》，标志着产业生态学作为一门真正意义上的学科被学术界正式接受。近年来，以 AT&T、Lucent、GM、Motorola 等公司为代表的产业界纷纷投巨资推进产业生态学的理论研究和实践，成为产业生态学的首批实验基地[194]。

产业生态系统是产业生态学的研究对象。产业生态系统的核心是使产业体系模仿自然生态系统的运行规则，实现产业的可持续发展。按照在整个产业生态系统中所起作用的不同，参照自然生态系统，产业生态系统的成员可以分为生产者(资源生产)、消费者(加工生产)和还原者(回收利用)3个类型。其中，生产者主要包括物质生产者和技术生产者。物质生产者指使用基本原料生产直接消费品或生产初级产品供给其他企业作为原料的企业。而技术生产者不以可见的物质产品为目标，通过对园区各企业提供无形的技术支持，使单个企业和整个生态链都朝着更加完善的方向发展。消费者指主要使用初级产品、其他企业生产过程的副产品或废弃物为原料，生产最终产品及中间产品的企业。作为还原者的企业主要是对生产过程的副产品和废弃物进行加工，提供给其他企业作为原料。自然生态系统有趋于成熟的倾向，在进化过程中，生态系统由简单的状态变为较复杂的状态，这种定向型的变化称为"演替"。自然生态系统进化的模式为我们提供了认识现代产业体系和思考其未来发展的理论基础和视角。产业生态学理论的主要探索者之一的勃拉登·阿伦比(Braden R. Allenby)提出了产业体系的"三级生态系统的进化理论"(图2)，并提出了理想的产业模式。勃拉登·阿伦比认为，理想产业系统包括四类基本组成：资源开采者，处理者(制造商)，消费者和废料处理者。理想的产业系统应尽可能接近三级生态系统并与自然生态系统这个更大的三级生态系统相容。

产业生态学的研究核心是产业系统与自然系统、社会经济系统之间的相互关系。产业生态学的研究与应用涉及三个层次：在宏观层次上，围绕产业发展，将生态学的理论与原则融入国家法律、经济和社会发展纲要中，促进国家以及全球生态产业的发展；在中观层次上，是企业生态能力建设的主要途径和方法，涉及企业的竞争能力、管理水平、规划方案等，如企业的"绿色核算体系"、"生态产品规格与标准"等；在微观层次上，是具体产品和工艺的生态评价与生态设计。产业生态学既是一种分析产业系统与自然系统、社会系统以及经济系统相互关系的系统工具，又是一种发展战略与决策支持手段。产业生态学的研究领域和内容主要包括产业系统与自然生态系统的关系；产业生态系统结构分析与功能模拟；产业生态系统的低物质化；工业代谢过程模拟与改进；产品生态评价与生态设计；区域产业生态系统设计与建设；产业生态学教育[195]。

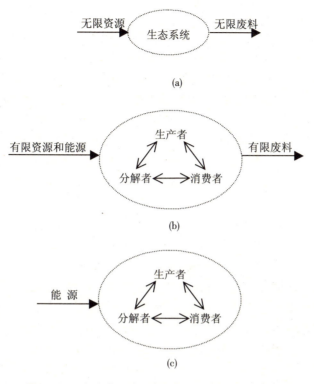

图2 (a)一级生态系统示意图,(b)二能生态系统示意图,
(c)三级生态系统示意图。

(二)基础生态学理论

关键种理论对构建生态产业园区的指导作用。关键种理论是生态学的基本理论,它确定了关键种在生态系统中的地位和作用。关键种是指一些珍稀、特有、庞大、对其他物种具有不成比例影响的物种,它们在维护生物多样性和生态系统稳定方面起着重要作用。如果它们消失或削弱,整个生态系统可能要发生根本性的变化。它有两个显著特点,一是它的存在对于维持生态系统群落的组成和多样性具有决定性作用;二是同群落中的其他物种相比是很重要的,但又是相对的。这也是它与优势种的区别。关键种理论用于生态产业园,就是指导设计人员选定"关键种企业"作为生态产业园的主要种群、核心企业,构筑企业共生体。"关键种企业"就是这样一些企业,在企业群落中,它们使用和传输的物质最多、能量流动的规模最为庞大,带动其他企业、行业的发展,居于中心地位,对构筑企业共生体和生态产业园区的稳定起着关键的重要的作用。这些"关键种企业","废物多",能量多,横向链长,纵向联结着第二产业和第三产业,带动和牵制着其他企业、行业的发展,是园区内的链核,具有不可替代的作用,也可反映所在

生态产业园区的特征。

食物链及食物网理论的应用。自然系统中,植物所固定的太阳能通过一系列取食和被取食的关系在生态系统中传递,把生物之间的这种传递关系称为"食物链"。生态系统中有许多食物链,各个食物链彼此交织在一起,相互联系而成食物网。自然界中的食物链和食物网是物种和物种之间的营养关系,营养级反映了这种关系。一个营养级是指处于食物链某一环节上的所有生物的总和,能量沿着食物链从上一个营养级流动到下一个营养级。自然系统依靠食物链、食物网,实现物质循环和能量流动,维持生态系统稳定。食物链及食物网理论用于生态产业园区,就是指导设计人员借鉴自然系统的食物链、食物网原理,依据产业系统中物质、能量、信息流动的规律和各成员之间在类别、规模、方位上是否匹配,在各企业部门之间构筑生态产业链,横向进行产品供应、副产品交换,纵向连接第二产业和第三产业,形成产业"食物网",实现物质、能量和信息的交换,完善资源利用和物质循环,建立产业生态系统。

生态位理论对提高生态产业园区和园区企业竞争力的指导作用。生态位是指群落中某种生物所占的物理空间、发挥的功能作用及其在各种环境梯度上的出现范围。它包括两方面含义:一是生物和所处生境之间的关系;二是生物群落中的种间关系。生态位的大小用生态位的宽度来加以衡量。所谓"生态位的宽度"是指在环境的现有资源谱中,某种生态元能够利用多少(包括种类、数量及其均匀度)的一个指标。生态位宽度越大,说明研究对象在系统中发挥的生态作用越大,对社会、经济、自然资源的利用越广泛,利用率越高,效益也越大,竞争力越强。反之,生态位宽度越小,在系统中发挥的生态作用越小,竞争力越弱。物种之间的生态位越接近,相互之间的竞争就越激烈,分类上属于同一属的物种之间,由于亲缘关系较接近,因而具有较为相似的生态位,可以分布在不同的区域。如果它们分布在同一区域,必然由于竞争而逐渐导致其生态位分离。大多数生态系统具有不同生态位的物种,这些生态位不同的物种,避免了相互之间的竞争,同时由于提供了多条能量流动和物质循环途径,所以有助于生态系统的稳定。生态产业园区的生态位是指其可被利用的自然因素(气候、资源、能源、地形等)和社会因素(劳动条件、生活条件、技术条件、社会关系等)的总和。生态产业园的生态位确定后就意味着建立了园区与园区、园区与区域、园区与自然界相互之间的地域生态位势、空间生态位势、功能生态位势,形成了生态产业园的比较优势。这样的生态产业园有利于构筑生态产业链,有利于系统的稳定,有利于吸纳并留驻可赢利的企业,并使这些企业在全球、国家或地区等不同层面扩大潜在的或已有的市场份额,避免由于园区定位雷同而造成的恶性竞争。企业的生态位是指其可被利用的自然因素(地质、地貌、气候、资源、能源)和社会因素(劳动条件、生活条件、技术条件、社会关系等)的总和。园区的企业通过经营规模上的错位、档次上的错位、业态上错位、空间和时间上错位,形成企业的比较优势和竞争优势,建立自己的生态位,提高企业的竞争能力。

生态系统多样性理论对提高生态产业园稳定性的指导作用。生态系统多样性是指生境的多样性、生物群落多样性和生态过程多样性。生境是指无机环境,如地形、地貌、气候、水文等,生境的多样性是生物群落多样性的基础。生物群落的多样性是群落的组成、结构和功能的多样性。它们的生态过程是指生态系统组成、结构和功能在时间、空间上的变化,主要包括物质流、能量流、水分循环、营养物质循环、生物间的竞争、捕食和寄生等。生态系统的多样性有助于生态系统的稳定。生态产业园的多样性就是指生态产业园类型的多样性;园区内组成员的多样性;产品类型、产品结构的多样性;园区企业多渠道的输入输出;园区内管理政策的多样性;园区景观的多样性等。

关键种理论、食物链及食物网理论、生态位理论及生态系统多样性理论在生态产业园区及生态产业网络建设中,具有综合指导作用。运用这些理论指导构筑企业共生体、构建产业生态链、提高企业竞争能力和产业生态系统的稳定性,合理规划生态产业园,使建立的生态产业园、生态产业网络不是自然生态系统的简单模仿,而是集物质流、能量流和信息流为一体的高效生态系统[196]。

(三)循环经济理论

循环经济是运用生态学规律指导人类社会的经济活动,以资源的高效利用和循环利用为核心,以"减量化、再利用、资源化"三原则为指导,以"低消耗、低排放、高效率"为基本特征的社会生产和再生产范式。它要求将经济活动组织成一个"资源—产品—再生资源"的反馈式流程,实现物质闭环流动和能量梯级利用。循环经济本质上是一种生态经济,是对大量生产、大量消费、大量废弃的传统增长模式的根本变革,是在实现人类社会可持续发展进程中解决资源环境制约问题的最佳途径,是实施可持续发展战略的必然选择和重要保证。

循环经济要求以"减量化、再利用、资源化"为经济活动的行为准则,称为3R原则。减量化原则属于输入端方法,旨在减少生产和消费过程的物质和能源流量,从源头节约资源使用和减少污染物的排放;再利用原则属于过程性方法,目的是提高产品和服务的利用效率和时间强度,尽可能多次或多种方式地使用物品,避免物品过早地成为垃圾。要求产品和包装容器以初始形式多次使用,减少一次性用品的污染;资源化属于输出端方法,要求物品完成使用功能后重新变成再生资源,即通常所说的废物回收和综合利用。3R原则在循环经济中的重要性并不是并列的,其优先顺序是:减量化—再利用—资源化。

循环经济可在企业、区域和社会三个层面上实施。企业层面的循环经济模式又称"小循环",是通过组织单个企业内部的物料循环和推进清洁生产来实现的。区域层面的循环经济模式是面向共生企业的,又称"中循环"。生态产业园区是该层面发展循环经济的一个重要形式。它按照循环经济理论和工业生态学的原理,通过企业间的物质集成、能量集成和信息集成,把相关的企业联结起来,形成一个共享资源和互换副产品的产业共生组合。使得一家企业的废气、废水、废热、废料成为另一家企业的原料和能源,从而实现资源的高效利用和循环利用。社会层面的循环经济也称"大循环",是针对消费后排放的循环经济,指通过废弃物的再生利用,实现消费过程中和消费后物质的循环再生,在整个社会范围内形成"资源—产品—再生资源"的循环经济环。

(四)系统工程理论

系统工程是寻求一般系统的开发设计、组织建立和运行管理最优化的工作程序的一门工程技术学科。包括运筹学、系统分析、系统研究、费用效用分析和管理科学等中可用于工程实践的各种定量方法和定性方法的集成。系统工程理论强调系统的组成及与外界的相互作用。从系统的组成看,系统是由两个以上相互联系的要素组成的,具有整体功能和综合行为的集合。与系统要素相关联的其他外部要素的集合称之为"系统的环境",系统的边界把系统与系统的环境区分开来,环境的边界把系统的环境与非系统集合区分开来,系统的边界和环境的边界具有弹性和动态性。从系统和系统环境的相互作用的角度看,系统是由系统输入、系统转换和系统输出组成的集合。根据系统与系统环境的相互作用,运用系统输入—系统输出不同的关系分析,形成了系统优化、模拟、预测、评价和决策分析等一系列处理一般系统问题的方法。

系统工程是一门新兴的综合性工程技术学科,它是为了更好地达到系统目标而对系统的构成要素、组织结构、信息流动和控制机构等进行分析与设计的技术。由此,系统工程的研究对象是大型复杂的系统,内容是组织协调系统内部各要素的活动,使各要素为实现整体目标发挥适当作用;目的是实现系统整体目标的最优化。因此,系统工程是一门现代化的组织管理技术。它既是一个技术过程,又是一个管理过程。

生态产业园区建设是一项综合性、整体性系统工程,涉及多个层次和不同对象,不仅需要工艺设计、产业规划及产业管理,而且需要政府的大力支持,为生态产业园区的建设扫清障碍,提供技术和资金,并给予政策支持。因此,生态产业园区建设和生产过程是按照系统工程的基本原理进行规划设计的。

二、基于食物链的生态产业园区发展模式分析

(一)食物链与生态产业园区发展

1. 食物链基本理论

"食物链"(food chain)是生态系统的一个基本概念。它是指在生态系统中,生产者所固定的能量和物质,通过一系列的取食和被食关系而在生态系统中传递,各种生物按其取食和被食关系而排列的链状顺序。食物链是自然界中食物供求的关系链,是将物种联系起来的食物路径,是自然界生态平衡的重要纽带。按照各种生物之间的相互关系,通常可把食物链分成以下三类:(1)捕食食物链(predator food chain),又称"牧食食物链"(grazing food chain)。它是以活的植物(依能量来源划分为生长组织,繁殖组织如种子、花粉等,花蜜及其他糖类分泌物,微粒状死的有机物及溶解状有机物)为基础的食物链,其构成形式是植物—小动物—大动物。捕食食物链虽然比较常见,但它在陆地生态系统和很多水生生态系统中并不是主要的食物链,只在某些水生生态系统中,捕食食物链才会成为能流的主要渠道。(2)寄生食物链(parasitic food chain)。它以大动物为基础的食物链,其构成形式是由小动物寄生到大动物身上,如"牧草—黄鼠—跳蚤—鼠疫细菌"。寄生物的生活史很复杂,所以寄生食物链也很复杂。有些寄生物可以借助食物链中的捕食者从一个寄主转移到另一个寄主,外寄生物也经常从一个寄主转移到另一个寄主。其他寄生物也可以借助于昆虫吸食血液和植物液从一个寄主转移到另一个寄主。(3)腐生食物链(saprophytic food chain),又称"残渣食物链"、"碎屑食物链"(detritus food chain)或"分解链"。它是以腐烂的动植物尸体及排泄物为基础、多种分解者(包括微生物、原生动物及其他小型动物等)参与的食物链,构成形式是碎屑—碎屑消费者—小肉食性动物—大肉食性动物。根据食物来源,可将腐生食物链进一步分为残体食物链和粪食食物链。腐生食物链在农业生态工程设计中具有重要意义。根据是否投入人工辅助能,可将食物链分为自然食物链和人工食物链,人工食物链是对自然食物链的模仿和改造,其设计是生态产业建设的主要技术内容。食物链类型的复杂性反映了生物食性的多样性和生物之间复杂的关系。

不同生态系统的食物链,有四个方面的共同特点:在同一条食物链中,常有多种生物组成;在同一生态系统中,常有多条食物链组成;在不同生态系统中,各类食物链占有比重不同;在任一生态系统中,各类食物链总是协同作用的。由于个体大小、生活阶段、季节等不同,食物链中动物吃与被吃的关系是相对的,如黄鳝吃萝卜螺,但黄鳝死后被萝卜螺群食;蛇吃青蛙,但青蛙在冬季能吃蛇。另外,很多动物还存在自相残杀的现象。因此,食物链中各种生物的顺序不一定是单

向的,有时是双向或多向的,存在多种反馈关系。在生态系统中,一般同时存在不同类型的食物链,它们各有侧重,相互配合,保证了能量流动在生态系统中的畅通和生态系统的稳定,推动生物进化和群落演替。在高度放牧的草原生态系统中,多以捕食链为主;浅水和森林生态系统中,以腐食链为主,寄生链占的比例一般比较少;在池塘生态系统中,以浮游植物为起点的捕食链和以碎屑为起点的腐食链共存。各种食物链相互交错,就形成了食物网。食物网是食物链的扩大和复杂化。在生态系统中,能量的流动、物质的迁移和转化,是通过食物链和食物网进行的。复杂的食物网有利于生态系统的稳定,但食物网的复杂性超出一定的限度,反而影响生态系统的稳定性。

2. 食物链设计

生态建设的本质和突破口在于设计,其特点是对资源的综合利用。食物是生物生存发展必不可少的根本资源,食物链是生态系统最本质的生态关系之一,所以,食物链设计是生态建设和生态设计的主要内容,其好坏直接关系到生态系统生产力的高低和经济效益的大小。食物链设计的本质是按照生态学原则和经济学原理,利用高生产力的人工驯化种群,构建经济、生态、社会效益明显的人工食物链。食物链设计可根据食物链原理和原则,通过链环的衔接,使系统内的能流、物流、价值流和信息流畅通,提高经济、生态和社会三大效益。

食物链加环是指在食物链中增加新的成分(环节),扩大和改善食物链(网)结构,充分利用包括废物、污染物在内的各种物质和能量,提高物流和能流效率,以扩大生态系统生产力和经济效益。按其性质一般分为五类:(1)生产环。生产环有一般生产环和高效生产环两种类型。某种生物需要的资源也是人类所需的一级产品,该生物环节称"一般生产环",如猪、牛、羊等草食动物的饲料(粮食、蔬菜、秸秆等)也是人所需要的,在食物链中转化不过是从低价值到高价值,从低能量到高能量。人类不能直接需要或直接利用某种生物需要的资源,经过该生物环节转化后可以产生高效或经济产品,该生物环节称"高效生产环"。如有的花粉不是人类直接需要的,而蜜蜂利用花粉可生产蜂蜜、蜂王浆;在富营养化水体中加入鱼、蚌等,抑制藻类生长,同时生产有经济价值的产品。(2)增益环。增益环指为促进生产环的效益而加入的环节,一般不能直接生产人类需求的产品。主要利用残渣中的营养成分,生产高蛋白饲料,如利用鸡粪养蚯蚓,再以蚯蚓养鸡;在富营养化水体中加入摄食藻类的浮游动物,为鱼类提供饵料。(3)减耗环。在食物链中,有的环节仅损耗而无经济价值或无增益作用,对系统不利,如经济动(植)物的病虫害。为了抑制这些环节的损耗作用,常增加天敌,如放养赤眼蜂来抑制蚜虫,即以虫治虫,以草克虫,以菌克虫,以禽克虫。(4)复合环。复合环具有生产、增益、减耗等多种功能,是根据生态结构与功能统一原理,模拟自然生态系统的成层现象和生物群落演替现象发展起来的对生物进行时间、空间合理配置的技术,如稻田养鱼或养鸭,既可除虫草,又可增肥松土,还可生产稻谷和鱼(鸭)。(5)加工环。虽然加工环不是食物链的环节,但与生态系统输入输出关系密切,是良性循环不可缺少的环节。目前农业系统无效输出量大约为20%—55%,损失很大,并且影响城市环境,如果就地加工,减少无效输出,将加工后的副产品或废物进一步利用,如生产有机肥或食用菌等,能保护环境,提高系统的经济效益。

食物链结构是指食物链内部相互作用的各环节之间相对稳定的排列顺序、分布状态和结合方式,其基本类型是时空食物链结构,它使生态系统中生物物质的高效生产和有效利用有机结合,是"开源与节流"高度统一的适投入、高产出、少废物、少污染、高效益的生态工程类型。构建食物链结构的关键是掌握好食物链各环节的量比关系,合理组织生产,挖掘资源潜力。食物链结构设计中应该注意如下几点:填补空白生态位,增加产品产出;使废弃物资源化,提高废弃物的利用价值;减少养分的浪费和能量的无效损耗;扩大产品的多样化,增加经济收入,规避市场风险;改善环境,提高生态效益[197]。

3. 食物链与生态产业园区的关系

从自然生态系统的系统代谢功能看,生产者、消费者和分解者三者通过"食物链(网)"紧密相连,少量能量就可物质循环。而目前的产业生态系统中,三者基本上是分离的。在物质运输与转换中需要消耗大量的能量。如果从能流、物流的流量看,在自然生态系统中主要能流、物流直接从生产者到分解者进行循环,而仅有少量通过生产者—消费者—分解者进行循环。分解者在自然生态系统中起着非常重要的作用。而在园区产业生态系统中,最大的物流、能流则是通过生产者—消费者进行单向传递,消费者在产业生态系统中起着核心作用。因此,食物链理论为建立高效的产业生态系统提供了依据。

在传统的工业体系中,每一道制造工序都独立于其他工序,消耗原料,产出产品和废物。现实的园区产业生产中,一家企业排放或弃之不用的副产品对另一家企业可能是宝贵的原材料资源,企业之间可能存在着类似于生物有机体之间的共生、伴生或寄生等依存关系。人们受到自然生态系统特别是食物链的启发,开始考虑将废物的生产过程相衔接,相关企业形成"企业生态链",从而最大限度地利用自然资源,尽量减少园区废物的排放。

生态产业是按生态经济原理和知识经济规律组织起来的基于生态系统承载能力、具有高效的经济过程及和谐的生态功能的网络型进化型产业[198],其基础理论是产业生态学,其核心是以低能级能源代替高能级能源、低物级资源代替高物级资源。生态产业萌发的外在压力是资源耗竭与环境恶化;崛起的内在动力是技术升级和产业升级。生态产业通过两个或两个以上的生产体系或生产环节之间的系统耦合,使物质、能量多级利用、高效产出和资源、环境系统开发、持续利用。生态产业园区实质上是生态工程特别是食物链在园区各产业中的应用,从而形成生态农业、生态工业、生态服务业等生态产业共生体系。建立高效的生态产业园区就要模拟自然生态系统,建立产业物流"供给网",进行物流的"闭路再循环",在产业生态系统内的个体(企业)间形成一种高效的"食物网"供给关系[199]。将产业生态链和食物链进行类比,分析园区产业生态系统的资源利用方式及成员间相互关系,得出生态产业园区发展的三种典型模式:牧食型生态产业园区、寄生型生态产业园区和腐生型生态产业园区。

(二)关联企业耦合模式——牧食型生态产业园区

关联企业耦合是生态产业园区发展的基本形态,是园区生态化转型的重要途径。牧食型生态产业园区是将众多关联企业以副产品和废物交换的方式耦合在一起,通过优势互补,组成利益共同体,在一系列上下游企业间构建连续的"生态链网"结构,谋求物质高效循环和能量梯级利用(图3)。牧食型生态产业园区通过成员间的互利共存将资源利用由竞争转向协同、互补、合作,是经济技术开发区、高新技术产业开发区等现有园区生态化改造的最佳模式。成员企业间组织结构、经营方式、规模、产业链和技术水平等相互适应,实现资源共享,进行信息交流,成员间以利益关系和信息关系构成生态网络,形成较稳定的联系,在生态产业园区内企业之间相互依赖,在生产经营过程中彼此通过物质流、能量流的集成和梯级利用形成互利的共生关系。牧食型园区的主要特征有:成员地位平等,互利共生;无明显的核心企业和附属企业之分;产业生态链多元化,系统具有较大柔性。卡伦堡生态工业园是这一模式的典型代表。

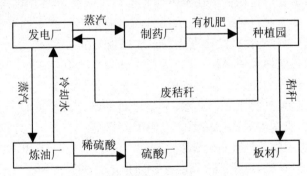

图3 牧食型生态产业园区示意图

卡伦堡生态工业园是以发电厂、炼油厂、制药厂和石膏板厂为核心的工业园区。发电厂为制药厂供应高温蒸汽,给居民供热,给大棚供应中低温循环热水生产绿色蔬菜,余热流到水池中用于养鱼,实现了热能的多级使用;粉煤灰用于生产水泥和筑路,脱硫石膏用来造石膏板等;炼油厂排放的冷却水供发电厂的发电机组冷却用,生成的多余燃气作为燃料供给发电厂和石膏板厂;制药厂产生的污泥可作为肥料。通过企业间的工业共生和耦合关系,建立了"发电—建材"、"炼油—电力—石膏板"和"制药—肥料"等工业联合体,既降低治理污染的费用,也取得了可观的经济效益。

(三)核心企业主导模式——寄生型生态产业园区

寄生型生态产业园区是以一到两个核心企业(寄主企业)为主导,通过向众多下游企业提供初级产品、副产品和废弃物等,延伸产业链,带动附属企业(寄生企业)发展,同时改善自身生存发展环境,在企业间实现互利双赢(图4)。在寄生型生态产业园区中,寄生企业与寄主企业组成一个有机的共生体,寄生企业从寄主企业处获取生产原材料,并为寄主企业解决废物处理难题。在组建寄生型生态产业园区时,首先确定供给别的企业利益的寄主企业,接着识别出从寄主企业获利的寄生企业,然后根据寄主—寄生关系建立网络系统,在网络系统中的成员企业中组建寄主—寄生产业生态链,当供给和获取利益及资源利用关系变化时,可建立新的合作网络关系,进行生态产业园区的重组[200]。寄生型生态园区的特征主要表现在:成员地位不平等,存在依附与被依附关系;有明显的核心企业和附属企业之分;产业生态链单一,系统柔性较小。大型企业集团下属分公司依托总公司资源优势开展产品深加工和副产品综合利用而建立的生态产业园区(如广西贵港国家生态工业示范园区)是这一模式的特殊形式。

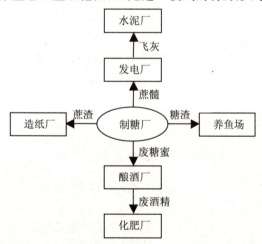

图 4 寄生型生态产业园区示意图

广西贵港国家生态工业园是我国建立的第一个国家生态工业示范园区。该园区通过各个系统(蔗田系统、制糖系统、酒精系统、造纸系统、热电联产系统、环境综合处理系统)之间的中间产品和废弃物的相互交换而互相衔接,以制糖系统为核心,以制糖厂为寄主企业,设计形成一个比较完整闭合的生态工业网络。其中,甘蔗—制糖—蔗渣造纸生态链、制糖—糖蜜制酒精—酒精废液制复合肥生态链、制糖—蔗髓发电—飞灰制水泥生态链以及制糖(有机糖)—低聚果糖生态链为园区主要的生态链,相互间构成了逐级利用的关系,并在一定程度上形成了网状结构,使园区内资源得到最佳配置、废弃物得到有效利用,环境污染减少到最低水平。

(四)静脉企业分解模式——腐生型生态产业园区

传统产业通过高强度开采和消耗自然资源,获得较高的经济增长率,但同时也产生大量的废弃物并导致严重的环境污染,极大地制约了社会经济的可持续发展。开展废弃物综合利用,发展静脉产业是解决这一矛盾的有效途径。腐生型生态产业园区是以从事静脉产业生产的企业为主体,致力于废弃物再生利用而建立的一种新型产业园区(图5)。它以循环经济理念和静脉产业理论为指导,大力开展废弃物资源化的关键技术研发,通过各种静脉产业项目的实施和基础设施的建设,构建园区废物再生链,形成固废资源化和无害化处理的特殊产业集群,使进入园区的废弃物得到高效的再生利用。腐生型生态园区的产业生态链较短,通常是对区内外废物链的延伸。静脉企业是园区的核心,扮演产业生态系统中的分解者。我国首个国家级静脉产业园——青岛新天地生态工业园区以固体废弃物的综合利用、无害化处理和污染土壤的生态修复为发展重点,是典型的腐生型生态产业园区。

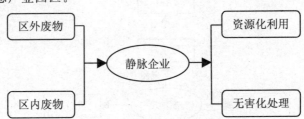

图5 腐生型生态产业园区示意图

青岛新天地生态工业园区是国家环境保护部(原国家环保总局)批准的国内首个国家级静脉产业类生态产业园。园区通过固体废物资源化技术的研发,依托企业化运作,主要开展电缆(电线)、电机、变压器等机电产品的综合利用,废塑料、废橡胶、废玻璃的综合利用,废日光灯管的处理,易拉罐的再生,废硒鼓、墨盒、电池的处理和综合利用,废纸及废纸板等的处理与再利用等。随着各类项目的实施,园区已逐步发展成为山东东部危险废物、工业固废和电子垃圾等的终端处理站,为带动和促进青岛市循环经济的发展注入了新的活力。

三、合肥市生态产业园区发展实例研究

(一)合肥市生态产业园区发展的背景分析

1. 合肥市城市生态安全评价

合肥市是安徽省省会,位于江淮之间,巢湖之滨(北纬32°,东经117°),地势由西北向东南倾斜,地形分为丘陵、岗地和平原圩区三大类。合肥属亚热带湿润季风气候,全年四季分明,气候温和,雨量适中,年平均气温15.7℃,降雨量近1000mm,日照2100多个小时,地表水系较为发达,主要河流南淝河、十五里河和二十埠河皆属巢湖水系,可用水资源总量4.07亿 m^3,已探明的矿产资源有铁、磷、石灰岩、石膏等15种,城市绿化覆盖率为38%,人均公共绿地面积为9平方米。合肥市2006年末总人口为469.85万人,其中非农业人口196.16万人、农业人口273.69万人,市区人口为193.14万人。合肥是以制造加工业为主的新兴工业城市,工业门类齐全,高新技术产业突飞猛进,2006年三次产业结构比为5.8∶47.5∶46.7,其中汽车、装备制造、家用电器、化工及橡胶轮胎、新材料、电子信息及软件、生物医药、食品及农副产品加工等八大产业产值占全市工业总产值的78.2%,养殖业、粮油业、蔬菜业和林业四大农业主导产业区域化布局初步形成,物流、旅游、房地产、金融保险、体育文化等现代服务业发展迅速。

世界经济合作与开发组织(OECD)和联合国环境规划署(UNEP)在20世纪80年代末共同提出了环境指标的压力(Pressure)—状态(State)—响应(Response)模型(PSR模型)[201]。在PSR框架内,某一环境问题可以由三个不同但相互联系的指标类型来表达。其中,压力指标反映人类活动给环境造成的负荷;状态指标表征环境质量、自然资源和生态系统的状况;响应指标反映人类针对环境问题所采取的对策和措施。根据PSR概念模型,借鉴现有的生态安全评价方法,并结合研究区资源环境和经济社会发展概况,从资源环境压力、资源环境状态和人文环境响应3个层次选取20个指标构建完整且易操作的生态安全评价指标体系(表1)。

表 1 城市生态安全评价指标体系

目标层	项目层	指标层	指标编号	标准值	权重
城市生态安全综合指数	资源环境压力	人口自然增长率	S1	7‰	0.0842
		单位 GDP 能耗	S2	0.1t 标煤/万元	0.0799
		人均生活用水量	S3	155 升/日人	0.0656
		城市化率	S4	85%	0.0489
		人均居住面积	S5	20 平方米/人	0.0375
		人均道路面积	S6	8 平方米/人	0.0298
	资源环境状态	人均公共绿地面积	S7	18 平方米/人	0.0646
		建成区绿化覆盖率	S8	45%	0.0625
		饮用水源水质达标率	S9	100%	0.0617
		工业废水排放达标率	S10	100%	0.0434
		工业固体废物综合利用率	S11	90%	0.0424
		生活垃圾无害化处理率	S12	100%	0.0411
		城市空气质量达二级标准天数	S13	330 天/年	0.0315
		噪声达标区覆盖率	S14	95%	0.0217
	人文环境响应	人均 GDP	S15	25000 元/人	0.0669
		环保投资占 GDP 比例	S16	3%	0.0653
		第三产业增加值占 GDP 比例	S17	80%	0.0526
		每万人拥有藏书量	S18	35000 册/万人	0.0385
		每万人拥有公交车辆	S19	100 辆/万人	0.0362
		每万人拥有医生数	S20	35 人/万人	0.0257

由于评价指标体系各指标间量纲不统一,缺乏可比性,综合评价前需要对原始数据进行无量纲化处理(表 2)。依据以下原则确定生态安全评价指标标准值:(1)已有国际标准或国家标准的指标,优先采用规定的标准值;(2)参考国内外环境质量优秀城市的现状值;(3)参考前人研究中所采用的标准值。确定各指标标准值后,采用下述方法对现状值进行标准化处理:正效应指标:标准化值 V_i =现状值/标准值(若现状值≥标准值,取 $V_i=1$);负效应指标:标准化值 V_i =标准值/现状值(若现状值≤标准值,取 $V_i=1$)。

层次分析法(AHP)是确定区域生态安全系统各项指标权重的一种有效方法[202]。采用 AHP 和 Delphi 相结合的方法,确定城市生态安全各指标权重。

构建判断矩阵,计算各行元素乘积,即:$M_i = \prod_{i=1}^{n} b_{ij}$ (i=1,2,…,n);

计算 M_i 的 n 方根,即:$\overline{W} = \sqrt[n]{W_i}$ (i=1,2,…,n);

对向量 $\overline{W} = [\overline{W}_1, \overline{W}_2, \cdots, \overline{W}_n]^T$ 进行规范化,即:$W_i = \dfrac{\overline{W}_i}{\sum_{i=1}^{n} \overline{W}_i}$ (i=1,2,…,n);

计算矩阵最大特征值,即:$\lambda_{\max} = \sum_{i=1}^{n} \dfrac{(AW)_i}{nW_i}$;

计算判断矩阵一致性指标,并检验其一致性,即:$CI = \dfrac{\lambda_{\max}}{n-1}$;

征求专家咨询意见,确定各指标权重。

表2 历年指标标准化值

指标	2001	2002	2003	2004	2005	2006
S1	1.0000	1.0000	1.0000	1.0000	1.0000	0.7035
S2	0.0714	0.0763	0.0794	0.0840	0.0877	0.0893
S3	0.5502	0.5397	0.5514	0.5263	0.5469	0.5881
S4	0.3906	0.4032	0.4127	0.4471	0.4774	0.4912
S5	0.7650	0.8050	0.8420	0.8505	0.9195	0.9450
S6	0.4800	0.5200	0.6713	0.7263	0.7663	0.8238
S7	0.3412	0.3312	0.4156	0.4422	0.4483	0.4389
S8	0.7533	0.6667	0.7889	0.7776	0.6691	0.7242
S9	1.0000	1.0000	1.0000	1.0000	1.0000	1.0000
S10	0.9826	0.9840	0.9843	0.9527	0.9750	0.9614
S11	0.9951	0.9919	0.9729	0.9843	0.9878	0.9986
S12	1.0000	1.0000	1.0000	1.0000	1.0000	1.0000
S13	0.8758	0.8848	0.8939	0.9030	0.9091	1.0000
S14	0.5357	0.6274	0.7000	0.7411	0.7411	0.8074
S15	0.3853	0.4469	0.5219	0.6551	0.7805	0.9281
S16	0.6800	0.6900	0.7100	0.7600	0.7733	0.7767
S17	0.5912	0.6095	0.6238	0.6243	0.5951	0.5839
S18	0.1877	0.1887	0.1862	0.2016	0.2085	0.2085
S19	0.1370	0.1350	0.1361	0.1479	0.1403	0.1322
S20	0.5363	0.4209	0.4506	0.4626	0.4891	0.5109

按上述指标体系评价城市生态安全水平,用城市生态安全综合指数(S)表示,即 $S = \sum_{i=1}^{n} V_i W_i$ (V_i 为各评价指标标准化值,W_i 为评价指标 i 的权重,n 为评价指标项数)。在参考相关研究成果和专家意见的基础上,进一步对生态安全综合指数进行分级,设计出城市生态安全评判标准,并给出相应评价(表3)。

表3 城市生态安全分级标准

综合评价值	[0,0.35]	(0.35,0.45]	(0.45,0.55]	(0.55,0.75]	(0.75,1]
等级	不安全	较不安全	临界安全	较安全	安全

从综合评价结果(图6)看,2001—2006 年合肥市城市生态安全综合指数总体呈缓慢上升状态,依次为 0.6113、0.6134、0.6426、0.6596、0.6699 和 0.6677,平均值为 0.6441。从各项目层评价值来看,资源环境状态指数连续 6 年保持较小变化,分别为 0.2959、0.2922、0.3063、0.3075、0.3025 和 0.3095,表明该时间段合肥市资源环境状况改善并不显著;资源环境压力指数从 2001 年至 2005 年保持缓慢增长,分别为 0.1881、0.1911、0.1985、0.2008 和 0.2077,但 2006 年出现明显变化,评价值下降为 0.1888,可见 2006 年合肥市环境负荷相比 2005 年有显著增大;人文环境响应指数在 2001—2006 年间持续增长,评价值依次为 0.1273、0.1301、0.1378、0.1513、0.1597 和 0.1694,表明合肥市为改善环境质量所采取的措施和环保投入正逐年增加。

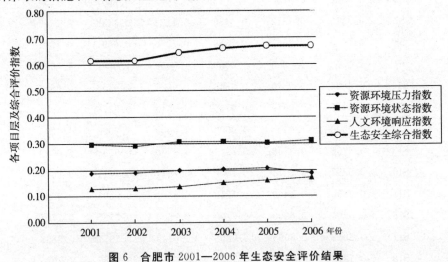

图6 合肥市 2001—2006 年生态安全评价结果

资源来源:《安徽省环境状况公报》,《2001—2006 年合肥市统计年鉴》。

在选取的时间范围内,合肥市城市生态安全均处于较安全等级,生态安全综合指数基本保持增长趋势,但增速缓慢,且 2006 年出现较小回落,这与资源环境压力指数变化趋势一致,反映出合肥市城市生态安全受资源环境压力指标影响较大;资源环境状态指数未见显著提高,这在很大程度上制约了生态安全综合指数的增长;人文环境响应指数保持稳定增长,从而保证了生态安全的上升趋势。

通过以上评价结果,可分析出合肥市生态安全发展态势。2001—2006年间,城市生态安全综合指数总体呈上升趋势,其中2003年值相比2002年值有显著增长,原因在于2003年人均公共绿地面积和建成区绿化覆盖率分别由2002年的5.97m²/人和30%上升至7.48m²/人和35.5%,另外2006年值比2005年略有下降,主要原因为合肥市2006年人口自然增长率由2005年的4.24‰上升至9.95‰,高于标准值(7‰),增大了资源环境压力,从而导致城市生态安全综合指数出现负增长。

三大项目层评价指数在2001—2006年间变化趋势各异。资源环境压力指数前5年保持缓慢增长,但增速较小,原因在于合肥市单位GDP能耗与标准值有较大差距,且下降趋势不显著,2006年资源环境环境压力指数出现明显波动,比2005年下降0.0189,这与当年人口自然增长率的大幅增长有关;资源环境状态指数6年间在稳定范围内保持较小波动,资源环境状况未出现明显改善,这主要是受人均公共绿地面积、建成区绿化覆盖率和工业废水排放达标率等指标不稳定性变化的影响;人文环境响应指数逐年稳定增长,主要体现在人均GDP的快速增长和环保投资的不断加大,合肥市环保投资占GDP比例连续6年均在2%以上,可见合肥市改善环境质量的力度和能力在不断增强。

利用所建立的城市生态安全评价指标体系和评价方法,计算得出2001—2006年合肥市城市生态安全均处于较安全等级,生态安全综合指数基本保持上升态势,但增长缓慢,且2006年出现较小回落,这与资源环境压力指数变化趋势一致,反映出合肥市城市生态安全受资源环境压力指标影响较大;资源环境状态指数未见显著提高,很大程度上制约了生态安全综合指数的增长;人文环境响应指数保持稳定增长,保证了生态安全的上升态势。从研究结果来看,为进一步提高城市生态安全等级,合肥市应积极发展循环经济,大力建设生态产业园,提高资源综合利用率,以降低单位GDP能耗,减少污染物排放。

2. 合肥市园区发展现状分析

合肥市现有省级以上园区10个。其中国家级开发区2个,为合肥高新技术产业开发区和合肥经济技术开发区;省级开发区7个,分别是合肥瑶海经济开发区、合肥庐阳工业园区、合肥蜀山经济开发区、合肥包河工业园区、安徽肥西桃花工业园区、安徽肥东经济开发区和安徽长丰双凤经济开发区。此外,省级合肥循环经济示范园和一系列农业园区(安徽绿之源生态农业园、合肥富安生态农业示范基地和合肥丰乐生态观光园等)也在积极建设中。经过十多年的快速发展,园区已成为合肥市经济发展最具活力的增长点。

对合肥市园区发展现状进行调研,内容涉及:(1)自然、社会、经济和生态环境现状调研。调查园区的地理位置、地质地貌、水资源、土地利用、资源种类和储量等,评价园区资源利用合理性;根据园区的人口、科教、科研投入、基础设施等内容分析社会现状;调查园区内全部工业完成的产值、销售收入、产业布局与结构、工艺水平、污染治理设施、固体废弃物排放、环境质量等,评价园区经济发展状况及对应的环境质量状况。(2)重点企业现状调研。综合分析各园区重点企业的生产工艺、原材料和能源消耗、污染物产生和排放、拟建项目等内容,分析企业内和企业间潜在的产业共生关系,探讨园区层面上构建产业链网的可能性。(3)园区发展整体现状及存在问题分析。综合分析合肥市园区发展的现状及面临的问题,重点识别园区资源和环境问题、产业布局、基础设施、管理机制、人才和技术等方面的制约因素,对建设生态产业园区的必要性进行分析。

随着城市化、工业化进程的不断加快,制约合肥市园区可持续发展的生态瓶颈日益凸现:

(1)清洁生产水平较低,环境问题相对突出

合肥市各园区企业清洁生产水平普遍偏低,虽有康拜农作物环保均质板项目和江淮混凝土项目等先进典型不断出现,但区域内积极开展清洁生产的企业数量较少,园区整体能耗、物耗、水耗及污染物排放量仍相对偏高。同时,环保投资不足,污染治理力度不够,使园区发展面临的环境问题日渐严重,其中水环境问题尤为突出。在许多园区内,水质性缺水严重,工业废水排放量大,相应的污水处理系统不配套,大量的废水通过南淝河、十五里河和派河等进入巢湖,导致巢湖水环境容量不足,流域环境质量不断恶化。随着巢湖流域水环境综合治理的逐步开展,合肥市园区清洁生产工作和污染治理水平将面临巨大挑战。

(2)产业、产品结构趋同,企业生态位重叠

合肥市园区数量较多,园区产业和产品结构雷同现象比较突出。园区主导产业大同小异,主要集中在汽车、家电、机械、化工和新型建材等方面,新能源、环保等新兴产业发展相对滞后(表4)。主导产业的趋同加之专业化分工协作程度低,各企业必然在资源利用(包括自然资源、社会资源、人力资源)上出现过度竞争。高度重叠的企业生态位若得不到及时调整,必将影响园区的综合竞争力。

(3)产业生态链不完整,资源利用率偏低

园区普遍存在产业生态链不完整现象,核心产业的上下游产品开发深度和废物综合利用程度不够,使得园区整体资源利用水平相对较低。一方面,上游产业配套能力有待提高。如合肥经济技术开发区,尽管汽车产业集聚初步形成,但区内安凯客车有60%的零部件包括关键部件需要进口或从外地引进,而园区内中小企业参与产业配套的比例只有7.23%,与沿海发达城市差距很大。另一方面,下游产品深加工及废物综合利用水平较低。多数企业生产中的副产品、边角

余料、废渣、废水以及回收的废旧产品没能在企业内或企业间实现循环利用。

表4 合肥市主要园区主导产业概况

园区名称	入园企业数	主导产业
合肥经济技术开发区	1088	家电、汽车及工程机械、化工、食品
合肥高新技术产业开发区	976	光机电一体化、电子信息、生物医药
合肥瑶海经济开发区	1401	机械、电线电缆
合肥庐阳工业园区	97	机械、电线电缆、印刷包装
合肥蜀山经济开发区	185	电力设备、机械制造
合肥包河工业园区	126	汽车及零部件、机械、印刷包装
安徽长丰双凤经济开发区	257	汽车零部件、机械、新型建材
安徽肥东经济开发区	509	家电、食品、新型建材
安徽肥西桃花工业园区	260	汽车制造、化工、电力设备
合肥循环经济示范园	15	化工、新型建材、汽车及家电零部件

(二)合肥市生态产业园区发展模式选择

根据前述生态产业园区发展的三种典型模式,结合园区发展现状和存在问题,合肥市可以采取改造升级或全新规划的方法并按照牧食型、寄生型和腐生型等模式发展生态产业园区(表5)。

表5 合肥市生态产业园区发展模式

发展模式	规划方法	实施路径	适用园区
牧食型生态产业园区	改造升级	工业企业耦合	2个国家级开发区 7个省级开发区
寄生型生态产业园区	改造升级 全新规划	农业企业主导 化工企业主导	农业生态园 合肥循环经济示范园
腐生型生态产业园区	全新规划	静脉企业分解	静脉产业园

1. 改造类牧食型生态产业园区

2个国家级和7个省级开发区企业数量较多,产业门类相对齐全,呈现明显的区域性和产业关联性。各开发区以工业企业耦合为特征进行改造升级,推行清洁生产,实施补链战略,完善现有产品链和废物链,在企业内与企业间构建资源共享、副产品互用的产业生态链,推进开发区产业向高质量、高效益、低消耗、低污染、生态化方向发展,建成牧食型生态产业园区(图7)。

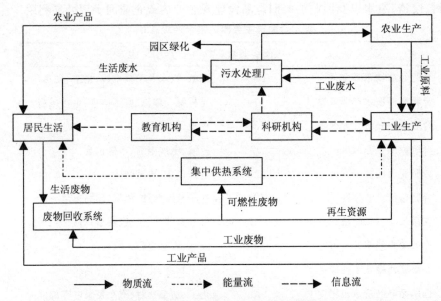

图7 合肥市开发区生态产业园发展模式

合肥经济技术开发区依托汽车、装备制造、家电电子、日用化工和食品加工等五大支柱产业,重点培育微电子、生物医药和住宅产业化等新兴产业,引进配套产业,围绕核心资源进行整合,形成资源循环利用体系;合肥高新技术产业开发区建立以高新技术产业为主体,以工业共生和物质循环为特征的工业经济体系,完善产品代谢链和废物代谢链,重点发展家用电器、生物制药、电子信息以及新材料等产业,构建多层次、高水平的产业共生网络;合肥市7个省级开发区分布在下辖的4区3县内,具有明显的区域性特点,可在实现区内资源循环利用的基础上,通过现代信息技术,建立功能耦合的物、能交换关系,开展区域内园区间的开放合作。

2. 改造类寄生型生态产业园区

合肥市各农业园区均为企业集团式经营运作,参与生产的各环节同属一家企业,为该企业集团的分公司或某一生产部门。在生态产业园区建设中,各园区依托农业核心企业,选择寄生型模式开展生态改造,重点发展花卉苗木、畜禽养殖、秸秆利用、观光旅游等项目,使园区达到基础设施完善、科技应用领先、产品质量安全和生态环境良好的建设目标(图8)。

选择立体农业、有机农业、生态养殖、立体种养和休闲农业等循环经济模式,科学规划园区结构,合理布局功能分区;采用无公害、绿色和有机农产品生产规程,应用生物有机肥和高效、低毒、低残留农药组织生态化生产;加强排泄物治理,建立沼气工程等能源环保设施,综合利用沼气、沼液和沼渣,多层次利用生产过程中的废弃物,保护农业生态环境;围绕农业产业结构调整,将田园景观、自然资源与农业生产、农村文化及农家生活有机结合起来,使农业生产、休闲娱乐和环境保护等融为一体,建设观光型农业生态园。

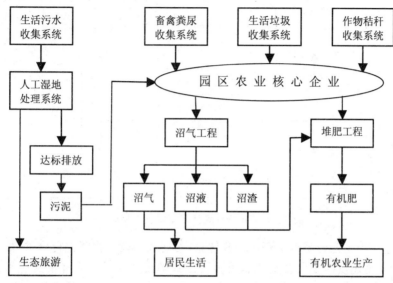

图 8　合肥市农业生态园区发展模式

3. 全新类寄生型生态产业园区

合肥市循环经济示范园对合肥市化工企业存量资产进行全面整合,搬迁市区氯碱化工集团、四方集团等化工企业,引进先进化工生产工艺和新型建材、橡塑材料等配套产业,建设成为科技型、生态型循环经济示范园。园区以化工企业为核心,建材、水泥、玻璃等附属企业对化工企业的副产品进行综合利用,形成寄生型产业链,实现物质闭路循环和能量梯级利用(图 9)。

围绕煤、盐化工产品链,深度开发上下游产品,采用先进工艺,推行清洁生产;坚持绿色招商,发挥产业的聚集效应,以"绿色化工"为主题在园区内开展副产品交换和废物综合利用,重点实施盐碱材一体化、磷石膏建材、锅炉渣再利用、电石渣再利用、污泥再利用、废水资源化等项目,延伸产业链,提高化工资源综合利用率;依托绿色化工园、新型建材园、橡塑材料园、主导产业配套区和物流市场区五大板块,开展上下游企业和各产业间的共生合作,实现产业集聚、优势互补、资源共享,引领区域经济和环境的可持续发展。

4. 全新类腐生型生态产业园区

合肥市是商务部增列的再生资源回收体系建设第一批试点城市。合肥再生资源回收体系以合肥市双赢再生资源有限公司为实施主体,用 5 年时间,使合肥市 90% 以上的社区设立规范的回收站(亭),90% 以上的再生资源回收站点进入指定市场进行规范化交易和集中处理，80%以上的再生资源主要品种得到回收和利用。全市规划建立1600个连锁社区回收站（亭），建设6个区域性再生资源集散市场，其中主城区4个，肥东、肥西地区各1个。

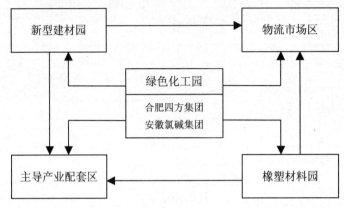

图9　合肥市循环经济示范园发展模式

为进一步完善合肥再生资源回收体系，对回收的废旧物资进行分类、加工和再利用，规划建设一个以合肥双赢再生资源有限公司为核心企业的腐生型静脉产业园，开展固废综合利用的关键技术研发和国外先进资源化技术的引进，通过各种静脉产业项目的实施，对社区回收站和再生资源集散市场的废旧家电、废弃金属、固体废物等进行再生利用和无害化处理，提高废旧物品综合利用率，减少固体废物对环境的污染，实现再生资源回收网络化、产业化和无害化（图10）。

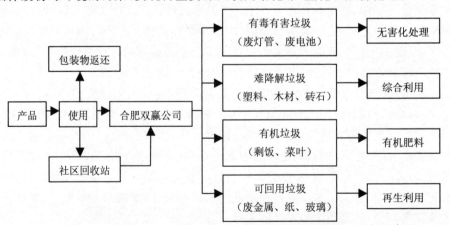

图10　合肥市静脉产业园区发展模式

(三)合肥市生态产业园区产业生态链设计

不同类型的生态产业园区,由于自然禀赋、地理位置、产业结构和工艺水平等方面的差异,对其发展模式的选择及产业生态链的构建应结合园区实际,因地制宜。本节以合肥循环经济示范园为例,对合肥市生态产业园区的产业生态链设计进行探索。

合肥循环经济示范园是为适应巢湖综合治理和合肥现代化滨湖大城市建设的要求全新规划建设的寄生型生态产业园区。园区以合肥市四方集团、氯碱集团等重点化工企业搬迁为契机,发展绿色化工产业,构建煤化工、盐化工等产业生态链,并带动新型建材、橡塑材料、绿色物流等配套产业发展。园区规划为绿色化工园、新型建材园、橡塑材料园、主导产业配套区和物流市场区五大功能板块,板块间根据上下游关系、技术可行性、经济可行性以及环境友好的要求,组成5个相对独立、相互共生的产业生态群落。园区以核心企业——合肥四方集团和安徽氯碱集团为主导,通过产业链延伸和副产品利用,为附属企业提供生产原料,并与区外虚拟企业建立合作关系。

在产业生态链的构建中,首先根据园区的核心产业定位,确定四方集团和氯碱集团为寄主企业,进而对寄主企业与寄生企业的资源利用关系进行分析,设计出联系上下游企业的高效生态链网(图11):(1)四方磷复肥企业的副产品磷石膏在化工建材厂进行煅烧,生产石膏板及硫酸,硫酸回用生产磷铵;(2)热电厂的锅炉渣、粉煤灰和四方集团的废渣用于生产多孔砖、空心砌块、路面砖等新型建材;(3)四方集团的产品甲醇经甲醛、吡啶生产维生素,供医药企业使用;(4)联碱法生产纯碱和氯化铵,纯碱在玻璃厂生产为玻璃,为汽车产业提供配套产品,氯化铵和合成氨下游产品尿素用于生产复合肥;(5)氯碱集团副产品氯气作为生产草甘膦、有机硅和PVC的原料,有机硅在塑料加工厂生产为密封件和减震件等,PVC经塑料加工后供家电产业使用;(6)氯碱集团的产品烧碱继续生产层状硅酸钠、保险粉和阻燃剂,层状硅酸钠用于生产日化用品,保险粉供印染和造纸企业使用,阻燃剂经橡塑加工后为家电产业使用;(7)氯碱集团生产PVC过程中产生大量电石渣,送往水泥厂生产水泥;(8)园区建设热电厂和污水处理厂,集中供热、供电和进行污水处理,中水回用于各企业。

合肥循环经济示范园是典型的寄生型生态产业园区。合肥四方集团和安徽氯碱集团两大寄主企业向下游建材厂、水泥厂、玻璃厂等寄生企业提供副产品和废弃物,既减轻了自身的环境污染压力,又为下游企业的原料获取提供了便利。在寄生型生态产业园区内,寄主企业和寄生企业正是通过这种特殊的"寄生关系"实现互利双赢、协调发展。

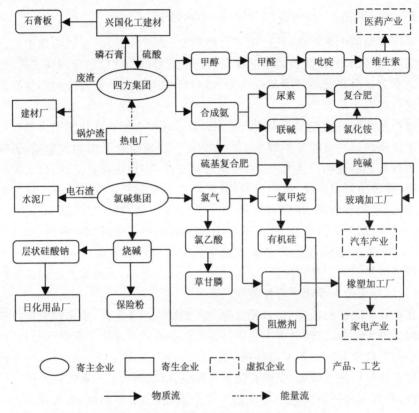

图11 合肥循环经济示范园产业生态链示意图

(四)完善生态产业园区发展的对策建议

1. 健全组织保障体系,制定生态产业发展规划

园区在现有管理委员会的基础上,成立生态产业园区建设领导小组和领导小组办公室,组织、管理、督查园区的循环经济和生态建设;建立副产品和废物交换系统,整合区内废物供需信息,承担废物回收利用的咨询服务和实际操作;搭建园区循环经济信息平台,促进园区相关信息的高效共享;各园区从自身特点和比较优势出发,制定科学合理的生态产业园区建设规划;科学筛选入园项目,引入关键链接技术,结合区域资源优势和产业结构,确定处于生产环节和消费环节的主导企业以及上下游产业,进行多企业和产业间的链接组合,构建园区产业生态系统。

2. 改造落后公共系统,完善园区基础设施

健全的基础设施支持系统是生态产业园区正常运行的前提和保障。积极开展对现有给水、排水、供电、供气、通讯、交通和废物管理等系统的改造,加强绿色廊道、绿化带和生态保护区等生态景观建设,为园区循环经济发展提供绿色屏障;在基础设施薄弱的中小型企业聚集园区和基础设施落后的老工业园区,增建污水处理站、中水管网、垃圾分拣处理等基础设施,使园区达到集中供热、工业"三废"集中处理、中水回用等基本的清洁生产标准。

3. 延伸产业链条,构建产业共生网络

园区发展要以循环经济原理和产业生态学理论为指导,积极推行清洁生产,避免使用有毒、有害原材料,淘汰落后生产设备和工艺;进一步完善现有产品生态链,培育新的产业循环链,通过绿色招商,实施补链战略,优先发展产品代谢类、废物代谢类、生态环境保护类和循环经济管理服务类等四大类补链项目,将传统刚性的"产业链"转化为新型柔性的"生态链",在企业内与企业间构建资源共享、副产品互用的产业生态网络,推进园区产业向高质量、高效益、低消耗、低污染、生态化方向发展。

4. 引进资金和人才,加快关键技术研发与转化

建设生态产业园区需要投入大量资金并引进专门人才。园区一方面应加强绿色招商,吸引资金流入;另一方面要积极争取政府为循环经济发展提供的科技研发、人才培养、税收优惠、生态补偿等方面的支持;同时,园区要大力引进各类技术人才和循环经济专门人才,开展技术创新,重点研发资源能源减量化技术、清洁生产技术、替代技术、回收再利用技术、关键链接技术等;加强与高校和科研院所的合作,加快循环经济发展所需关键技术的引进和科技成果转化,为生态产业园区建设提供技术保障。

5. 转变环境管理方式,实施园区生态管理

生态产业园区的生态管理是经济措施、法律法规、管理制度等多种手段的综合运用,而非过去单纯以行政手段为主的管理方式。不同层次(园区—企业—产品)的环境管理框架体系和生态管理方法也不同。在园区层次上,生态管理方法主要包括入园企业绿色招商评价、区域开发环境影响评价、区域 ISO14000 环境管理体系认证、环境信息公开计划、副产品和废物交换系统等;在企业层次上,生态管理方法主要有企业 ISO14000 环境管理体系认证、清洁生产审核、绿色供应链管理、生产者责任延伸制度、项目建设环境影响评价等;在产品层次上,生态管理方法有产品生态设计、产品环境标志认证、产品生命周期评价等。

四、结论与展望

(一)主要结论

1. 生态产业园区是依据循环经济理念和产业生态学原理而设计建立的一种新型产业组织形态。它通过成员间的物质集成、能量集成和信息集成,构建共享资源和互换副产品的产业共生网络,模拟自然生态系统,建立产业系统中"生产者—消费者—分解者"的循环途径和"食物链(网)"关系,寻求物质闭路循环、能量梯级利用和信息高效共享。生态产业园区发展以产业生态学、基础生态学、循环经济学和系统工程学等为理论基础,其研究对象涉及工业、农业、服务业和区域内的一切基础设施及自然资源,因此,生态产业园区包括生态工业园区、生态农业园区、静脉产业园、生态旅游区和生态示范区等多种形态。

2. 传统产业体系中的每一道生产工序都独立于其他工序,消耗原料,产出产品和废物。在现实园区生产过程中,企业之间存在类似于生物有机体之间的共生、伴生或寄生等依存关系,一家企业排放或弃之不用的副产品可以作为另一家企业可利用的原材料。借用自然生态系统食物链加环和结构设计方法,延伸产业生态链,填补空白生态位,可使园区产业生态系统生产力和生态经济效益显著提高,从而最大限度地利用自然资源,减少园区废物的排放。

3. 将产业生态链和食物链进行类比,分析园区产业生态系统的资源利用方式及成员间相互关系,得出生态产业园区发展的三种典型模式:牧食型生态产业园区、寄生型生态产业园区和腐生型生态产业园区。牧食型生态产业园区是众多关联企业以副产品和废物交换的方式耦合在一起,通过优势互补,组成利益共同体,在一系列上下游企业间构建连续的"生态链网"结构;寄生型生态产业园区是以一到两个核心企业(寄主企业)为主导,通过向众多下游企业提供初级产品、副产品和废弃物等,延伸产业链,带动附属企业(寄生企业)发展,同时改善自身生存发展环境;腐生型生态产业园区是以从事静脉产业生产的企业为主体,致力于废弃物再生利用而建立的一种新型产业园区。

4. 基于压力—状态—响应模型,构建包括资源环境压力、资源环境状态和人文环境响应3个层次20个指标的城市生态安全评价指标体系,从时间尺度上评价合肥市城市生态安全水平和发展趋势。结果表明,2001—2006年6年间合肥市生态安全综合指数依次为0.6113、0.6134、0.6426、0.6596、0.6699和0.6677,均处于较安全等级,城市生态安全水平总体呈缓慢上升状态,但上升速度较小。制约城市生态安全水平的关键因素是单位GDP能耗偏高。

5. 目前合肥市园区发展普遍存在清洁生产水平较低、环境问题相对突出;产业产品结构趋同、企业生态位重叠;产业生态链不完整、资源利用率偏低等瓶颈问题。结合实际,对合肥市开发区(2个国家级和7个省级开发区)、农业园区、合肥循环经济示范园和静脉产业园等特定园区,分别采取改造类牧食型生态产业园区、改造类寄生型生态产业园区、全新类寄生型生态产业园区和全新类腐生型生态产业园区等模式实现可持续发展。

6. 生态产业园区建设的核心是产业生态链的设计。根据所提出的寄生型生态产业园区模式,对合肥循环经济示范园的产业生态链进行了设计。园区以合肥四方集团和安徽氯碱集团为寄主企业,通过向下游建材厂、水泥厂、玻璃厂等寄生企业提供副产品和废弃物,实现了园区资源的高效利用,同时园区企业与区外虚拟企业建立合作关系,共同构成完善的产业生态系统。

(二)研究展望

生态产业园区建设是一项涉及工业、农业、服务业等多个行业以及基础设施建设、自然资源管理、污染控制等众多领域的系统工程[202]。生态产业园区没有既定的类型和统一的模式。在一个大型生态产业园区内,成员企业间的关系可以是牧食型、寄生型和腐生型中的一种,也可以是多种模式并存的混合型。因此,不同地区的不同生态产业园区在建设时应结合自身实际,因地制宜,选择一种或多种适用的发展模式,以多行业并存、多成员共生促进园区各产业的协同进化和区域资源的最优配置。

生态产业园区发展在理论和实践上仍处在探索阶段,但从食物链理论这个全新的视角提出了生态产业园区的三种模式,努力为不同类型园区的整合研究和具体实践提供新的思路和方法。

但是,现有园区统计资料大多集中在经济发展指标,有关环境指标的数据相对较少,加之不同部门统计口径的差别,给园区评价和定量研究带来一定困难。牧食型生态产业园区、寄生型生态产业园区和腐生型生态产业园区三种模式,是对以往生态工业园、生态农业园、静脉产业园等进行的整合,消除了现有园区建设过程中的产业界限,为新时期建设更加完善的生态产业园区提出了新的思路,然而,这三种全新模式作为理论模型,其可操作性还有待于进一步研究和实践。

产业生态链的设计和产业生态系统的构建是生态产业园区建设的关键内容。通过设计类似自然生态系统食物链的园区产业生态链以形成企业生态群落,是构建产业生态系统的基本思路,这包括物质集成、能量集成、水集成及信息集成等多种方法。现有的研究主要是对上述集成方法的定性探讨,缺乏对园区物质流和能量流的分析,缺乏对产品和生产工艺的生命周期评价,此方面的研究应成为生态产业园区未来发展的重要方向。

(与宋小龙合作研究)

产业生态化与生态城市建设

生态城市(eco-city 或 ecopolis)的概念在1971年联合国教科文组织发起的"人与生物圈(MAB)"计划研究过程中首次提出,并很快得到全球的广泛关注。如前苏联城市生态学家 O. Yanitsky 认为生态城市是按生态学原理建立起的一种经济、社会和自然三者协调发展,物质、能量和信息高效利用,生态良性循环的人类聚居地,即高效、和谐的人类栖境,是一种理想的城市模式。美国生态学家 Richard Register 则认为生态型城市即生态健康的城市,是低污、紧凑、节能、充满活力并与自然和谐共存的聚居地。[203]我国众多学者也都各自提出生态城市的概念与内涵。如中国学者黄光宇教授认为,生态城市是根据生态学原理综合研究城市生态系统中人与"住所"的关系,并应用科学与技术手段协调现代城市经济系统与生物的关系,保护与合理利用一切自然资源与能源,提高人类对城市生态系统的自我调节、修复、维持和发展的能力,使人、自然、环境融为一体,互惠共生。总体来说,生态型城市的本质是人类活动符合自然客观规律,追求环境、资源与社会经济协调、可持续发展,物质、能量和信息高效利用,生态良性循环的理想人居环境,其核心是要用可持续发展理论、生态学原理和系统工程方法来规划、建设和管理城市,目标是建设"人与自然高度和谐"的环境友好型社会。[203]

产业是现代城市发展的基础和动力,依托各种产业的发展,城市获得人类生存、生活所需的各种物质、能量。传统的产业运行模式是以高消耗、低增长的形式进行不可持续的发展,不仅浪费了大量资源,同时还严重污染着生态环境。城市是人类聚集地,生活生产活动的集中区域,环境的恶化最为突出。按照传统的产业模式发展下去,继续消耗大量的资源、向环境无节制的排放废弃物只会切断人类自身生存的道路,作茧自缚。产业发展模式的转型,是城市未来发展不可扭转的趋势。

一、产业生态化的基本内涵

产业生态化是指依据生态经济原理,运用生态规律、经济规律和系统工程的方法来经营和管理传统产业,以实现产业的社会经济效益最大、资源高效利用、环境污染最小和废弃物循环利用。产业生态化在宏观上要协调产业之间的结构和功能,促进各种物质的合理利用和循环运转;在微观上通过清洁生产、环境设计等手段,提高资源的利用效率,尽可能降低物耗、能耗和污染排放。[203]产业生态化是产业发展的必然趋势。传统产业必然向基于生态系统承载能力、具有高效的经济过程及和谐的生态功能的网络型、进化型产业发展。

对于产业生态化的研究,已经形成一门综合性、跨学科的应用科学——产业生态学。国际电力与电子工程研究所(IEEE)在《可持续发展与产业生态学白皮书》中指出:产业生态学是一门探讨产业系统与经济系统以及它们同自然系统的相互关系的跨学科研究,是研究可持续能力的科学(IEEE,2000)。作为一门研究产业活动与自然生态环境相互关系的科学,产业生态研究依据自然生态有机循环机理,在自然系统承载能力内,对特定地域空间内产业系统、自然系统与社会系统之间进行耦合优化,达到充分利用资源,消除环境破坏,协调自然、社会与经济的可持续发展[204]。

二、产业生态化在生态城市建设中的重要地位

我国当前的城市化建设与生态城市的建设目标之间还存在较大差距,其根本原因是传统产业的资源能源消耗量大、污染排放量大、产业附加值低。而产业生态化能解决城市资源短缺和环境污染的问题,是实施可持续发展战略、建设生态城市的重要手段。推进产业生态化,促进经济发展是生态城市功能不断完善的保证。产业生态化应成为生态城市建设的重点领域和主要内容。2002年8月在深圳召开的第5届国际生态城市大会讨论通过并公布的《生态城市建设的宣言》中提出,建设生态城市应包括生态安全、生态卫生、生态产业代谢、生态景观的整合、生态意识的培养五个层面。其中,生态产业代谢主要是指资源上的再

生和利用,包括产业生态化、资源的再利用、产品的生命周期设计及可更新能源的开发等,在保护资源和环境的同时,满足居民的生活需求。产业生态化与生态城市建设在目标和方向上是完全一致的,两者又是相互促进和影响的。生态产业本身就有相当一部分产业内容可以直接为生态城市建设提供服务,产业生态化发展所提供的资金也可以支持生态城市建设。

三、产业生态化的理论研究

1992年,在里约热内卢联合国环境与发展宣言回忆和21世纪议程上,特别强调了生态、经济和社会公平三大要素。全球环境变化人类影响国际研究计划(简称IHDP)也组织了四大科学领域的研究,其中产业转型计划(IT)是最活跃的。20世纪90年代以来,德国、日本、美国等国家一直把发展产业生态型经济、建立生态型社会看作是深化可持续发展战略的重要途径。

德国是走在世界生态产业发展前列的国家,早在1972年德国就制定了废弃物处理法;1996年又提出了新的《生态经济与废弃物管理法》。在英国,1999年成立区域发展局,研究经济发展与改造,负责促进区域经济发展,包括经济、社会和环境的整体协调和长期的全面规划。芬兰是世界上产业生态已经进入良好循环的国家之一。芬兰2/3的土地为森林覆盖,森林年砍伐量低于年生长量,芬兰林业70%的燃料来源于废料如纸浆和锯渣废料的黑酒精。

在亚洲各国,可持续发展仍处于概念化阶段,除了签署全球和地区环境协议、设立新的环境机构、进行国家可持续发展规划和开发项目的环境影响评价外,在可持续方面几乎没有哪个国家有真正的进展,空前规模的全球和国家规模的环境退化已经发出了危机信号。闻名中外的"桑基鱼塘",是我国珠江三角洲400多年来形成的以"种桑—养蚕—养猪—养鱼"良性循环生产的生态农业模式典范,备受联合国生态专家称赞,被列为人与生物圈研究计划并在全球推广,然而,工业化城镇化的快速发展和大面积环境污染,使珠江三角洲桑基鱼塘几乎消失,面积由超过2000km^2萎缩至不足2km^2公顷。

可持续账户和生命周期法是用来衡量生态效率和可持续目标的方法。杰弗·兰伯顿(Geoff Lamberton,2000)把生态、社会与经济的可持续发展分解为可操作的5个因子,即生态效率、生态可持续能力、财政运行可持续性、代内平衡和代际平衡。

产业生态概念已渗透到工业设计中。奥德拉·J.波茨·卡尔(Audra J. Potts Carr,1998)根据生态系统原理,按照降低消耗低排放(Reducing)、重复使用(Reusing)、资源再生(Resourcing)的设计原则,以物质、能量梯次和闭路循环使用为目标把各种分散的企业和产业协调优化为产业生态链,形成产业集群化和生态化,建立从自然资源—产品—再生资源的新经济发展模式,可以将污染外部性转化为内部循环,解决市场失灵和制度失灵问题,以达到资源的合理配置和社会总收益的最大化。由此诞生了生态工业园 EIP 概念(Eco – Industrial Park)。丹麦的卡伦堡生态工业园模式和我国首个国家生态工业(制糖)示范园区广西贵港产业生态园是非常经典的生态工业园。

产业代谢也是国际上研究比较多的内容之一。例如,劳埃德·康内利(Lloyd Connelly,1997)把消费过程分解为循环和降解两个独立的可量化现象;以物质能量为基础的物质循环概念和热力学性质的消费降解,并量化废物再利用在提高、再循环和串联三个方面的重要差别;用产业生态框架和物质循环能量流动的热力学研究加强对产业代谢研究。美国学者马赛厄斯·罗斯(Matthias Ruth)等人(1997)运用动力计算机模型,生命周期方法系统分析改造美国玻璃产业材料和能源利用的问题,包括各个生产阶段技术变化、生产与再循环速率变化、原材料运输和废品再循环,在此模型基础上降低物质和能量流对经济—环境的影响,提高物质循环能量利用并降低 CO_2 释放,实现玻璃产业生态化发展。在比利时,米里亚·范·霍尔德贝克(Miria Van Holderbeke,2002)博士运用发展的生命周期法对比利时弗莱米什(Flemish)地区的产业代谢——铬和镉重金属在经济和环境中物质流代谢进行类比,为该地区的整体价值链管理提供了决策依据。陶瓷制造是意大利经济最重要的部分,需要消耗大量能源,检测生产过程中能源、水的利用和污染有助于平衡该地区能源利用的正面和负面影响。维托·阿尔宾诺(Vito Albino)等人(2003)基于生产过程,运用投入产出的分析方法,研究意大利北部萨索洛(Sassuolo)地区陶瓷工业生产供应链中的物质和能量循环过程(包括污染),为生产过程中资源消耗和环境影响提供了尺度,有助于更好地预测经济、能源与环境三者间相互作用。迈卡·D. 洛温撒尔(Micah D. Lowenthal)等人(1998)用产业生态分析能量系统,研究生产过程中物质能量的循环,特别是产业生态中熵的概念在能量系统中的应用,指出必须分析整个系统能量(包括产品使用)的收益与补偿,高质量能量固然重要,但能量的传输和转换(储存)需要补偿。因此,合适的能量方式(热、动能、电磁)比不恰当的高质量的能量更重要;对能量和物质的传输与转换,提出了应当考虑反向活动的成本并纳入全球系统。

对于环境问题,为了有效减少资源消耗和废物产生,产业生态学运用新的方法来系统应用和再利用物质。沃伦·梅勒拉(Warren Mellora)等人(2002)提供了一个物质管理和生产的新方法 CHAMP,根据不同的功能需要,通过连续使用物质材料使物质流动模型化。尽管是专门为聚合物开发,但也可用到其他材料和产品上,物质被赋予一系列技术操作参数特征和功效,地理位置也作为一个功用以便使物流(包括产品分销和废品收集)放置于同一模型框架内,生产、运输和使用作为物质通过的活动,活动成本和环境影响评价包括在模型框架,用生命周期法评价每一活动中物质能源使用的所有供应链。方法包括容纳决定材料是否适应特别用途和活动的标准,这些标准用于模型指导特别材料的应用选择以及特别材料的成功应用。物质利用的不可持续导致生产者的延续责任:即生产者继续负有产品使用后旧产品回收管理的责任。尤其在欧洲,"回收立法"使生产者和供应商要回收使用后的产品和材料,减少垃圾进入环境的数量并使废物重新得到利用。

世界上很多国家都把生态工业园作为整体发展战略的一部分,尤其在一些工业发达国家,积极创办生态工业园。生态工业园发展的胚芽早期,主要起源于工业联合体内重工业之间的资源交换,如石油化工、钢铁等重工业联合体等。后来,参照产业共生的概念,生态工业园发展到另外一个类型的工业园,即由各种中小企业组成的混合工业园(SMES),有时也由几个少数大型工业组成。尽管混合工业园对空间和环境有很重要的影响,但却较少得到关注和调查研究,为此,A. J. D. 兰伯特(Lambert, 2002)针对混合工业园的环境和社会问题,分析反作用因素并提出解决办法,他的研究主要针对传统的工业化国家,但也与新兴工业化国家或地区有关,因为他们面临相似的问题或不久会遇到这些问题。他强调以系统、综合、整体的观点来分析产业经济及其生物圈的各种组成;强调人类活动的生物基质,例如,产业系统内外物质循环的复杂模式与目前主要以抽象的货币单位考虑经济和能量循环截然不同;考虑技术动力因素——关键技术的长期演化,作为从不可持续到可实施的产业系统。而台湾地区学者林共市(2002)提出从产业的上中下游关系、产业的附加价值链、企业的密集度(绿洲效应)以及产业技术与商品化能力,来考察一个产业的成长性。

产业系统生态平衡的形成可以给经济和环境带来极大利益。为此,印度学者沙林·辛格尔(Shaleen Singhal)等人(2002)探索了产业共生和承载力的相互关系,在承载力研究和产业组合基础上,提出了印度工业园规划的综合方法,包括绿色产业带的形成、环境影响评价开发和环境管理系统的完成。承载力作为可持续发展研究的可操作的工具,是在保持环境质量和生态平衡条件下,从有限资源获得更多产出和更高质量生活的资源可支持能力和环境可消化的能力。印度学者卡纳(P. Khanna)等人(1999)运用 GIS 技术研究印度首都地区的可持续发展指标,用人工神经网络识别区域系统和地图的联系获得空间数据,通过 RDBMS 获得非空间数据,建立 GIS—RDBMS 人工网络模型,为预测环境和经济发展提供决策建议。基于资源科承载力,匡耀球等人(2001)对广东 21 个地市可持续发展状况综合评估结果表明:深圳、广州、珠海、惠州的可持续水平较高,可持续指数大于 2;东莞与河源指数接近 1,处于临界状态;其余 15 个市的可持续指数为 1—2 之间,处于勉强可持续状态。

随着可持续发展战略在世界范围内普遍实施,产业生态集群在发达国家渐成潮流,欧洲的德国、荷兰、芬兰、英国以及北美的美国、亚洲的日本、印度是研究产业生态比较深入的国家。从企业的生产技术改造、管理实践,产业园区的建设布局,到国家产业发展的战略选择、管理立法,生态概念贯穿始终。在1998年英国发表的竞争力白皮书中,明确提出将产业集聚作为国家发展战略,同时,区域产业集聚概念和进程也反映在企业—技术—改革白皮书以及其他一系列政策文件中。对于产业集聚现象,皮罗·莫罗锡尼(Piero Morosini,2004)概括了领导性、规模性、沟通便利性、知识交叉和职业流动五个特点。萨伊德·帕托(Saeed Parto,2000)认为,除追求经济因素外,新的产业集聚增长更需要强调社会和文化因素的重要性。布雷恩·H.罗伯茨(Brian H. Roberts)等人(2002)对澳大利亚的悉尼、墨尔本和布里斯班三大城市的大中型企业的空间分布结构,以邮政区为单位评价企业资本、销售和绩效的集聚,从微观角度分析了企业财富和绩效的空间集聚对都市系统的影响。

在中国,产业生态学的理论与应用研究取得了令人瞩目的进展。1999年,联合国环境规划署联合中国政府在中国开展了"中国工业园的环境管理"项目,这个示范性质的项目为首个生态工业园建设打下了坚实基础。2000年,中国环境科学研究院参与了首个中国生态工业园(贵港制糖生态工业示范园)的规划与建设。

四、产业生态化评价

目前,国内外对产业生态化评价还没有形成完善的系统与方法。国内部分学者采用选取指标评价工业生态化的方法来代替产业生态化评价。赵林飞(东华大学,2007)、徐芸青(浙江大学,2007)将产业生态化的评价指标体系的设计建立在微观、中观和宏观层面上,构建了函数,从不同层面围绕着工业选取了不同的变量,构建了目标层、系统层、变量层和指标层的四层次结构模型对长江三角洲地区产业生态化发展进行了分析和评价。袁爱芝(山东社会科学院,2006)也运用相同的方法对山东半岛城市群产业生态化进行了评价和分析对比。而虞震(上海社会科学院部门经济研究所,2007)则提出以生态效率作为产业生态评价的标准:"效率的本质是以较少投入得到较多产出的过程,而生态效率则是指以生态为前提的效率,其本质是要求组织企业生产层次上物料和能源的循环,从而达到污染排放的最小量化……由于生态效率能够借助倍数理论进行量化计算,因此把生态效率作为产业生态的评价标准,比较直观和科学……生态效率既可以作为衡量某一产业生态化程度的标准,也可以评价产业(经济)总体的生态化程度。这时,生态效率就是经济社会发展的价值量(GDP总量)与资源环境消耗的实物量的比值。"有关于产业生态化评价的方法还有待相关研究人员继续探寻和摸索。

五、生态城市建设中产业生态化的形式

产业生态化可以体现在各个层面上,小至产品和生产技术层面,大至企业层面、系统层面。因此,研究对象和着眼点也区别在各个层面上。产品和生产技术层面以及企业层面多是技术人员、企业管理人员参与。国内学者多着眼于系统层面的研究。按照2002年《国民经济行业分类》,传统的产业可以划分为三次产业,第一产业包括农、林、牧、渔业;第二产业包括采矿业、制造业、电力、燃气及水的生产和供应业、建筑业;第三产业包括除第一产业和第二产业以外的其他行业。生态城市建设中的产业生态化就是要运用产业生态学的原理和方法,研究各类产业活动及产品与环境之间相互关系,建立涵盖第一产业、第二产业、第三产业各个领域的生态产业。

(一)生态农业

生态农业一词最早由美国土壤学家W·阿尔伯卫奇于1970年提出,到20世纪80年代后,随着生态农业实践在我国得到迅速发展。尽管到目前为止,对生态农业的理解和定义各有差异,但其基本的内涵是指人类根据生态学和生态经济学原理,遵循生态与经济规律,运用现代科学技术和生态工程方法,因地制宜地规划,组织进行生产经营的一种新型的农业技术体系。生态农业最终通过环境、生态、经济的3E系统的良性循环,使农业资源得到最佳配置,达到生态经济和社会效益目标的最大化,从而实现现代农业的可持续发展。[205]

生态农业对于城市而言,不仅是一种产业,向城市居民提供各种农副产品,还是城市生态环境建设的需要,一种维护城市生态平衡、实现城市生态化的重要手段。生态农业是用现代科学技术对传统农业进行升级改造,在一定区域内因地制宜规划、组织和发展起来的一种多级、分层次优化利用农业资源的集约经营管理的新型农业生产的产业形式。发展生态农业,对于健全城市功能,改善城市生态环境,建设生态城市,具有不可或缺的作用。发展生态农业的基本思路是:围绕提高农业可持续发展能力,降低农业资源消耗,提高农业整体素质和水平,增加农民收入等总体要求,通过调整农业结构、发展现代化农业、建设生态农业示范区,逐步发展精细种植业、精品养殖业和深加工业,推广农业废弃物的无害化、资源化处理技术,推动传统农业的生态化和现代化转变。

(二)生态工业

工业是现代城市经济的核心,也是许多城市赖以存在和发展的基础。同时,工业是影响一个城市社会发展和环境质量的重要因素,是城市最主要的污染源。

因此,工业生态化是生态城市建设所必须面对的。生态工业就是以生态经济学的理论为指导,运用各种先进的科学技术,尊重经济规律和自然生态规律的作用,能够实现对自然资源的充分合理利用和对生态环境无污染或少污染的一种现代工业生产形式。发展生态工业是产业生态化的核心内容。多要素、大范围的生态工业系统的构建将成为今后生态城市建设的一大趋势。

生态工业从宏观、中观和微观三个层次上实现工业的经济、社会和生态效益的同步提高。宏观上,协调工业经济系统的结构和功能,以及工业系统与生态、经济、技术的关系,促进工业经济系统的物质流、能量流、信息流和价值流的合理运转,实现系统的稳定、有序和协调发展;中观上,做到资源的多层次循环利用和综合利用,即建立生态产业共生系统,提高各个子系统的物质循环效率;微观上,实现清洁的企业生产、管理和运行模式,推广生态化的产品生产和服务。

生态城市的工业生态化需依托产业生态园为模式和载体进行发展。

建立产业生态园需要设计和开发产业共生生态系统。设计一个高效的产业生态系统需要很多行业和地区的企业参与,需要具备灵活性和创新性。一个高效、大型的生态产业园成功的关键,是资源输入流和输出流之间具有较高的协同性。在这里,生态学可以提供几种食物网分析的统计指标。最简单的指标是物种丰富度S,表示该系统中所包含的物种数量。另一个指标是关联度C,是通过构筑一个群落矩阵得出的。大量的产业系统食物网分析能够逐步揭示产业系统中其他分析方法所不能发现的特点,可以发现系统中缺少的行业或者产业活动类型。在产业系统中加上这种行业或产业活动类型,可以增加整个系统的关联度。反过来,这种分析也能帮助解答普遍困扰生态学和产业生态学的难题:特定的生态系统对某种特定的干扰会做出什么样的反应?这类问题为进一步研究提供了广泛的空间。

区域产业生态系统资源流(物质流和能量流)分析、产业生态的成长性研究、产业集群的动态演化与空间转移也是产业生态园需要研究的内容。通过对产业集聚的空间结构分析,研究产业的上下游关系及其循环性(网络关系)、产业多样性、产业的附加价值链、产业的密集度(绿洲效应)、关联度及产业技术与商品化能力等产业生态内涵,评估产业生态的强弱,以及产业形成及成长的可能性问题。用生物学中描述不同种群共生现象的Logistic模型来描述经济生活中企业集群的动态演化过程,并且在模型中将处于整个集群动态演化的过程中企业所经历的内生和外生的变化(例如,技术、信息、制度安排、地域生产氛围等变化)简化为典型企业的产量信号,通过对企业产量变化的刻画来解释集群的形成过程;研究在竞争与合作两方面因素影响下集群内企业的空间位置决定问题。分析生态产业集群的特性,包括共生性、互动性和柔韧性,研究如何从企业层面、区域层面、宏观层面实现生态产业集群。

(三)生态服务业

生态服务业就是生态化的第三产业。由于其产业性质的特殊性,服务业在推进产业生态化的过程中起着重要作用。城市是第三产业最发达的地域,第三产业往往反映了一个城市经济与社会的活力,也反映了整个城市生态系统的运行状况。第三产业主要是餐饮、零售、旅游、金融、保险、商贸、会展、环卫、物流、文化、体育等行业,它们直接向居民提供服务,因而也往往接近或穿插于城市的居民区,与市民的生活有着紧密的关系,并构成直接的影响。构建生态服务业发展模式就是要围绕节能、降耗、低碳、减污、增效等目标,提高资源循环利用率,在整个服务周期过程中使服务业的发展对城市生态环境的影响降低到最小的程度,为生态农业和生态工业的发展创造良好的信息条件和市场环境。

产业生态化应从不同行业(农业、工业、服务业)和不同层面(微观的企业层面、中观的产业领域及园区、宏观的社会层面)有计划、有步骤地推进,每个城市还应根据当地的自然条件、社会经济发展水平、产业结构等特点,制定出符合本城市实际情况的产业发展框架,作为具体指导产业生态化的依据。

生态城市既是一个目标,又是一个过程。生态城市模式充满了理想和智慧,给人以很大启发,但其本身在理论和实践上终究还不够成熟,对产业生态学方法在生态城市建设中的应用还需要进行更加系统深入的研究和探讨。生态城市建设的实质是城市发展模式的根本转变,涉及经济、社会、文化、环境等各个层面,是一项复杂的、综合性的系统工程。在生态城市建设中,应将产业生态化作为重要抓手,建立和完善相关政策、法规、规划,构建节约型、循环型生态产业体系和生态化的生活方式,最终形成人与自然和谐发展的城市经济运行机制。

(与宋倩合作研究)

合肥旅游业循环经济发展的生态足迹

当前,旅游业成为许多国家或地区重要经济产业部门乃至经济支柱产业,旅游业的发展在经济建设、政治建设、文化建设、社会建设等方面发挥着越来越重要的作用。开发一种将经济效益、生态保护和社会效益三者结合起来的区域旅游循环经济发展模式,对于避免急功近利的发展模式具有重要意义[206]。随着旅游业的快速发展,旅游流所引发的经济、社会、文化、环境、生态等方面的负面影响越来越受到人们的关注,旅游的可持续发展研究正成为旅游研究的重要领域。而生态足迹以其理论、方法的创新性和实践的可操作性,成为一种测度人类对自然资源利用程度和自然界提供给人类供给的新方法,在可持续发展研究中日益得到重视,同时也为旅游可持续发展的研究提供了新思路和新方法。

分析生态足迹[207](Ecological Footprint),又译"生态占用"、"生态脚印"或"生态维持面积"。在区域旅游循环经济发展研究中的应用,将生态足迹分析应用于区域旅游循环经济发展研究中,可为区域旅游循环经济发展提供依据。循环经济要求的是资源效率与效益化原则,对区域旅游循环经济发展模式研究也必须贯彻这一根本原则。旅游循环经济发展模式是实现旅游资源循环再利用的内在要求和战略突破口。探索旅游发展新思路、持续利用自然资源、积极推进产业转型、加强可持续能力建设是实现旅游可持续发展的根本途径。以发展循环经济为根本思路,通过对合肥旅游循环经济生态足迹的分析,实现合肥旅游循环经济发展的可行模式的构建。

合肥地处江淮腹地、大别山余脉,江淮分水岭把合肥分为淮河水系和长江水系;气候上属亚热带与暖温带的过渡带,气候温和,雨量适中,日照充足,植被兼有南北特色。得天独厚的地理位置使合肥拥有丰富的山水景观旅游资源。合肥旅游有了长足的发展,旅游开发建设得到了加强,旅游的国际、国内市场得到了开拓,旅游商品的开发、生产和销售以及旅游基础设施和娱乐设施都有了进一步的完善,旅游经济比重进一步加大。旅游业在快速发展的同时也带动了相关产业的发展,旅游业正在成长为地区经济发展中的一个新的经济增长点。但是旅游发展中存在不容忽视的问题,目前合肥旅游业发展的整体水平仍然处于一个较低的层次,与黄山、桂林、昆明等城市相比,旅游效益较差、位次靠后,其发展水平与所具有的丰富的旅游资源不相称,区域旅游整体竞争力不强[208,209,210]。

将生态足迹分析方法应用于旅游研究领域,对拓宽旅游可持续发展定量研究方法范围、旅游地发展模式的研究具有一定的实际意义。以合肥旅游作为研究对象,主要以生态学与生态经济学为支撑学科,对旅游循环经济基础理论进行系统归纳研究,提出旅游循环经济系统概念;以循环经济为指导思想,运用生态足迹模型对 2002—2006 年合肥生态足迹进行分析研究,利用生态足迹模型对合肥旅游业进行定量计算,根据生态足迹模型内容及合肥自身旅游特点,简化旅游生态足迹模型,更简明地反映合肥旅游业的动态发展;初步构建旅游循环经济发展模式框架图,为合肥旅游循环经济发展模式提供科学的决策依据与动力支持,对探讨其他地区旅游业循环经济发展模式具有一定的借鉴意义和参考价值。

一、相关理论研究

(一)生态足迹分析发展状况

王雪梅,张志强和熊永兰[211]在 Web of Knowledge 上以"ecological footprint(s)"为主题词,2002—2006 年为时间段进行检索,检索到文章 124 篇,分析发现,生态足迹方面的论文量呈波形增长。这些文章主要发表在环境科学、生态学和经济学相关期刊上,见表 1 和表 2。

表1 生态足迹 SCI—E 文章的年代分布及被引情况分析

年代	1994	1995	1996	1997	1998	1999	2000	2001	2002	2003	2004	2005	2006
文章篇数	1	1	2	4	5	14	15	12	12	8	18	17	15
总的被引次数	26	0	21	86	58	208	148	172	56	37	29	9	0

表2 在 SCI—E 发表生态足迹文章较多的国家/地区

国家/地区	文章数	总被引频次	国家/地区	文章数	总被引频次	国家/地区	文章数	总被引频次
美国	33	254	新西兰	4	34	日本	1	17
瑞典	20	240	法国	3	39	肯尼亚	1	13
荷兰	13	119	西班牙	3	5	芬兰	1	5
英国	12	53	台湾	3	21	丹麦	1	1
加拿大	11	80	西班牙	3	5	印度	1	0
中国	7	11	智利	2	43	印尼	1	0
澳大利亚	6	28	德国	2	8	意大利	1	0
奥地利	6	37	比利时	2	1	挪威	1	0
墨西哥	5	128	斯洛文尼亚	2	0			

1. 国外生态足迹分析方法及其应用

生态足迹方法自 20 世纪 90 年代初(1992 年)加拿大不列颠哥伦比亚大学著名生态经济学家威廉·E·雷斯(Willian E. Rees)首次提出"生态足迹"的概念以来,在世界各国引起了强烈反响,短时期内就在不同的地域空间尺度和不同社会领域进行了运用和实践,其理论方法和计算模型迅速地发展并得以完善[212]。1996 年,关于生态足迹的专著《我们的生态足迹:减小人类对地球的影响》中提到:"生态足迹是特定的种群强加于自然环境的'负荷',它代表要维持一定水平的人类活动(如吃、穿、行)等相关的资源消费和废弃物处理所必需的土地面积。"[212] 1997 年,Wackernagel 等应用生态足迹分析方法,对世界上 52 个国家和地区 1993 年的生态足迹进行了实证计算研究,这 52 个国家和地区包括了世界经济论坛《全球竞争力报告》中所涉及的 47 个国家,涵盖了世界 80% 的人口和 95% 的总产出,它们对全球可持续发展的影响举足轻重[213]。计算结果表明,就全球平均而言,1993 年人均生态足迹为 2.8 hm^2,而人均生态承载力为 2.1 hm^2,人均生态赤字为 0.7 hm^2,所计算的 52 个国家和地区中的 35 个国家和地区存在生态赤字,只有 12 个国家和地区的人均生态足迹低于全球生态承载力。这 52 个国家和地区的人类消费已超过了这些国家和地区生态承载力总和的 35%。如果按照《我们共同的未来》中建议的留出 12% 的生产性土地面积保护生物多样性的话,则实际人均生态承载力将减少到 2 hm^2,人均生态赤字增加 0.8 hm^2。从全球范围看,人类的生态足迹已超过了全球承载力的 30%。

在以 Wackernagel 为代表的"加拿大生态足迹小组"和"发展重定义组织"(Redefining Progress,RP)的努力下,生态足迹理论目前发展的较为成熟,已经用于测算世界、国家或地区的生态足迹[214,215]。据统计,已有近 20 个国家利用生态足迹计算各类承载力问题。2004 年 10 月底,世界自然基金会(WWF)与联合国环境规划署世界保护监测中心、全球足迹网络(Global Footprint Network)联合发布了《生命行星报告 2004》[214]。报告指出人类对地球生态系统的占用超过了地球生物圈可更新能力至少 20% 以上,自 1960 年以来人类的生态足迹增长了 2.5 倍。从全球范围而言,人类的生态足迹已超过了全球生态承载力的 21%(WWF,2004),人类现今的消费量已超出自然系统的再生产能力,即人类正在耗尽全球的自然资产存量(WWF)。此外,Barbier、Burgess and Folke(1994)的定义是生态系统所能承受的最大压力,这些压力来自于人类社会、经济与文化等活动,以间接或直接的方式加诸于生态上,所造成环境退化、多样性物种减少等现象。当前,生态足迹分析在国外已经广泛应用于区域可持续发展度量和生态经济中的多个领域[216,217,218,219],来测量人类对自然生态服务的需求与自然所能提供的生态服务之间的差距。通过跟踪国家或区域的能源和资源的消费,将它们转化为提供这种物质流所必需的生物生产土地面积,并同国家和区域范围所能提供的这种生物生产土地面积进行比较,为判断一个国家或区域的生产消费活动是否处于当地生态系统承载力范围内提供了定量的依据。通过生态足迹的计算和分析,能在全球和区域范围内比较自然资产的产出和人类的消费情况。2006 年 10 月底,世界自然基金会(World W wildlife Fund,WWF)、伦敦动物学会(Zoological Society of London,ZSL)、全球足迹网络(Global Footprint Network)联合发布了最新的《生命行星报告 2006》(Living Planet Report 2006)[220]。《生命行星报告》每两年由 WWF 发布 1 次,2006 年为第 6 份报告,报告比较了 147 个国家的生态足迹(ecological footprint),探讨人类对这个有限星球的影响,定量测量世界可持续发展和生物多样性保护的进展情况。减少"生态足迹"的挑战将会深入到当前经济发展模式的核心。通过对比公认的联合国人类发展指数(HDI),清晰地显示出人类当前所接受的"高发展"与整个世界的可持续发展目标相去甚远。在各国努力改善人民生活水平的同时,却偏离了可持续发展的目标,从而进入到一种超负荷的状态,即资源的使用超过了地球自身所能承受的范围。照此发展,穷国的发展能力将受到制约,而富国也难以维持其繁荣。

2. 国内生态足迹分析方法及其应用

我国于 1999 年引入生态足迹的概念。与国外的研究相比,我国生态足迹的研究尚处于引进和发展阶段。

中国科学院地理与资源科学研究所的谢高地、鲁春霞等引入废弃因子对我国 1995 年的生态足迹以及生态承载力进行了计算;上海师范大学地理系的刘宇辉和彭希哲对我国 2001 年的生态足迹进行了分析[221,222]。

中国科学院寒区旱区环境与工程研究所冻土工程国家重点实验室的徐中民、张志强在进行理论、方法介绍的同时分别对我国 1999 年的生态足迹、西部 12 市(区市)的生态足迹、西北地区的生态足迹以及甘肃市 1998 年的生态足迹进行了计算分析[223,224,225,226]。结果表明,中国人均生态足迹为 1.326 hm^2,而人均生态承载力为 0.681 hm^2,人均赤字为 0.645 hm^2,中国的生态足迹已经超过其生态承载力的 94%。

胡新艳、牛宝俊、刘一明等对广东市[227],李金平对澳门特别行政区[228],董泽琴、孙铁珩对辽宁市[229],熊鹰、王克林、郭娴等对湖南省[230],梁星对上海市[231]、邓砾对四川省[232]等的生态足迹、生态承载力等进行了计算。

周嘉、赵秀勇、胡孟春、张水龙、陶明娟、赵云龙、陈东景[233,234,235,236,237,238]等分别运用生态足迹模型对绥化市、南京市、张家口坝上地区、天津市、兰州市、河北怀来县、青海市祁连县的生态经济系统的可持续发展状况进行了分析。

蔺海明和白艳莹[239]分别对甘肃市河西绿洲农业区和苏锡常地区的生态足迹进行了动态研究。国家环境保护总局南京环境科学研究所的王健民、王伟、张毅等[240]于 2002 年创建了复合生态系统动态足迹的分析原理和方法,并且进行了案例研究。陈六君、毛谭、刘为等[241]提出了资源生态足迹弹性系数的概念反映经济增长所要求的资源消费增长,认为生态系统不能支持经济增长所需要的资源消费,经济增长就会受到制约。

章锦河和张捷[242],对黄山市游客的旅游生态足迹及其生态效率进行了计算分析,得出旅游生态足迹的区际转移导致旅游生态负责的区际转移与生态影响的区际扩散的结论,认为旅游业发展具有全球性生态影响的特征等。

与国外的研究相比,我国生态足迹计算方法、理论有待继续完善。

(二)旅游发展与循环经济

1. 旅游发展状况

旅游成为社会活动的基本需求[243]:世界旅游组织在 1980 年的《马尼拉宣言》中明确提示:"旅游是人类社会基本的需要之一。"许多国家将旅游纳入到国民经济发展中,并赋予每个公民享受旅游的权利。在这种人类行为思想变革下,出现了"大众旅游"、"奖励旅游"、"社会旅游"等行为模式。旅游业成为所在地经济的支柱,到20世纪90年代中期,世界上已经有120多个国家将旅游业收入列为支柱产业。世界旅游组织(WTO)称旅游业为"世界上最富有活力的经济增长点"。世界旅游组织的《2020年旅游业展望概要》预测,到2020年国际旅游人数将达到16亿人次(表3)。

表3 预计全球国际旅游人数(百万)

地区	2010年	2020年
欧洲	526	717
美洲	195	284
亚太	321	438
非洲	46	75
中东	37	69
南亚	11	19
总计	1,046	1,602

资料来源:《2020年旅游业展望概要》。

到2020年,世界旅游组织预计国际旅游业的总消费将达到2万亿美元。国际旅游人数将以年均4.3%速度增长,收入以6.7%的速度增长,远远超过了同期世界财富每年增长3%的最大可能速度。

20世纪后半叶,是现代旅游大发展的时期。伴随着各国经济复苏、交通工具革新、生产自动化、城乡格局变化以及职工"带薪假期"制度的建立,出现了现代意义的旅游发展。从1950—1995年,全球国际旅游人数增加了22倍多,旅游收入增加了177倍(图1)。

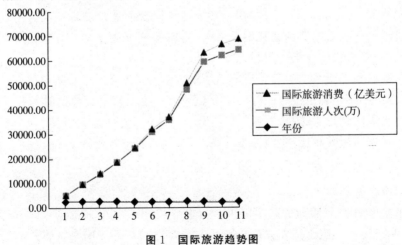

图1 国际旅游趋势图

资料来源:《旅游概论》。

国内及国际旅游将成为世界的最大产业之一和全球服务业中增长最快的行业。旅游业因为其世界级的旅游资源,连同电子通讯和信息技术已被预测为21世纪推动全球经济发展的主要动力之一。

当前,人们越来越认识到,旅游业是国民经济的新增长点。近年来,我国旅游业有了长足的发展,但同世界水平相比,还有较大差距。据统计,中国旅游业占GDP的比重还不到5%,而全球旅游业占全球GDP的比重已超过10%。随着经济全球化步伐的加快,我国加入世界贸易组织后,我国旅游业的发展面临着历史性的机遇和挑战。积极探索开发旅游产业的经济规律,推动旅游产业快速健康发展,是旅游业当前面临的重要课题。经济效益是发展旅游业的直接目的和强大动力,不注重经济效益,旅游业就成了无源之水。但在追求经济利益的同时,更要充分估量旅游发展所带来的社会效益和生态环境效益,用可持续发展的思想来指导区域旅游产业规划,使旅游资源既能为今天的旅游者提供高质量的经历和体验,为旅游目的地的居民提供良好生计和生活质量,又能满足和保护后代人的发展需求和利益。

世界旅游组织预计,中国到2020年所接待的海外游客将达到1.3—1.4亿人次。2020年中国将列世界旅游接待国首位,届时占世界总数的8.6%,年均增长8%。同时,中国将继德国、日本和美国之后成为世界第四大游客输出国。预计2020年将有1亿人次出国旅游,占世界总人数的6.2%。根据中国国家旅游局经过修订的增长预测,国内旅游市场在2020年将更加趋于成熟,并且具有国际旅游的经验,因而要求国内旅游目的地达到世界水准[244]。

2. 旅游环境影响的测度工具

旅游业是旅游城市的支柱产业,旅游可持续发展[245]是指在充分考虑旅游与自然资源、社会和生态环境相互作用和影响的前提下,把旅游开发建立在生态环境承受之上,努力谋求旅游业与自然、文化和人类生存环境协调发展,并能造福于后代子孙的一种旅游经济发展模式,其目的在于为旅游者提供高质量的感受和体验,提高旅游目的地人民的生活质量,并切实维护旅游者和旅游地人民共同依赖的环境质量。

旅游业的发展应满足人类持续发展的多样化要求。因为人类需求一般包括物质生活的需求、精神文化的需求和良好生态环境的需求。尤其是随着社会经济的发展,人们对无污染的空气、洁净的水和食品、优美的居住环境及自然景观的追求日益迫切。旅游是一种愉悦的旅行和游览活动,是一种以满足人类对精神文化需求和生态环境需求的高层次消费活动。因此,旅游业的可持续发展发展必然以满足人类的多样化需求为根本目标。

评价旅游活动对于环境影响有三种常用的方法[246,247,248]:环境冲击评估(environmental impact assessments, EIA)、环境承载量评估(the carrying capacity concept,CCC)、可接受改变限制评估(the limits of acceptable change system,LAC)。这三种方法只着重观光旅游在局部环境的影响层面,忽略了整体环境的影响。于是产生了生态足迹法,能对整体环境做出影响评估,效验上更为精准。

3. 旅游循环经济内涵

"减量化(Reduce)、再利用(Reuse)、再循环(Recycle)"是循环经济最重要的实际操作原则[249],所有的物质和能源要能在这个不断进行的经济循环中得到合理和持久的利用,以把经济活动对自然环境的影响降低到尽可能小的程度。旅游循环经济要求在发展旅游过程中,告别传统经济发展模式;在涉及环境、资源与社会的旅游循环经济系统中,根据经济可持续发展对资源和环境的要求采用清洁生产的方式,合理利用旅游资源;在提高资源和能源的利用效率过程中,实现旅游循环经济健康发展(图2)。

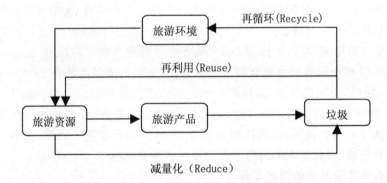

图 2 旅游循环经济内涵

4. 旅游循环经济系统(TCES)的特征

旅游循环经济系统(Touring Cycling Economics System,TCES)涉及"旅游"、"循环经济"和"系统"三个概念(图3),可以将旅游循环经济系统的定义描述为:"通过人力资源、物质资源、经济资源、技术资源、管理水平、自然和社会环境在特定的研究区域内相互作用、相互影响、相互制约,为实现将传统经济发展中的'资源—产品—废物排放'这一模式改造为'资源—产品—再生资源'的物质循环模式,提高资源能源效率,拉长资源能源利用链条,减少废物排放,而获得经济、环境和社会效益,实现'三赢'发展的有序组合的开放系统。"旅游循环经济系统理论既体现"旅游"的特征,满足"系统"的特性,同时符合"循环经济"的发展要求[250,251]。

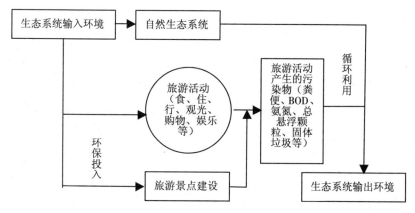

图 3　旅游循环经济系统

资源来源:《旅游与环境》,http://www.epa.com.tw/tourism/tourism_page_20.htm。

5. 旅游业发展与生态环境的关系

旅游资源的开发势必会对开发区域的周边环境造成影响。大量游客的到来,加大了道路运输量,众多的车辆会排出大量废气,增大空气和噪音污染,对当地居民造成影响和伤害。长期大规模的旅游活动,会对当地历史古迹的原始风貌和保存寿命造成威胁;同时,旅游设施的过度建设和规划不当、设计不合理也对旅游景观和环境造成损害。

众所周知,旅游地良好的自然生态环境是吸引游人的重要因素,旅游业的发展要注意不断提高人们的生态环境保护意识,正确处理自然生态环境保护和区域旅游经济发展的关系,旅游地的生态环境保护在旅游资源的开发过程中应时刻放在优先位置。

6. 旅游业发展循环经济的必然性

循环经济关注的目标是生态效率(Ecological Efficiency)的提高,而不是单纯的经济增长。生态效率是经济社会发展价值量和资源环境消耗实物量的比值,它表示经济增长与环境压力的相互关系,是区域绿色竞争力的重要体现[252]。合肥旅游业生态效率,可以用公式表示为:生态效率(资源生产率)=合肥旅游业经济社会发展(价值量)/合肥旅游业资源环境消耗(实物量)。

从生态效率角度来看,合肥发展旅游业循环经济是有内在必然性的,在旅游业发展过程中,生态效率指标与资源消耗之间关系密切。旅游业生态效率越高,说明在旅游活动中资源消耗越少,创造的经济社会发展价值越多。传统的旅游业发展常常会忽略分母中环境负荷的增长而只关注旅游业对GDP的贡献。然而,循环经济按照生态效益规范经济活动,以"3R"为基本原则,是一种建立在物质充分循环利用基础上的发展模式,致力于改变单纯依靠资源的消耗来实现旅游总收入的传统发展模式。

(三)生态足迹与循环经济

"自然资本的存量是否足以满足预期的需求"是人类面临的重要课题,也是循环经济中最基本的生态问题,生态足迹分析法可以用于探讨这个问题,它是一个可以比较生物圈生产量与经济体消费量的工具,能反映经济的发展扩充是否具有足够的生态空间,是否超出自然承载力。生态足迹法也能用来衡量计算不同地区的人们在各自的生活水平下享用了多少资源,从而显示出同世代间的社会不永续。

二、研究区域与研究方法

(一)合肥市情分析

合肥位于北纬32°、东经117°,安徽省中部,地处江淮之间,巢湖之滨,是一座具有两千多年历史的古城,有许多历史古迹和人文景观,旅游资源相当丰富。严格地说,合肥旅游业从1978年开始起步,现在旅游业已初具规模。作为安徽省政治、经济、文化、交通中心,合肥易于吸引商客和会客,可以从多角化开发商务、会议游客,发展度假休闲旅游。且合肥发展休闲度假旅游也具有良好的资源条件,合肥南部的巢湖,北部的双凤湖、岱山湖等都适于开发滨湖度假别墅村[253,254]。

1. 自然地理概况

合肥是安徽省交通中心,拥有到全省各地级市和其他省会城市的公路、铁路和航空交通网络,是区域客流中转服务中心城市,是安徽省省会,是展示全省经济、文化和社会发展的窗口,拥有省内其他城市难以比拟的人文资源。同时,合肥作为国家重要的科教城市、全国首个科技创新型试点城市,以及世界科技城市联盟的7个城市之一,具备雄厚的科教实力,科教资源丰富。作为最接近长三角地区的中部大城市,是中西部地带承接和传递东部发达地区辐射的桥头堡。合肥的东向战略将使合肥与安徽省进一步加强与苏浙沪地区旅游业的沟通交流与合作,同时,合肥市良好的旅游资源管理、行业协调、产品开发能力和旅游业投融资体制环境,高素质的旅游经营管理人才、旅游专业技能人才和旅游专业的学者专家[253,254,255],将加速合肥发展成为华东地区重要的旅游中心城市。

2. 旅游业发展概况

合肥是一座自然与人文、历史与现代和谐交融的省会城市,旅游资源较为丰富(表4),有国家级重点保护单位渡江战役总前委旧址1处,省级重点文物保护单位曹操教弩台、包公祠、李鸿章故居、吴复墓、三国新城等14处,市、县级文物保护单位城隍庙、段氏祠堂、李鸿章享堂、高家祠堂、大孔祠堂、环城公园东汉古墓、太平天国城墙等73处。巢湖有1/3在合肥境内,并且有姥山岛、四顶山两处名胜；由人工改造而成的岱山湖，有沟通环城水系同巢湖相连的南淝河；另外还有双凤湖、大堰湾等大体量水域。拥有紫蓬山国家森林公园、舜耕山国家森林公园和岱山国家森林公园等3处，此外，还有风光秀丽的大蜀山森林公园。合肥还是全国重要的科教基地，有中国科技大学等高等院校30多所，中国科学院合肥分院等各类科研机构200多所，科教旅游资源独特[256]。

表4 合肥市旅游区资源

基本类型	代表性旅游资源	基本特点
地文景观类	浮槎山	合肥境内第一高山，誉为"北九华"，佛教文化源远流长。
	舜耕山	山青，水碧，石奇，洞迷，谷幽。古迹众多，泉水丰富。
	龙泉山	山泉清可鉴人，水味甘美，常年不枯不竭；南麓有龙泉寺，现存大殿和大门牌楼。
水域风光类	双凤湖	湖面广阔，同时有些小水体镶嵌其间，适宜建设高级休闲娱乐与度假设施。
	岱山湖	青山环抱，山水交融，人文景观较丰富。
生物景观类	大蜀山动植物观光	座落于合肥西郊，海拔294米。周围山麓先后建了人工湖、烈士陵园、植物园和度假村、苗木花卉基地、野生动物园。
	紫蓬山国家森林公园	母岩主要为紫色砂岩，常绿阔叶混交林带，植被种类丰富。
	合肥环城公园	东环雄浑壮丽，"九狮衔环"、"鲲鹏展翅"等巨型雕塑巍然屹立于园林广场之中；南环清秀典雅，以水景为特点，依次有包河景区、银河景区、稻香游园，造型别致的廊桥亭阁错落相间，呈现一派江南园林特色；西环生机勃发，在松枫密布的峰峦坡谷之中，天造地设地雕塑着神态万千的野生动物群；北环古朴粗犷，苍松挺拔，古柏参天，繁花似景，绿草如茵，藤萝攀援，莺雀穿梭，俨然北国风光。

续表

基本类型	代表性旅游资源	基本特点
古迹与建筑类	包公墓	包公墓室,两排石雕屹立,令人敬畏之情油然而生。
	包公祠	庄严肃穆,环境优美;两岸垂柳婆娑,嘉木葱茏。
	李鸿章故居	清末政治家,洋务派首领李鸿章的故居。
	瑶岗	瑶岗渡江战役总前委旧址,是合肥市最重要的素质教育的基地之一。
	刘铭传围子	清末淮军首领,台湾首任巡抚刘铭传的庄园,风格独特,保存完好。
	逍遥津	位于合肥老城区东北角,原是淝水的一个渡口,曾为三国时的古战场,《三国演义》第六十七回"张辽威震逍遥津"的渲染,更使这一景观蜚声天下,名闻遐迩。
	吴山庙	现存庙宇砖墙瓦屋,雕梁画栋,塑像碑刻,庄严肃穆。上庙敬香的人纷至沓来,连年不绝。庙侧有吴王墓和子杨博及百花公主坟,无雕凿修饰之状。
科技文化类	合肥科学岛、安徽科技馆、合肥科技馆	科学岛科研氛围浓郁,科技资源丰富;科技馆环境高雅,科技与艺术完美结合。
	徽园	全省各地景观精华微缩荟萃于此。
	安徽名人馆	通过声、光、电等高科技手段展现安徽历史名人与历史事件,视觉的冲击给人以史诗的憧憬。

资源来源:《2004年安徽省旅游总体规划》。

(1)研究时段内合肥旅游特征

2002—2006年,合肥旅游业发展迅速,带来巨大经济效益(表5)。2002年,合肥旅游业继续保持快速增长,旅游总人数增长率为5年之最;2003年,合肥受"非典"冲击,旅游业增长减缓,出现研究时段内最小值;2004年,合肥旅游市场从2003年"非典"疫情影响中走出,旅游业增长较快;2005年,合肥旅游业年增长率为研究时段内最快;2006年,合肥全年实现旅游总收入68.42亿元,为研究时段内旅游总收入最大值。

可以得出以下结论,在研究时段(2002—2006年)内,合肥旅游发展的特征从接待旅游者人次上看,整体上呈现出较快的增长速度,国际旅游人数较国内旅游易受到外界的影响(2003年),旅游增长出现较大的波动。

表5 2002—2006年合肥旅游发展情况

年份	旅游总收入（亿元）	每年增减（%）	旅游总人数（万人次）	每年增减（%）	国际旅游人数（万人次）	每年增减（%）	国际旅游收入（万美元）	每年增减（%）
2002	35.8	22.5	514.5	24.3	4.93	25.8	2713	17
2003	38.89	8.3	555.52	8	4.32	12.3	3031.4	12.1
2004	45.11	15.9	615.5	11.7	5.78	33.8	3325	9.7
2005	57.23	26.9	676.42	9.9	6.62	14.5	4005.81	20.5
2006	68.42	19.6	805.84	19.1	8.34	26	4864.01	21.4

资料来源：《2002—2006年合肥市经济统计公报》。

(2) 合肥在省内旅游业的地位

合肥作为安徽省政治、经济、文化、商贸、交通和信息中心，享有"包公故里、科教基地、滨湖新城"之美誉。位于泛长三角区域西端，通江达海，承东启西，贯通南北，连接中原。但是从图4可以看出，在安徽省各市(县)自然资源评价中，合肥并不占优势。

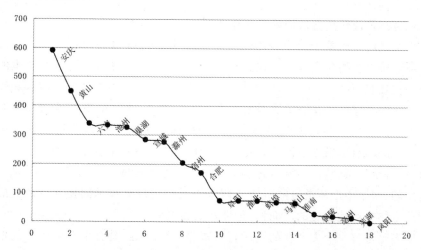

图4 安徽省各市(县)自然资源得分分布图

资料来源：《2004年安徽省旅游总体规划》。

从图5中来看，合肥文化资源得分靠前，科教优势突出，早在20世纪80年代就被确定为全国"四大科教基地"之一，科教人才比例稳居全国同类城市前列。合肥科研基础雄厚，是中国重大科学工程布局最密集的城市之一，拥有"微尺度物质科学国家实验室"、"火灾科学国家重点实验室"、"国家同步辐射实验室"、"国家高性能计算中心"等一批国家级重点科研设施。中科院等离子体物理研究所成为国际热核聚变实验反应堆(ITER)国际计划的主要参加单位[256]。

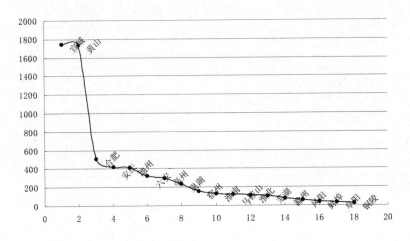

图 5　安徽省各市(县)文化资源得分分布图

资料来源:《2004 年安徽省旅游总体规划》。

(二)生态足迹分析方法

1. 生态足迹分析方法的基础模型

生态足迹分析基于两个基本的事实(Wackernagel et al,1999):第一,人类能够追踪所消费的自然资源并找到其生产区,也能够追踪人类活动所产生的废弃物并找到其消纳区。当然,由于全球化和贸易的发展,追踪资源生产区和废弃物消纳区的具体区位还需要大量的科学研究。第二,大多数资源流量和废弃物流量能够被转化为生产和消纳这些流量的、具有生物生产力的陆地或水域面积[257]。简单地说,就是资源消费量可以转化为生产资源的生态系统的面积。因此,任何特定区域(从一个城市到整个国家甚至整个地球)的生态足迹,就是其人口占用的、用于生产所消费的资源与服务以及利用现有技术同化其所产生的废弃物的生物生产性土地的总面积(包括陆地和水域)[258,259,260,261]。

生态足迹将每个人消耗的资源折合成全球统一的、具有生态生产力的地域面积。其计算公式为:

$$ef = \sum(a_i \times r_j) = \sum(c_i/p_i) \times r_j \qquad (1)$$

其中 $c_i = C_i/N$ ($i = 1,2,3,\cdots,m; j = 1,2,3,\cdots,6$)

$EF = N \times (ef)$

式中:EF——研究区域总的生态足迹;

N——研究区域人口数;

ef——人均生态足迹;

a_i——第 i 种物质人均占用的生物生产面积;

r_j——均衡因子,因为单位面积的生物生产能力不同,为了使计算结果转化为可比较的生物生产面积,有必要在各类型生物生产面积前乘上一个均衡因子;

c_i——第 i 种物质的人均消费量;

p_i——第 i 种物质的世界平均生产能力;

i——消费的物质种类;

j——生物生产性土地类型。

在生态足迹的计算中,各种资源和能源消费项目被折算为耕地(arable land)、草地(pasture)、林地(forest)、建筑用地(built-up land)、化石能源用地(fossil energy land)和水域(sea)等 6 种生物生产面积类型。由于这 6 类土地单位面积的生物生产能力差距很大,因而需要给各类土地赋予不同的均衡因子[262](equivalence factor)并进行等量化处理。6 种生物生产性土地类型均衡因子分别为(表 7):耕地为 2.8,林地为 1.1,草地为 0.5,建筑用地为 2.8,水域为 0.2,化石能源用地为 1.1。

2. 均衡因子

生态足迹分析方法假设不同类型的生态系统所提供的生态承载力是可以相互替代的[254]。这样,用均衡因子(Equivalence Factors)将这 6 种类型的生态系统面积进行等量化处理,就可以换算成具有全球平均生态生产力的生态系统面积。所以均衡因子是将这 6 类生态系统的平均生物生产力与全球平均生产力比较而得,并将后者的均衡因子作为 1。本文采用目前大多研究中使用的国际标准均衡因子,见表 6。

表 6 等值因子

土地种类 Land types	等值因子 Equivalence factor
耕地 Arable land	2.8
草地 Pasture land	0.5
林地 Forested land	1.1
建筑用地 Built land	2.8
化石能源地 Energy land	1.1
海洋/水域 Bioproductive sea space	0.2

资料来源:《Living planet report (2000)》。

3. 产量因子

不同的国家或地区同类生态系统也具有不同的生态生产力,通过产量因子(Yield Factor)可以将不同国家或地区生态系统的生产力表达为具有全球平均生态生产力的生态系统的面积。产量因子就是将某地区某类生态系统生物生产力与全球该类生态系统平均生产力相比,比值就是该地区该类生态系统的产量因子[263]。如果该比值大于1,那么就意味着该地区此类生态系统的生态生产力或者废物吸收能力高于全球此类生态系统的平均水平;如果该比值小于1,那么就意味着该地区此类生态系统的生态生产力或者废物吸收能力低于全球此类生态系统的平均水平[264]。中国各类生态生产性土地的产量因子见表7。

表7 产量因子

土地类型	产量因子
耕地	2.02
林地	0.91
草地	0.19
建设用地	2.02
水域	1
CO_2用地	0

进行产量调整后的面积被称为"产量调整面积"(yield adjust area)(Wackernagel et al,1998)。对产量调整面积进行均衡化处理并相加,即可得到可供利用的生态承载力。

(三)旅游发展的生态足迹分析模型

旅游活动是人类的一种生活方式,也是一种生态消费活动,其通过对旅游资源、旅游设施与旅游服务的占用、耗费与消费,从而对旅游地的生态系统产生深刻影响。就其性质而言,旅游活动是以旅游者为主体,旅游资源和旅游设施为客体,通过旅游者的流动来表现的一种社会经济文化活动。旅游者通过对区域旅游资源、旅游设施与旅游服务的占用、耗费与消费,进而对区域生态系统和区域旅游可持续发展产生影响。依据生态足迹的理念,旅游生态足迹是在一定时空范围内,旅游地支持一定数量旅游者的旅游活动所需的生物生产性土地面积,可以定量测度旅游可持续发展状况。把与旅游活动有关的各种资源消耗和废弃物吸收所必需的生物生产土地面积,用被人容易感知的面积观念进行表述,这种面积是全球统一的、没有区域特性,具有直接的可比较性。通常,可将旅游生态足迹的计算分为旅游餐饮生态足迹、旅游住宿生态足迹、旅游交通生态足迹、游览观光生态足迹、旅游购物生态足迹和休闲娱乐生态足迹6个部分,通过对这6个部分的逐一测算,最终叠加求和就可以得出旅游生态足迹的大小[265,266,267,268,269,270,271,272,273]。

其概念测度如:

$$TEF = \sum(N_i \times C_i/P_i) \tag{4}$$

式中，TEF 为总的旅游生态足迹，N_i 为第 i 种旅游生态足迹类型的游客人数，C_i 为第 i 种旅游生态足迹类型产品的人均消费量，P_i 为 i 种旅游生态足迹类型产品的平均生产能力。

1. 旅游餐饮生态足迹

旅游餐饮生态足迹的测算主要分为三部分[274]：一是向游客提供的包餐、地方风味餐、宴会、自助餐及饮料等服务项目的餐饮设施建成地面积；二是游客各类食物消费的生物生产性土地面积；三是相关能源消耗的化石能源地面积。简单地说，旅游餐饮生态足迹计算账户的构成因子有三个：食物消耗、能源消耗和餐饮设施建成地面积。

旅游餐饮生态足迹计算模型[65]：

$$TEF_{food} = (\sum S_{food} + \sum C_{food} + \sum E_{food}) \times F_v \tag{5}$$

式中，TEF_{food} 表示旅游餐饮生态足迹；

S_{food} 表示旅游餐饮设施的建筑用地面积；

C_{food} 表示旅游餐饮食物消费量所转化的生态生产性土地面积；

E_{food} 表示旅游餐饮能源消耗量所转化的化石能源地面积；

F_v（v=1,2,…,6）表示 6 种类型生态生产性土地的均衡因子。

根据旅游餐饮的实际情况，可将旅游餐饮生态足迹计算公式转化为：

$$TEF_{food} = \left[\sum S_t + \sum \left(N \times D \times \frac{c_i}{p_i}\right) + \sum \left(N \times D \times \frac{e_j}{r_j}\right)\right] \times F_v \tag{6}$$

式中，S_t 为第 t 种餐饮设施的建筑用地面积；N 为旅游人次数；D 为旅游者平均旅游天数；c_i 为游客人均每日第 i 种食物的消耗量；p_i 为第 i 种食物相对应的生产性土地的年平均生产力；e_j 为游客人均每日第 j 种能源的消耗量；r_j 为世界上第 j 种能源的单位化石燃料生产土地面积的平均发热量。

2. 旅游住宿生态足迹

旅游住宿生态足迹测算主要分为两部分：一是为游客提供住宿的各类酒店、宾馆、招待所等设施的建筑用地面积；二是游客居住期间，酒店（宾馆）等的能源消耗，包括空调、照明、洗涤耗能等。不同档次与类型的住宿设施的建筑用地面积以及提供相应服务的能源消耗量不同，具体数值可通过调查获取。

旅游住宿生态足迹计算模型：

$$TEF_{accommodation} = (\sum S_{accommodation} + \sum E_{accommodation}) \times F_v \tag{7}$$

式中，$TEF_{accommodation}$ 表示旅游住宿生态足迹；$S_{accommodation}$ 表示旅游住宿设施的建筑用地面积；$E_{accommodation}$ 表示旅游住宿能源消耗量所转化的化石能源地面积；F_v（v=1,2,…,6）表示 6 种类型生态生产性土地的均衡因子。

3. 旅游交通生态足迹

旅游交通生态足迹测算主要分为两部分：一是旅游交通设施的建成地面积。包括游客出行必需的机场、火车站、汽车站、轮船码头等设施的建筑用地面积和铁路、公路、停车场、风景区索道、桥梁、隧道等占用的土地面积。值得注意的是，旅游交通设施占用的建成地应为区域内各类交通设施面积之和扣除非游客占用部分的面积。二是与旅游活动相联系的交通能源消耗，如游客从客源地到旅游目的地往返以及在各旅游目的地内的旅游交通能源消耗等。这部分能源消耗计入的主要原因是旅游活动带来的是全球范围的生态影响，交通能源的消耗会导致当地生态承载力的相对下降。交通能源的消耗量是游客"旅行距离"与其所选择的各种交通工具的人均单位距离能源消耗的乘积，包括游客乘坐飞机、火车、汽车、轮船、出租车、索道、景区电瓶车等的能源消耗。

旅游交通生态足迹计算模型[275]：

$$TEF_{transport} = (\sum S_{transport} + \sum E_{transport}) \times F_v \tag{8}$$

式中，$TEF_{transport}$ 表示旅游交通生态足迹；$S_{transport}$ 表示旅游交通设施的建筑用地面积；$E_{transport}$ 表示旅游交通能源消耗量所转化的化石能源地面积；$F_v(v=1,2,\cdots,6)$ 表示6种类型生态生产性土地的均衡因子。

4. 旅游观光生态足迹

游览观光是旅游活动的核心内容和主要目的，游览观光的对象即旅游吸引物，主要以旅游景区（点）为物质依托。游览观光生态足迹测算主要分为两部分：一是各类景区（点）内的游览步道、公路、观景空间等建成地面积；二是在景区（点）内进行游览活动时乘坐观光车等能源消耗所转化的化石能源地面积。

$$TEF_{sight-seeing} = (\sum S_{sight-seeing} + \sum E_{sight-seeing}) \times F_v \tag{9}$$

式中，$TEF_{sight-seeing}$ 表示旅游观光生态足迹；$S_{sight-seeing}$ 表示旅游观光的建筑用地面积；$E_{sight-seeing}$ 表示旅游观光能源消耗量所转化的化石能源地面积；$F_v(v=1,2,\cdots,6)$ 表示6种类型生态生产性土地的均衡因子。

5. 旅游购物生态足迹

旅游购物是旅游活动的延伸，游客一般都会在旅游目的地购买一些旅游纪念品、工艺美术品、土特产品以及生活必需品等。旅游购物生态足迹的测算主要分为三部分：一是销售旅游商品的旅游商场、超市等建筑用地面积；二是旅游商品消费量对应的生态生产性土地面积；三是旅游商品生产与销售的能源消耗转化的化石能源地面积。

旅游购物的生态足迹计算模型：

$$\text{TEF}_{\text{purchase}} = (\sum S_{\text{purchase}} + \sum C_{\text{purchase}} + \sum E_{\text{purchase}}) \times F_V \quad (10)$$

式中，TEFpurchase 表示旅游购物生态足迹；Spurchase 表示旅游购物的建筑用地面积；Epurchase 表示旅游购物能源消耗量所转化的化石能源地面积；F_V ($v=1,2,\cdots,6$)表示6种类型生态生产性土地的均衡因子。

6. 旅游娱乐生态足迹

休闲娱乐生态足迹的测算包括为游客提供休闲娱乐设施的建筑用地及其能源消耗。附属于住宿与餐饮设施内的室内休闲娱乐设施（如一些歌舞厅、游泳池、棋牌室、网球场、健身房等）的建成地面积不计。室外的休闲娱乐场所如主题公园、高尔夫球场等则按实际占地面积计算为建成地面积。

休闲娱乐生态足迹的计算模型：

$$\text{TEF}_{\text{entertainment}} = (\sum S_{\text{entertainment}} + \sum E_{\text{entertainment}}) \times F_V \quad (11)$$

式中，TEFentertainment 表示旅游娱乐生态足迹；Sentertainment 表示旅游娱乐的建筑用地面积；Eentertainment 表示旅游娱乐能源消耗量所转化的化石能源地面积；F_V ($v=1,2,\cdots,6$)表示6种类型生态生产性土地的均衡因子。

三、合肥旅游生态足迹计算与动态分析

(一)计算说明

根据生态足迹的相关概念、理论和计算方法的探讨，运用合肥市相关统计资料《2002—2006年安徽省统计年鉴》，《2002—2006年合肥市年鉴》，对合肥2002—2006年的旅游生态足迹进行了计算。合肥旅游生态足迹包括：1. 生物资源消耗：生物资源消耗包括农产品、动物产品、林产品、水果和木材等大类，各大类下有一些细分类，但是，由于受资料的限制，没有将原木、木材、锯材的消费纳入到计算中；2. 能源消耗：由于缺乏2002—2006年的统计资料，因此无法获取直接的能源消费数据，对这一问题的处理主要是根据当前的研究成果，以国际相关文献或报告资料为主。

1. 数据来源

(1)基础数据[276,277,278]

各类旅游交通、住宿、餐饮、娱乐、游览、购物等设施的总量及构成，能源消耗总量及构成，当地居民人均年生活消费食品类型、数量，各类生物生产性土地当地当年的生产力水平，游客总量及其消费总支出等。这些数据来源于研究区域统计年鉴、旅游发展规划、地方日志、相关网站以及经济综合统计年报等。

(2)调查数据[279,280]

各类旅游交通、住宿、餐饮、娱乐、游览、购物等设施的面积，各类旅游设施的

游客使用率、游客构成、游客消费构成、游客客源、区内平均旅行距离、游客交通工具选择、游客平均旅游天数等。调查对象包括合肥各类旅游企事业单位。

(3) 标准数据

包括全球食物的土地类型和年平均生态生产力、世界单位化石燃料生产土地面积的平均发热量与折算系数、各种交通工具的单位平均距离的能量消耗量、均衡因子等，数据来源于相关的研究文献。

(4) 估算数据

由于所需数据复杂，很多数据无法直接通过年鉴或调查获得。因此，必要时需根据已获得的数据进行相应的计算，得出估算数据。

2. 研究时段的确定

由于受计算数据的限制以及为使计算结果具有纵、横向上的比较性，合肥的生态足迹的计算时段为 2002—2006 年。

3. 数据处理

各类统计数据收集整理后，将其赋予研究变量，通过 Excel 电子表格进行数据处理与计算工作，最后依据得到的计算结果进行分析。

(二) 合肥旅游生态足迹计算

旅游生态足迹的计算，理论上是将因旅游而耗用的资源及废弃物吸收面积，转换为相对应的生物生产力土地面积后，加总起来得到总的旅游生态足迹，或加总起来除以游客人数得到平均每位游客之旅游生态足迹。由于旅游生态足迹是把游客的活动分为旅游观光、旅游交通、旅游娱乐、旅游住宿、旅游餐饮和旅游购物 6 个方面分别进行计算[281,282,283,284,285,286]。这 6 个方面没有明确的界限，在计算时容易产生误差，对数据的收集和处理要求较高，某些资料的获取困难，因此在实际计算时，通常是将计算过程进行简化。本论文对合肥旅游生态足迹的实证分析中，针对旅游生态足迹的 6 个部分，作如下简化：在休闲娱乐生态足迹的计算中主要考虑各类休闲娱乐设施的建筑用地面积。其中绝大多数休闲娱乐设施都配套在酒店、宾馆内，而合肥也不属于以休闲娱乐为主题的旅游城市，休闲娱乐活动中的能源消耗也就很少，所以休闲娱乐的生态足迹可以不用计算。从研究整体角度出发，这样的假设是合理的[287]。

1. 旅游餐饮生态足迹计算结果与动态分析

(1) 旅游餐饮生态足迹计算结果

旅游者在旅游活动过程中所产生的食组分生态足迹就可以等于旅游者所在居住地的日人均生活消费生态足迹乘以旅游者的出游天数。合肥的餐饮设施大多附属于住宿设施内，即酒店宾馆大多提供餐饮服务，且各类社会餐馆（不提供住宿）设施的面积相对较小，故仅计算游客食物消费的生物生产性土地面积（包括可耕地、草地、水域面积)和提供餐饮服务的能源消耗的化石能源地面积。因此,在计算旅游餐饮生态足迹过程中将餐饮设施建成地面积忽略不计。

同时,为克服游客的食物消费量、能源消费量资料的获取困难(目前官方没有相关统计资料,经营者不愿意提供,实际调查时游客对食物消费量、能源消费量的把握也难以确定)[288],假定游客在合肥的人均餐饮消费食物量、能源消耗量与当地居民相同,当地居民的人均每日生活食物消费量可从《合肥市统计年鉴》上获取,能源消费量是根据每种能源的能量密度计算得出的。根据《2002—2006年合肥市统计年鉴》、合肥有关资料及相关文献,按照旅游餐饮生态足迹的计算公式(5)和公式(6)计算的2002—2006年合肥旅游餐饮生态足迹(包括生物资源消耗与能源消耗两部分),将结果分类整理汇总如表8和表9。

表8 2002—2006年合肥旅游餐饮生态足迹计算结果汇总

年份	旅游餐饮生态足迹 (hm^2)	生物资源消费部分 (hm^2)	能源消耗部分 (hm^2)	人均旅游餐饮生态足迹 (hm^2)
2002	51729.36	51622.47	106.8907	0.010054
2003	48426.67	48323.64	103.031742	0.008717
2004	44211.83	44110.97	100.8589	0.00694
2005	36821.97	36758.87295	63.09368524	0.005391
2006	84418.83	84346.6917	72.13624	0.008056

表9 2002—2006年合肥旅游餐饮生态足迹的土地构成变化

土地类型	2002	2003	2004	2005	2006
化石能源地	0.21%	0.21%	0.23%	0.17%	0.09%
耕地	51.60%	52.47%	54.35%	56.59%	56.59%
草地	39.25%	38.62%	39.15%	37.13%	36.98%
水域	8.95%	8.69%	6.27%	6.46%	6.34%

(2)动态分析

根据表8,得出2002—2006年合肥旅游餐饮生态足迹变化曲线(图6)和2002—2006年合肥旅游餐饮人均生态足迹变化曲线(图7)。

①合肥旅游餐饮生态足迹由2002年的51729.36hm^2增加至2006年的84418.83hm^2。

②2003、2004、2005年旅游餐饮生态足迹比2002年下降的原因在于:游客平均旅游天数减少(分别下降17.01%、23.8%、49.66%)。

③2006年旅游餐饮生态足迹比2005年有大幅增长(涨幅129.26%),直接

原因是游客数量激增(从 2005 年的 683.04 万人次上升到 2006 年的 1047.96 万人次,增幅 53.43%)。

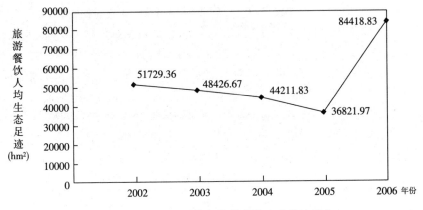

图 6　2002—2006 年合肥旅游餐饮生态足迹变化

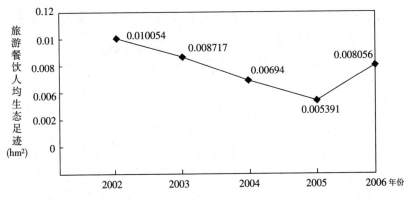

图 7　2002—2006 年合肥旅游餐饮人均生态足迹变化

根据图 7,我们可以发现有 3 个特点:

①合肥人均旅游餐饮生态足迹由 2002 年的 0.010054 hm^2 减少至 2006 年的 0.008056 hm^2,变化趋势与旅游生态足迹相反的原因与 2002—2006 年旅游者数量的增长幅度有关。

②2006 年人均生态足迹变化最大,主要原因是 2006 年旅游者能源消费模式和游客数量发生了很大的变化。

③从整体来看,合肥人均旅游餐饮生态足迹呈下降趋势。

此外,从表 9,我们可以看出 2002—2006 年旅游者消费模式(食物消耗量)的变化引起合肥旅游餐饮足迹的土地构成不同(图 8)。

合肥旅游餐饮生态足迹土地类型构成:2002 年耕地占 51.6%,草地占 39.25%,水域占 8.95%。

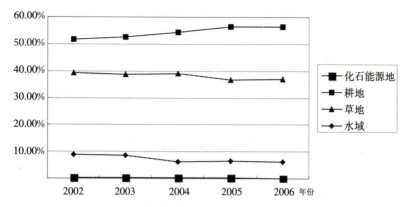

图 8 2002—2006 年合肥 4 类生物生产性土地(化石能源地、耕地、草地、水域)占旅游餐饮生态足迹的比例

对图 8 进行分析，我们可以看出：

①2002—2006 年合肥旅游餐饮生态足迹的土地构成有明显变化，除了耕地在旅游餐饮生态足迹中的比重增加，化石能源地、草地和水域在旅游餐饮生态足迹中的比重均呈降低趋势。旅游者食物消耗的变化，使得耕地在生态足迹中的比重增加，草地的比重降低。游客能源利用方式的变化，导致了化石能源地的比重从 2002 年的 0.21% 下降至 2006 年的 0.09%。

②2002—2006 年合肥旅游餐饮生态足迹的土地构成不均衡，耕地和草地占绝对比例，两者餐饮足迹占总餐饮足迹的 90% 以上。

2. 旅游住宿生态足迹计算结果与动态分析

由旅游住宿生态足迹计算模型的内容论述可知，旅游住宿生态足迹的计算主要分为两部分，即各种类型旅游住宿设施的建筑用地面积之和与各种旅游住宿中产生的能源消耗所转化的化石能源地面积之和。旅游住宿生态足迹测算包括为游客提供住宿床位的各档次酒店、度假村、招待所、旅馆等的建成地面积，以及为游客提供供热、制冷、照明电视等服务的能源消耗。各类型旅游住宿设施的建成地面积和能源消耗量有差异[289,290]，一、二星级酒店为 $100m^2$；三、四星级酒店 $300m^2$；五星级酒店 $2000m^2$。每床位的能源消耗量，一、二星级酒店为 40MJ；三、四星级酒店 70MJ；五星级酒店 110MJ。从合肥市旅游局了解到，2002—2006 年旅游住宿规模档次变化不大。从《2001—2005 年合肥市统计年鉴》查得，2001—2005 年住宿设施平均增长率为 0。所以假定 2002—2006 年合肥旅游住宿规模固定(表10)。

表 10　合肥旅游住宿设施

五星级酒店			三、四星级酒店			一、二星级酒店		
床位数（个）	床位面积（m²）	占地总面积（hm²）	床位数（个）	床位面积（m²）	占地总面积（hm²）	床位数（个）	床位面积（m²）	占地总面积（hm²）
1162	2000	232.4	6358	300	190.74	1077	100	10.77

(1)旅游住宿生态足迹计算结果

下面仅将计算结果整理如表 11。

表 11　2002—2006 年合肥旅游住宿生态足迹

年份	建筑用地总生态足迹（hm²）	建筑用地人均生态足迹（hm²）	能源总生态足迹（hm²）	能源人均生态足迹（hm²）	总生态足迹（hm²）	人均生态足迹（hm²）
2002	1214.948	0.000236	2459.59	0.000478	3674.538	0.000714
2003	1214.948	0.000219	2350.325	0.000423	3565.273	0.000642
2004	1214.948	0.000191	2292.32	0.00036	3507.268	0.000551
2005	1214.948	0.000178	2841.343	0.000416	4056.291	0.000594
2006	1214.948	0.000116	2792.781	0.000266	4007.729	0.000382

(2)动态分析

旅游住宿设施建设必须以客源市场的需求为导向。饭店的数量、布局、档次、类型取决于客源流量、流向、构成和消费水准。目前就合肥饭店总体状况而言,供求关系失衡,呈现供给过剩的状况。在今后几年内,合肥市旅游饭店建设的总方针是加强规划,总量控制,改善结构,合理布局,提高质量[291]。

旅游住宿设施的规模(数量、档次)是决定旅游住宿生态足迹的关键因子之一。住宿设施的数量越多、档次越高,便直接增加了建筑用地部分的生态足迹,同时潜在地影响着能源消耗部分生态足迹的增长[292]。旅游客流的规模也是一个影响旅游住宿生态足迹的重要因子。旅游客流的规模直接决定了饭店、宾馆的客房出租率,从而决定了能源消耗产生的生态足迹的增长。

从 2003 年旅游住宿人均生态足迹开始降低,其原因是:除 2003 年受"非典"影响,合肥旅游住宿设施数量变化不大,虽然游客数量在逐年攀升,但人们没有盲目追求建设高档酒店以追求高收益,所以没有导致旅游人均住宿生态足迹增长。旅游住宿设施的规模(数量、档次)是决定旅游住宿生态足迹的关键因子之一。住宿设施的数量越多、档次越高,便直接增加了建筑用地部分的生态足迹,同时潜在地影响着能源消耗部分的生态足迹的增长。

3. 旅游交通生态足迹计算结果与动态分析

根据合肥旅游市场现状分析,将合肥的国内客源市场划分为3个级别[282]:核心客源市场,指以合肥为中心的安徽省省内市场,近期重点开拓省内城市和地区的观光、休闲度假市场;基本客源市场,指安徽省周边地区上海、山东、河南、江苏、浙江、湖北、江西等省以及中原地带的陕西、山西省,近期重点开拓邻近和交通便捷的外省城市旅游市场;机会客源市场,指除了其他核心市场和基本市场以外的省份,以广州为代表的珠江三角洲地区和京津唐地区是国内游客的主要输出地,应加大宣传促销的力度,大力开发这些潜在市场的重点,近期重点开拓全国范围内的商务、会议、度假旅游市场和文化旅游市场以及市场考察。入境客源市场划分为港澳台核心市场,东亚(日、韩)、东南亚基本市场,欧、美、澳机会市场。

合肥游客中乘坐汽车、火车、飞机者平均行驶距离分别为300km、1000km、2000km[293,294,295,296]。为了简化计算,按旅行距离将合肥游客分为三类(表12):搭乘汽车的旅游者,旅行距离为300 km,游客数量为国内游客数量的30%;搭乘火车的旅游者,旅行距离取1000 km,游客数量为国内游客数量的50%;搭乘飞机的旅游者(包括国外游客、20%的国内游客),旅行距离取2000 km。根据相关研究[281,282],主要交通工具的生态足迹依次是:长途飞机为$2.93\times10^{-5} hm^2/(km\cdot per)$,短途飞机为$4.72\times10^{-5} hm^2/(km\cdot per)$;长途汽车为$1.70\times10^{-5} hm^2/(km\cdot per)$,短途汽车为$3.34\times10^{-5} hm^2/(km\cdot per)$;火车为$1.74\times10^{-5} hm^2/(km\cdot per)$,出租车为$8.08\times10^{-5} hm^2/(km\cdot per)$。

表12 2002—2006年合肥游客数及交通方式的选择

交通方式	平均距离(km)	单位生态足迹 $hm^2/(km\cdot per)$	游客数(万人次)				
			2002年	2003年	2004年	2005年	2006年
汽车	300	*1.70×10^{-5}	101.914	110.24	123.1	135.284	161.168
火车	1000	*1.74×10^{-5}	254.785	275.6	307.75	338.21	402.92
飞机	2000	*2.93×10^{-5}	157.801	169.68	190.43	209.546	250.092

资料来源:标*数据来源为 Tommy wiedmann, John Barret, Nia Cherrett. Sustainability Rating for Homes-The Ecological Footprint Component, SEI, 2003. P29—44。

(1)计算结果

由旅游交通生态足迹计算模型的内容论述可知,旅游交通生态足迹的计算主要分为两部分:一是各种类型旅游交通设施的建成地面积之和;二是各种旅游交通工具的能源消耗所转化的化石能源地面积之和。令旅游交通生态足迹建筑用地部分为 0。原因在于：第一，汽车站、火车站、机场等公共设施和铁路、公路等基础设施大多不在研究区域内；第二，旅游区内公路等基础设施的建成地面积已包含在游览观光生态足迹的计算之中。因此，这部分生态足迹可不计入旅游交通生态足迹的最终结果。合肥旅游交通生态足迹计算结果如（表 13）所示。

表 13　2002—2006 年合肥旅游交通生态足迹

年份	总游客	土地类型	均衡因子	总生态足迹（hm^2）	人均生态足迹（hm^2）
2002	5145000	化石能源地	1.1	284411.4	0.05528
2003	5555200	化石能源地	1.1	307646.8	0.05538
2004	6212800	化石能源地	1.1	343535.2	0.05529
2005	6830400	化石能源地	1.1	377537.1	0.05527
2006	8141800	化石能源地	1.1	449771.5	0.05524

（2）动态分析

合肥旅游交通生态足迹逐年增加，主要原因是游客数量增长。2006 年旅游交通生态足迹中能源消耗量要比 2005 年增加很多，原因是旅游者数量大幅度增加。旅游客流的规模是构成旅游交通生态足迹的重要因子。因为游客的规模直接影响能源消耗量，从而决定了旅游交通生态足迹的大小。

4. 旅游观光生态足迹计算结果与动态分析

游览观光生态足迹模型旅游游览是旅游活动的核心内容和主要目的，建筑用地主要考虑车行道路、步行道路和观景设施，其中车行道路部分在旅游交通生态足迹已经计算。故游览观光生态足迹测算主要分为两部分：一是各类景区（点）内的游览步道、公路、观景空间等建成地面积；二是在景区（点）内进行游览活动时乘坐观光车等能源消耗所转化的化石能源地面积。

城市旅游游览活动仍以观光为主，对能源的消耗较少。因此，旅游观光生态足迹为合肥旅游观光全部占地面积，从国土资源部信息中心网站[283]了解到"二湖"自然保护区（巢湖、瓦埠湖）、"二库"水源保护区（董铺水库、大房郢水库）和"四山"森林公园区（紫蓬山、岱山、舜耕山、大蜀山），保护面积达到 33049.9 公顷，占全市土地总面积的 4.4％。根据游览观光生态足迹计算公式（9）计算结果见表 14 所示。

表 14 2002—2006 年合肥游览观光生态足迹中建成地部分

年份	建成地面积（hm²）	土地类型	均衡因子	总生态足迹（hm²）	人均生态足迹（hm²）
2002	33049.9	建成地	2.8	92539.72	0.017986
2003	33049.9	建成地	2.8	92539.72	0.016658
2004	33049.9	建成地	2.8	92539.72	0.014895
2005	33049.9	建成地	2.8	92539.72	0.013548
2006	33049.9	建成地	2.8	92539.72	0.011366

对表 14 进行分析,我们可以看出:

(1)人均生态足迹呈现一定的下降趋势。其原因在于游客数量增加,而游览观光总的生态足迹基本不变,所以人均生态足迹就相对减少。

(3)在游览观光生态足迹的计算中,假设在研究时间范围(2002—2006 年)内,建成地面积基本保持不变,因此,人均建成地面积相对减小很多。

综上所述,我们可以得出两点结论,建成地面积在游览观光生态足迹中占绝对比重,它的增大或减少都影响游览观光生态足迹的大小;旅游客流规模直接关系到游览观光人均生态足迹的大小,由于总生态足迹相对不变,故而旅游客流的规模与人均生态足迹成反比关系。

5. 旅游购物生态足迹动态分析

旅游购物生态足迹的计算包括旅游者采购的旅游商品在生产、加工、运输和出售时所需的资源和能源消耗占用面积两部分,即旅游购物生态足迹中建成地部分与旅游购物生态足迹中游客消费部分。

旅游购物建成地面积包括销售旅游商品的旅游商场、旅游超市、旅游商品生产企业、商品一条街、旅游商品定点购物中心等的面积。合肥旅游购物建成地面积主要是商业街的占地。

(1)淮河路商业步行街:集购物、旅游、文化、休闲、餐饮等功能为一体的现代文化商业步行街,长 920m、宽 22m 的商业步行街东起环城路,西至宿州路,有 4 组雕塑,19 座造型花坛,136 盏的庭院灯,150 多个商家店铺融合在浓郁的人文情怀中,显现了较高的环境品位和环境质量。淮河路文化商业步行街,以其文化的积淀、休闲的购物、舒心的游憩、环境的品位被人们称为"合肥的王府井"。

(2)政务文化新区商业步行街:该步行街位于政务文化新区东流路东段,东起东至路,西至潜山路,全长 853m。作为现代化新城区的商业服务中心,步行街为集合购物、餐饮、文化娱乐、旅游休闲为一体的综合性商业街区,以品牌企业为主导,具有强烈的时代特色和地域风格,建筑风格简洁现代,内容形式丰富多样。

总占地面积约 250 亩,总建筑面积约 $24km^2$ 左右。旅游购物生态足迹中建成地部分计算结果见表 15。

表 15　2002—2006 年合肥旅游购物生态足迹中建成地部分

年份	建成地面积(hm^2)	总面积(hm^2)	人均面积(hm^2)	土地类型	均衡因子	总的生态足迹(hm^2)	人均生态足迹(hm^2)
2002	44240	44240	0.008599	建成地	2.8	123872	0.024076
2003	44240	44240	0.007964	建成地	2.8	123872	0.022298
2004	44240	44240	0.007121	建成地	2.8	123872	0.019938
2005	44240	44240	0.006477	建成地	2.8	123872	0.018135
2006	44240	44240	0.005434	建成地	2.8	123872	0.015214

旅游者在购买旅游商品时一般会注意商品的地方性、艺术性、实用性、包装、轻便性、流行性。合肥旅游纪念品和特产多而杂,旅游购物产生的生态足迹主要包括旅游商品的生态足迹和旅游购物点的生态足迹。旅游商品主要包括土特产、珠宝饰品、旅游纪念品、旅游工艺品、旅游用品、动植物用品、特色用品等。

由于不同的旅游目的地所提供的主要旅游商品类型不同,且不同类型的旅游商品对应的生物生产性用地的类型也不同(如有耕地、林地、草地、水域等),因此为了克服旅游者购物消费各类实物量资料获取的困难以及计算过于繁琐引起的误差增大,可以假定旅游者的购物消费支出全部用于购买当地一种或几种主要的旅游商品,由于手工艺品的平均产量不容易得出,而且在显示消费中,由于价格、携带等方面的原因,游客购买的数量也不多,所以本研究主要用最受旅游者欢迎的茶叶来计算合肥旅游购物的生态足迹,通过实际抽样调查获得旅游商品实物消费量,计算出合肥人均旅游购物生态足迹,计算结果见表 16。

表 16　2002—2006 年合肥旅游购物生态足迹中游客消费部分

年份	茶叶年均产量(kg/hm^2)	人均购物支出(元)	销售单价(元/kg)	均衡因子	生态足迹(hm^2)	人均生态足迹(hm^2)
2002	438.1696	521.5238	—	2.8	—	—
2003	448.2362	658.5012	103.06	2.8	300914.3	0.039913
2004	492.0579	647.225	112.35	2.8	276399.3	0.032781
2005	506.7596	1086.231	100.97	2.8	551007.6	0.059441
2006	534.5044	630.3265	91.73	2.8	397747	0.035997

注:"—"表示缺乏数据。

将旅游购物生态足迹中建成地部分（表15）与旅游购物生态足迹中游客消费部分（表16）的计算结果叠加，就可以得到游客在购物活动的生态足迹，计算结果汇总见表17。

表17　2002—2006年合肥旅游购物生态足迹汇总

年份	总生态足迹（hm²）	人均生态足迹（hm²）
2002	123872	0.024076
2003	424786.3	0.062211
2004	400271.3	0.052719
2005	674879.6	0.077576
2006	521619	0.051211

旅游购物生态足迹的大小在很大程度上受旅游客流规模的影响，在旅游购物生态足迹研究中，主要考虑的是生物资源部分（旅游商品的消费），由结果汇总表17分析可以看出：

（1）2002—2005年合肥旅游购物生态足迹保持一定的增长趋势，主要原因是游客数量的不断增加。

（2）尽管2006年相比，2005年合肥游客人次数有所增加，但是总体旅游购物生态足迹却有所减少。主要原因是生物生产性土地的年平均生产力水平的提高（从438.1696kg/hm²提高到534.5044kg/hm²，增长22%）。

四、基于生态足迹分析的合肥旅游发展状态

旅游业的发展既要满足当代人的需要，又不能危及子孙后代的需要，既要考虑近期利益，更应从长远利益着想，要为子孙后代造福。合肥应科学合理地开发利用旅游资源，根据旅游资源的性质、特点和功能等，进行开发和利用，最大限度地发挥资源的优势和作用；充分考虑人文与自然旅游景观、主题与非主题景观、景观与设施、景观与环境等之间的关系，尽可能做到协调一致；旅游资源的开发不能引起旅游资源数量减少、质量降低和环境恶化，要严加保护[284]。

旅游业的发展应该满足人类持续发展的多样化需求。因为人类需求不仅包括物质生活方面，也包括精神文化和良好生态环境的需求。尤其是随着社会经济的发展，人们对无污染的空气、水和食品、干净的居住环境及自然景观的追求日益迫切。旅游应该是一种以满足人类对精神文化和生态环境双重需求的高层次消费活动。因此，合肥旅游业的发展必然以满足人类的多样化需求为根本目标。

(一)合肥旅游生态足迹综合分析

旅游生态足迹都是按照实物消费量来计算的。土地类型包括化石能源地、耕地、林地、牧草地、建筑用地,水域(渔业)和水资源;消费类型包括旅游交通、旅游住宿、旅游餐饮、旅游购物、旅游观光生态足迹、旅游娱乐。本部分对合肥旅游生态足迹各组成部分分别计算,分别得出了 2002—2006 年度旅游交通生态足迹、旅游住宿生态足迹、旅游餐饮生态足迹、旅游购物生态足迹、游览观光生态足迹的计算结果,旅游生态足迹即为各个结果的总和。将 2002—2006 年各年的计算结果汇总见表 18 和表 19。

表 18 2002—2006 年合肥旅游生态足迹分类汇总表

旅游生态足迹结构	2002	2003	2004	2005	2006
旅游餐饮生态足迹(hm^2)	51933.56	48540.24	46690.83	37066.04	84503.92
旅游住宿生态足迹(hm^2)	3674.538	3565.273	3507.268	4056.291	4007.729
旅游交通生态足迹(hm^2)	284411.4	307646.8	343535.2	377537.1	449771.5
游览观光生态足迹(hm^2)	92539.72	92539.72	92539.72	92539.72	92539.72
旅游购物生态足迹(hm^2)	123872	424786.3	400271.3	674879.6	521619
总计(hm^2)	556431.218	877078.333	886544.318	1186078.751	1152441.869

表 19 2002—2006 年合肥旅游生态足迹中各类所占比例汇总表

旅游生态足迹结构比例(%)	2002	2003	2004	2005	2006
旅游餐饮生态足迹所占比例(%)	9.33333	5.534311	5.26661	3.12509	7.332724
旅游住宿生态足迹所占比例(%)	0.660376	0.406494	0.395611	0.341992	0.347766
旅游交通生态足迹所占比例(%)	51.11349	35.07632	38.74992	31.83069	39.02837
游览观光生态足迹所占比例(%)	16.63094	10.55091	10.43825	7.802155	8.03002
旅游购物生态足迹所占比例(%)	22.26187	48.43197	45.14961	56.90005	45.26285
总计(%)	100	100	100	100	100

呈逐年上升趋势的旅游生态足迹总量显示,从 2002 年到 2006 年,旅游活动的生态足迹总量逐年增加,即对旅游资源的需求不断加大;2006 年,旅游生态足迹总量达到最高点,比 2002 年增长 45.84%。与此同时,该区游客接待量从 514.5 百万人次激增到 814.18 百万人次,增幅为 58.25%;2003 年游客增长最缓慢,只有 7.97%。可见 5 年来的旅游生态足迹总量增加,与游客人数增加而产生对自然资源消费量的增加关系密切。在这 5 年期间,2003 年度和其他年度合肥旅游生态足迹涨幅最小,主要是因为 2003 年的"非典"疫情给旅游业带来的影响,但是由于 2003 年合肥旅游景点建设投入力度加大,李鸿章享堂建成开放,

逍遥津公园一期改造工程竣工,建成了逍遥阁、渡津桥,重建了张辽塑像,丰富了公园三国文化的内涵;加强了与南京、苏州、无锡、上海、九江等城市的区域旅游合作,推出了"江山风情"旅游线路,开展了"包公故里游"旅游大篷车促销活动,举办了第二届梅花节、合肥桃花节等,并赴境外开拓客源市场,所以能保持缓慢增长的态势[285,286]。

表20　2002—2006年合肥人均旅游生态足迹分类汇总表

人均旅游生态足迹结构	2002	2003	2004	2005	2006
人均旅游餐饮生态足迹(hm^2)	2.28532E−05	2.04016E−05	1.74151E−05	1.01609E−05	7.57184E−06
人均旅游住宿生态足迹(hm^2)	0.000236	0.000219	0.000191	0.000178	0.000116
人均旅游交通生态足迹(hm^2)	0.05528	0.05538	0.05529	0.05527	0.05524
人均游览观光生态足迹(hm^2)	0.017986	0.016658	0.014895	0.013548	0.011366
人均旅游购物生态足迹(hm^2)	0.024076	0.062211	0.052719	0.077576	0.051211
总计(hm^2)	7.35E−02	7.23E−02	7.04E−02	6.90E−02	6.67E−02

表20的汇总数据显示,5年来人均旅游生态足迹由2002年度的0.0735hm^2下降到0.067hm^2,总体变化处于稳定状态。说明2002—2006年合肥旅游生态足迹与相同研究时间段合肥人均旅游生态足迹变化趋势相反。人均旅游生态足迹的发展趋势表现出稳定性,总体上呈逐年下降趋势。2002—2006年,旅游生态足迹发展趋势表现出快速增长的趋势,说明人均旅游生态足迹与游客数量呈反比关系。

从2002—2006年合肥旅游生态足迹中六大类所占比例汇总表(表19)可以看出合肥旅游生态足迹各个组成的变化趋势:2002—2006年,合肥旅游生态足迹中比例最大的为旅游交通与旅游购物生态足迹,所占比例之和一直保持在80%以上,其余3类所占比例不足20%,且近几年各类比例变化不大。可以说明:在合肥旅游生态足迹主要源于交通和购物;旅游者旅游餐饮足迹所占的比维持在10%以下;旅游者旅游观光足迹所占的比例小,在研究时段内均低于只有17%。2003年在研究时间段内是情况特殊的一年。这一年游客人数下降明显,生态足迹增幅最小。其主要原因是由于"非典"的影响导致游客数量的下降。这说明,旅游业容易受到各种因素的影响,是一个非常脆弱的行业。

(二)合肥旅游业循环经济发展模式

基于生态足迹分析方法,合肥旅游业发展循环经济需要从以下几个方面开展,打造具有区域特色的循环经济发展模式。

1. 旅游者旅游观光足迹所占的比例很小,在研究时段内均低于17%,17%的生态足迹组成旅游的核心和旅游发展的基石。合肥的旅游观光足迹发挥着巨大的杠杆作用。所以,对于组成旅游观光足迹的旅游资源必须要进行严格的保护和统筹管理。旅游资源的丰富性和特色性是旅游发展的吸引力所在。发展旅游业要注意保护当地生态环境,否则极易使旅游景区环境退化,从而失去吸引力,使旅游业无法实现持续发展。因而,对合肥不可替代或很难修复的脆弱旅游资源,必须最大限度地保护,适度开发,在严格控制游客数量的同时对游客进行环保教育。否则,肆无忌惮的无序发展势必对合肥旅游安全造成威胁。

2. 在旅游餐饮开发时,旅游者旅游餐饮足迹所占的比维持在10%以下,要注意继续宣传绿色食品,加大倡导绿色消费的力度。

3. 2002—2006年,合肥旅游生态足迹中比例最大的为旅游交通与旅游购物生态足迹,所占比例之和一直保持在80%以上,必须致力于降低旅游交通和购物生态足迹。旅游业的能源浪费仍然严重,应鼓励游客采用公共交通方式。各个景点鼓励环保型绿色交通工具的使用,以减少旅游生态足迹的贡献值。在旅游商品开发中鼓励开发符合环保和可持续发展要求的绿色旅游商品,旅游商品的设计要针对旅游的特定条件,注重文化内涵,突出合肥地方特色。

由合肥旅游生态足迹的动态发展分析,合肥旅游发展需要谋求旅游与自然、文化和人类社会环境融合为一个和谐的整体,对合肥自然和人文资源以及环境的保护就成为合肥可持续旅游发展的基本出发点,因而要求合肥旅游业的发展必须建立在合肥生态环境的承载力上,避免对合肥的自然资源、生物多样性和生态环境造成负面影响;要求合肥各地区旅游业的发展能够有效地维护地方特色,避免对当地文化遗产、传统习俗和社会生活方式造成负面影响。因此,合肥旅游业的发展必须坚持可持续发展原则,遵循旅游循环经济发展模式,因为丰富多样的自然资源和文化遗产既是旅游业赖以生存和发展的基础,也是旅游产品具有较强吸引力和特色的根本所在。一旦破坏了合肥旅游业赖以生存和发展的基础条件,就破坏了旅游产品的特有魅力,合肥旅游业就不可能持续地发展,甚至还给后代人带来不可弥补的损失。由于旅游业赖以生存的资源(如山川、河流、草地等)的有限性,旅游业循环经济要求告别以往单纯依靠消耗资源创造价值的传统发展模式,减少旅游活动污染物的生成和排放,维护良好生态环境来实现旅游循环经济健康发展,体现追求生态可持续、经济可持续和社会可持续的思想。

旅游循环经济发展模式是以旅游环境保护和可持续发展为目的,在旅游业实行全过程的环境质量控制,将旅游企业、旅游者对环境的直接与间接的负面影响消除或尽可能地减少活动过程[287,288]。旅游业循环经济发展模式体现在资源开发方面,采用清洁生产技术,优化资源利用方式,保护性开发旅游资源,提高资源综合利用率;在资源消耗方面,坚持利用先进技术,提高生产能力,使物耗、能耗进一步降低,有效提高资源利用率;在废物产生方面,加强污染预防,降低污染物的排放,从源头控制污染产生,提高资源综合利用率;在资源再生方面,遵循再循环、再利用原则,实现旅游地废弃物最大限度资源化,提高资源循环利用率;在社会消费方面,大力倡导旅游资源保护与满足旅游者需求的均衡,减轻旅游业发展过程中对环境的压力,采取有利于节约资源和保护资源的旅游消费方式。对旅游业的发展,循环经济发展模式采用全程污染控制,强调无害化处理排放,在追求经济效益的前提下,解决污染问题,实现环境和经济效益并重[289,290,291,292,293](图9)。

五、结论与讨论

根据对合肥旅游生态足迹的综合分析,在协调如何利用生态资源发展旅游业的问题上,合肥发展旅游业需要在对资源提供完善的保护措施下,开展旅游活动,做到既有利于旅游资源的保护,又有利于合肥社会经济的发展。旅游业循环经济发展模式,正体现了这一发展要求。合肥旅游业发展循环经济,从而推进合肥旅游业有序、协调发展。

由于在资料获取方面存在一定困难,在计算中没有考虑旅游垃圾处理消耗的能源及其设施建成地的占用面积,所以计算结果比实际值相对较小。参考其他一些文献[294,295],可以看出,人均旅游生态足迹远远高于城市或地区的人均生态足迹,说明旅游活动是一种对自然资源高需求、高消耗的活动,它对森林公园的可持续发展程度会产生重要影响,所以在实际管理中应采用一些减少旅游生态足迹需求的措施,例如提高自然资源的单位面积生物产量,适当延长游客停留时间等等。

影响旅游生态足迹大小的关键因子主要有旅游规模(人次数、人天数),旅游者消费水平与消费模式(消费支出量、结构等),旅游者空间行为,旅行交通工具选择和旅游目的地游览模式等方面。可以看出,游客是影响旅游生态足迹大小最主要的因素,控制游客的数量不仅是旅游环境容量的关键,也是控制旅游生态足迹的关键。旅游的发展应实现经济效益、社会效益和环境效益的统一,要从长远的需要和利益出发,在经济效益上,要实现旅游收益的合理分配,创造更多的就业机会;在社会效益上,要能促进目的地各项事业的发展和居民生活质量的改善,推动社会的和谐与进步;在环境效益上,要能达到旅游资源和生态环境质量的永续利用[296,297]。发展循环经济是提高旅游生态效率,实现可持续发展的有效途径。

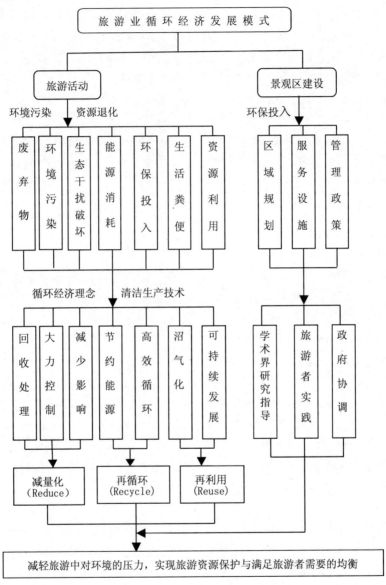

图 9 旅游业循环经济发展模式

运用生态足迹分析法指导合肥旅游循环经济发展模式的选择是一次全新的尝试,生态足迹分析法本身仍存在一些不足。其计算结果只能反映经济决策对环境的影响,在考虑资源消费时,只注意了资源的直接消费而未考虑间接消费,同时也忽略了资源开发利用中其他的重要影响因素。由此,在以后的研究中如何将环境污染的生态影响纳入生态足迹的计算表格中,如何将生态足迹法设计为一种动态的预测模型,从而更全面和准确地评估区域可持续发展状况,是生态足迹分析法需要深入研究和完善的。为了研究的方便,本文对一些变量做了相应的假设,尽管这样的假设对研究结果影响不大,但是会产生一定的偏差,旅游生态足迹的计算结果比实际值偏小,也就是说,实际的合肥旅游生态赤字比研究结论中的赤字还要大。

附表

附表1　2002—2006年合肥人均食物消耗量与能源消耗量(单位:kg)

项目	2002	2003	2004	2005	2006
粮食	79.08	80.4	77.53	82.8	81.79
鲜菜	104.04	106.68	107.56	108.95	116.89
鲜瓜果	50.16	57.84	66.89	62.02	69.06
茶叶	0.36	0.48	0.47	0.58	0.6
酒	10.56	11.28	10.16	12.54	13.6
食用植物油	9.72	10.08	10.87	11.92	12.2
肉类	26.04	27.36	25.59	27.53	31.72
家禽	13.32	12.92	10.46	12.03	11.88
蛋类	15.84	16.56	15.84	16.44	16.72
奶及制品	24.28	30.84	33.06	28.3	29.85
水产品	16.2	16.44	10.46	12.46	13.14
液化石油气	36.48	39.24	37.15	32.22	17.25

附表2　2002年合肥旅游餐饮生态足迹

	总量	生物资源消费部分	能源消耗部分
旅游餐饮生态足迹(hm^2)	51729.36	51622.47	106.8907
人均旅游餐饮生态足迹(hm^2)	0.010054	0.010034	2.07756E−05
百分比(%)	100	99.79	0.21

附表3　2002年合肥旅游餐饮生态足迹中各类型生态生产力土地所占比例

类型	化石能源地	建成地	耕地	草地	林地	水域
总量(hm^2)	106.8907	0	26691.15	20301.26	0	4630.062
人均量(hm^2)	2.07756E−05	0	0.005188	0.003947	0	0.0009
百分比(%)	0.21	0	0.515977	0.392451	0	0.089505

附表 4　2003 年合肥旅游餐饮生态足迹

	总量	生物资源消费部分	能源消耗部分
旅游餐饮生态足迹(hm²)	48426.67	48323.64	103.031742
人均旅游餐饮生态足迹(hm²)	0.008717	0.008699	1.85469E-05
百分比(%)	100%	0.997872	0.002128

附表 5　2003 年合肥旅游餐饮生态足迹中各类型生态生产力土地所占比例

类型	化石能源地	建成地	耕地	草地	林地	水域
总量(hm²)	103.031742	0	25410.84	18702.33	0	4210.469
人均量(hm²)	1.85469E-05	0	0.004574	0.003367	0	0.000758
百分比(%)	0.002128	0	0.524728	0.386199	0	0.086945

附表 6　2004 年合肥旅游餐饮生态足迹

	总量	生物资源消费部分	能源消耗部分
旅游餐饮生态足迹(hm²)	44211.83	44110.97	100.8589
人均旅游餐饮生态足迹(hm²)	0.00694	0.006924	1.58319E-05
百分比(%)	100%	0.997719	0.002281

附表 7　2004 年合肥旅游餐饮生态足迹中各类型生态生产力土地所占比例

类型	化石能源地	建成地	耕地	草地	林地	水域
总量(hm²)	100.8589	0	24029.95	17311.06	0	2769.962
人均量(hm²)	1.58319E-05	0	0.003772	0.002717	0	0.000435
百分比(%)	0.002281	0	0.543519	0.391548	0	0.062652

附表 8　2005 年合肥旅游餐饮生态足迹

	总量	生物资源消费部分	能源消耗部分
旅游餐饮生态足迹(hm²)	36821.97	36758.87295	63.09368524
人均旅游餐饮生态足迹(hm²)	0.005391	0.005381657	9.23719E-06
百分比(%)	100%	0.99828652	0.001713

附表9 2005年合肥旅游餐饮生态足迹中各类型生态生产力土地所占比例

类型	化石能源地	建成地	耕地	草地	林地	水域
总量(hm^2)	63.09368524	0	20837.11	13541.83	0	2379.935
人均量(h^2)	9.23719E－06	0	0.003051	0.001983	0	0.000348
百分比(%)	0.001713	0	0.565888	0.367765	0	0.064634

附表10 2006年合肥旅游餐饮生态足迹

	总量	生物资源消费部分	能源消耗部分
旅游餐饮生态足迹(hm^2)	84418.83	84346.6917	72.13624
人均旅游餐饮生态足迹(hm^2)	0.008056	0.008048656	1.05611E－05
百分比(%)	100%	0.999145496	0.000855

附表11 2006年合肥旅游餐饮生态足迹中各类型生态生产力土地所占比例

类型	化石能源地	建成地	耕地	草地	林地	水域
总量(hm^2)	72.13624	0	47772.51	31214.41	0	5359.773
人均量(hm^2)	1.05611E－05	0	0.004559	0.002979	0	0.000511
百分比(%)	0.000855	0	0.565899	0.369757	0	0.06349

附表12 2002—2006年合肥旅游住宿生态足迹中建筑用地部分

年份	占地总面积(hm)	人均占地总面积(hm)	土地类型	均衡因子	总生态足迹(hm^2)	人均生态足迹(hm^2)
2002	433.91	8.43362E－05	建筑用地	2.8	1214.948	0.000236
2003	433.91	7.81088E－05	建筑用地	2.8	1214.948	0.000219
2004	433.91	6.81113E－05	建筑用地	2.8	1214.948	0.000191
2005	433.91	6.35263E－05	建筑用地	2.8	1214.948	0.000178
2006	433.91	4.14052E－05	建筑用地	2.8	1214.948	0.000116

附表 13　2002—2006 年合肥旅游住宿能源消耗情况

年份	五星级酒店			三、四星级酒店			一、二星级酒店			
	床位数	年均客房出租率(%)	日能源消耗量	能源消耗量(MJ)	床位数	年均客房出租率(%)	日能源消耗量	能源消耗量(MJ)	床位数	年均客房出租率(%)	日能源消耗量	能源消耗量(MJ)
2002	1162	54.70	110	25519902	6358	54.70	70	88858454	1077	54.70	40	8601137.4
2003	1162	52.27	110	24386203	6358	52.27	70	84910995	1077	52.27	40	8219039.34
2004	1162	50.98	110	23784362	6358	50.98	70	82815430	1077	50.98	40	8016197.16
2005	1162	63.19	110	29480852	6358	63.19	70	102650196	1077	63.19	40	9936121.98
2006	1162	62.11	110	28976986	6358	62.11	70	100895770	1077	62.11	40	9766300.62

附表 14　2002—2006 年合肥旅游住宿生态足迹中能源用地部分

年份	总能源消耗(MJ)	世界平均发热量(GJ/hm^2)	土地类型	均衡因子	总生态足迹(hm^2)	人均生态足迹(hm^2)
2002	1.23E+08	55	化石能源地	1.1	2459.59	0.000478
2003	1.18E+08	55	化石能源地	1.1	2350.325	0.000423
2004	1.15E+08	55	化石能源地	1.1	2292.32	0.00036
2005	1.42E+08	55	化石能源地	1.1	2841.343	0.000416
2006	1.4E+08	55	化石能源地	1.1	2792.781	0.000266

（与潘红合作研究）

合肥经济圈工业布局的生态适宜性

区域经济一体化发展所带来的生态环境问题已受到全社会的普遍关注。城市经济圈作为区域发展的一种模式,同样面临生态环境问题。经济圈内合理的工业布局不仅能最大限度地减小经济发展对生态环境的负面影响,而且可为生态环境的保护与改善提供坚实的物质基础。区域生态环境优势一旦形成,在一定条件下又会转化为经济优势、发展优势和竞争优势。

构建合肥经济圈,是安徽省委、省政府顺应社会经济发展规律和区域经济一体化潮流,立足安徽跨越式发展做出的战略抉择[298]。合肥经济圈与国内外其他都市圈发展相比较,起步较晚,因此,在加速发展合肥经济圈跨区域合作的同时,一方面,要借鉴国内外先进模式和方法;另一方面,要汲取经济发展所带来的生态环境危机的教训。在起步之初,就要综合考虑生态环境,因地制宜,合理调整现有工业布局,做好产业布局规划。生态适宜性研究作为生态规划的重要方法,近年来被广泛应用于自然和社会经济系统中,其研究方法和内容也随着研究的深入不断扩展。因此,用生态适宜性研究区域工业布局有利于区域间互利共赢,实现社会、经济和生态环境的可持续发展。

工业布局是工业企业各部门在地域空间上的分布或组合,在国民经济发展中具有重要作用。随着经济的快速发展和工业化进程的加快,工业企业的规模和数量也在不断增大。然而,由于在城市建设早期,建成区规划面积小,产业基础薄弱,且对生态环境保护意识淡薄,工业企业大多紧邻城区发展,这就突出了布局的局限性和生态环境质量之间的矛盾,影响了企业的可持续发展。

为了解决这一矛盾,人们对工业布局进行不断调整,从城市的中心向外围搬迁、扩散,由工业点集中成工业区、工业组团,甚至工业带。仅安徽省从1990年在合肥设立第一个工业园开始,迄今已发展各级开发区和工业园区共88个,其中,国家级开发区3个,省级开发区和工业园区85个。这些工业区的发展,虽然在地理位置上突破了原来的限制,对城市中心区的污染减少,但实际上却带来了更大的隐患,造成污染发生转移,污染面扩大。

随着经济全球化的发展,工业布局也出现了变化和调整的新动向:发达国家或地区的高污染企业逐渐向发展中国家或地区转移。尽管这种转移让某一城市个体暂时减轻了生态环境压力,但从长远来看,人类同处一个地球,资源和环境容量有限,无视区域的整体发展必将受到大自然的惩戒。因此,工业布局必须站在高处,综合考虑区域社会、经济和生态环境的可持续发展问题。

2003年,合肥在《千亿规划纲要》里提出首次提出"合肥经济圈"的概念,拉开了区域协调发展的帷幕,在随后两年的发展中,合肥与六安、巢湖不断加强合作,利用两市丰富的生态环境资源,逐渐形成资源互补、优势共享的格局。2008年7月公布的《安徽省会经济圈发展规划纲要(2007—2015)》(以简称《纲要》)明确要求:努力把合肥经济圈建设成为国内优势明显的先进制造业基地、科技创新及高新技术产业化基地、生态型旅游度假基地和现代农业基地;建成倚山、临江、抱湖、宜居、宜业、创新型、生态型的和谐区域。《纲要》进一步要求,建立区域基础设施共建共享、要素资源跨市配置、生态环境共同保护等机制;基本形成比较优势充分发挥、专业化协作、集群化布局的产业体系;加强生态文明建设,努力做到区域增长方式要更加集约,产业结构和布局要进一步优化,循环经济要发展规模,绿色消费观念要进一步树立,主要污染物排放要得到有效控制。至此,安徽省开始从区域协调发展的角度将产业布局关注的焦点逐步从单一的经济效益转向生态环境效益、社会经济效益的统一。

在《纲要》的指导下,巢湖污染治理取得实质性突破,生态环境质量明显改善,可持续发展体制机制加快形成,已建成全省乃至中部地区的生态示范区。但是合肥经济圈工业化、城镇化进程受到的资源环境约束仍然存在,特别是巢湖的生态环境压力依旧很大。因此,从生态学角度对合肥经济圈的工业布局进行分析、规划和调整有着重要的意义。

首先,将工业布局分析和区域协调发展的相关理论融合在一起,通过研究国内外都市圈发展的背景,有利于吸取其他地区盲目工业化扩张带来的生态环境危机的教训,并借鉴其先进模式和方法。

其次,扩展了生态适宜性研究的应用范围。生态适宜性研究是生态规划的范畴,广泛应用于自然和社会经济系统中。目前,研究的对象主要集中在对农业(张静 2005)、城市生态系统(梁保平 2005;何绘宇 2007)、居住区(石纯 1997)、旅游业等用地的生态适宜性研究。对工业布局的研究则较少,而且大多研究区域较小,以工业园区、开发区或者某个单一城市个体为单元,评价因子选择也较为简单。如许丛(2008),郭柏林(1992),范谦等(2006),董家华、包存宽等(2006),黄夏银(2006)等从工业对区域环境影响方面选取了因子。从方法上看主要为定量模型研究和基于 GIS 基础的地图分析。定量模型指标体系体现多元化,地图分析直观明了,对于找出限制因子有显著的效果。因此,将生态适宜性研究应用于区域工业布局的综合研究中,并采用定量分析和定性分析相结合的手段,不仅扩展了生态适宜性研究的应用范围,而且在指标体系的选取上也更为全面、系统。

再次,研究中的生态位理论为理解工业布局的生态适宜性提供了新的视角。其中,生态位重叠与分离理论有助于分析工业布局相对集中与分散的格局变化,并对地区间协作、促进区域经济一体化发展有很好的指导作用;而生态位态势理论有助于分析工业布局总体的演变规律与特征,并能对各地市的生态位做出测算和评估,为工业布局的优化提供方向。

依据《纲要》,选定合肥、六安、巢湖 3 个地市及所辖的县作为研究对象,对区域内与工业布局紧密相关的生态环境、自然资源、经济与社会等相关情况进行调研,分析工业布局生态位态势演变过程,对生态位适宜性现状值进行测算与分析。研究过程中,选择对合肥经济圈工业布局影响比较明显的生态因子,按照一定标准进行等级划分,并对不同等级赋予不同的评分值。

以合肥经济圈土地利用现状图为地图,利用 GIS 软件 ArcView 进行空间分析,提取相关因子,建立分析数据库,生成单因子适宜性和限制性等级图,用深浅不同的色彩表示出来。然后,将单因子进行空间叠加分析,得出综合适宜性等级图。根据生态位适宜性和空间适宜性的研究结果,对合肥经济圈工业布局进行调整和优化,并结合国内外都市圈经济和生态环境协调发展的相关经验和做法,提出工业布局优化和发展的策略。

一、区域工业布局生态适宜性理论

(一)工业布局理论

随着人们对生态环境意识的不断提高,有关工业布局的研究也开始关注到生态环境领域,并逐步加以重视。如马歇尔在《经济学原理》一书中对于产业区或工业区(industrial district)的布局研究,史密斯(D. M. Smith)的《产业区位:经济地理分析》(1981年);迪·苏扎(A. R. de Souza)和施图茨(F. P. Stutz)的《世界经济:资源、区位和发展》第2版(1994)都阐述了工业布局和区位自然、地理条件相结合的观点,尤其是工业经济活动对资源、地理空间的影响。美国的生态学者理查德·瑞吉斯特提出建设生态城市的计划之一就是调整和完善城市经济生态布局结构[299]。

我国工业布局对于生态环境的关注始于20世纪80年代初。1982年在制定山西太原地区污染综合防治规划的工作中,对工业结构、污染物发生量、最大允许排放量的关系进行了探讨,建立模型分析,并在"京津唐地区工业结构与布局综合研究"课题中取得了成果。1984年北京工业大学承担"北京市工业结构、布局与环境质量关系"的课题取得了阶段性的飞跃,也为今后的工业布局与生态环境的研究奠定了基础。90年代后,我国工业布局研究更是突飞猛进:技术上不断改进,理念不断提升,范围上不断扩展。如马世骏、王如松等强调,通过生态规划合理布局产业;黄玉源、钟晓青提出"城市工业布局必须以生态经济学理论为指导"的理念;党的十七大报告更是将生态文明建设纳入到社会发展目标中去,要求与经济、社会等发展统筹兼顾,形成节约能源、资源和保护生态环境的产业结构。

(二)都市圈理论

都市圈理论是区域发展的重要理论。随着经济全球化的发展,区域之间的竞争更多地表现为城市群之间的竞争。国内外也相继出现了"都市圈"、"都市带"、"大都市圈"、"城市群"、"城市带"、"城市经济群"、"城市经济带"、"城市经济圈"等各种形态的区域经济一体化的发展模式。其实质都是通过分工、合作,打破壁垒,获得资源优势、产业优势、生态环境优势,促进区域社会、经济、生态环境协调发展。从内涵上看,"省会经济圈"是都市圈的一种发展形态,都是区域经济发展的领航标。只是地理空间的分布形态不同,称谓不同,范围不同,发展模式不同。

自1910年美国学者库恩最初提出都市地区的概念以来,又有英国学者帕特里克·格内斯(1915)提出了组合城市的定义。20世纪30年代后,英国学者弗塞特提出城镇密集区的概念。1939年,德国著名经济学家勒施在《经济空间秩序》一书最早提出城市经济圈发展模式,论述了城市经济圈的形成过程及地位和作用。1951年,日本学者木内信藏提出了"三地带"学说。如今国际上比较公认的是法国地理学家戈特曼(J. Gottman)在1957年首次提出的"大都市圈"(Megalopolis)概念。但这些研究都具有典型的经济学意义。19世纪末,生态学和区域规划的先驱George Marsh出版的《Man and Nature Physical Geography as Modified by Human Action》中首次提出合理规划人类活动,使之与自然协调。1973年,联合国教科文组织的"人与生物圈规划"课题研究了城市生态系统。至此,区域发展在生态学领域的研究拉开了帷幕。

我国城市化发展起步较晚,对"经济圈"等跨区域发展的研究理论和观点基本上继承了国外经济圈发展的研究,并根据我国国情进行衍生。20世纪80年代初,国家计委宏观院出版的《长江地区产业经济与可持续发展》一书把大都市圈产业研究与生态环境联系到一起。90年代开始,"大都市圈"理论逐步得到推广。周一星、高汝熹、曾坤分别提出"城市群"、"城市协作区"、"大都市经济圈"的发展模式。周起业、刘再兴等人在《区域经济学》一书中认为,"经济网络是按大城市经济圈来安排地区生产布局",并把区域主导产业的选择划分为六个阶段,最高阶段就是以保护生态环境为目标的服务和生态环保部门。姚士谋综合考虑了城市群的经济职能、地区空间和生态自然要素。随着我国工业化、城市化的推进,地区差异、地区间资源利用与争夺、区域间社会、经济、环境发展的矛盾等问题相互交织,增加了区域经济发展的难度和复杂性。党的十六届四中全会以来,党中央提出了科学发展观和构建和谐社会的理论。在新的发展理念的推动下,统筹区域经济、社会和生态环境发展的理论研究和实践操作空前活跃。中科院可持续发展战略研究组首席科学家牛文元认为,中国的城市化与美国的高科技是21世纪影响人类进程的两大重要因素,中国三大经济圈未来的发展与产业结构调整密不可分。人大环资委的曲格平是生态产业的倡导者,他在广东考察珠江三角洲经济圈时强调,产业布局、工艺选择和产业结构调整时一定要注意后续发展问题,按照生态规律利用自然资源和环境容量,实现经济活动的生态化转向。

经过几十年的探索,国内外都市圈的发展已经形成了一定的规模。并且,在生态环境不断恶化,能源、资源日益紧张的环境下,一些主要都市圈将实现可持续发展作为首先战略任务。通过规划、立法、市场调节、非政府组织等手段因地制宜,实现区域资源互补与共享。如巴黎大都市圈将区域划分为建成空间、农业空间和自然空间三种空间,提出三种空间应彼此兼顾,相互协调,共同发展,并沿塞纳河下游规划布局工业[300]。英国伦敦曾是英国产业密集区,工业污染严重。英国议会通过制定"绿带法",在伦敦外围规划布置了9座新城,这不仅促进了城市产业和人口有序的扩散与转移,而且促进了伦敦—伯明翰大都市经济带的形成[301]。日本通过规划和立法,在东京建成区周围设置宽度为5—10km的"绿带",并在其外围布置"卫星城",实行功能分区,规划建设了城郊一体化的产业发展基础设施网络,包括水资源供应、污水处理、垃圾处理,生态隔离区等。荷兰以阿姆斯特丹等城市为核心的四大城市群,依托自然条件引导工业布局走向,在城镇走廊或工业集聚带中间形成绿色农业结构带。美国通过"田纳西流域管理委员会"(TVA)等第三方组织,管理田纳西河流域和密西西比河中下游一带的水利综合开发[302]。我国的珠三角、长三角等都市圈也对生态保护和产业布局做了详细的规划和研究,如《珠江三角洲生态保护与生态产业建设规划》、《珠江三角洲环境保护规划》、《长江三角洲区域环境合作倡议书》。

(三)生态适宜性理论

生态适宜性即从生态学角度,综合考虑某种用地的适宜程度,是生态规划的重要方法。其研究来源于土地适宜性研究,但又不完全等同于土地适宜性研究。土地的特性之一就是用途的多宜性,即大多数的土地具有多种用途。而城市是个复杂的综合体,由不同的功能区组成(主要有工业用地、农业用地、商业用地和居住用地、旅游风景用地、交通用地等),不同的功能类型对土地的条件要求也是不同的。因此,土地适宜性研究往往结合不同的城市用地类型对社会、经济、生态环境进行综合评价。而生态适宜性则是满足复合生态系统发展与环境保护的需要,对某种功能用地的生态潜力和生态限制性进行分析的基础上,结合经济、社会发展环境进行的研究,是制定生态规划的基础[303]。它避免了传统土地适宜性研究的某些误区,如从狭隘的技术经济观点出发,缺乏对远期的生态、社会后果的考虑,忽视自然的演进过程和社会的长远需求。

适宜性研究的概念最早产生于英国,当时称呼为"筛网法",该方法用一系列的"筛子"不断筛出不符合要求的区域,直至最后余留下符合全部规则的区域[304]。随后美国宾夕法尼亚大学麦克哈格(I. L. McHarg)提出土地生态适宜性并在纽约斯塔腾岛(Statensland)的土地利用规划中用地图叠加法分析了该岛对自然保护、游憩、住宅、商业及工业开发等五种土地利用的适宜情况。这也是地图叠加法创建以来首次成功地用在土地生态适宜性研究中,使得土地利用规划评价能够有效地综合考虑社会和环境因素。

我国从 20 世纪 50 年代起开展了较大规模的土地适宜性评价,如在华南地区的橡胶宜林地评价。经过几十年的发展,生态适宜性评价已发展为包括宜农、宜牧、宜林等适宜性评价,城市发展各类用地以及综合性用地等多方面的研究领域。2003 年,国家环保总局在《开发区区域环境影响评价技术导则》中将生态适宜性研究列为区域环境影响的评价方法,生态适宜度评价已经成为生态学的重要研究方法。随着科学技术的发展和 GIS 技术的应用,生态适宜性研究将发展成为基于 GIS 等先进技术对土地自然生态和社会、经济等多因素的综合分析与评判决策[305],将有助于从生态系统的角度,全面认识社会、经济、环境之间的相互关系及其发展变化规律,为科学合理开发资源,协调系统结构与功能提供依据。

1. 生态适宜性研究内容

生态适宜性研究的内容一般包括两种。一种是事前的,为产业布局规划和环境保护提供参考。另一种是事后的,对规划方案或是现有的情况进行适宜性评价。这两种评价所采用的指标各有侧重,在实践中往往是在对现状进行评价的基础上再按照适宜性进行规划、调整。因此,目前很多论文中,通常是把两者混在一起进行评价。实际上,第一种评价意义更大一些,是未来评价方法可能的发展趋势。

此外,随着生态适宜性研究对象和角度的不断扩展,生态适宜性的内涵也从狭义扩大为广义,研究的内容也随着内涵分为狭义和广义两类。狭义的生态适宜性研究主要指对单一对象进行的分析,如 Elton(1927),MacArthur(1968)等在生物种对生态环境的适宜度方面进行研究与探索;李自珍(1996)对作物的适宜度进行了研究;钟林生(2002)等对乌苏里江国家森林公园进行的生态旅游适宜度评价。而广义的生态适宜性研究不但在内容上有了扩展,方法上也突破了一种方法的应用。如 J. Grinnell(1917)的生态系统适宜理论,刘玉玫(1996),董德明(2001),韩秀娣(2000)等用生态系统适宜度评价来指导城市经济活动的可持续发展布局。何绘宇(2007)对珠江三角洲城市的生态系统适宜度进行了详细分析。欧阳志云(1996),李自珍(2003),于倩等(2006),俞艳(2008),段七零(2008)从生态位角度对适宜性进行分析。另有将传统适宜性研究方法与模糊评价法(杨敏 2004)、灰色系统(赵晓惠 2004)等结合在一起分析的。这些方法的结合运用,弥补了单一方法的缺陷,是生态适宜性评价的一大进展。

2. 生态适宜性研究方法

自麦克哈格至今,适宜性研究的基本原理基本没有改变,但分析的方法及手段却有了很大的发展。许多从事生态规划理论和实践的学者(如 Briggs F,1983,Siddle R C,1985,Steiner F,1981,Betters D R,1987,Belknap P K,1967,Ouyang zhiyun,1994)建立和发展了数学组合法、因素分析法、逻辑组合法等生态适宜性方法,并把这些方法用在产业布局规划中。

(1)因素叠合法

该方法又称地图叠合法或 McHarg 适宜性分析方法。20 世纪 60 年代由 McHarg 将其应用于高速公路选线、土地利用、森林开发、流域开发、城市与区域发展等领域的生态规划工作中,并形成一套完整的方法体系。此方法是按一定的评价准则进行各因子对规划目标的适宜性分级,在地图上用不同的颜色将各环境要素对规划方案或措施的适宜性表示出来,形成单因子评价图,应用适宜性模型将单因子适宜性图叠加,得到具有不同色调的适宜性综合图,根据色调的深浅划分等级得出土地利用的适宜性。该方法是当前应用最广泛的方法之一,直观性强,优势明显。但当因子多时,过程比较烦琐,使用颜色或符号较麻烦,有时叠加后不易分辨[306]。

(2) 数学组合法

又叫评分法,是在 Storie 的指数评级法(SIR)基础上发展起来的一种方法。用定量值代替颜色或符号来表示适宜度等级,并且赋予各因素相对分值和权重值,将每个因素的适宜性等级乘以权重得到该因素的适宜性值。最后综合各因素的适宜性值和空间分布特征,得到综合适宜性值及空间分布。我国学者刘天齐(1990)提出的生态适宜性分析的程序就是以此方法为基础的。数学组合法克服了因素叠加法的不足之处,适合在计算机上进行分析运算。但因给各指标权重赋值的方法和标准选择的不确定性,也存在自身的不足。

(3) 逻辑组合法

该方法是针对因子之间存在的复杂关系,运用逻辑规则建立适宜性分析准则,再以此为基础进行判别分析适宜性的方法。如 Westman 将滑坡风险作为主要衡量指标来评价坡地对于住宅建设的适宜性。该方法的关键和难点在于要建立一套复杂而完整的组合因子和判断准则,适合用在考虑因子不多的情况下,当因子数较多时,因素组合数就会呈几何级数大量增加,评价的准则就很难选择[307]。但近年来,随着计算机技术的应用,逐步能克服这样复杂的工程,该方法也被广泛应用于生态规划中。

(4) 生态位模型法

这是在生态位理论基础上发展起来的一种模型,其基本原理是根据区域发展对资源的需求,确定发展的资源需求生态位,再与现实条件进行匹配,分析其适宜性。生态位适宜性先后有多人研究与应用,建立的模型和研究方法也有所不同。有的用回归分析,有的用相似性指数来反映适宜度。

(5) 人工神经网络方法

该方法是进行生态适宜性评价的一种新的方法,是建立以权重来描述变量与目标之间特殊的线性关系的网络。实际上是一种描述变量与目标之间特殊的非线性回归分析。它的基本结构单元为神经元,各神经元按一定层次的结构自组织,并以加权的方式连接成神经网络。该方法具有自组织和自适应性,克服了基于规则的专家系统的缺陷,但由于是个黑箱系统,参数的物理意义不明确,任务完成后,对系统的了解实际上却很少[308]。

这些方法各有所长,在实际应用中,最常用的就是地图因素叠合法,目前,以计算机和 GIS 为基础的生态适宜性研究已经成为生态规划的重要手段。而在学术研究中,往往将各种方法相组合进行论证。这些方法的发展过程主要包括两大成果:其一,由等权叠加发展为因子加权评分为主导。其二,最终的适宜性评价结果已不是最初手工叠加,而是将图形格网化后叠加,或是基于 GIS 地理信息技术进行空间分析(Spatial Analysis)。如陈建等在 GIS 软件支持下利用生态适宜度方法对安徽省马鞍山市进行了综合环境功能分区,从环境角度提出了城市总体规划中存在的问题。

3. 评价指标及权重确定方法

(1)评价指标确定方法

确定工业布局生态适宜性评价的指标,既要考虑工业发展的需求,又要考虑区域固有资源的匹配性,还要依据评价的目标取向,考虑各指标的作用大小,因此评价指标的选取以及各因子的权重之间关系到评价结果的准确性。由于生态适宜性研究涉及的对象和研究目的不同,评价指标的选取,赋权都没有统一的标准。

一般来说,评价指标的确定主要遵循主导因素原则、综合因素原则、可获取性原则等(图1)。

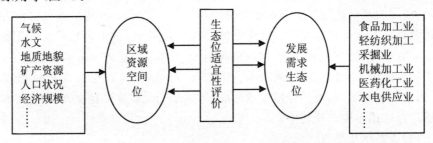

图1 工业布局生态适宜性评价的指标体系

注:俞艳等对工业布局的生态适宜性指标。

(2)指标权重确定方法

①专家打分法(Delphi)

即由若干专家依据他们的知识、智慧、经验、信息和价值观,对已拟出的评价指标进行分析、判断、权衡并赋予相应权值。一般需经过多轮匿名调查,在专家意见较一致的基础上对其数据进行处理,检验专家意见的集中程度、离散程度和协调程度,达到要求之后得到初始权重值,最后经过归一化处理后获得各评价指标的权重。

②层次分析法(AHP)

首先建立层次结构模型,如确定目标层、准则层、方案层,以及每层的指标。然后构造判断矩阵 A:设某层有 n 个指标,则 $x=\{x_1, x_2, \cdots, x_n\}$,把这 n 个指标两两比较,用 a_{ij} 表示第 i 个指标对于第 j 个指标的比较结果,参考 Satty 的 1—9 标度进行赋值。

$$A = (a_{ij})_{n \times n} \begin{bmatrix} a_{11} & a_{12} & \cdots & a_{1n} \\ a_{21} & a_{22} & \cdots & a_{2n} \\ \cdots & \cdots & \cdots & \cdots \\ a_{n1} & a_{n2} & \cdots & a_{nn} \end{bmatrix}$$

其中：$a_{ij} > 0$，$a_{ji} = \dfrac{1}{a_{ij}}$（$i,j = 1,2,\cdots,n$）

确定权重：$\omega_i = \dfrac{1}{n} \sum\limits_{j=1}^{n} \dfrac{a_{ij}}{\sum\limits_{k=1}^{n} a_{kj}}$，用 $W = (\omega_1, \omega_2, \cdots, \omega_n)^T$ 表示，并进行标准化处理。

计算矩阵最大特征值，即：$\lambda_{\max} = \sum\limits_{i=1}^{n} \dfrac{(AW)_i}{nW_i}$

计算判断矩阵一致性指标：$CI = \dfrac{\lambda_{\max} - n}{n - 1}$

从有关资料查出检验成对比较矩阵 A 一致性的标准 RI，并进行一致性检验。RI 称为平均随机一致性指标，它只与矩阵阶数 n 有关。

当 CR< 0.1 时，判定成对比较矩阵 A 具有满意的一致性，或其不一致程度是可以接受的；否则，就调整成对比较矩阵 A，直到达到满意的一致性为止。

$CR = \dfrac{CI}{RI}$

这种方法特别适用于处理多目标多层次的系统问题和难以完全用定量方法分析与决策的系统工程中复杂问题。它可以将人们的主观判断用定量形式表达和处理，是定量与定性相结合的分析方法。

③其他方法

在适宜性研究中确定指标权重的方法还有专家排序法、模糊聚类分析确定权重法、灰色系统关联法、主成分分析法、熵值确定法、超标法、相关系数法和因子分析法等。总体来说，这些方法主要可分为两类：一类是主观赋权法，如 Delphi 法；另一类是依据某一数学模型分析的客观赋权法，如主成分分析法、因子分析法、灰色关联分析法和熵值确定法等。这些方法各有其优缺点。主观赋权法反映了决策者的意向，但决策或评价结果具有很大的主观随意性。而运用客观赋权法，决策或评价结果虽具有较强的数学理论依据，但未考虑决策者的意向。若采用单一方法定权，易受赋权方法的影响造成偏差。因此，实际工作中多采用组合赋权方法。

(四)工业布局生态位适宜性的理论

随着生态规划的不断发展以及应用的扩大，所面临的任务由单目标逐步扩展到多目标、多层次，涉及区域自然、社会、经济许多方面的综合性规划。而传统的以地图叠加为特征的生态适宜性研究方法已无法适应生态规划发展和应用的要求，生态位适宜性研究弥补了这一缺陷，用定量分析模型研究区域发展与资源开发的生态适宜性，已成为生态适宜性研究的一项重要内容。

生态位适宜性是在 Hutchinson 的多维超体积生态位理论基础上，运用数学抽象模型进行定量测定的一种适宜性评价方法。通过这种模型，分析现实生态位和目标、需求生态位之间的贴近程度[309]，寻求与自然资源、生态环境相适应的资源开发与社会发展方式。

依据生态位适宜性研究的内涵，工业布局的生态位适宜性研究就是分析工业布局所要占的生态位空间与实际生态位之间的匹配程度。因此，首先要了解工业布局生态位的内涵。

1. 工业布局生态位内涵

(1) 生态位理论的引入

自 1917 年 Grinell 提出"生态位"概念以来，"生态位"的定义被不断延伸与扩展，虽然目前尚无完全统一的定论，但包含了一个基本思想，即生态位是生物单元在特定的生态系统与环境中以及与其他生物单元相互作用的过程中形成的地位和作用[310]。随着生态位理论在社会经济系统中的应用，出现了"城市生态位"（李自珍 1991；王如松 1988）、"城市竞争生态位"（陈绍愿等 2006）、"企业生态位"（许芳 2004；钱言 2007）、"旅游地生态位"（邹仁爱 2006；祁新华 2006）等相关概念。综观各种概念，都是在生态位基本思想的基础上，将某个研究对象视为生物单元，研究该单元在时间、空间上的地位以及与周围单元之间的功能关系。如王如松将"城市生态位"定义为，一个城市所提供给人们的或可被人类所利用的各种生态因子（水、食物、能源、土地、气候、建筑、交通等）和生态关系（生产力水平、环境容量、生活质量以及与外部系统的关系等）的集合。这一定义既反映了城市这个综合体的功能生态位，也体现了城市的空间生态位、多维超体积生态位。

(2) 工业布局的生态位内涵

工业布局是指在一定地域范围内工业企业的空间分布与组合，反映了工业在区域发展中占据的多维资源空间以及在国民经济系统中的地位与作用。因而，工业布局就是一种空间生态位、功能生态位、多维超体积生态位的综合，工业布局也具有生态位特征。我们可以把工业比作生物单元，那么工业在国民经济系统中以及与农业等其他产业部门相互作用中的地位和功能就是工业生态位。如果把工业布局比作生物单元，那么工业布局在国民经济发展中的作用以及与农业等其他布局的功能关系就是工业布局生态位。也可以说，工业布局生态位是针对工业这个生态元进行的"定位"。与自然生态系统的生态位相比有所不同的是，工业布局的生态位具有变动性，受社会、经济系统影响较大，生态位空间呈动态变化，此消彼长。基于以上分析，我们把工业布局生态位定义为：工业部门在特定的时空范围内，通过各种方式（互利共生、合作与竞争），获取的多维资源空间（自然资源、劳动力、科技、市场等）以及特定功能和地位。

2. 工业布局生态位优化机制

（1）工业布局生态位的优化机制

工业布局生态位的调整和优化机制，是促进工业布局生态位适宜性不断提高的重要途径。根据生态位的相关理论，工业布局生态位的优化主要通过工业布局生态位的重叠与分离来实现。生态位重叠原理规定：当两种生物利用或占有某种共同的资源时，就会出现生态位重叠现象。两个生态位的重叠部分必然要发生竞争排斥作用，引起生态位分离。在工业布局生态位中，重叠意味着相似性，多表现为布局集中；分离意味着相异性，多表现为布局分散。工业布局生态位重叠度越大，抢夺同种资源空间的工业部门的数量和规模就越大，所占有的资源空间就越小，竞争就越强；生态位分离度大，工业企业的争夺减少，企业之间的内部联系容易破坏，造成投资大、成本高等后果，且难以形成规模经济。纵观国内外工业的发展历程，工业布局无不沿着分散→集中→相对分散＋相对集中的模式不断完善。因此，工业布局生态位的优化又是通过布局集中与分散的不断调整来实现的。

（2）优化机制的表现形式——态势演变

集中与分散的不断调整使工业布局生态位围绕最适状态上下波动，这种优化和调整的过程即工业布局生态位的态势演变。

生态位态势理论认为，生态位包含两个属性：即生态位的态和生态位的势。"态"（S）是指生态元的状态，包含能量、生物量、个体数量、资源占有量、适应能力、智能、经济发展、科技发展等，是过去生长发育、学习、社会经济发展以及与环境相互作用积累的结果；"势"（P）是生态元对环境的现实影响力或支配力，包括能量和物质变换的速率、生产力、增长率等。生态位态、势两部分的结合即生态位的宽度（大小），体现了特定生物单元在生态系统中的相对地位与作用[311]。因此，工业布局生态位的优化与调整的过程，也包括"态"和"势"两部分，"态"反映了工业布局的现状，是历史发展的结果。"势"是指工业布局的变化过程以及未来布局的趋势，并且在总体形态上符合生物学上的态势演变规律。

3. 生态位适宜性的测定方法

（1）相似性分析

即先测算现实生态位，并划定生态位标准，再通过各种相似性函数或通过回归分析等方法，显示现实生态位和需求生态位之间的离合程度。

$$Si = Sim(AP; AR) \tag{1}$$

公式（1）中，Si 是指第 I 种生物单元对区域资源空间的生态适宜性；Sim 是相似性函数；AR 是评价区域的现实生态位。

（2）分类测算

这是欧阳志云在土地利用适宜性评价中对不同发展要求的用地进行的划分和测算。根据发展对资源环境要求的不同划为三类：第 1 类必须满足其最低要求，而且越丰富越好，见公式（2）；第 2 类是在资源可供给的范围内存在一个适宜性区间，即不能低于一定值，也不能高过某个值，否则将成为限制性因子，见公式（3），此类多用于农业；第 3 类要求现状值越低越好，如区域灾害频率，见公式（4）。在这三类中，工业布局的生态位适用于第 1 类，工业基础越好，生态环境、自然资源越充足，社会制度越完善，工业布局的趋向性越明显。

$$X_i = \begin{cases} 0, & \text{当 } S_i < D_{imin} \\ \dfrac{S_i}{D_{iupt}} \cdot R_i & \text{当 } D_{imin} < S_i < D_{iupt} \\ R_i & \text{当 } S_i > D_{iupt} \end{cases} \quad (2)$$

其中，X_i 为 i 种资源的生态位适宜度指数，S_i 为 i 资源现状的测度，D_i 为对 i 资源要求的测度，D_{imin} 为 i 资源要求的最低限，D_{iopt} 为 i 资源的理想要求值，R_i 为资源的风险性测定，常用保证率来测定。

$$X_i = \begin{cases} 0 & \text{当 } S_i \leq D_{imin} \text{ 与 } \geq D_{imin} \\ \dfrac{S_i - D_{imin}}{D_{iupt} - D_{imin}} \cdot R_i & \text{当 } D_{imin} < S_i \leq D_{iopt} \\ \dfrac{D_{imin} - S_i}{D_{imin} - D_{iGpt}} \cdot R_i & \text{当 } D_{iupt} < S_i < D_{imai} \end{cases} \quad (3)$$

其中，D_{imax} 为 i 资源要求的最高限。

$$X_i = \begin{cases} 1, & \\ (1 - \dfrac{S_i - D_{imin}}{D_{imin} - D_{imin}} \cdot R_i & D_{imin} < S_i \leq D_{imai} \\ 0 & S_i \geq D_{imin} \end{cases} \quad (4)$$

符号意义同公式 12－2，公式 12－3。

（3）标准差法

即用现实生态位和准则生态位之间的差值大小来表示两者之间的适宜程度。一般情况下，差值越大，适宜性就越小，反之，则适宜性越大。

$$F_i = \sum_{j=1}^{n} \beta_i \left(1 - \dfrac{|X_{oj} - X'_{ij}|}{X_{oj}}\right) \quad (5)$$

其中 F_i 表示 i 城市生态位适宜度，β_i 表示指标 j 的权重，X'_{ij} 表示 i 城市指标 j 现实生态位的标准化值，X_{oj} 表示指标 j 的最佳生态位值，n 表示指数。X'_{ij} 可用以下公式求得：X_{ij} 表示 i 城市指标 j 的现实生态位，X_{aj} 为现实生态位的平均值，S_j 表示 j 的标准差。

$$X'_{ij} = \frac{|X_{ij} - X_{aj}|}{S_j} \tag{6}$$

$$X_{aj} = \frac{1}{m}\sum_{i=1}^{m} X_{ij} \tag{7}$$

$$S_j = \sqrt{\frac{1}{m}\sum_{i=1}^{m}(X_{ij} - X_{aj})^2} \tag{8}$$

由于生态位适宜性测定的对象和侧重点不同,生态位适宜度测定的模型和因子的选择也不相同,但实质上都是反映实际生态位和需求/目标生态位之间的贴近程度。此外,在最佳生态位值的确定上,也无统一的标准,有的依据规划需求,有的选取平均值作为最适生态位,有的根据因子特点选取最大或最小值作为最佳生态位。

生态位适宜性理论自提出以来,其研究多集中在人口、农业和自然资源等方面。工业布局生态位的理论诠释尝试性地将生态位适宜性研究引入新的领域,弥补了传统布局的空间叠加分析的不足,因此,可以将工业布局生态位适宜性研究作为工业布局生态适宜性研究的重要一部分。

二、合肥经济圈工业布局

根据《纲要》,合肥经济圈是以合肥为核心,六安、巢湖为两翼的经济圈。它地处江淮之间,地势西高东低,西接湖北、河南两省,东与南京1小时经济圈、长三角经济圈接壤,位于安徽中部,具有承东启西、贯通南北的重要区位优势(图2)。

辖区内有12个县,国土面积3.44万km²,占全省24.7%,总人口约占全省的24%。GDP约占全省的29%,是安徽省经济发展较快的区域之一。三市空间距离相近,六安、巢湖两市城区及其县域地区分别在合肥市的1—2小时经济圈范围内。省会合肥市是全省政治、经济、文化中心,也是国家唯一的科技创新型试点城市,这些优势成就了合肥在合肥经济圈发展中的主导和带动作用。巢湖市有着临江襟湖、贯通南北的交通和区位优势,既可南进又能北迎。六安市将利用资源和区位优势,在承接产业转移、农特产品生产供应、人力资源输出和提供良好的生态环境服务功能方面发挥重要优势。随着宁西铁路、合武高速铁路和合铜黄、合六叶、合淮阜高速公路的建成,以及新桥机场的迁建,合肥经济圈区位交通优势将进一步凸显,三市间交通也更加迅速便捷,这些都将有助于三市实现资源共享,产业互补。

(一)自然生态系统

合肥经济圈资源环境优良。境内水资源充沛,有长江、淮河、巢湖和大别山五大水库贯穿其中,可为生产、生活提供大量水源。矿产资源多样,且分布不均匀(图3)。已发现矿藏40余种,其中霍邱铁矿已探明储量16.8亿吨,远景储量20亿吨,位居全国第五。农业资源充足,六安是全国最大的羽绒集散地,是全省最大的林业基地。巢湖水产品产量位居全省第二,特种水产品产量全省第一。生态环境良好,宜居性较强。六安市境内大别山生态系统保护完好,合肥是国家级园林城市,巢湖市拥湖临江,环境容量较大[200]。

图2 合肥经济圈的空间位置和范围

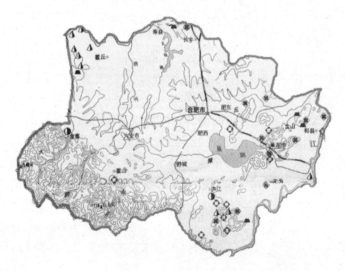

图3 合肥经济圈矿产资源分布

但由于资源分布不均,人类活动的聚集程度不同等原因,合肥经济圈内各县、市生态环境表现出明显的差异性(图4),反映生态环境质量的指标在全省78个县市中的排名也不一致,这给工业布局提出了新的课题。

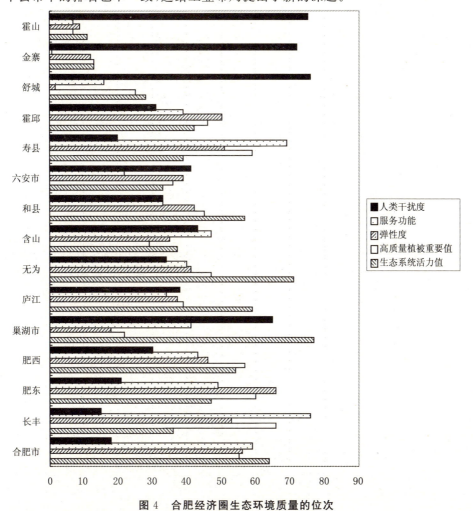

图4　合肥经济圈生态环境质量的位次

数据来源:《2003年安徽省生态环境质量现状调查报告》。

首先,资源分布不均主要表现在水资源和林地覆盖率上。水资源的时空分布不均,容易发生洪涝灾害和水土流失等生态灾害,而在少雨季节和年份又常出现干旱。这给工业用水的调配增加了难度。此外,许多处理不当的工业、生活污水的排放以及农业化肥的污染,导致水污染事件时有发生,更加剧了水资源的紧缺。合肥市人均水资源占有量405m³,大约相当于全国人均水资源占有量的1/5,世界人均水资源占有量的1/18。水利部已经在《全国主要缺水城市供水水资源规划报告》中将合肥市列为全国重点缺水城市之一。林地覆盖率分布不均主要表现为人均林地的拥有量上,天然林地和生态公益林地面积减少,人工绿化和经济林增加。林地覆盖率不均直接影响了空气的净化。工业布局往往有向中心城市聚集的趋势,而中心城市的林地覆盖率大部分低于偏远地区,且林地的人均覆盖率随人口和产业的聚集将会下降,空气的净化能力越来越小,这就出现了"马太效应"。

其次,资源利用的不合理,不但给经济环境造成破坏,还严重影响了流域老百姓的生命财产安全。如巢湖市居巢区散兵镇的石灰石资源丰富,近几年来,受经济利益驱使,散兵镇矿业发展迅速,导致无序竞争激烈,造成地面沉降,环境污染、安全事故时有发生。

(二)经济与社会环境系统

合肥经济圈工业布局的经济基础总体较好。2006年,合肥市GDP超过了100亿美元,达到了辐射1小时经济圈的国际通行标准,合肥经济圈三市GDP合计200亿美元以上,也超过了构建城市群(圈)经济总量的理论门槛。三市目前正处于相互间吸引力、辐射力上升的阶段,具备形成紧密型城市经济圈的基本条件[312]。但相对于南京、武汉、长沙等都市圈,还存在中心城市的首位度不高(图5),区域间竞争激烈等问题。

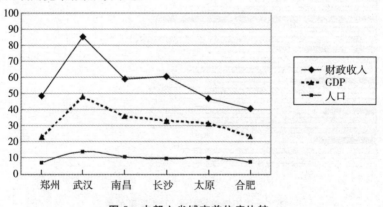

图5 中部六省城市首位度比较

数据来源:《中部六省城市首位度比较》。

近年来,合肥工业发展的向心力不断增强,对六安、巢湖两地的辐射力明显扩大,经济上快速增长,社会环境不断改善。主要表现在:基础设施不断完善,文化交流更加密切,教育、卫生及社会保障不断发展。合肥科教资源比较集中,是全国唯一的国家科技创新型试点市,拥有中科院等科研单位70多个,中国科技大学等各类高等学校50多所,拥有博士授权点138个,国家级重点学科22个和一批国家重点实验室。这些为合肥经济圈的发展提供了人才保障。2006年,合肥高新技术产业增加值占规模以上工业增加值的46%。随着城市规模不断扩大,大量农民工进城,尽管各方面投入和建设的力度在加大,但人均拥有的社会资源量在短期内无法满足不断扩大的人口需求,出现下降趋势,影响社会的和谐与稳定,对于工业布局具有一定的指向性影响。因此,社会因素对工业布局的影响不容忽视。

(三)工业布局格局

目前,合肥经济圈工业布局(图6)主要以工业点、工业区/开发区(表1)、工业带这三种形态存在,并且工业点有向工业区、工业带集中的趋势。

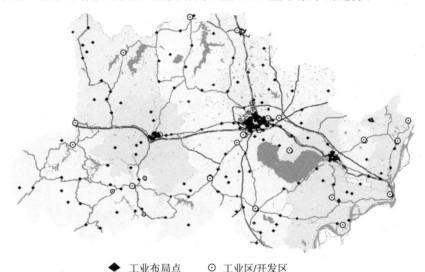

◆ 工业布局点　　⊙ 工业区/开发区

图6　合肥经济圈工业布局

其中,工业带是沿各县市之间的主要干道和集镇形成的工业密集带。如合肥—六安的312国道上:由长江西路一路向西→蜀山的南岗,已形成了汽车零配件、农副产品加工等产业;由六安的皖西东路→东二十铺→东三十铺形成了汽车零配件、机械制造、农副产品加工为主导的产业带。在各种工业布局的形态中,工业区/开发区的企业数大约占了合肥经济圈工业企业数的80%左右。省级以上的工业区中,合肥最多有11个,六安有8个,巢湖有6个。而这些开发区,由于受地方GDP的诱导,普遍存在布局求大、求全的现象。此外,还存在工业布局及规划不能充分考虑生态环境可持续发展的问题。

表 1　合肥经济圈内省级以上开发区概况

	园区名称	占地面积（km²）	企业数（个）	工业部门
合肥	合肥经济技术开发区	53	1088	家电、汽车及工程机械、化工、食品等
	合肥高新技术产业开发区	20.76	976	光机电一体化、电子信息、生物医药等
	合肥新站综合开发试验区	10	50	家电、电缆、仪表、印刷、化肥等
	合肥瑶海经济开发区	31.5	1401	电线电缆、纺织服装加工
	合肥庐阳工业园区	13.53	97	电线电缆、印刷包装、机械、橡胶塑料
	合肥蜀山经济开发区	10.17	185	新材料新能源制造、电力设备、机械制造
	合肥包河工业园区	40	126	汽车及零部件、印刷包装、新型材料、医药、电子
	安徽长丰双凤经济开发区	19.19	257	汽车零部件、机械、食品加工、新型建材、家电
	安徽肥东经济开发区	14.85	509	家电、食品、新型建材
	安徽肥西桃花工业园区	22	260	汽车制造、化工、电力设备
六安	六安经济开发区	24.8	270	纺织服装、食品医药、轻工电器、机械制造
	裕安经济开发区	1.5	34	通讯设备制造、农副产品加工、非金属矿产品加工
	寿县工业园区	6.2	21	纺织服装、印刷、食品
	舒城经济开发区	13.8	51	服饰生产、羽绒加工、建材、印刷包装、机械
	金寨经济开发区	0.62	10	新材料、农副产品加工、纺织服装
	霍邱经济开发区	5.4	20	黑色金属冶炼及加工、非金属矿物制造、通用设备制造
	叶集经济技术开发区	5.36	16	农副产品加工、原材料加工
	霍山经济开发区	15.6	62	电光源、服装、建材、农副产品加工
巢湖	巢湖经济开发区	20	120	纺织服装、电子电器、生物医药、新型建材、机械
	无为经济开发区	20	22	化工、板材、电子等加工制造
	庐江经济开发区	27.73	81	食品、塑业、纺织、电缆
	和县经济开发区	30	75	食品加工、轻纺、机械加工
	含山工业园区	10	51	铸造、机械加工
	巢湖富煌工业园区	4.98	21	建材、农产品加工

资源来源：《2003－2007 年安徽省统计年鉴》。

布局不能充分考虑生态环境的可持续发展是安徽乃至全国在早期工业布局中存在的共同问题。以合肥市为例，合肥市工业的快速发展始于 20 世纪 80 年代初，由于城市建成区规模小，产业基础薄弱，加上人们对生态环境保护意识的单薄，工业企业紧邻城区，这给城市后来的扩展带来很大的局限性，尤其在合肥的东面和北面，随着工业化进程的加快，以东面为基础，先后向北、向南不断延伸，在东北对城区形成了半包围状，形成东北、东南两大高密度片区。从合肥市工业布局的发展过程来看，东部地区的工业基础是构成现有产业格局的重要部分。在合肥东部，沿南淝河合肥自来水公司上游地区分布着合肥造纸厂、合肥红旗水泥厂、混凝土搅拌站、合肥船舶修造厂、合钢厂、安纺厂、安徽印染厂、安徽氯碱化工集团等企业，这些企业中大多是技术含量低、产业结构单一或者污染较大的工业。东南部是合肥的上风口,紧邻巢湖,是城区南淝河等干流的入河口。将一些高污染的企业布局在此,势必会造成水资源、大气的污染。但在一些远期规划中,一些地方仍然不注意这个问题,这是值得我们重视的问题。如无为经济开发区远景规划中,将开发区划分为化学工业园、西部工业园、生态缓冲区等8个部分。从规划图中,我们可以发现规划的化学工业园离长江干流距离不超过2km,尽管设置了生态缓冲区,但布局的位置和面积都不尽如人意。化学工业是污染较大的产业,一旦化工污水流入长江,后果将不堪设想。

(四)工业布局生态位状态

从表1可以看出,合肥经济圈工业布局存在求大求全的想象。这不仅占用了大量的土地,而且导致产业生态位重叠增加,配套设施跟不上,后续发展受到限制等问题。

1. 产业生态位重叠,城市间竞争大于合作

从单个地区来看,目前合肥市工业数量最多,主要以工业园区形式布局在合肥的四个方向。各园区间产业和产品结构雷同现象比较突出,主导产业大同小异,主要集中在机械、汽车、家电、化工和新型建材等方面,新能源、环保等新兴产业相对较少,创新能力较差。这种偏重于资源加工型和装备制造型的产业结构是现有的资源环境难以支撑的。2007年,合肥的汽车产业占八大产业比重的23%,而增长仅为5%左右。从整体上看,地区间产业规划同质现象较为严重,城市特色产业及定位不明显,城市之间竞争大于合作。如在各地市的"十一五"规划中,重点发展的产业主要集中在机械制造、化工,同质性达到40%。在优势产业和特色产业方面,六安将重点发展的优质粮油、奶牛、名优茶、皖西白鹅、经济林果、优质蚕茧等主导产业,仅占国民生产总值的20%多。

主导产业的趋同不可避免地引起企业生态位的重叠,加上专业化分工协作程度低,各企业必然在抢占生存空间、争夺同种资源与市场资源上出现过度竞争。高度重叠的生态位若得不到及时调整,必将影响区域整体竞争力。

2. 生态位宽度偏小,后续发展受限制

在工业布局中,生态位宽度主要表现为工业发展的条件,包括经济基础、社会环境以及生态环境容量等。如合肥市到2004年,有的社区人口密度已超过90000人/km^2,人均公共绿地占有面积仅为34.99 m^2,相关基础配套设施如教育、卫生、公共交通等建设速度也跟不上,而工业布局主要集中在老城区不足5 km的范围内,这些都给城市生态环境和经济建设带来很大的压力。从目前状况看,在基础设施建设上,相对于快速扩张的工业布局投资乏力。如2008年上半年,六安市的开发区(工业园区)共完成基础设置投资8.4亿元,占固定资产投资总额的31.9%,增长4.9%,但同比降低28.2个百分点。基础设施投资中,除六安经济技术开发区和霍邱工业园区分别增长22.2%和45.1%外,其余7个开发区(工业园区)增速均在12.5%以下,其中金安经济园区和裕安经济开发区基础设施投资为负增长,分别只有去年同期的50.0%和4.1%。在资金供给上,要保持12%以上的经济增长速度,固定资产投资年均增长应保持在18%以上。除了合肥基本能达到这个要求外,六安和巢湖两地很难年年保持这个数字。六安的工业化率比全国、全省分别低16.2%和13.3%;城镇化率分别比全国、全省低14.3%和6.3%,资金供需矛盾突出。在人力资源上,高技术专业人才相对缺乏,成为制约六安、巢湖经济发展的瓶颈之一。此外,循环经济在全省尚处于起步阶段,围绕核心工业的上下游产品开发深度和废物综合利用程度不够,使得整体资源利用水平相对较低。如合钢厂,由于建厂较早,设备更新和技术改造未能跟上,导致生产中的副产品、边角余料、废渣、废水等不能实现循环利用,既浪费资源又对环境造成污染。

三、合肥经济圈工业布局的生态适宜性分析

(一)工业布局的生态位适宜性分析

1. 工业布局生态位适宜性演变分析

(1)态势演变的特点

工业布局生态位适宜性的演变表现为工业布局生态位的态势演变过程。通过分析合肥经济圈工业布局的态势变化,可以把演变过程划分为3个阶段:Ⅰ为分散布局阶段,Ⅱ为扩张聚集阶段,Ⅲ为优化调整阶段。从这3个阶段发展过程可以看出工业布局生态位的演变规律:即工业布局生态位的"态"随时间呈现出明显的"S"型逻辑斯谛曲线,而工业布局生态位的"势"呈现出"钟"型曲线,并且态势曲线的变化具有一定的相关性(图7)。态是势的基础,而势促进态的转化。

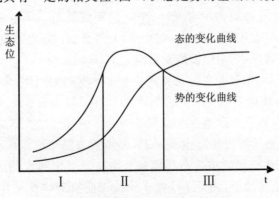

图7 工业布局的生态位态势变化规律

(2) 态势演变的过程

第Ⅰ阶段——分散布局阶段。合肥经济圈的工业起步于20世纪50年代，主要以纺织、化工、食品加工、水泥、机械加工等轻工业为主。如当时兴建的合肥化肥厂、水泥厂、安纺、合钢，六安农机厂、纺织厂、造纸厂，巢湖的维尼纶厂、水泥厂等，都是兴建于20世纪50年代和60年代，作为国民经济的支柱产业发挥了重大作用。

从布局上看，只有合肥以大东门为核心布局多在东边，北面和南面零星布局一些工业点，且距离相隔较远。六安的工业分布以东、北为主，县级区域主要分布零星的化肥、造纸等小企业，不成规模。巢湖则以现有的居巢区为核心分散布局。因此，在分散布局阶段，生产力发展水平较低，工业部门较少，均以零星的工业点分布，工业布局生态位具有很大的扩张潜力，从发展的"势"头来看，工业布局生态位的"势"是增长上升的。而从工业发展的状态来看，在发展初期工业的基础设施尚不完备，工业布局生态位的"态"则处于较低状态。

第Ⅱ阶段——扩张聚集阶段。这一阶段始于20世纪80年代初到90年代末。随着工业化的发展，工业产品结构日益多元化，生产规模扩大，部门间联系加强，在布局上呈现扩大、聚拢态势，并向新的方向扩展。如合肥的工业分布依然以东面为主，企业增加，布局密度增大。沿南淝河合肥自来水公司上游地区分布着合肥造纸厂、合肥红旗水泥厂、混凝土搅拌站、合肥船舶修造厂、合钢厂、安纺厂、安徽印染厂等大量企业，并先后向北、向南不断延伸，形成东北、东南两大高密度片区。六安的工业则在原来农机厂的基础上，发展成为汽车零配件加工一条龙的配套产业。主要集中在城东，如六安轴承厂、齿轮厂，江淮电机厂等均分布于此，北区则形成朝阳制药、淠东化肥为主的化工医药板块。在扩张聚集阶段，工业布局生态位的"态"始终处于上升阶段，多维资源空间被充分利用。当工业布局生态位达到最大后，生态位扩张的潜力减小，因此，生态位的"势"将在达到最高点后下降。

第Ⅲ阶段——优化调整阶段。合肥经济圈的发展正处于这一阶段。在城市建设早期，建成区规划面积小，产业基础薄弱，加上生态环境保护意识的淡薄，工业企业大多紧邻城区发展。合肥作为省会城市，工业布局已在城市周围东、南、西、北各个方向逐渐形成了五大密集区，把城区牢牢包围。随着工业的扩张和聚集，产业门类齐全，生态位现象重叠严重，资源竞争激烈，生态位空间被相互挤占。由于生态位空间容量有限，一度出现城市地价昂贵、用水不足、能源供应困难、交通阻塞、生态环境恶化等严重的社会问题。从而导致生态位的发展"势"头受阻，出现衰退现象。这时工业部门为寻求可持续发展，就必须积极开拓新的生态位空间，促使生态位分离。目前，合肥的一些产业已经实现了向六安、巢湖的转移。如合肥的汽车制造业中的零配件加工已经在六安形成规模，利用当地的机械制造业的产业基础,带动当地经济发展。合肥一些传统的水泥、化工产业也实现了与巢湖的对接,皖维集团、华星华工、巢东水泥都成为支柱产业,高沟电缆已经成为安徽省乃至长三角的知名品牌。在新的地域空间内,这些产业获得更多的生态位发展空间。此外,合肥通过产业升级,发展第三产业、生态环保产业、高新技术产业等方式,改变产业生态位,避免激烈竞争。伴随着优化与调整,工业布局生态位的状"态"总体上仍然是发展的。

2. 工业布局生态位适宜性评价

(1)评价模型建立和说明

借鉴前人研究方法,本评价模型在差值法公式(9)的基础上进行了稍许的修正,将复杂的数据标准化处理过程融入到生态位宽度的测算模型中,采用生态位宽度作为对现状的反映,不仅简化了对各指标现实值的标准化处理过程,而且能反映各地市在合肥经济圈发展中各指标作用的比重。

$$F_i = \sum_{j=1}^{n} \left(1 - \frac{X_{0J} - X_{ij}}{X_{0j}}\right) \tag{9}$$

首先,根据上文中工业布局生态位的理论分析,工业布局生态位现在所占有的多维资源空间是区域(城市)过去社会经济发展以及与自然生态环境作用积累的结果,包括了"态"和"势"两个部分,态、势的结合即工业布局生态位的宽度就是现状值的表现。因此,工业布局生态位的现状值可以用工业布局的生态位测算来获得,见公式(10)。

$$N = (S_i + A_i P_i) / \sum_{j=1}^{n} (S_j + A_j P_j) \tag{10}$$

其次,生态位的测定无论是生物单元,还是城市生态位(王如松 1988;胡春雷 2004;孟德友 2008)、人口生态位(朱春全 1997)、国民生产生态位等复合生态系统特定单元的生态位多采用了公式(8)的算法。工业布局与人口、国民经济、城市息息相关,因此,适用于城市、人口、国民经济的生态位的测定方法同样适用于工业布局生态位的测定。在此,X_{ij}表示 i 城市指标 j 的现实生态位。i,j=1,2,…,n; S_i、S_j 表示因子 i,j 的态, P_i、P_j 分别为因子 i,j 的势;A_i、A_j 为量纲转化系数。

(2)评价指标的选取

由于各地市统计指标不完全一致,加上各县区的资料数据获取有一定难度,本部分的评价仅以合肥经济圈目前规划范围内的合肥、六安、巢湖 3 个市为了研究对象,根据工业布局与生态环境可持续发展的要求,将对工业布局影响较大的因子按照自然环境、社会环境、经济环境三大类进行划分,构建工业布局生态位测算的指标体系(表2)。

表2 工业布局生态位的评价指标体系

总指标	一类指标	分指标	权重
生态位综合适宜度	自然环境生态位	森林覆盖率(%)	0.2196
		人均公共绿地面积(m^2)	0.2312
		农用地面积(公顷)	0.1167
		年平均气温(℃)	0.0824
		地表水资源量(万 m^3)	0.2586
		空气质量达到及好于二级的天数(天)	0.0915
	社会环境生态位	发电量(亿千瓦时)	0.2633
		水综合生产能力(万 m^3/时)	0.1986
		人均道路面积(m^2)	0.1374
		排水管道长度(km)	0.0940
		污水处理设施数(套)	0.1148
		专业技术人员(人)	0.0630
		工业固体废物综合利用量(万 t)	0.0516
		生活垃圾处理率(%)	0.0360
		卫生机构(个)	0.0414
	经济环境生态位	人均生产总值(元/人)	0.2948
		工业产值占GDP比重(%)	0.2056
		第三产业产值占GDP比重(%)	0.1084
		固定资产投资额(万元)	0.1684
		社会消费品零售总额(万元)	0.2228

文中每个因子都以2007年的现状值作为工业布局生态位的"态"的度量值,计算2004—2007年3年间的年平均变化量作为"势"的度量值,变化量以1年为时间尺度,因此,量纲转化系数为1。各指标的权重用层次分析法(AHP)求得。建立判断矩阵,并进行一致性检验,得出CR=0.032<0.1,在该判断矩阵有效,可以赋权。

最佳生态位的选取,对于不同城市来说,什么样的值最适宜工业布局并没有统一的标准。根据工业布局的相关理论,一般来说,生态环境越好,经济基础和社会配套设施越好,越利于工业布局。但在区域发展中,这三个方面都达到最好却是很难的。比如人口密度高往往代表了城市的繁荣,对工业布局的吸引力大,但从对环境的影响来看,则不利。而且不同工业部门的布局倾向不同,对各因子的要求标准也不同。比如,农用地对于农副产品加工业就有着直接的作用,但对于一些重工业如机械制造,农用地多则不利于产业的发展。因此,本文中最佳生态位大部分取3个地市的最大值,小部分取平均值。

(3)评价结果与分析

首先,根据(2)求出各指标生态位值,划定最佳生态位,并进行比较分析(图8,图9,图10)。然后根据公式(1)计算各指标的生态位适宜度值,加权得出各地市的生态位适宜度综合值(表3)。

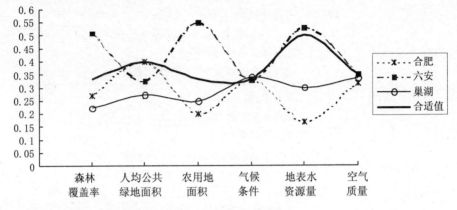

图8 自然环境生态位

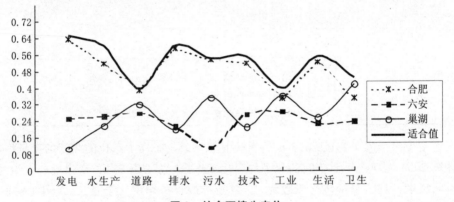

图9 社会环境生态位

根据生态位理论,生态位值越大,生态位适宜度越大,其值越接近1,说明越适合。从测算结果(表3)可看出,合肥经济圈内合肥地区生态位的综合适宜度值最大为0.83397,竞争力优于六安、巢湖两地,在合肥经济圈发展中划为最适宜等级。六安、巢湖两地的综合适宜度值均超过50%,虽然不太高,但适宜工业发展的整体要求。3个地区生态位适宜度差距较为明显,主要表现在经济、社会环境的生态适宜性,超过六安、合肥1倍左右。这完全符合发展"以合肥为核心,六安、巢湖为两翼"的规划格局。

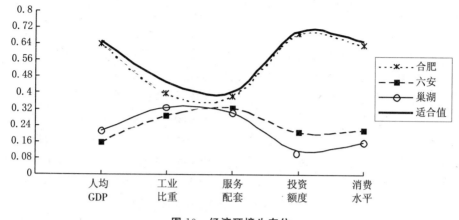

图 10 经济环境生态位

表 3 合肥经济圈各地市生态位适宜度值

	自然环境生态位适宜度	社会环境生态位适宜度	经济环境生态位适宜度	生态位综合适宜度
合肥	0.64817	0.91085	0.94289	0.83397
六安	0.76147	0.45175	0.41457	0.54259
巢湖	0.70561	0.47192	0.40824	0.52858

从自然环境生态位来看,六安为 0.76147,排名第 1,巢湖排名第 2,高于合肥。这是因为六安地广物博,人口密度较低。区内的大别山区生物多样性丰富,林地覆盖率占合肥经济圈的 50% 多,到目前为止已建成的自然保护区有 9 个,获批准的国家级生态示范区 3 个,均居合肥经济圈之首。此外,六安还有佛子岭、梅山、龙河口、磨子潭、响洪甸五大水库以及淠河、史河等水系构成的丰富地表水资源。丰富和优质的水资源与森林资源提高了污水、废气的净化能力,为工业发展提供了较大的生态环境容量,这些决定了在生态环境方面六安具有最高的工业布局生态位。巢湖地区的自然环境中,地表水资源量较为充足,其生态位占区域的近 30%,主要是由于区内有中国五大淡水湖之一的巢湖,她是巢湖地区影响最大的生态资源之一,对于改善空气质量、净化环境有着重要的作用。然而,近些年来随着东西两岸合肥与巢湖地区经济的发展,污染事件时有发生。目前通过整治,水体污染中工业污染的比例逐渐减少,主要是农业化肥、农业污染以及大量生活污水。这些污染源往往是常年定期的排放,使得本来具有自净能力的水体由于常年受污染得不到净化,因而在自然生态方面对生态位贡献作用不突出。此外,巢湖地区在其他的生态环境资源上没有明显的优势,在自然环境生态位中森林覆盖率、人均公共绿地的生态位约占区域的 22.17% 和 27%,比合

肥分别低 4% 和 13%。

从经济环境生态位和社会环境生态位来看,合肥的适宜程度比较高,均超过 90%,具有工业布局的明显优势。这是因为合肥作为安徽省会城市,是工业发展最早也是最快的地区,目前基础和配套设施较为完备,到 2007 年底电能供应将近 60 亿千瓦时,基本上能满足未来 5 年工业增长的需要,发电量约占区域生态位的 64%;给排水能力大大增强,水生产能力和排水设施数约占整个区域生态位的 52% 和 59%,污水处理能力已达 70 万标 m^3/时,约占区域生态位的 47%;工业固体废物综合利用量达 190 万吨,约占区域生态位的 35%,工业废气处理设施数达 450 套;人均绿化面积达到 $10.5m^2$,约占区域的 40%,城市周围 3000 多 km^2 的范围内,形成了 4 个层次的森林圈,初步构建起森林生态系统。这些弥补了合肥自然生态资源的不足,为工业发展增加了自然环境生态位空间。此外合肥的立体化交通格局基本形成,人均道路拥有面积以达 $16.2m^2$,约占区域生态位的 38%。在经济环境生态位方面,合肥的市场趋向成熟,2007 年合肥的社会消费品零售总额达到 3843097 万元,占区域生态位的 63%,工业产值和固定资产分别占区域的 41% 和 68%,人均 GDP 占区域的 58% 左右,为合肥的工业发展提供了坚实的基础,体现了合肥在合肥经济圈发展中的核心地位。

从社会、经济环境生态位来看,六安、巢湖差异并不明显。六安的经济环境生态位适宜度为 41.45%,略高于巢湖的 40.82%;而社会环境的生态位适宜度为 45.17%,低于巢湖的 47.19%。这是因为,六安处于大别山区,交通长期处于欠发达状态,而巢湖距离省会合肥较近,受合肥经济的辐射较大,且地势较为平坦,交通四通八达,经济很长一段时间内优于六安,因此,社会环境积累的基础优于六安。但随着六安的快速发展,特别是 2000 年以后,固定资产投资额大幅增加,2005、2006 连续两年 GDP 增速在全省名列前茅,六安在经济环境方面占合肥经济圈的生态位高于巢湖。

(二) 合肥经济圈工业布局生态适宜性的空间分析

生态适宜性定量分析模型对合肥经济圈 3 个地市的工业布局生态位适宜度进行了测算与分析,大体上确定工业布局的方向以及各个地市的优势和潜力。但是,定量的指标并不能准确反映工业生态适宜性的空间分布,也不能反映不同区位的因子对工业布局的限制性分布。始于 McHarg 的地图叠加法弥补了定量分析的不足。本部分基于 GIS 的空间分析理论,运用 Arcview GIS 软件,对合肥经济圈工业布局的生态适宜性进行空间分析和定位。

1. 空间分析的程序

目前,生态适宜性的分析主要是在 McHarg 的"五步法"基础上进行的。本文将结合实际按照以下步骤进行:结合实际,并对照生态位适宜性评价的评价指标,选取生态因子→调查每个生态因子在区域中的状况及分布情况。根据本区域因子的状况、参照《开发区区域环境影响评价技术导则》以及相关文献和工业布局的要求,确定划分等级的标准和评分值→以合肥经济圈土地利用现状图为底图,进行因素提取、模块分析,对工业布局的限定性因子和适宜性因子进行等级划分,并用不同深浅色度代表适宜性分级分别绘在各个单要素地图上→将生态位适宜性的定量分析等级表与数据库表关联,单因子适宜图层叠加得到综合适宜性图→由此提出工业布局调整和发展的策略。

2. 评价指标的选取

本部分指标选取与生态适宜性评价指标形成互补,分别选择水资源、地形地貌、绿地覆盖、基本农田、道路交通、人口等因子进行分析(表4)。

表4 生态适宜性空间分析的因子构成

选择指标	参考指标
水资源	降雨量分布图、地表水分布、水流的方向
地形、地貌	坡度/高程
自然和历史文化保护区	不同级别的自然保护区、森林地质公园、历史文化名镇、古迹所在地、风景名胜区
矿产资源	矿产资源分布图
基本农田保护区	凡是基本农田保护区一律不考虑其他因素,划为1类
道路交通	国道、省道、高速公路交口、铁路中转站、主要港口
其他社会经济类指标	城镇人口规模、工业布局现状
其他指标	风向、植被类型、河流走向、空气环境质量、水土流失、地质断裂带等

3. 评价等级的划分

在评价指标选取的基础上,生态适宜性空间分析的评价体系主要包括:评价指标的分类、评价指标的参数设置、等级划分以及评价过程中的数据处理等。其中分级标准主要按以下两个原则来确定:

(1)分级标准按定性(表5)和定量(表6)相结合原则。凡已有国家标准或国际标准的指标,尽量采用规定的标准,并因地制宜地结合本区域特点进行适当调整。

(2)标准划分尽可能避免以定性方式,而是尽量采用定量划分标准。一般定量划分为5个等级,个别因子划分为3或4级,分别用数字1,2,3,4,5来评分。各因子权重等同,单因子的限定性和潜力的等级划分综合后,整个区域的综合评价值B在0.99—4.95之间变化。按照5级划分,标准如下:

Ⅰ:$0.99 \leqslant B \leqslant 1.782$ 很不适宜;

Ⅱ:$1.782 < B \leqslant 2.574$ 不适宜;

Ⅲ：2.574＜B≤3.366 基本适宜；

Ⅳ：3.366＜B≤4.158 适宜；

Ⅴ：4.158＜B≤4.95 很适宜。

表 5 评价因子定性适宜性分析原则

综合适宜性等级	单因子适宜性				
	Ⅰ	Ⅱ	Ⅲ	Ⅳ	Ⅴ
单因子适宜性	Ⅰ	Ⅱ	Ⅲ	Ⅳ	Ⅴ
	Ⅱ	Ⅲ	Ⅲ	Ⅳ	Ⅴ
	Ⅲ	Ⅲ	Ⅳ	Ⅳ	Ⅴ
	Ⅳ	Ⅳ	Ⅳ	Ⅴ	Ⅴ
	Ⅴ	Ⅴ	Ⅴ	Ⅴ	Ⅴ

表 6 评价因子定量等级划分体系

评价因子	分类	评分标准	评分
水资源	地表水	主要河流:河流及 200 m 缓冲区	1
		200－500 m 缓冲区	2
		500－800 m 缓冲区	3
		800－1500m 缓冲区	4
		次要河流:河流及 50 m 缓冲区	1
		50－200 m	2
		一类水源地:500 m 以内缓冲区	1
		500－1000 m 缓冲区	2
		1－2 km² 缓冲区	3
		2km 内汇水面积	3
		2－5 km 缓冲区 5km 内汇水面积	4
		其他大的湿地:水域面积及 200 m 以内缓冲区	1
		小的池塘等:水域面积	2
		以上范围以外的地区	5
	降水量	825－975　mm/年	1
		975－1125　mm/年	2
		1125－1275　mm/年	3
		1275－1425　mm/年	4
		1425－1574　mm/年	5
地形地貌	山地	高山:高程＞1300 m,坡度＞25°	1
	丘陵	中山:高程 800－1300 m,坡度 15°－25°	2
		低山:高程 400－800 m,坡度 10°－15°	3
	岗地、平原	高程 150－400 m,坡度 5°－10°	5

续表

评价因子	分类	评分标准	评分
人口密度		>150万	4
		100－150万	3
		50－100万	2
		<50万	1
绿地		落叶林	5
		灌木林	3
		人工草地	1

4. 单因子适宜性分析

以合肥经济圈的土地利用现状图为底图，用GIS软件分层提取不同的因子，按照划分标准进行分类，并赋予深浅不同的颜色表示适宜程度，生成各因子的适宜性等级图。

(1) 水资源适宜性的分析

合肥经济圈的降水量分布(图11)整体上呈现从北到南阶梯式递增的状态。长丰的西北部与淮南接壤处最少，但基本上能满足工业发展的需求。六安的中部和北部以及合肥的绝大部分地区降水量适中，巢湖的南部、六安的霍山、金寨、舒城南部等乡镇雨量较多，特别是霍山、金寨高山地带，降水量的增多容易导致局部地区山洪暴发、滑坡等灾害，不利于工业布局。

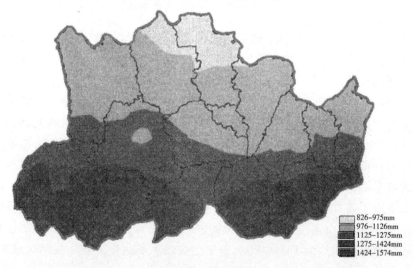

图11 合肥经济圈年降水量等级分布颜色所区分

地表水资源受降水量分布的影响，整体上也呈现南多北少的分布态势(图12)。以长江、淮河两大流域为分水岭区内河系可分为淮河流域区，长江流域区。

区内地表水资源丰富。其中,属于一类水源地的主要有:分布在合肥西北的董铺水库、大房郢水库;分布在金寨县的响洪甸水库、梅山水库,霍山县佛子岭水库、磨子潭水库;舒城县境内的龙河口水库、寿县的瓦埠湖、霍邱的城东湖。总面积约 1200km², 占合肥经济圈总面积的 0.35%。一类水源地及周围 500m 范围内禁止布局任何工业。按照不同范围的缓冲区划分标准,二级以下不适宜布局工业的乡镇有 57 个。

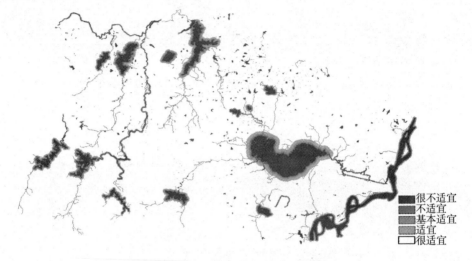

图 12　合肥经济圈地表水适宜性分布

北部一些县区处于江淮分水岭区域,有丰富的地表水资源,形成一些大的湖泊和湿地,基本能满足工业布局的需要。其中,长丰县的分布最为广泛,境内分布有张桥、蔡塘、龙门寺、罗集、蔡城塘、双河、马厂、红旗、陶老坝、永丰、明城、三里河、东方红、青年坝、西家坝、堵龙背等 20 多个中、小型水库和湿地。其他的一些湖泊主要为:分布在肥东的众兴、曹冲、岱山、袁河西、管弯、大李、青龙、余六、傅光、庙计等十几座中、小型水库和湿地;分布在肥西境内的托山、磨墩、柏堰坝水库。分布在霍邱境内的龙潭、老圈行水库以及城西湖、水门塘湿地;分布在寿县境内的安丰塘、大井、花果、王坝水库和肖严湖、梁家湖湿地。西南方向的中小型水库和湿地主要有:分布在庐江线境内的省级重点保护湿地黄陵湖以及青山水库;分布在霍山的白莲崖、舒城的万佛湖,分布在无为县的竹丝湖、枫沙湖。这些湖泊和湿地总面积约 134.6 km²,属于二级以下不适应工业布局的区域中,受影响的乡镇约为 108 个。

(2)地形适宜性分析

合肥经济圈地貌复杂多样,按其基本形态特征,可分为山区、丘陵、岗地、圩畈平原四大类型。地势整体上从西南向北向东倾斜,逐渐降低,局部有凸起。区内最高点海拔为1774米(大别山主峰白马尖),最低点分布在巢湖北面区域,海拔在3—4米左右。按照高程将适宜性划分为5个类别,从很适宜到很不适宜各类别分别占合肥经济圈土地总面积的77.2%,8.76%,4.43%,3.91%,5.7%。

(3)人口密度适宜性分析

合肥经济圈内合肥市的人口密度最大,每km^2为3864人,远远超过二类地区的六安市辖区和无为。人口的聚集程度与经济、社会基础有明显的相关性,因此,对工业布局有很强的吸引力。二类地区中无为作为县区,人口密度为每平方千米571人,优于六安的502人。三类适宜性区域有5个,其中4个距离合肥的直线距离不超过100km,属于1小时经济圈范畴。第五类区域人口密度均在150/km^2,集中在金寨、霍山的山区地带(图13)。

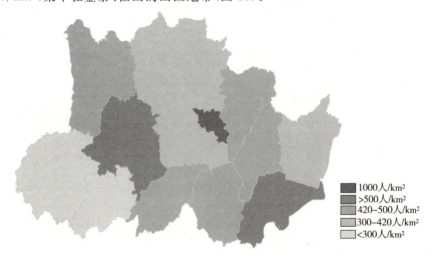

图13 合肥经济圈人口密度等级分布

(4)道路交通适宜性分析

按照道路交通的等级划分,可以看出,道路交通网越密集的区域适宜等级越高。其中合肥的主要干道(国道、省道)分别向6个方向延伸,且是合肥经济圈的铁路和高速公路的枢纽。巢湖和六安的主要干道分别向5个、4个方向延伸。在县一级的区域中,肥西、肥东以及长丰的吴山、岗集,肥东的撮镇等区域比其他乡镇和县拥有明显的交通优势(图14)。

(5)其他因子适宜性分析

合肥经济圈的耕地面积约为25498km^2,约占区域土地总面积的72.3%。按照地形分为山区、丘陵、平原水田以及平原和丘陵旱地。其中,基本农田主要为平原水田和丘陵水田,保持率约占耕地总数的81%,主要集中在六安的中北部、合肥的长丰等区域。基本农田保护区内禁止布局工业,一律按一级划分为很不适宜。

合肥经济圈的绿地覆盖主要包括林地和草地两个类别,按照性质可划分人工和自然两大类。其中林地面积约为 6088.39km^2,主要分布在六安的金寨、霍山两个山区县,占六安全区土地总面积的 32.02%。草地面积约为 63.14km^2,占土地总面积的 0.096%,其中主要为天然草地,多分布在沿湖、沿河洼地或岗地(图 15)。如霍邱北部沿淮洼地。

图 14 合肥经济圈耕地分布

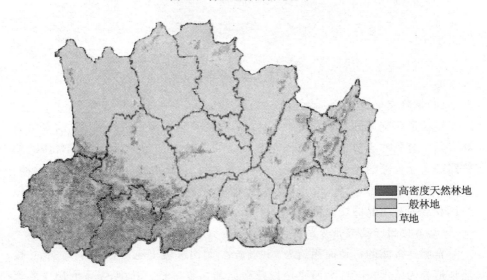

图 15 合肥经济圈的绿地分布

5. 综合适宜性分析

对单因子适宜性图表进行空间叠加分析，并按照 5 类等级进行划分，得出合肥经济圈工业布局的综合适宜性图（图 16）。5 个区域分别占整个区域面积的 85.62%，6.93%，5.28%，1.44%，0.73%。

图 16　合肥经济圈工业布局的综合适宜性分布

四、合肥经济圈工业布局的调整与优化

本章将就生态位适宜性分析以及空间生态位分析结果，对比《纲要》，结合合肥经济圈工业发展的现状与国内外发展经验，对合肥经济圈工业布局的调整和发展提出建议。

(一)空间布局调整与优化

从目前国内外产业的空间布局来看，主要采用了增长极模式、点—轴模式、网络化模式，从形态上可以划分为集中组团状、带状、放射状等。从大多数都市圈整体布局来看，往往采用多种形态的混合模式。合肥经济圈所辖的各县、市经济、社会、自然生态条件各不相同，因此，建议采用多种形态的混合式模式，因地制宜地布局工业。

在《纲要》中，将区域空间总体布局规划为"一核，两翼、七带、多组团"形态，正是一种混合模式。但是《纲要》仅对产业布局提出指导性发展方向，确定指导思想、发展目标、开发时序、总体布局框架，没有对具体方案进行细化和深入阐述。因此，本部分基于工业布局生态适宜性的分析结果，首先对空间布局的区划进行调整，将全区划分为五种适宜区，并结合生态位的差异性提出适合发展的产业,然后按照空间布局的三种形态,确定各县、市、重点乡镇的开发梯度。

1. 空间布局的区划调整

根据工业布局的生态位及空间适宜性的研究结果,将合肥经济圈工业布局的适宜区划分为五类:重点开发区,鼓励开发区,适宜开发区,限制开发区,禁止开发区。并参照国家统计局对工业类型的划分标准,对不同区域提出工业发展的优势产业。

(1) 重点开发区

是指经济、社会基础条件优越,生态环境基本无限制的区域。该区域以合肥市内的国家和省级重点开发区为龙头,逐步向各县、市省级开发区转移。这些区域内工业布局的资源(交通、人才、市场、基础设施)丰富,规划合理,基础设施较完善,生态环境基本能满足发展的需要。因此,应重点发展高附加值的产业以及社会生活所必需的产业。如高新技术产业、新能源产业、生物医药产业、家电制造产业,还可以发展仪器仪表及文化和办公用品制造业、废弃资源和废旧材料回收加工业、通信设备、计算机及其他电子设备制造业、服装加工等产业。

(2) 鼓励开发区

该区具有较高的工业开发基础和需求,并且有较好的经济效益,生态环境约束性很小。主要分布在连接重要城镇的重要道路交通干线上。发展增长级越高,周围鼓励开发的区域也就越多。如无为的高沟一带,和县的乌江、铜闸镇,含山林头镇,巢湖桥头集,肥东的龙塘、撮镇一带,长丰的岗集镇,六安三十铺,合肥南岗镇、肥西桃花工业区至烟墩一带。该区在工业开发时应注意开发的强度和生态环境之间的平衡,因地制宜,发展当地特色和优势产业。如果有便利的交通,或者靠近铁路,可以发展以制造业为主的有色金属冶炼及加工、非金属矿物制造、通用设备制造、机械制造、化工、纺织等产业。

(3) 适宜开发区

指生态约束性较高,但工业开发的基础较好,具有较高的工业开发需求和开发效益。该区域适宜发展国民经济必需的能源、水电等生产、供应行业以及农副产品生产加工业,或者发展污染较小的精细化工、服装加工、精密仪器等行业。如合肥的义城、大杨、三河,巢湖的散兵镇,霍山的迎驾厂镇,和县的沈巷镇,六安的陆集等。

(4) 限制开发区

指经济基础一般,具有中等生态服务功能,生态敏感性较高的区域。此区域主要包括:禁止性区域周边一定距离的缓冲区范围、次一级自然与人文景点(如合肥紫蓬山、岱山湖、三国遗址公园)、采矿区。此类区域只能因地制宜发展一些特色产业,如利用水利梯度发电;或发展农副产品加工业及手工业,如金寨境内的乡镇通过旅游业带动手工加工业的发展和农副产品的销售;或者发展采掘业,如霍邱的李楼、吴集、草楼一带；庐江的泥河、罗河一带。

(5) 禁止开发区

此类区域禁止布局任何工业。除基本农田保护区外，还包括自然生态保护的核心区域、一类水源地保护的核心区域、历史文化类遗址的核心区域（省重点或国际级）。主要分布在：六安金寨县的马鬃岭、白马寨和小涧冲（万佛山）三处国家和省级自然保护区；佛子岭、磨子潭、梅山、响洪甸、龙河口（万佛湖）、白莲岩六大水库区的水源涵养保护区；寿县的古城墙遗址、安丰塘、八公山风景区；霍邱的城东湖、城西湖，以及两湖之间的淮河防洪排涝区；合肥的两大水源地（董铺、大房郢水库）、大蜀山、三河古镇、明教寺、包公祠、李鸿章故居、巢湖以及巢湖的中庙、冯玉祥旧居、李克农故居、紫薇洞、银屏山仙人洞等天然溶洞；庐江的冶父山、黄陵湖区、周瑜墓；无为的天井山国家级森林公园、泊山洞；和县的鸡笼山国家森林公园、龙潭洞猿人遗址、乌江霸王祠；含山的太湖山、褒禅山、华阳洞、凌家滩古文化遗址等。

2. 空间布局的形态优化

根据生态位适宜性分析结果，参照《纲要》的空间布局结构，首先确定三个等级的布局增长级。然后，按照三种形态确定三个发展级上的轴向发展梯度，确定20个重点发展乡镇作为网点布局。形成分工明确、配合密切、资源互补、结构完整的空间布局形态。

(1) 增长级布局

依据《纲要》中提出的以中心城市为带动的增长级模式，将合肥经济圈划分为3个增长极。按区域将合肥市辖区划分为一级核心区，六安市、巢湖市辖区为二级核心区，各县域内的省级开发区为三级核心区。其中，合肥市辖区以高新技术开发区和经济技术开发区为重点，发展高新技术产业和高附加值、低污染的产业。二级核心区以市辖区内的开发区为发展重点。

(2) 轴向布局

主要以连接重点乡镇、县、市的国道、省道、铁路为轴向进行布局。各沿线乡镇、县、市按照距离递减原理，分级考虑发展的顺序。

以合肥为核心，以312国道、206国道、京九铁路为南北轴线，向4个方向延伸发展，有6条工业发展轴，分别是：从肥东经济开发区沿312国道向东，轴向延伸的区域有龙岗→三十铺→店埠→定光→石塘→店埠→路口→梁园；从肥东沿省道→龙塘→撮镇→桥头集；从瑶海经济开发区向北沿京九铁路沿线→双凤开发区→长丰双墩集；从大杨沿206国道→岗集→吴山；从高新技术开发区沿长江西路→蜀山工业园→南岗→小庙→官亭；从经济技术开发区沿206国道向→桃花工业园→上派→董岗→花岗。

以巢湖、六安市辖区为核心的重要工业发展轴共5条，分别是：从六安经济开发区沿 312 国道向东→二十铺→三十铺;从六安城北沿 105 国道向北→十五里墩→二十铺→木厂铺;从巢湖经济开发区沿省道向东→半汤→含山开发区;从巢湖市区沿京九铁路向长江方向→林头镇→东关镇→铜闸镇→沈巷镇;从巢湖市区沿省道向庐江方向→散兵镇→槐林镇→盛桥镇。

以各县级开发区为核心,有 6 条重要工业发展轴,分别是:从舒城的南港沿 206 国道和省道一路向东→汤池镇→石桥镇→庐江开发区→无为县→无为经济开发区;从舒城的桃溪→舒城工业园→龙河镇→五显镇;从六安的戚家桥→霍山经济开发区→霍山迎驾厂镇→褚佛庵镇→落儿岭镇;从叶集开发区→金寨开发区;从霍邱的姚李→洪集→众兴→长集;从和县的白桥镇→沈家山→和县经济开发区→乌江镇。

(3) 网点布局

网点布局是增长级和发展轴的重要补充,对完善布局结构有重要意义。主要分布在增长级周围一定距离范围内,轴向发展区域之间的乡镇,合肥经济圈规划《纲要》中也提出围绕店埠、寿县、庐江等 14 个县城及其重点乡镇作为卫星城镇,建成当地经济、文化、商贸中心。根据适宜性分析和生态位差异,选定 24 个乡镇作为重点卫星城镇布局网点,并确定优势产业。主要有合肥周边的烟墩镇、严店镇(羽绒、农副产品加工);丰乐镇、三河镇(农副产品加工);杭埠镇(轻纺、建筑新材料、农产品深加工)、千人桥镇、同大镇(汽车零部件加工)、石头镇(磁电产业、渔网加工)、百神庙镇;义城镇、长临河镇、临湖镇(酿酒、农副产品加工)、黄麓镇(建材加工、电子);磨店镇(化工)、三十头乡(机械加工、光电产业)、众兴、元瞳镇(家具制造、机械加工业)、陶楼、下塘集。六安周边的马家庵、陆集一带(麻产品加工);新安、顺河(羽绒加工制品、白酒、竹木器加工);霍邱的李楼、吴集(采矿业);无为的高沟、姚沟(电缆)。

(二)工业布局发展策略

1. 生态位策略

工业布局也存在生态位,它反映了工业在区域发展中占据的多维资源空间。在资源有限的条件下,只有了解和研究各类工业企业所需的最佳生态位,以及各区域的生态位潜力和限度,因地制宜,合理匹配生态位,才能实现区域生态、环境、社会的可持续发展。

用生态位理论分析现有产业布局的生态位适宜度,对于生态位重叠的产业,要通过生态位分离,来解决资源以及市场等各类竞争问题。对于生态位空间不足的产业,可以通过人的主观能动性,将潜在的生态位空间挖掘出来,或者从一种资源转化为另一种资源,创造新的生态位以促进生态位扩充。随着高新技术的发展以及信息时代的到来,信息和知识已经成为区域发展的生存资源,每天都会更新和变换,使得生态位扩张和转移成为可能[28]。因此,区域之间要通过互利共赢、分工协作、资源共享来解决生态位重叠和扩张问题,使城市个体在健康发展的同时促进城市群体生态位空间的升级转化。

2. 生态补偿策略

对当地生态环境有破坏的工业企业在时机成熟时要适时搬迁到适宜区域,为人类的生存让出必要的生态环境空间。然而,实际操作中,除了搬迁需要一定的费用,还可能因为搬迁造成企业的效益下降等问题。按照国家"十一五"发展规划中提出的"谁开发谁保护,谁收益谁补偿"原则,除了国家补偿外,还应该发展多元化的补偿方式,完善市场经济体制下的补充配套机制,实现生态均衡、人人均衡的格局。

3. 土地复垦整理策略

随着工业强省战略的推进以及东部沿海地区工业向中部地区的迁移与扩展,合肥经济圈的工业将不断壮大,工业用地的数量也将不断增加,随之而来的非农业用地占用耕地以及生态保护功能区用地的违规、违法事件时有发生。既要保证工业用地又要少占用耕地,在土地资源总量一定的情况下,土地复垦、整理策略不失为解决工业用地占用耕地的好办法。

土地复垦、整理策略是指对生产建设中因挖损、塌陷、压占等造成破坏的土地,以及荒地、盐碱地等不具生产力的土地,通过一定的技术手段进行恢复,达到工业用地的要求。土地复垦、整理策略是增加土地供给的有效手段。对于矿山采掘区的土地进行恢复,是目前土地整理、复垦的有效手段。

五、结论与展望

在生态环境和资源容量日益紧张的趋势下,工业布局的生态适宜性研究将产业布局规划和生态规划融合在一起,提供了一个均衡发展的思路,为产业布局规划的发展提供了新的方向。定量的生态位适宜性模型和空间地图叠加分析是目前生态适宜性综合研究方法中较为理想的组合。首先,布局的效果只有反映在地图上才更加直观明了,便于执行,但地图的空间叠加和分类等级毕竟有限,如果一定面积区域内的等级划分过细容易造成混乱,化分过少又体现不了等级;其次,在工业布局生态位适宜性评价中,先算出生态位的态势值来代替生态位的现状值,不仅简化了对现实值标准化的复杂过程,避免数据转化的失真,而且能反映区域内不同单元工业布局生态位的比重,反映经济、社会、自然生态累积作用的结果以及发展的势头。

由于目前国内外缺乏成熟地将生态适宜性分析应用于区域工业布局的实践及应用体系,因此,在研究中如何更科学客观地筛选生态因子,实践工作中往往偏向于从资料的可获取性来选择选择因子；适宜性评价过程中，分值的划分缺乏有利的技术支撑和统一的标准等。随着生态适宜性评价和 GIS 技术研究和应用的深入，生态适宜性评价体系、研究方法将不断完善，标准也将得到统一和规范，应用领域将更加广泛。

（与黄婷婷合作研究）

工业节能减排与区域生态环境

自第一台蒸汽机问世,大机器的使用使得人类从此进入工业化社会大生产时期,以对资源能源的涸泽而渔式的掠夺与消耗为代价,人类在这近150年里创造了无数的文明奇迹和巨大的物质财富。然而当人类正对自己征服大自然的行为而沾沾自喜时,却遭到了大自然疯狂的报复。全世界每年约有17万km^2森林因乱砍滥伐而消失;6万km^2土地因沙漠化和水土流失而失去生产能力[313];每年有5万种物种因生境的破坏而灭绝;全球有1/15,近13亿的人口生活在水荒中,喝不上一口洁净的饮用水;每年有50多亿吨的CO_2、SO_2和氯氟烃等废气被排放到大气中,引发温室效应、酸雨、臭氧层空洞;每年有650多万吨固体废物被倾倒进海洋,引发赤潮,使渔业资源面临枯竭。

20世纪以来,工业化加速发展,化石燃料——石油、煤、天然气大量广泛使用,森林因乱砍滥伐而大面积消失,使得地球表面CO_2浓度持续升高,进而产生温室效应。1975年以来,地球表面平均温度已经上升了约17.28℃。政府间气候变化专门委员会在第3份评估报告中,估计全球地面平均气温会在2100年上升1.4—5.8℃[314]。科学家预测,今后大气中CO_2每增加1倍,全球平均气温将上升1.5—4.5℃,两极地区的气温上升幅度将更大,比平均值高3倍。两极地区冰雪大量消融和冰块加速分裂,进而引起海平面上升。如果海平面升高 1m,约有 530 km² 的土地将直接受其影响,进而影响到约 10 亿人口及近 1/3 的世界耕地面积。气温升高还会使南美洲的安第斯山、欧洲的阿尔卑斯山等山顶冰川加速消融,使对温度敏感的珊瑚礁变色,由 CO_2 引起的温室效应引起全世界的关注。

随着沿海开发程度提高,现代化工、农业迅猛发展,人口高密度聚集,大量含有各种含氮有机物的废污水排入海水中,促使海水富营养化,赤潮藻类大量繁殖引发海水变色,产生赤潮。赤潮藻在死亡后分解需要消耗大量的水中溶解氧,会使海洋生物因大量缺氧而死亡,同时还会释放出大量有害气体和毒素,污染海洋环境,严重危害海洋的正常生态系统。另外,海水养殖业的扩大,也会带来养殖业自身污染问题;海运业的发展会引入外来有害赤潮种类;全球气候的变化也会增加赤潮的发生频率。这些都将会对海洋渔业和水产资源带来巨大危害,进而危害人类健康。目前,赤潮已成为一种世界性的公害,日本、加拿大、中国、美国、法国、菲律宾、瑞典、挪威、印度尼西亚、韩国、印度、马来西亚等 30 多个国家都曾经受到过赤潮的危害,日本是受害最严重的国家之一。

作为世界人口与资源大国,我国的生态环境情况也不容乐观。改革开放 30 年来,我国经济快速稳定发展,GDP 以年均两位数增长。当前,我国正处于产业结构调整与工业化加速推进阶段,重新重化工业化现象的出现,使得高能耗产业快速增长,然而与其协同增长的还有能源资源的巨大消耗与生存环境的日益恶化。2002 年我国 CO_2 排放量约为 33 亿吨,约占世界总量的 14%,而 5 年之后的 2007 年就已达到 52 亿吨以上。我国成为仅次于美国的碳排放大国,这使得我国在国际贸易体系中处于非常被动地位。中国是一个人口大国,同时也是"世界加工厂",每年工业生产及生活消费所产生的大量废弃物除少数能得到处理外,绝大多数又直接或间接地污染环境,其中的致癌致畸物质严重影响着人类的健康。据《2008 年全国环境统计公报》[315]显示,2008 年全国废水排放中 COD1321 万吨,比 2007 年下降 4.4%;氨氮排放量为 127 万吨,比 2007 年下降 4.0%。仍有大量未经处理或不达标的废水被排入江河,如城镇污水处理率 2008 年为 66%,2007 年为 62%,而 2005 年仅为 52%。2008 年 SO_2 排放 2321 余万吨,比 2007 年下降 5.95%,列世界第一位;脱硫机组装机容量为 3.63 亿千瓦,装备脱硫设施的火电机组占全部火电机组的比例为 60%,而 2007 年仅为 48%;全国烟尘排放量为 902 万吨,比 2007 年下降 8.6%,但全国酸雨面积仍占全国土地面积的 1/3。2008 年全国工业废弃物排放量 782 万吨,比 2007 年减少 34.7%,但工业固体废物综合利用率仅 64.3%,生活垃圾无害化处理率仅为 66.8%。《2004 年中国绿色国民经济核算研究报告》[316]中指出,2004 年全国因环境污染造成的经济损失已达 5118 亿元,占当年 GDP 的 3.05%。2008

年全国七大水系，Ⅰ—Ⅲ类水质占55.0%，Ⅳ—Ⅴ类水质占24.2%，劣Ⅴ类水质仍占20.8%，中国的饮用水资源堪忧。国内从管理制度到工业技术上都有许多改进工作有待施行。

我国的能源节约和资源综合利用尚有很大的提升空间，通过降低单位GDP能耗有望到2020年将能耗总量控制在30亿吨标准煤。我国目前的木材综合利用率仅为60%，而发达国家则达到80%以上，假如通过资源高效利用将木材综合利用率提高了10%，估计到2015年可以弥补我国木材供需缺口0.42—0.45亿吨，约30%。到2020年我国再生铝比重如果能从目前的21%左右提高到60%，就可替代3640万吨铝矿石需求，并节电1365亿千瓦/时，节水9100万m^3[317]。2003年，我国钢铁行业废钢利用率约0.58亿吨/年，占粗钢产量的26%，比世界平均水平要低11%；我国再生铝产量占铝总产量的比重为21%，比世界平均水平低19%；我国轮胎翻新率为4%，比发达国家低6%。我国淡水资源总量丰富，拥有洞庭湖、鄱阳湖、洪泽湖等十多个重点国控大型淡水湖泊，但人均淡水资源占有量仅为世界人均值的1/4，其中有16省的人均占有量在500立方米严重缺水线以下。虽然2005年七大水系断面监测显示满足Ⅲ类水质的占41%，较往年有很大提高，但部分河流污染仍然非常严重，其中淮河、黄河、松花江满足Ⅱ类水质的分别仅占3%、7%、5%，而海河、辽河、淮河劣Ⅴ类水质分别高达54%、40%和32%。我国的电池回收利用率不足1%，电脑、移动硬盘、手机、电视等现代高科技电子产品中，含铝、镉、聚合溴化联苯、六价铬、汞等多种有毒有害材料，都需要进行回收处理和综合利用。

党的十七大报告中指出建设生态文明，基本形成节约能源资源和保护生态环境的产业结构、增长方式、消费模式[318]是实现全面建设小康社会奋斗目标的新要求之一。为解决人口、资源与环境在经济发展过程中存在的矛盾，寻求人类与自然的和谐共存，我国早在《国民经济和社会发展第十一个五年规划纲要》[319]中就明确规定节能减排目标，即到2010年我国单位GDP能耗降低20%左右，主要污染物的排放总量减少10%。如今"十一五"已经结束，期间铸造的成就与辉煌令世人瞩目，节能减排的成就十分巨大，但面临的形势仍然相当严峻。国家在"十二五"规划中也明确要继续加强节能减排工作，改善生态环境。不同地区自身的自然资源、生态环境、经济基础、人文特点等差异较大，但发展的冲动、面临的机遇、竞争的环境却是大同小异的。因而，节能减排的目标、任务、路径、政策与技术基础等都有很大的差异，需要因地制宜地开展节能减排工作。

节能减排是实现我国社会经济可持续发展的必然途径，是解决人口、资源与环境之间矛盾的必然选择。但贯彻落实节能减排政策绝不是一个口号，而需要一系列切实可行的体制机制运行才能实现，其中政府扮演着重要而又特殊的角色，研究如何建立一套促进区域节能减排的产业政策、科技政策、经济政策、税收政策对改变现阶段我国面临的资源与环境问题意义重大。实施区域节能减排必然有利于其提高生态环境质量,以安徽省为区域样本,以占国民生产总值比例较大的工业为对象,针对其节能减排对生态环境的影响程度进行定量研究并分析,从工业节能、工业减排、生态环境三个角度构建安徽省工业节能减排对生态环境影响的评价体系,并进行案例(合肥、蚌埠、马鞍山)分析,揭示工业节能减排对安徽省及三市生态环境影响程度,并探讨影响该结果的可能因素,针对其中的薄弱环节提出对策建议,以供决策部门参考。

一、节能减排与生态环境保护理论

(一)可持续发展理论

工业的发展将人类带入了一个依靠大机器创造巨额财富的时代,但也将人类引入了资源能源逐渐枯竭与环境日益破坏的困境。马克思在研究伊壁鸠鲁哲学时,首次提出人与自然环境相互依存相互作用的辩证法。其后在《1844年经济学哲学手稿》[320]、《资本论》[321]等著作中对人与自然之间的辩证关系有深刻地阐述,并在《1844年经济学哲学手稿》中提出"人是自然界的部分"的科学论断。恩格斯在著作《英国工人阶级状况》[322]、《自然辩证法》[323]中也指出人类的生产实践活动应在自然环境所能承受的范围之内。正如我们所熟悉的一句恩格斯的至理名言:"我们不要过分陶醉于我们人类对自然界的胜利。对于每次这样的胜利,自然界都要对我们进行报复。每次胜利,起初确实取得了我们预期的结果,但是往后和再往后都发生完全不同的、出乎意料的影响,常常把最初结果又消除了。"可以说,马克思与恩格斯的研究为可持续发展理论奠定了早期的哲学基础。

人类开始反思,一些颇有先见的学者通过研究分析提出了自己独到的见解。蕾切尔·卡逊在《寂静的春天》[324]中积极呼吁我们要善待地球,维护人与自然的和谐。在《增长的极限》中罗马俱乐部针对当时西方国家处于第二次世界大战后经济增长黄金时期的顶峰,应用World3模型预测未来世界经济社会环境状况,并且提出人口、粮食、资源消耗将呈指数增长,通过多个模拟场景的研究揭示如果人类照此模式继续发展而不采取任何行动,世界将会面临"灾难性的崩溃"局面。这部著作最初并没有引起西方学者的注意,直到一年后的石油危机,人们才意识到地球上的资源并不是无限的,人类社会发展是有极限的。产业革命以来的经济增长模式所倡导的"人类征服自然",其后果是使人与自然处于尖锐的矛盾之中,并不断地受到自然的报复,这条传统工业化的道路,已经导致全球性的人口激增、资源短缺、环境污染和生态破坏,使人类社会面临严重困境[325],人类急需寻求一条可持续发展道路。

1972年,在斯德哥尔摩举行的联合国人类环境研讨会上首次提出可持续发展一词。九年后,美国布朗在其著作《建设一个可持续发展的社会》一书中提出以控制人口增长、保护资源基础和开发再生能源来实现可持续发展。1987年,挪威首位女性首相布伦特兰在《我们共同的未来》报告中对可持续发展做了如下定义,"既能满足当代人的需要,又不对后代人满足其需要的能力构成危害的发展"。1992年6月,里约热内卢召开的"环境与发展大会"通过了《里约环境与发展宣言》、《21世纪议程》等有关可持续发展的纲领性文件。

中国的可持续发展之旅始于《中国21世纪议程——中国21世纪人口、环境与发展白皮书》,书中第一次将可持续发展战略纳入我国经济和社会发展长远规划。随后,中共十五大将可持续发展战略确定为我国现代化建设必需实施的战略。十六大把"可持续发展能力不断增强"作为全面建设小康社会的奋斗目标之一。其后几年,中国政府确定的科学发展观具有"全面、协调、可持续"的性质。而构建社会主义和谐社会则是作为与科学发展观密切联系的社会发展的动态战略目标,是科学发展观理论的进一步展开和具体化[326]。

可持续发展的内涵表现为四个方面:发展,并不仅仅包含经济增长,是社会、文化、科技、环境等多项因素的全面进步,是全面的发展;可持续性,是发展的可持续性,地球上的资源是有限的,生态环境的承载能力也是有限的,人类的社会经济活动必须遵循自然客观条件;人与人关系的公平性,包括代际公平与代内公平;人与自然和谐共生,即天人制衡,人类从大自然中获取资源创造财富的同时,应该保护自然,维护生态平衡。其中后两点人与自然和人与人的关系协调发展理论构成了人类社会可持续发展理论的哲学基础。可持续发展理论的提出,克服了以往发展观的片面性,实现了发展理论从经济向社会、从单一性向多样性、从独立性向协调性、从主体单一化向主体多元化的转变[327]。

(二)外部性理论

经济学中的外部性概念最早起源于20世纪30年代的旧福利经济学,是由庇古在分析边际私人纯产值与边际社会纯产值相背离时提出的,简言之,即私人收益与社会收益、私人成本与社会成本不一致。具体来说,是指一个经济当事人的行为影响他人的福利,但这种影响并没有通过市场机制或货币形式反映出来。

外部性有以下两个特征,外部性是经济活动中的一种溢出效应,这种溢出效应是由对方强加给受影响者的,而不是其自愿接受的;这种经济活动是通过市场运行机制之外的过程对他人产生影响。

外部性分四种具体形式:生产的外部经济性、消费的外部经济性、生产的外部不经济性和消费的外部不经济性。另外,代际外部性的产生则是源于对自然资源的使用引起的环境外部性,而这种外部性成本转嫁又涉及多代。上述四种代内外部性及代际外部性都属于技术外部性。

为追求利润最大化,厂商会根据边际私人成本曲线(MPC)与边际收益曲线($MR=P_0$)作出生产决策,这时其私人最优产量为 Q_e。但当某一企业的生产存在外部不经济性时,社会最优产值就变为 Q_n,而不是 Q_e。因而,企业的产量 Q_e 相对于社会最优产量 Q_n 是过剩的,资源配置状况不是最优,资源应从该企业转向其他企业(图 1)。

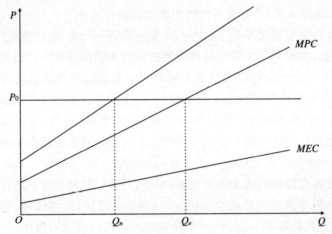

图 1 企业各种成本间的关系及均衡变化[328]

引起环境外部性产生的内在原因是市场失灵。众所周知,市场是为商品交换的各方提供机会进行协商,从而达到互惠互利的一种机制。市场失灵是指市场不能对资源环境进行正确估价和分配,不能将环境成本内部化于商品或劳务的价格中,市场的这种缺陷会导致商品或劳务的价格不能正确反映对其投入的环境成本。

目前,针对市场失灵主要市场弥补措施是使其环境的外部性内部化,即让生产者或消费者在经济活动中承担或"内部消化"其产生的环境外部费用,将环境外部性纳入他们的生产或消费决策,以弥补私人成本与社会成本的差额。

(三)循环经济理论

"循环经济"一词源于美国经济学家肯尼思·E. 鲍尔丁于 20 世纪 60 年代提出的"宇宙飞船经济理论"。循环经济实质上是一种生态经济[329]。生态经济学是研究经济系统和生态系统之间关系的科学,重点探索人类社会经济行为所引起的生态环境变化的关系,是由经济学与生态学互相渗透、有机结合形成的具有边缘性的学科[330,331]。循环经济一词是对物质闭环流动型经济的简称,是以物质、能量梯级和闭路循环使用为特征,在资源环境方面表现为资源高效利用,污染低排放,甚至污染"零排放"[332]。以"减量化(Reduce)、再利用(Reuse)、资源化(Recycle)"为原则,力图将传统的依赖资源消耗的"资源→产品→废弃物"、"牧童经济"增长方式转变为"资源→产品→再生资源→再生产品"的依靠循环型物质能量循环的环状方式来发展经济,实现低消耗、低污染、高利用率和高循环率,把经济活动对生态环境的影响降低到尽可能小。

受自然属性的限制,生态环境的产权很难得到清晰的界定[333]。对资源环境无节制的掠夺和破坏将最终导致发展的不可持续,而此时,将清洁生产、资源综合利用和可持续消费融合的循环经济模式的出现无疑为人们指明了道路。循环经济本质上是国家行为或政府引导和规制的技术经济模式[334]。循环经济系统同时是一个复杂的系统。从系统构成的角度看,它应包括循环型生产系统、循环型流通服务系统、循环型消费系统、循环型基础设施系统、生态循环系统、循环型社会系统等[335]。

目前,日本、德国是循环经济发展较好的国家。日本从法律体系、政策扶持、微观运行体系和促进公众参与等方面大力促进循环经济的发展[336],德国则以废弃物的回收利用为重点逐渐延伸建立起循环经济社会网络体系。国内有关循环经济的著作较多,如王军[337]、吴季松[338]等对循环经济的理论及方法都有较完备的介绍,而在循环经济的具体实践上,我国主要集中于生态省(城市)与循环经济工业园的建设。生态省建设是区域可持续发展的主要载体之一;循环经济建设则是产业可持续发展的主要载体之一[339]。

循环经济型工业园区(即生态工业园区)作为承接企业和社会的重要一环,是依据循环经济理念、工业生态学原理和清洁生产要求而设计建立的一种新型工业园区[340]。其中丹麦的卡伦堡循环经济工业园是全世界出现最早的典型代表,园区以发电、石育、制药、制板、炼油等企业为核心,通过对自然系统的模拟实现企业之间物质的循环使用和能量的梯级利用,减少废物排放。当前循环经济工业园按照建设基础可以分为两种模式:旧工业区改造型和全新规划型[341]。前者通过引进园区内缺乏的循环链条企业延长产业链,促进企业之间合作共生,从而优化提升园区循环经济网络结构,是一种以核心企业为主导,其他企业相配套的循环经济工业园模式,如天津开发区国家生态工业示范园区;后者则早在园区规划之时就充分考虑企业之间的物质、能量、信息的交换,可以同时存在几个核心企业或产业集群,如长沙黄兴国家生态工业示范园区。

二、安徽工业能耗与污染排放分析

(一)安徽经济社会发展概述

安徽省位于中国东南部,长江流经安徽省南部,境内全长416km;淮河流经安徽北部,境内全长 430km;五大淡水湖中的巢湖横卧江淮中部,素有"鱼米之乡"之称。安徽省年平均气温在 14—17℃ 之间,兼具暖温带和亚热带气候;年降水量在 750—1700mm 之间,南多北少;山区多、平原丘陵少,拥有黄山、九华山、天柱山等著名国家级风景区。

经过近几十年的发展,奇瑞、马钢、江淮、美菱等知名企业已成为安徽省重工业发展巨头,同时,也涌现出一批蓬勃发展的轻工业集团,如古井贡酒、黄山香烟、丰原集团、华茂股份等,合肥百货大楼集团股份有限公司是迄今为止安徽省唯一的商业上市公司、安徽省最大的综合性商业集团和省政府重点扶持的商贸流通企业。安徽省经济近年来得到快速发展。2008 年,安徽省 GDP、人均 GDP 均达到 2000 年的 3 倍,但与中国其他省市相比仍有差距,中国社科院发布的《中国省域经济综合竞争力发展报告(2008—2009)》[342]蓝皮书显示安徽省经济综合竞争力位居全国 31 个省级行政区中游区。

(二)安徽 2008 年与 2000 年工业能耗与污染状况比较分析

当前安徽省产业仍然以重化工业为支柱,新材料、信息、生物、语音、新能源、公共安全等新技术产业刚刚兴起。经济发展必然会遇到资源与环境约束,2008 年,全省能源消费总量为 8342 万吨标准煤,其中工业能耗为 6487 万吨标准煤,工业能耗占总能耗的比重为 78%,相比于 2000 年的工业能耗比重 84% 有所降低;2008 年,工业废水排放总量为 6.7 亿吨,居于全国各省市第 17 位,其中主要污染物 COD 排放量为 12.7 万吨,居全国第 14 位,氨氮排放量为 1.5 万吨,居全国第 22 位;工业废气排放总量为 15749 亿标 m³,居全国第 22 位,其中主要污染物 SO_2 排放量为 50.3 万吨,居全国第 13 位,烟尘排放量为 24.2 万吨,居全国第 19 位,粉尘排放量为 32.2 万吨,居全国第 27 位;工业固体废物产生量为 7569 万吨,位居全国第 21 位。与 2000 年的"三废"及主要污染物排放情况对比发现以废气及其主要污染物排放变化最大,其中工业废气排放量居全国位次较 2000 年下降 5 位,烟尘与粉尘排放量分别下降 5 位和 10 位;而 COD、SO_2 排放量居全国位次较 2000 年有所上升。

安徽能源消耗部门仍以工业为主,且工业废水及其主要污染物氨氮、工业废气及其主要污染物烟尘、粉尘及工业固体废物排放量与全国各省市相比排名较靠后;2008 年与 2000 年的对比中发现,安徽省工业废气及其主要污染物烟尘、粉尘排放量相对全国各省市增加显著,其中尤以粉尘排放量增加最为明显。

(三)安徽近年来工业能耗与污染排放趋势分析

1. 安徽近年来工业能耗趋势分析

安徽省在1995—2008年间工业总能耗呈不断上升趋势,其中2008年工业总能耗比2000年增长1.15倍,比1995年增长1.57倍;而工业单位GDP能耗则呈下降趋势,其中2008年工业单位GDP能耗比2000年下降83%,比1995年下降1.42倍(表1和图2)。

表1　1995—2008年安徽省工业能耗及工业单位GDP能耗

年　份	工业总能耗 (万吨标准煤)	工业单位GDP能耗 (吨标准煤/万元)
1995	3250	5.778
2000	3881	4.385
2005	5029	2.765
2008	8342	2.392

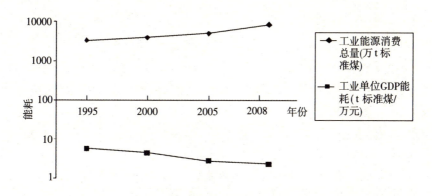

图2　1995—2008年安徽省工业能耗及工业单位GDP能耗对数图

2. 安徽近年来工业"三废"排放趋势分析

工业"三废"总排放中,工业废水排放总量在前10年呈下降态势,在其后8年则维持在近似水平线上,而工业废气及工业固体废弃物排放量在近18年中一直上升(表2和图3),且以2000—2008年上升最快,其中工业废气排放量2008年比2000年增长2.99倍,工业固体废弃物增长1.69倍。

表2 1990—2008年安徽工业"三废"排放量

年 份	工业废水排放量（万吨）	工业废气排放量（亿标 m³）	工业固体废物产生量（万吨）
1990	98620	2328	2552
1995	87006	3559	2749
2000	63106	3945	2815
2005	63487	6960	4196
2008	67007	15749	7569

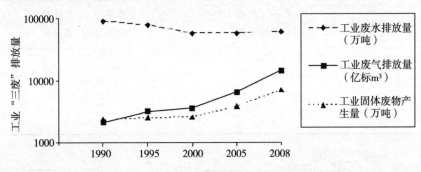

图3 1990—2008年安徽工业"三废"排放量对数图

安徽省工业"三废"单位GDP排放量在1990—1995年均呈上升态势，但在其后13年出现分歧，其中工业废水及工业固体废物单位GDP排放量呈下降趋势，2008年工业废水单位GDP排放量比2000年下降2.71倍；而工业废气单位GDP排放量在保持了10年的下降趋势后，在2005年之后又逐渐回升（表3和图4）。

表3 1990—2008年安徽工业"三废"单位GDP排放量

年 份	工业废水单位GDP排放量(t/万元)	工业废气单位GDP排放量（万标 m³/万元）	工业固体废物单位GDP产生量(t/万元)
1990	147.194	3.475	3.809
1995	154.815	6.333	4.891
2000	71.306	4.458	3.181
2005	34.921	3.828	2.308
2008	19.211	4.515	2.170

横向对比分析得出工业为安徽省主要能源消耗部门，同时安徽省工业废水、工业废气、工业固体废弃物及它们的主要污染物的排放量在全国排名中都不同程度地靠后，尤以工业废气及其主要污染物烟尘、粉尘在最近几年中排放量增加显著；纵向趋势分析中，虽然自1995年之后工业单位GDP能耗及"三废"单位

GDP排放量总体呈下降趋势,但能源消耗总量、工业废气及固体废弃物排放总量仍持续上升,其中尤以工业废气最为明显,其单位GDP排放量在2005—2008年间呈现小范围的回升。从以上几个单项指标的对比分析中可以看出安徽省工业能耗及"三废"污染形势依然很严峻,因而为本文从工业角度研究区域节能减排对生态环境影响提供现实依据。

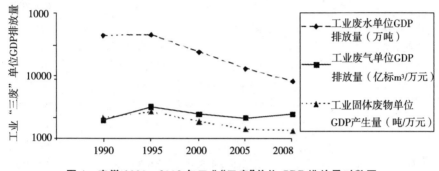

图4 安徽1990—2008年工业"三废"单位GDP排放量对数图

三、安徽工业节能减排评价

(一)安徽工业节能减排评价指标体系

按照科学性、可操作性、完整性及数据定量化原则,从现有的有关节能减排统计资料中选取数据定量指标来构建评价体系,本文共选取了23个指标进行评价。

安徽工业节能减排评价体系指标划分依据为:工业节能指标的确定源于政府文件中指定的重点行业单位产值能耗;工业减排选取了污染物排放和污染物治理及利用方面的指标,其中污染物排放主要选取了工业"三废"的排放量,主要工业污染物(COD、SO_2、烟尘、粉尘)的排放量等指标,污染物治理及利用选取的是工业废水、工业固体废物的治理、利用率及工业SO_2的去除率;生态环境主要选取了森林覆盖率、城市建成区绿化覆盖率、人均园林绿地面积及人口自然增长率等指标(表4)。

(二)权重系数的确定

对事物进行综合评价的方法有很多,主观赋权法包括层次分析法、Delphi法;客观赋权法中有主成分分析法、熵值法、模糊物元法、变异系数法等。为避免人为确定权数的主观性,本文采用一种客观赋权法——变异系数法来确定评价体系的权重系数。

在多指标综合评价中,如果某项指标在所有被评价对象上观测值的变异程度较大,说明评价对象达到该指标平均水平的难度较大,它可以明确区分各个评价对象在该方面的能力,应当赋予较大的权数;反之,则应赋予较小的权数[343]。

设对 n 个样本的工业节能减排状况按照多个评价指标进行综合评价,X_{ij} 表示第 i 个评价对象在第 j 个评价指标上的观测值。利用变异系数法评价的步骤为:

表 4　安徽工业节能减排评价体系

目标层	项目层	指标层	指标单位
工业节能减排实现指数	工业节能	单位工业增加值能耗 X_1	吨/万元
		黑色金属冶炼及压延加工业单位产值能耗 X_2	吨/万元
		有色金属矿采选业及加工业单位产值能耗 X_3	吨/万元
		石油加工、炼焦及核燃料加工业单位产值能耗 X_4	吨/万元
		化学原料及化学制品制造业单位产值能耗 X_5	吨/万元
		电力、热力的生产和供应业单位产值能耗 X_6	吨/万元
		纺织业单位产值能耗 X_7	吨/万元
		造纸及纸制品业单位产值能耗 X_8	吨/万元
		煤炭开采和洗选业单位产值能耗 X_9	吨/万元
	工业减排	工业废水排放量 X_{10}	亿吨
		工业废气排放量 X_{11}	亿标 m^3
		工业 SO_2 排放量 X_{12}	万吨
		工业固体废物产生量 X_{13}	万吨
		工业废水中 COD 排放量 X_{14}	万吨
		工业烟尘排放量 X_{15}	万吨
		工业粉尘排放量 X_{16}	万吨
		工业废水排放达标率 X_{17}	%
		工业固体废物综合利用率 X_{18}	%
		工业 SO_2 去除率 X_{19}	%
	生态环境	森林覆盖率 X_{20}	%
		城市建成区绿化覆盖率 X_{21}	%
		人均园林绿地面积 X_{22} 平方米	m^2
		人口自然增长率 X_{23}	‰

1. 逆指标的正向化

为计算出评价结果,需要对体系中的所有逆指标进行正向化,这里采用倒数法。

2. 数据的标准化

为消除量纲不同带来评价指标的不可公度性,需要对各指标进行无量纲化处理。本文采用极差法对数据进行标准化,标准化公式如下:其中 Y_{ij} 表示经过无量纲化处理的第 i 个评价对象的第 j 个评价指标值,$\min X_j$ 和 $\max X_j$ 分别为第 j 个评价指标的最小值与最大值。

$$Y_{ij} = \frac{X_{ij} - \min X_j}{\max X_j - \min X_j}, i = 1, 2, \cdots, n; j = 1, 2, \cdots, m$$

3.计算各指标的平均数 $\overline{Y_j}$ 和标准差 S_j

$$\overline{Y_j} = \frac{1}{n}\sum_{i=1}^{n} Y_{ij}, j = 1, 2, \cdots, m, \quad S_j = \sqrt{\frac{1}{n-1}\sum_{i=1}^{n}(Y_{ij} - \overline{Y_j})^2}, j = 1, 2, \cdots, m$$

4.计算各指标的变异系数 V_j 和权重 W_j

$$V_j = \frac{S_j}{\overline{Y_j}}, j = 1, 2, \cdots, m \ ; \ W_j = \frac{V_j}{\sum_{j=1}^{m} V_j}, j = 1, 2, \cdots, m$$

5.计算各评价对象的总指数得分 F_i

$$F_i = \sum_{j=1}^{m} Y_{ij} W_j \qquad i = 1, 2, \cdots, n; j = 1, 2, \cdots, m$$

(三)数据的选取

选取1999—2008年的数据,其中工业"三废"排放量、工业废水排放达标率、工业固废综合利用率、主要工业污染物(SO_2、烟尘、粉尘)排放量、森林覆盖率、城市建成区绿化覆盖率、人口自然增长率以及单位工业增加值能耗、重点行业单位产值能耗、人均园林绿地面积计算所需数据均取自《安徽省统计年鉴》[344],其中重点行业能耗数据依据各种能源消耗折标准煤计算得出,工业 SO_2 去除率计算所需数据取自《中国环境统计年鉴》[345]。

(四)安徽工业节能减排评价指标统计分析

将1999—2008年数据标准化后,相继求出23个指标的平均数与标准差,变异系数,最后得出权重,列出计算过程(表5),为简便起见,部分指标名称采取缩写形式。

表5 安徽工业节能减排评价指标统计

指标名称及代码	权重	指标名称及代码	权重
单位工业增加值能耗 X_1	0.050	工业固体废物产生量 X_{13}	0.028
钢铁业单位产值能耗 X_2	0.045	工业废水中COD排放量 X_{14}	0.026
有色金属行业单位产值能耗 X_3	0.062	工业烟尘排放量 X_{15}	0.023
石油加工业单位产值能耗 X_4	0.046	工业粉尘排放量 X_{16}	0.056
化学行业单位产值能耗 X_5	0.064	工业废水排放达标率 X_{17}	0.022
电力热力行业单位产值能耗 X_6	0.060	工业固体废物综合利用率 X_{18}	0.030

续表

指标名称及代码	权重	指标名称及代码	权重
纺织业单位产值能耗 X_7	0.052	工业 SO_2 去除率 X_{19}	0.065
造纸业单位产值能耗 X_8	0.043	森林覆盖率 X_{20}	0.028
煤炭行业单位产值能耗 X_9	0.041	城市建成区绿化覆盖率 X_{21}	0.057
工业废水排放量 X_{10}	0.024	人均园林绿地面积 X_{22}	0.065
工业废气排放量 X_{11}	0.041	人口自然增长率 X_{23}	0.024
工业 SO_2 排放量 X_{12}	0.048		

(五)评价结果及分析

采用变异系数法对1999—2008年的数据计算,求出各指标的权重后,与标准化后的原数据进行加权处理后得出节能减排评价结果(表6),并绘制折线图(图5)。

表6 安徽1999—2008年工业节能减排评价结果

年份	工业节能指数	工业减排指数	生态环境指数	综合评价指数
1999	0.027	0.136	0.032	0.195
2000	0.025	0.220	0.043	0.289
2001	0.018	0.238	0.046	0.303
2002	0.057	0.239	0.054	0.350
2003	0.077	0.200	0.037	0.315
2004	0.169	0.170	0.086	0.425
2005	0.189	0.129	0.067	0.385
2006	0.254	0.131	0.140	0.526
2007	0.294	0.159	0.148	0.601
2008	0.463	0.191	0.145	0.799

1. 权重系数的分析

在23项指标中,工业 SO_2 去除率和人均园林绿地面积被赋予的权重最大,均为0.065,其次为有色行业单位产值能耗(0.062)与电热力行业单位产值能耗(0.060)。在构建的三大部分中,工业节能占有较大的权重,为0.463;其次为工业减排,为0.363;生态环境最小,为0.174。

2. 工业节能减排趋势图的分析

从图7中可以看出,安徽近10年来工业节能减排总体上效果不错,上升最快的是2006—2008年,2008年的工业节能减排综合指数是1999年的4.10倍,但2003年与2005年有所下降。为了对工业节能减排状况进一步分析,利用各分项指数绘制折线图(图 6)。

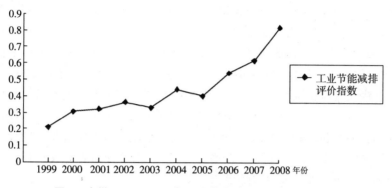

图 5 安徽 1999—2008 年工业节能减排评价指数折线图

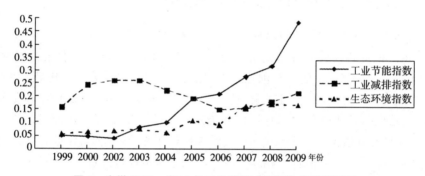

图 6 安徽 1999—2008 年工业节能减排指数分项折线图

(1)安徽自 2002 年来工业节能一直呈上升趋势,2008 年工业节能指数是 2001 年的 26 倍,且折线走向近似 J 型曲线,曲线斜率的不断增大,表明工业节能发展的速度是不断提高的,这与安徽近些年来在关停小火电组、淘汰落后炼钢产能、水泥产能,开展千家企业节能行动,有紧密的联系。同时,在 1999—2001 年间工业节能呈下降趋势,进而对各构成指标进行分析,原因主要为造纸业与纺织业单位产值能耗的持续增加。

(2)安徽近年来工业减排总体呈上升趋势,但上升幅度不大,2008 年工业减排指数仅比 10 年前提高了 40%,远远低于工业节能发展速度,且折线上下波动较大,2003—2005 年间折线呈下降趋势,对各指标研究发现,工业废气排放量、工业 SO_2 排放量、工业废水中 COD 排放量变化趋势与其相同,工业粉尘排放量变化趋势与其相似,表明造成 2001—2005 年间减排成效下降的主要原因为工业废气(SO_2 及粉尘)及 COD 的大量排放。对 2005 年以后的指标数据分析发现,工业 SO_2 排放量、工业废水中 COD 去除率、工业粉尘排放量与工业 SO_2 去除率均有转好趋势,而工业废气排放量则继续恶化,同时伴随的还有工业固体废物的排放量与综合利用率。未来安徽应继续加大对 SO_2、粉尘等工业废气的排放控制与治理力度,同时应采取措施控制工业固体废物的排放,加大综合利用率。

(3)安徽近年来生态环境总体为上升趋势。1999—2002 年间折线较平缓,2003—2008 年间折线上下波动较大,其中在 2003 年、2005 年、2008 年指数下降,分析细化到指标得出,2003 年的下降与森林覆盖率的减小有关;2005 年的下降与城市建成区绿化覆盖率、人口自然增长率有关;2008 年的下降均与城市建成区绿化覆盖率、人均园林绿化面积、人口自然增长率有关。对人口自然增长率指数进行趋势分析,发现自 2003 年来一直呈下降趋势,表明近年来安徽在生态绿化上发展的速度远远跟不上人口增长的速度,未来安徽省在继续扩大绿化范围的同时还应积极控制人口过快增长。

四、代表性城市节能减排案例分析

为使案例分析具有代表性,对 2008 年安徽 17 个市的工业生产总值进行比较,得出产值由高到低的城市依次为合肥(655 亿元)、芜湖(411 亿元)、马鞍山(404 亿元)、安庆(250 亿元)、淮南(247 亿元)、铜陵(201 亿元)、滁州(196 亿元)、淮北(192 亿元)、巢湖(174 亿元)、六安(167 亿元)、蚌埠(164 亿元)、宿州(152 亿元)、阜阳(150 亿元)、宣城(146 亿元)、亳州(96 亿元)、黄山(73 亿元)、池州(58 亿元)(数据来源于《2009 年安徽省统计年鉴》),同时综合考虑数据的可获得性等因素,最终选取合肥、蚌埠、马鞍山三个城市进行分析。

(一)三市经济社会发展与产业结构

合肥位于安徽省域中部,地处江淮之间,巢湖之滨。紧邻"长三角"经济圈,是全省政治、经济、文化、信息、金融和商贸中心,辖肥东、长丰、肥西三县,瑶海、庐阳、蜀山、包河四区。东及东北临滁州市及所辖全椒县、定远县,西及西北界六安市及所辖寿县,南及东南连舒城县和巢湖市及所辖庐江县,北接淮南市[346]。全市总面积 7029.48km^2,其中巢湖水面面积 233.4km^2。交通发达,铁路、公路、航空、水运纵横交错,是全国重要的区域性综合交通枢纽。全年气温冬寒夏热,春秋温和,为亚热带湿润季风气候。2007 年,总人口为 478.9 万人,年平均气温 15—16℃,降雨量在 940—1000mm 之间。多年平均径流量为 17.29 亿 m^3。1992 年,合肥成为国家首批命名的三个"全国园林城市"之一,并相继两度获得"中国人居环境范例奖"。合肥市 2007 年国民生产总值为 1334 亿元,位居全省第 1。

蚌埠位于安徽省东北部,淮河中游,为半湿润季风气候。北与濉溪县、宿州市、灵璧县、泗县接壤,南与淮南市、凤阳县相连,东与明光市、江苏省泗洪县毗邻,西与蒙城县、凤台县搭界[347],辖四区(蚌山区、龙子湖区、禹会区、淮上区)三县(怀远、五河、固镇)。全市面积为 5952km²。2007 年,总人口为 355.3 万人。蚌埠是安徽省重要工商业城市,皖北的商贸中心与加工制造业中心,已建立起由丰原集团、八一化工集团、华光玻璃集团、蚌埠卷烟厂等一批重点骨干企业形成的以加工业为主,涉及机械、纺织、轻工、化工、医药、电子、建材等众多行业的工业体系。四通八达的水陆交通体系更为蚌埠市工业的发展添加了一份活力。蚌埠市 2007 年国民生产总值为 412 亿元,居全省 17 个市中等地位。

马鞍山位于安徽省东部,长江下游南岸,临江近海,紧靠长三角地区。东临石臼湖与江苏溧水县和高淳县交界,西濒长江与和县相望,南与芜湖市郊、芜湖县、宣城市接壤,北与江苏省南京市江宁区毗邻[348]。全市总面积 4042km²,辖一县(当涂县)三区(金家庄区、花山区、雨山区)。马鞍山市是 20 世纪 50 年代崛起的新兴钢铁工业城市,其矿产资源丰富,为全国七大铁矿区之一。马鞍山市先后荣获"国家卫生城市"、"国家园林城市"、"中国优秀旅游城市"、"中国人民环境范例奖"、"全国环保模范城市"等荣誉称号。全市 2007 年总人口为 127.3 万人,年平均气温 17.7℃,年降水量 1047.6mm,地下水资源丰富。市境长江水面约 21km²,是发展工农业生产最可靠的水资源。近些年马鞍山市经济增长较快,2007 年国民生产总值为 532 亿元,已跃居全省第 4,仅次于合肥、安庆、芜湖三市。

2007 年的三次产业结构,合肥为 6∶48.8(39)∶45.2,蚌埠为 20.9∶38.6(33.5)∶40.5,马鞍山为 3.8∶67(62.4)∶29.2。合肥以第二产业为主导产业,第三产业发展紧随其后;蚌埠三次产业结构相差不大,第三产业比重较高于第二产业;马鞍山的第二产业占绝对主导地位,第三产业与第一产业总产值不及三次产业总产值的 1/3。

(二)三市 2007 年工业节能减排评价及分析

以合肥、蚌埠、马鞍山市为例,对 2007 年三市的工业节能减排状况进行评价。数据分别取自《2008 年合肥市统计年鉴》[349]、《2008 年蚌埠市统计年鉴》[350]、《2008 年马鞍山市统计年鉴》[351]。对原始数据进行正向化及标准化处理后,代入下面公式中,得到评价结果(表 7)。

$$F_i = \sum_{j=1}^{m} Y_{ij} W_j \quad i = 1,2,\cdots,n; j = 1,2,\cdots,m$$

表 7　合肥、蚌埠、马鞍山 2007 年工业节能减排评价结果

城市	工业节能指数	工业减排指数	生态环境指数	综合评价指数
合肥	0.298	0.158	0.122	0.578
蚌埠	0.175	0.229	0.020	0.424
马鞍山	0.132	0.094	0.146	0.372

(三)三市工业节能减排指数及分项指数分析

合肥市工业节能指数及综合评价指数最高,工业减排指数与生态环境指数位居中等;蚌埠工业减排指数最高,工业节能指数与综合评价指数位居三市中等,生态环境指数最低;马鞍山生态环境指数最高,而工业节能指数、工业减排指数、综合评价指数均居于末位。

表8 三市2007年工业节能减排评价结果细化指标值

工业节能减排评价指标	合肥	蚌埠	马鞍山
单位工业增加值能耗	0.050	0.040	0.000
煤炭开采和洗选业单位产值能耗	—	—	—
化学原料及化学制品制造业单位产值能耗	0.047	0.064	0.000
黑色金属冶炼及压延加工业单位产值能耗	0.000	0.045	0.001
电力、热力的生产和供应业单位产值能耗	0.060	0.000	0.052
有色金属矿采选业及加工业单位产值能耗	0.000	0.003	0.062
石油加工炼焦及核燃料加工单位产值能耗	0.046	—	—
造纸及纸制品业单位产值能耗	0.043	0.024	0.000
纺织业单位产值能耗	0.052	0.000	0.016
工业废水排放量	0.024	0.006	0.000
工业废气排放量	0.009	0.041	0.000
工业 SO_2 排放量	0.025	0.048	0.000
工业固体废物产生量	0.008	0.028	0.000
工业废水中COD排放量	0.026	0.000	0.006
工业烟尘排放量	0.006	0.000	0.023
工业粉尘排放量	0.031	0.056	0.000
工业废水排放达标率	0.000	0.022	0.000
工业固体废物综合利用率	0.030	0.020	0.000
工业 SO_2 去除率	0.000	0.008	0.065
森林覆盖率	0.028	0.018	0.000
城市建成区绿化覆盖率	0.052	0.000	0.057
人均园林绿地面积	0.042	0.000	0.065
人口自然增长率	0.000	0.002	0.024

注:表格中"0.000"并不代表没有,而是值很小约等于零。

将合肥、蚌埠、马鞍山市评价结果的细化指标得分值(表8)进行比较,合肥在节能减排中,工业总体节能较好,重点行业中以电力、石油、造纸、纺织行业节能较好,但钢铁、有色行业节能表现较差;蚌埠在节能减排中,表现为废气、固体废物的排放量较少,重点污染物中SO_2、粉尘的排放量较少,同时对废水的治理及利用较好,但重点污染物COD及烟尘的排放居于三市之首;马鞍山在生态环境中除了森林覆盖率指标外,其他指标均表现良好。

(四)三市工业节能减排成效分析

1. 合肥市工业节能减排成效

合肥市2007年工业结构中装备制造业、汽车产业、家用电器制造业、化工及橡胶轮胎制造业产值占市重点产业比重达80%,相比之下食品及农副产品加工业等轻工业仅占10%的比重,而新材料、电子信息及软件、生物医药等高新技术产业比重不到总产值的10%。合肥仍然是一个典型的重化工业城市。

合肥市工业减排成效位居三市中位,细化指标分析发现,虽然废水、COD的排放控制及固体废物的治理较好,但废水及SO_2的治理表现较差,而其余5个指标表现均位居中等,今后在废水及SO_2的治理方面有待进一步提高;生态环境中,合肥市森林覆盖率为三市首位,但人口自然增长率成为合肥市生态环境质量的唯一影响因素;合肥市工业节能在2007年完成较好,这与其自身条件是分不开的,合肥是省级行政机关的所在地,是各类行政措施最易到达的地区;近些年来全市GDP持续稳居全省首位;是全国重要的科研教育基地,拥有各类高等院校近100所,各类科研机构200多个;且大多数工业企业都位于规划完全的开发区内,入园时严格的"环评门槛"使企业具有较高的节能潜质。良好的政治、经济、科技环境及较为完善的管理体制使其节能成效显著,但钢铁、有色行业能耗有待降低。

2. 蚌埠市工业节能减排成效

蚌埠市2007年规模以上工业增加值为103.46亿元,其中轻工业69.65亿元,重工业33.81亿元,因而轻工业成为蚌埠市工业发展的主导力量。蚌埠市已拥有蚌埠卷烟厂、华光玻璃集团、蚌埠滤清器有限责任公司、蚌埠灯芯绒集团、安徽华润啤酒有限公司蚌埠分公司等一批发展成熟的重点轻工企业,其中丰原集团已成为涉足农产品深加工的国家级农业产业化龙头企业。

蚌埠市工业节能及工业减排指数分别位居三市中上等,推测部分归因于其独特的工业结构,占据工业总产值约67%的轻工业避免了重工业发展对大量能源的依赖及相应污染物的排放,数据表明蚌埠市在化学、钢铁行业节能较好,且废气、固体废物、SO_2、粉尘的排放量等五项指标为三市最少,细化指标分析中发现蚌埠今后电热力、纺织行业能耗有待进一步控制,同时应减少COD及烟尘的排放,加大对工业固体废物的治理;蚌埠的生态环境为三市中较差的,其中城市建成区绿化覆盖率、人均园林绿地面积及人口自然增长率成为制约蚌埠生态环境的主要影响因素,推测主要是早期旧城改造中规划不合理,资金投入不足等原因导致城市建成区建筑面积密度较高,城市绿化斑块呈星点状不均匀分布且大部分在建筑边缘,同合肥市以环城公园及马鞍山市众多山体形成的较高密度绿化斑块产生鲜明对比。

3. 马鞍山市工业节能减排成效

马鞍山拥有中国特大型钢铁联合企业马鞍山钢铁股份有限公司(马钢)、马鞍山万能达发电公司、马鞍山供电公司等大型企业,2007年按工业总产值排序前20强的企业中就有17家重工业企业,如华菱汽车股份有限公司、伟泰锡业有限公司、科邦生态肥有限公司等,可以说马鞍山市是一座严重依赖重工业生存的城市。作为全市的支柱产业——马钢所吸收的工人就是全市就业人数的一半以上,马钢工人的工资水平影响着全市人民的平均生活水平,马钢交纳的财政税收超过全市总数的一半。

马鞍山市单位工业增加值能耗远远低于三市平均水平,化学、钢铁、造纸、纺织业能耗成为工业节能落后于其他城市的重要因素。工业减排中,除了烟尘排放较少及 SO_2 的治理较好外,其他指标均落后于平均水平。需要指出的是,在构建的工业减排评价体系中由于部分指标选取的是绝对指标,而马鞍山的重工业城市身份会使样本基数偏大导致评价结果较实际值偏低,这也可能成为其工业减排指数位居三市末位的一个因素。对造成其工业节能及工业减排成效低下的原因分析,发现存在两大制约因素:一是工业结构不合理,轻重工业比例失调,传统产业仍占主导地位,高新技术企业等新兴产业寥寥无几;二是科技创新力低下,2007年马鞍山市大中型工业企业科技活动中研究与发展经费支出额为3.2亿元,占企业产品销售收入的3.78%,远远低于国际认可的最低5—10%比例的竞争力指标,科技投入的不足必然会阻碍节能减排新技术、新产品的研发与应用。马鞍山市生态环境总体状况良好,但相对于其他指标,森林覆盖率得分较小,远远低于其他三市。

五、推动三市工业节能减排的对策建议

(一)调整工业结构,促进产业结构优化升级

1. 以马钢为支柱发展循环经济的同时培育新兴产业

当今世界钢铁业已趋于夕阳产业,且马钢的铁矿石资源自给力严重不足,80%依赖进口[352],随着铁矿石的不断开采与加工,一方面会加大生产成本,降低生产效率;另一方面日积月累的开采也会使这种不可再生资源面临枯竭,马鞍山

市要改变以钢铁产业左右城市命脉的现状,必须抓住机遇调整产业结构,在加大重工业产品深加工力度的同时,提高轻工业及高新技术产业的比重,进而实现城市从严重依赖单纯能源资源到产业多元化、依靠新能源促进经济可持续增长的巨大转变。

充分利用马钢的支柱产业优势,大力推行循环经济,延长钢铁行业产业链,促进产业集聚。合理规划园区及企业分布,对入园企业制定并实施严格的环境影响评价制度,逐步完善园区基础设施建设,使入园企业之间形成有效的上下游关联的产业链,形成以点带面、点面共进的新格局。针对当前产业链较欠缺的当涂经济开发区、黄池工业集中区、博望工业集中区、花山工业集中区,可以依托现代信息技术构建其与马钢集团之间的物质交换与能流系统模型,通过计算机的模拟分析为现实产业链设计提供参考,促进循环经济工业园区建设。

依托马鞍山雄厚的资源优势,大力培育汽车、新材料、精细化工、电子电器等新兴产业。汽车产业近年来在马鞍山得到迅速发展,以华菱汽车股份有限公司及星马汽车股份有限公司为龙头,2007 年两家公司工业总产值分别达 288、202 万元,位列全市企业经济前 20 强。未来马鞍山市应做大做强汽车产业,努力将其打造为该市主导产业;同时,要积极推进中橡化工有限公司、天源科技股份有限公司为代表的精细化工、新材料产业的发展。

2. 大力发展蚌埠生物和化工新材料产业

安徽丰原生化股份有限公司生产的柠檬酸酯增塑剂,安徽丰原格拉特乳酸有限公司生产的聚乳酸,蚌埠合众硅氟新材料有限公司生产的苯基有机硅,蚌埠佳先化工有限公司生产的塑料辅助热稳定剂,安徽天润化学工业股份有限公司生产的聚丙烯酰胺,以蚌埠辽远新材料树脂为代表的多家企业生产的吸附树脂等已使蚌埠在国内的生化产业中具备比较优势。未来蚌埠市应积极促进生物和化工新材料等新兴产业的发展。

3. 壮大合肥支柱产业,培育战略性新兴产业

合肥市一方面要继续加快推进以江淮、安凯、昌河为龙头的汽车产业,海尔、荣事达、美菱、华凌、格力、三洋、美的等并齐发展的家电产业,以日立建机、合力股份主导的装备制造业,以佳通轮胎、联合利华、国风塑业为代表的化工橡塑产业等传统主导产业发展,并通过引进、吸收、消化国外先进技术或自主创新的方式改造传统产业,使产业链向下游延伸,促进产业结构升级;另一方面,合肥要积极培育和发展战略型新兴产业,并依靠中国科技大学、合肥工业大学、中科院等高科技企业孵化园区发展语音合成、火灾安全、新能源汽车、生物医药、新材料等产业,努力建设科技创新型城市。

(二)科技政策促进工业节能减排,建设美好生态环境

1. 工业节能减排科技投入政策

《2008年安徽省科技统计公报》[353]显示,2007年,合肥市R&D经费支出占该地区GDP比重为1.83,高于全省平均水平0.99及全国平均水平1.49,而蚌埠和马鞍山市仅为0.83和0.93,均低于全省平均水平。

对蚌埠、马鞍山市应加大工业节能减排科技投入,拓宽科技资金来源渠道,一方面,各级财政部门要安排一定的资金重点支持及推广工业节能减排工程重大项目,包括节能减排技术研发、示范项目和高效节能产品等;另一方面,要调整投资结构,逐步形成政府引导、企业为主体,同时以金融贷款吸引外资和社会资金的科技投融资体系。尤其是加大对中小企业融资政策性支持[354],其中包括建立专门的中小企业管理机构,对长期贷款和风险投资的设计研究,促进多元化科技投融资体系的建立;鼓励非银行金融机构、产业投资基金、上市公司以及个人参与对节能减排技术创新企业的投资和并购,完善风险投资退出渠道,保持风险投资处于良性循环状态;金融业应提供资产证券化、票据贴现、贷款调期、可转换债券等多种金融工具和手段促进中小企业通过科技创新实现节能减排。

2. 工业节能减排科技人力政策

合肥市是全国四大科教基地、两个技术创新试点城市之一、首批四个面向APEC开放的国家级科技工业园区所在城市之一,全国制造业信息化先进城市[355]。近年来,合肥市经济快速发展,城市首位度逐步提高,优越的发展环境吸引大量科技人才聚集于此,科技人力资源雄厚。相比之下,蚌埠与马鞍山市在人才储备上要略逊一筹,科技创新需要一支装配充沛的科技队伍。首先,要加大财力逐步完善城市公共基础设施建设,向世人展示全新的城市面貌,以优越的硬环境吸引科技人才的到来;其次,要健全知识产权、科技成果、专利等保护法规及条例,保障科技人才的科研成果不受他人侵犯,完善人才发展的软环境;再次,设立专项基金,通过评比审核,对节能减排重大技术攻关人员进行专门奖励,以奖促优;最后,建立创新人才"绿色通道"制度和优秀人才最低待遇标准[356],为发展科技提供保障。

3. 工业节能减排科技转化政策

企业技术中心是企业科技发展的平台,是企业先进产品、工艺、装备、技术的研发中心,是产学研联盟和对外合作交流中心,是企业技术进步战略的决策组织中心,是技术服务、咨询和散播的中心,是人才集聚和培养的中心。截至2007年底,安徽省拥有国家级企业技术中心12个,合肥5个,蚌埠1个,马鞍山1个。此外,合肥还有中国科技大学、中国科学院合肥物质科学研究院等全国重点院校及科研机构。总体来看,合肥市无论是在推动各种要素投入转化为科技成果还

是在科技成果产业化中均比蚌埠及马鞍山市有优势。

未来,蚌埠及马鞍山市要逐步完善产权交易、技术市场、技术经纪、信息咨询、产业服务等科技中介服务机构建设,促进企业节能减排技术的研发与产业化;发展一批科技中介行业协会对科技中介机构进行督导,包括实行严格的行业准入制度、考核制度,制订实施相应的行业行为规范、信誉评估、行业服务标准等行业管理制度,促使形成良好的科技中介行业风尚;推动高等院校、科研机构同企业之间建立产学研战略联盟,提供先进技术开发应用平台,实现资源设备的共享与信息的交流。

(三)促进重点领域关键技术的研发与推广

1. 合肥市重点行业节能减排技术及项目的改进与建设

合肥市钢铁、有色金属行业能耗有待降低。钢铁行业应优化用料结构,严格落实"精料"方针,降低 t 钢原燃材料消耗;建设饱和蒸汽发电机组,研发与推广大功率燃气—蒸汽联合循环发电机组及全烧高炉煤气锅炉,提高年发电量;促进烧结余热发电技术的研发与推广;改造并建成大型化、现代化、节能型工艺装备和高档板材系列生产线。有色金属行业应加大对闪速炉及硫酸余热余压综合利用项目、电机变频调速节能改造项目、铜加工燃煤工业锅炉节能改造工程等的改造;积极推进消耗 CO_2 的碳酸二甲酯等项目建设;开发和生产铜及铜合金等精深加工产品,拉长铜产业链。

合肥应加大对工业废水及 SO_2 的治理。要继续加强各开发区的污水处理设施建设,并对其运行实施严格监控;逐步完善汽车、家电、化工集团等厂区内水循环处理设备建设及技术推广。加强对钢铁企业、有色金属企业等烧结烟气脱硫工程技术的应用与推广。

2. 蚌埠市重点行业节能减排技术及项目的改进与建设

蚌埠市电热力、纺织行业能耗有待降低。纺织行业应积极推广应用高效节能的连续式印染设备和工艺;高档麻纱与织物的生产中清洁、环保生产技术的研发与推广;节水型高效洗毛、提脂、洗毛污水处理设备的应用;采用新型纺纱工艺技术生产高档毛织物技术。蚌埠市应继续加强对电力行业的逐级降耗,强制关停各小火电机组,淘汰落后产能;加强区域热电联产技术等的应用。

蚌埠市应减少 COD 及烟尘的排放,加强工业固体废物的治理。在农产品加工业中,努力促进粮食、畜禽、油料、果蔬、蜂产品、水产品及特色、生态农产品等深加工及综合利用;注重开发生产秸秆饲料、生物饲料、水产高效安全环保饲料;继续强化对采用非粮生物质生产各类生物基高分子材料、生物可降解材料及生物化学品等生物技术的应用与推广。

3. 马鞍山市重点行业节能减排技术及项目的改进与建设

马鞍山市在化学、钢铁、造纸、纺织业中能耗有待降低。其中,化工业中注重洁净煤气化工艺生产煤基多联产精细化工产品技术的应用,加大对与汽车等高技术产业相配套的新型非轮胎橡胶制品及节能、安全、高附加值的胶管胶带产品的推广与应用;对煤制合成氨等压合成技术的推广。造纸业中重点加强对漂白技术和方法、深度蒸煮技术、碱回收及黑液提取技术的改进与推广等。

马鞍山市应重点加强对工业废水及固体废物的排放控制及治理。在钢铁行业中,加大对一批水循环处理系统,如制氧机供水、高炉冷却水、部分厂区集中用水等的技术改造;集中力量研究对转炉污泥、高锌粉尘、瓦斯泥、高炉瓦斯灰、氧化铁皮、高炉水渣等废弃物或副产物的回收综合利用。电力行业中积极探索适合该市发展的清洁能源和可再生能源替代技术,减少煤炭燃烧引起的 SO_2 排放等;加大对秸秆资源化利用技术的研究与推广,如秸秆直接燃烧发电、秸秆固化成型燃料、秸秆制备活性炭、秸秆气化集中供气、秸秆制沼气、秸秆生产燃料乙醇、秸秆热解液化等;促进太阳能利用及光伏产业发展,如光伏太阳能电池发电机、非晶硅太阳能电池和光伏玻璃等。

4. 加强三市生态环境建设

通过加强宣传及人口计划生育政策的执行以控制人口自然增长率,同时社会中介机构、企业应为工人提供免费执业培训服务,提高人口素质。蚌埠市则应重点加强城市绿化建设,政府应加大对生态建设的财政投入,积极引进园林绿化人才,合理规划绿地结构,规范绿化施工队伍,健全园林绿化监理制度,必要时可对绿化项目设立基金,对为城市绿化建设有突出贡献的人才进行奖励,吸引全社会的关注;当前森林不仅具有水土保持、涵养水源等功能,更重要的是它还是一个巨大的碳汇,因而未来马鞍山市应注重封山育林,提高森林覆盖率,这对马鞍山市完成节能减排目标,发展低碳经济尤为重要。

六、结论与展望

以安徽省为区域样本,从工业节能、工业减排、生态环境三个角度构建安徽省工业节能减排评价体系,选取安徽省 1999—2008 年的数据,针对其工业节能减排对生态环境的影响程度进行定量分析,并将建立的模型应用于所辖的地级市(合肥、蚌埠、马鞍山)中,对三市 2007 年的工业节能减排状况对比分析,结合三市的社会发展及产业结构状况,探讨影响各市生态环境的工业节能减排因素。从安徽省 1999—2008 年工业节能减排评价结果分析得出:

(一)工业 SO_2 去除率、人均园林绿地面积、有色行业与电热力行业单位产值能耗成为影响安徽省生态环境状况的主要工业节能减排因素。

(二)安徽省近 10 年来工业节能减排状况总体呈上升趋势,其中尤以 2006—2008 年间上升最快。自 2002 年来安徽省工业节能一直呈上升趋势,表明工业节能完成的速度是不断提高的;但在1999—2001年间工业节能成效的下降则与造纸业与纺织业单位产值能耗的持续增加有关。在工业减排上,安徽省总体呈上升趋势,但幅度不大,且折线上下波动;其中造成2001—2005年间减排成效下降的主要原因为工业废气(SO_2及粉尘)及COD的大量排放;且工业废气的排放在2005年后仍持续恶化;故未来安徽省应继续加大对SO_2、粉尘等工业废气的排放控制与治理力度,同时应采取措施控制工业固体废物的排放,加大其综合利用率。安徽省近年来生态环境建设总体是上升的,其中在2003—2008年间折线上下波动较大,分析表明安徽省近几年在生态绿化上发展的速度远远跟不上人口增长的速度,未来安徽省在继续扩大绿化范围的同时还应积极控制人口过快增长。

从2007年合肥、蚌埠、马鞍山市的工业节能减排评价结果分析,我们可以得出:

(一)合肥市工业节能成效较好,仅钢铁、有色行业能耗略需降低,分析表明这与其良好的政治、经济、科技环境及较为完善的管理体制密不可分;工业减排成效位居三市中位,主要表现为废水及SO_2的治理较差;人口自然增长率成为影响合肥市生态环境质量的唯一因素。

(二)蚌埠市工业节能及工业减排指数分别位居三市中上等,部分是与其独特的工业结构(轻重工业比为2:1)有关;蚌埠在电热力、纺织行业能耗有待降低,应减少COD及烟尘的排放并加大对工业固体废物的治理;蚌埠的生态环境为三市中较差的,其中城市建成区绿化覆盖率、人均园林绿地面积及人口自然增长率成为生态环境的主要影响因素,推测主要是早期旧城改造中规划不合理,资金投入不足等原因所造成。

(三)马鞍山市工业节能与工业减排均位居三市末位,其中化学、钢铁、造纸、纺织业能耗成为工业节能重要影响因素;工业减排中,除了烟尘排放较少及SO_2的治理较好外,其他指标均落后于平均水平。造成其工业节能及工业减排成效低下的两大原因:一是工业结构不合理,二是科技创新力低下。马鞍山市生态环境总体状况良好,但相对于其他指标,森林覆盖率得分较小,远远低于其他三市。

据此,我们认为,合肥、蚌埠、马鞍山市工业节能减排可以从以下四个方面展开:

(一)调整工业结构。马鞍山市应充分利用马钢的支柱产业优势,大力推行循环经济,延长钢铁行业产业链,促进产业集聚,同时大力培育汽车、新材料、精细化工、电子电器等新兴产业;蚌埠市应积极发展生物和化工、新材料等高新技术产业;合肥市应积极引进、吸收、消化国外先进技术或通过自主创新改造汽车、家电等传统支柱产业,同时要积极培育和发展语音合成、火灾安全、新能源汽车、生物医药、新材料等战略型新兴产业。

(二)完善科技政策。加大工业节能减排科技投入,拓宽科技资金来源渠道。

一方面,各级财政部门要安排一定的资金重点支持及推广节能减排工程重大项目;另一方面,要调整投资结构,逐步形成政府引导、以企业为主体,同时以金融贷款吸引外资和社会资金的科技投融资体系。在人力政策上,首先,加大财政投入用于完善城市公共基础设施建设;其次,健全知识产权、科技成果、专利等保护法规及条例;再次,设立专项基金,对节能减排重大技术攻关人员专门奖励,以奖促优;最后,建立优秀人才最低待遇标准和创新人才"绿色通道"制度。在促进科技转化上,逐步完善科技中介服务机构建设,促进企业节能减排技术的研发与产业化;发展一批科技中介行业协会对科技中介机构进行督导;积极推动建立产学研战略联盟,实现资源设备的共享与信息的交流。

(三)重点领域关键技术的研发与推广。涉及合肥市钢铁、有色金属行业能耗,工业废水及 SO_2 的治理;蚌埠市电热力、纺织行业能耗,COD及烟尘的排放控制,工业固体废物的治理;马鞍山市化学、钢铁、造纸、纺织业能耗,工业废水及固体废物的排放控制及治理等的节能减排关键技术的研发与推广。

(四)加强生态环境建设。合肥在通过加强人口计划生育政策的宣传及执行控制人口自然增长率的同时应完善社会教育培训服务,提高人口素质;蚌埠市应从加强财政投入,引进园林绿化人才,合理规划绿地结构,规范绿化施工队伍,健全园林绿化监理制度等方面加强城市绿化建设;马鞍山市应注重封山育林,提高森林覆盖率。

在研究过程中,由于评价体系是基于狭义的节能减排,即节约能源及减少有害物("三废"及其主要污染物)的排放,评价范围有限,不能完全涵盖工业节能减排各方面;在实际操作中,由于工业节能减排指标与生态环境中部分指标出现重叠,且后者部分数据获取不完整,在评价中最终舍弃部分生态环境指标及原定的系统相对状态发展度模型,在一定程度上削弱了定量研究的准确性。

基于变异系数法的区域节能减排评价

改革开放 30 余年来,我国经济快速稳定发展,GDP 以年均两位数增长。当前,我国正进入产业结构调整与工业化加速推进阶段,出现了重型重化工业化现象,高能耗产业快速增长,随之带来的是能源资源的枯竭与生态环境的恶化。为解决人口、资源与环境在经济发展过程中存在的矛盾,寻求人类与自然的和谐共存。

不同地区,虽然自然资源、生态环境、经济基础、人文特点等差异大,但面临的机遇、竞争的环境却是大同小异的。因而,节能减排的目标、任务、路径、政策与技术基础等都有很大的差异,需要因地制宜,有针对性地采取相应的措施开展节能减排工作。基于前面的分析,我们选取安徽省作为区域样本,分析能源资源消耗、污染排放的行业分布与产业构成,探讨影响节能减排的基本因素,进而提出强化节能减排的政策措施。

一、评价指标与评价方法

对事物进行综合评价的方法有很多,主观赋权法包括层次分析法、Delphi 法;客观赋权法中有熵值法、模糊物元法、变异系数法等,如陈一萍[357]将密切值法用于我国节能减排的评价研究。为避免人为确定权数的主观性,研究中我们主要采用客观赋权法中的变异系数法来确定评价指标的权重系数。

变异系数法的基本思想是:在多指标综合评价中,如果某项指标在所有被评价对象上观测值的变异程度较大,说明该指标在被评价主体执行时达到平均水平的难度较大,它能够明确地区分开各被评价对象在该方面的能力,则该指标应赋予较大的权重;反之,则应赋予较小的权重[358]。

(一)评价指标体系

按照科学性、可操作性、完整性及数据定量化原则,结合安徽产业结构特点,选取相关部门节能减排的统计数据,运用变异系数法确定权重与指标体系。本文选取21个评价指标对研究对象进行评价。

主要指标确定的依据从以下几个方面考虑:一是节能指标,包括能源消耗与能源转换,其中能源消耗指标的确定源于政府文件中指定的重点行业单位产值能耗,同时安徽省近年来房地产业的迅速崛起,必然会带动和促进建筑业发展,因而指标中加入了建筑业单位增加值能耗;能源转换选取能源转换损失量为指标;二是减排指标,包括污染物排放和污染治理及资源再利用,其中污染物排放主要选取"三废"的排放量,主要污染物(COD、SO_2)的排放量等,污染治理及资源再利用选取的是工业废水、工业固体废物的治理、利用率及主要污染物(COD、SO_2)的去除率。在此基础上,我们构建了安徽省节能减排评价体系(表1),指标体系共有4个一级指标,即能源消耗、能源转换、污染物排放、污染治理及资源再利用,21个二级指标。

表1 安徽省节能减排评价体系

节能减排指数	节能指数	能源消耗	单位 GDP 能耗 X_1	吨/万元
			单位 GDP 电耗 X_2	千瓦时/元
			煤炭开采和洗选业单位产值能耗 X_3	吨/万元
			化学原料及化学制品制造业单位产值能耗 X_4	吨/万元
			黑色金属冶炼及压延加工业单位产值能耗 X_5	吨/万元
			电力、热力的生产和供应业单位产值能耗 X_6	吨/万元
			有色金属矿采选业及加工业单位产值能耗 X_7	吨/万元
			石油加工、炼焦及核燃料加工业单位产值能耗 X_8	吨/万元
			造纸及纸制品业单位产值能耗 X_9	吨/万元
			纺织业单位产值能耗 X_{10}	吨/万元
			建筑业单位增加值能耗 X_{11}	吨/万元
		能源转换	能源加工转换损失量 X_{12}	万吨标准煤

续表

节能减排指数	减排指数	污染物排放	COD 排放量 X_{13}	万吨
			SO_2 排放量 X_{14}	万吨
			废水排放量 X_{15}	亿吨
			工业废气排放量 X_{16}	亿标 m^3
			工业固体废物产生量 X_{17}	万吨
		污染治理及资源再利用	工业废水排放达标率 X_{18}	%
			工业固体废物综合利用率 X_{19}	%
			工业废水中 COD 去除率 X_{20}	%
			工业 SO_2 去除率 X_{21}	%

(二)数据选取

选取 1999—2008 年的数据,其中,建筑业增加值取自《安徽省国民经济和社会发展统计公报》;GDP、总能耗、总电耗、能源加工转换损失量、"三废"排放量、工业废水排放达标率、工业固废综合利用率等数值取自《安徽省统计年鉴》;主要耗能行业能耗数据依据各种能源消耗折标准煤计算得出;工业 SO_2 去除率、工业废水中 COD 去除率计算所需数据取自《中国环境统计年鉴》。

(三)权重系数的确定

1. 数据的标准化

采用倒数法对所有逆指标进行正向化后,对数据进行极差法标准化处理:

$$Y_{ij} = \frac{X_{ij} - \min X_j}{\max X_j - \min X_j} \quad i = 1,2,\cdots,n; j = 1,2,\cdots,m$$

其中 Y_{ij} 表示经过无量纲化处理的第 i 个评价对象的第 j 个评价指标值,$\min X_j$ 和 $\max X_j$ 分别为第 j 个评价指标的最小值与最大值。

2. 计算各指标的平均数 $\overline{Y_j}$ 和标准差 S_j

$$\overline{Y_j} = \frac{1}{n}\sum_{i=1}^{n} Y_{ij}, j = 1,2,\cdots,m \ ; \ S_j = \sqrt{\frac{1}{n-1}\sum_{i=1}^{n}(Y_{ij} - \overline{Y_j})^2}, j = 1,2,\cdots,m$$

3. 计算各指标的变异系数 V_j 和权重 W_j

$$V_j = \frac{S_j}{\overline{Y_j}}, j = 1,2,\cdots,m \ ; \ W_j = \frac{V_j}{\sum_{j=1}^{m} V_j}, j = 1,2,\cdots,m$$

4. 评价指标统计分析

采用 1999—2008 年的数据,将数据标准化后,相继求出 21 个指标的平均数、标准差、变异系数与权重,计算过程见表 2,为简便起见,部分指标名称采取缩写形式。

5. 各评价对象总指数得分的计算

$$F_i = \sum_{j=1}^{m} Y_{ij} W_j \quad i = 1, 2, \cdots, n$$

各评价对象的总指数得分 F_i:

表 2　安徽省节能减排评价指标统计

指标名称及代码	平均值	标准差	变异系数	权重
单位 GDP 能耗 X_1	0.455	0.367	0.807	0.047
单位 GDP 电耗 X_2	0.759	0.297	0.391	0.023
煤炭采选业单位产值能耗 X_3	0.429	0.333	0.776	0.046
化学行业单位产值能耗 X_4	0.265	0.319	1.203	0.071
钢铁业单位产值能耗 X_5	0.386	0.327	0.848	0.050
电力热力行业单位产值能耗 X_6	0.288	0.321	1.114	0.065
有色金属行业单位产值能耗 X_7	0.323	0.373	1.157	0.068
石油行业单位产值能耗 X_8	0.361	0.313	0.868	0.051
造纸行业单位产值能耗 X_9	0.397	0.321	0.808	0.048
纺织业单位产值能耗 X_{10}	0.322	0.311	0.966	0.057
建筑业单位增加值能耗 X_{11}	0.563	0.318	0.565	0.033
能源加工转换损失量 X_{12}	0.341	0.354	1.038	0.061
COD 排放量 X_{13}	0.519	0.363	0.700	0.041
SO_2 排放量 X_{14}	0.509	0.437	0.859	0.051
废水排放量 X_{15}	0.565	0.355	0.629	0.037
工业废气排放量 X_{16}	0.517	0.396	0.767	0.045
工业固体废物产生量 X_{17}	0.533	0.281	0.527	0.031
工业废水排放达标率 X_{18}	0.791	0.327	0.414	0.024
工业固体废物综合利用率 X_{19}	0.583	0.333	0.571	0.034
工业废水中 COD 去除率 X_{20}	0.536	0.407	0.759	0.045
工业 SO_2 去除率 X_{21}	0.256	0.313	1.224	0.073

数据来源:《1999—2008 年安徽省国民经济和社会发展统计公报》,《2000—2009 年安徽省统计年鉴》,《2000—2009 年中国环境统计年鉴》。

二、评价结果

采用变异系数法对1999—2008年的数据计算,求出各指标的权重后,与标准化后的原数据进行加权处理后得出节能减排评价结果(表3),并绘制折线图(图1)。

表3 1999—2008年安徽省节能减排评价结果

年份	节能		节能得分	减排		减排得分	综合评价得分
	能源消耗得分	能源转换得分		污染物排放得分	污染治理及资源再利用得分		
1999	0.026	0.009	0.035	0.148	0.028	0.176	0.211
2000	0.047	0.009	0.056	0.170	0.045	0.215	0.271
2001	0.053	0.007	0.060	0.169	0.081	0.250	0.310
2002	0.101	0.005	0.106	0.167	0.074	0.241	0.347
2003	0.130	0.002	0.132	0.166	0.091	0.257	0.389
2004	0.245	0.000	0.245	0.118	0.088	0.206	0.451
2005	0.264	0.036	0.300	0.051	0.097	0.148	0.448
2006	0.333	0.061	0.394	0.030	0.080	0.110	0.504
2007	0.370	0.048	0.418	0.026	0.099	0.125	0.543
2008	0.549	0.031	0.580	0.034	0.131	0.165	0.745

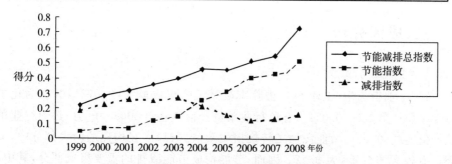

图1 安徽省1999—2008年节能减排状况折线图

数据来源:①《1999—2008年安徽省国民经济和社会发展统计公报》,②《2000—2009年安徽省统计年鉴》,③《2000—2009年中国环境统计年鉴》。

从图1中可以看出安徽省近10年来节能减排呈上升趋势,仅在2005年有所下降,但幅度不大,分项指数显示与减排指数下降有关;2007—2008年间折线

区域战略：生态文明与经济发展

上升最快,2008年的节能减排综合得分比2007年提高了34.7%。

节能综合得分趋势图显示,近10年来安徽省在节能上一直呈增长趋势,折线形状近似J型曲线,曲线斜率的不断增大,表明节能力度不断提高;相对于节能,减排综合得分折线则呈不断波动状态,且总体呈下降趋势,这从2008年的减排得分仍低于1999年可以看出。为了便于对减排进一步分析,利用计算出的得分绘制出减排分项折线图(图2)。

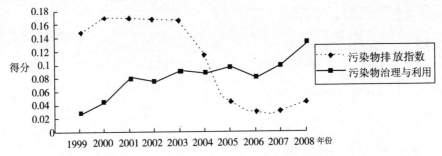

图2 安徽省1999—2008年减排分项折线图

数据来源:《1999—2008年安徽省国民经济和社会发展统计公报》,《2000—2009年安徽省统计年鉴》,《2000—2009年中国环境统计年鉴》。

在图2中,污染物排放折线显示1999—2003年间污染物排放指数变化幅度不大,但在2003年末—2007年末的4年间折线呈大幅下降态势,2007年后稍有起色;污染治理及资源再利用折线总体呈上升态势,但仅限于10年中前3年与后2年,而在2001—2006年间折线一直处于较低缓的波动状态,且波动范围大致仅限于0.08—0.1之间。

三、成因分析

(一)权重系数分析

在21项指标中,工业SO_2去除率被赋予的权重最大(0.073),其次为化工行业单位产值能耗(0.071),有色行业单位产值能耗(0.068),电力、热力行业单位产值能耗(0.065)及能源加工转换损失量(0.061)。在构建的两大部分中,节能占有较大的权重,为0.62。因而,节能构成节能减排的重要组成部分,其中,化工、有色、电力热力行业能耗及能源转换效率成为影响节能的主要因素,而工业SO_2去除率则成为减排的主要影响因素。

(二)节能减排趋势分析

1. 节能趋势分析

节能状况近年来总体呈上升趋势,这与安徽省近些年来在关停小火电组,淘汰落后炼钢产能、水泥产能,开展千家企业节能行动,推动建筑、交通和公共机构节能,在日常生活中鼓励汽车、家电"以旧换新",推广节能灯使用以及在农村推广沼气有紧密的联系。通过对节能中的各指标得分分析,可以发现单位GDP电耗、能源加工转换损失量变化趋势与总体节能趋势相差较大,其中单位GDP电耗在2008年得分与2001年得分相近(0.0196),表明近年来电力消耗并未得到控制,推测原因一方面,是近年来以直接控制煤炭、石油等化石能源的燃烧间接刺激了电力作为一种相对清洁的能源消费;另一方面,是新能源(太阳能、风能)还未得到充分的开发与利用,造成电力的暂时性替代。能源加工转换损失量得分在2004年前呈下降趋势,在2005—2006年间呈短暂上升趋势,随后又下降,表明安徽省在能源转换上发展力度不够,有待进一步提高。

2. 减排趋势分析

在图2中,针对污染物排放得分在2003—2007年间的大幅降低及2007年后的缓慢上升现象,推测原因与产业结构有关,安徽省在2003年之前第二产业增加值缓慢上升,直至2003年,其产业增加值增长率由上年的10.8%上升至14%,且之后的几年一直呈较快增长的态势,2004年为13.8%,2005年为18.8%,2006年为17.9%,2007年为19.3%,但在2008年下降至16.4%。相反,第三产业增加值增长率变化则相对较为平稳,大致在10%—13%内波动(表4)。

表4 1999—2008年第二产业与第三产业增加值

年份 项目	1999	2000	2001	2002	2003	2004	2005	2006	2007	2008
第二产业增加值(亿元)	1275	1297	1415	1552	1781	2170	2234	2656	3283	4137
增长率(%)	7.0	9.9	10.4	10.8	14.0	13.8	18.8	17.9	19.3	16.4
第三产业增加值(亿元)	878	1001	1121	1244	1444	1711	2182	2459	2848	3319
增长率(%)	10.0	10.3	10.1	9.8	10.2	13.0	9.9	10.7	12.3	11.0

数据来源:《1999—2008年安徽省国民经济和社会发展统计公报》,《2000—2009年安徽省统计年鉴》。

针对污染治理及综合利用折线变化,细化到指标分析得出1999—2001年间的折线上升,归因于工业废水(包括COD)、工业固体废物的治理与综合利用;2007—2008年间的折线上升,这归因于工业废水中COD及SO_2去除率的提高。折线在2001—2006年间较低缓的波动表明,安徽省在污染治理及资源再利用方面长期处于疲软状态,赶不上排放的步伐,而近两年的上升,仅限于工业 SO_2 与废水 COD 治理两项指标的提高。

3. 污染物排放与行业结构关系分析

为进一步研究污染物排放与第二产业结构之间的关系,在第二产业各行业与污染物排放之间建立灰色关联模型,进而分析对污染物排放产生影响的主要行业因素,根据序列曲线几何形状的相似程度来判断其联系紧密的紧密性,曲线越接近,相应序列之间的关联度就越大,反之就越小[359],进而判断一个包含多个因素的抽象系统中的主要因素与次要因素。研究结果显示的关联度分级如下: $0.35 < r_{min} \leq 0.65$ 时,为中等强度关联; $0.65 < r_{min} \leq 0.85$ 时,为较强关联; $0.85 < r_{min} \leq 1$ 时,为极强关联[360]。以第二产业中工业为研究对象,选取权重较大的工业废气排放量指标代表污染物排放,工业分行业增加值指标代表工业结构,采用 1999—2007 年的数据进行灰色关联分析,得出关联分析结果(表 5)。

表 5　1999—2007 年安徽省工业分行业与工业污染物排放关联度

工业分行业	关联度	工业分行业	关联度
文教体育用品制造业	0.895	专用设备制造业	0.782
化学纤维制造业	0.893	皮革、毛皮羽毛及其制品业	0.779
纺织业	0.891	农副食品加工业	0.779
非金属矿采选业	0.866	非金属矿物制品业	0.776
水的生产和供应业	0.860	橡胶制品业	0.775
医药制造业	0.859	交通运输设备制造业	0.767
塑料制品业	0.843	通用设备制造业	0.765
造纸及纸制品业	0.841	仪器仪表及文化办公机械制造	0.744
饮料制造业	0.823	电气机械及器材制造业	0.719
电力热力的生产和供应业	0.819	煤炭开采和洗选业	0.713
烟草制品业	0.804	黑色金属矿采选及加工业	0.698
服装及其他纤维制品业	0.802	食品制造业	0.697
电子及通信设备制造业	0.797	有色金属矿采选及加工业	0.653
印刷业	0.786	金属制品业	0.644
化学原料及制品制造业	0.786	石油加工炼焦及核燃料加工业	0.636
木材加工及木竹藤棕草制品业	0.785		

数据来源:《2000—2008 年安徽省统计年鉴》。

研究得出文教体育用品制造业、化学纤维制造业、纺织业、非金属矿采选业、水的生产和供应业、医药制造业与工业污染物排放的关联度介于0.85—1之间,具有高关联度,因而这六大行业成为工业污染物排放的主要行业。

四、政策建议

本章构建的安徽省节能减排评价体系可用于对安徽省各市县地级单位节能减排实现程度的综合评价及比较,为有关部门作出决策提供参考依据。

一是调整产业结构。未来安徽省应优先发展低投入、高产出、低污染的现代服务业与高新技术产业;提高第一产业的现代化水平,加快推进农业标准化建设,促进集约型农业向生态农业转变;在承接产业转移的同时,要严把环境评估关,为高能耗、高污染行业提供全套的产品生命周期评价技术、废弃物减量化技术、资源循环利用技术及废弃物资源化的产业链技术。

二是科技发展要与经济同步。要想从根本上提高资源利用率,最有效的手段就是依靠科技创新改进生产设备及生产工艺流程[361]。安徽省科教资源丰富,具有较强的研发潜力,加之近年来科技中介机构的蓬勃发展,未来安徽省应在加大科技投入及完善金融服务方面努力,推动节能减排关键技术的研发与产业化。

三是强化减排的法规制定及政策倾斜。目前安徽省有关减排的法规并不多,且多为综合性的,如《合肥市再生资源回收利用管理办法》,针对性不强,有必要制定专门法规加以规范,如家电再利用法,建材再利用法;同时在已有政策的基础上,对于重点排污行业中通过技术创新超额完成减排目标的企业可以提供特别的税收优惠或价格优惠,以促进减排。

(与储莎合作研究)

节能减排的科技政策及技术创新

科技政策是国家为实现一定历史时期的科技任务而制定的基本行动准则,是确定科技事业发展方向、指导整个科技事业的战略和策略原则,当科技政策用于节能减排时,必然会推动着一国经济方式朝着资源能源投入少、利用效率高、环境污染少、又好又快发展的方向转变。以创新节能减排科技政策为核心,从科技政策理念创新、制度创新、体制创新、组织创新及方式方法创新等角度,提出节能减排的科技政策;完善节能减排的科技战略、法规条例;健全管理体制,加强节能减排科技投入及金融支持;创新节能减排技术的组织机制;构建绿色产业体系;促进重点领域节能减排关键技术的研发与产业化;发展高新技术产业;完善节能减排科技统计监测体系及外部支撑环境等方面来实现节能减排。

一、科技政策与节能减排

随着我国近年来城市化、工业化、信息化的加速推进,产业结构重新进入重工业化时期,高能耗产业快速增长,导致能源资源大量耗竭,生态环境持续恶化。为解决人口、资源与环境在经济发展过程中存在的矛盾,寻求人类与自然的和谐共存,我国在"十一五"规划纲要中明确规定节能减排目标,即到2010年我国单位GDP能耗降低20%左右,主要污染物的排放总量减少

10%。如今"十一五"已经结束,期间铸造的成就与辉煌令世人瞩目,节能减排的成就十分巨大,但面临的形势仍然相当严峻。

(一)节能减排的发展

1997年12月,在日本京都召开"联合国气候变化框架公约",通过了《京都议定书》,目标是将大气中的温室气体含量稳定在一个适当的水平,进而防止剧烈的气候改变对人类造成伤害。我国于2002年签署了该条约,开始担负起节能减排任务。

2005年,八国集团首脑会议首次将气候变化问题列入会议主题;在主办方德国的推动下,2007年的八国峰会上,各国领导人就应对气候变化问题达成一致意见。

随着时间的推进,面对即将于2012年到期的《京都议定书》,为继续坚定地执行全球减排协议,2009年12月,在丹麦的哥本哈根举行了举世瞩目的哥本哈根世界气候大会。至此,节能减排已由单纯的一项决定转变成为全世界的话题,受到各国政府及人民的高度关注。

(二)科技政策的内涵

科技政策是国家为实现一定历史时期的科技任务而规定的基本行动准则,是确定科技事业发展方向,指导整个科技事业的战略和策略原则。

邓小平曾说过"科学技术是第一生产力",随着中国加入WTO,国际竞争力促使国家要通过科技的力量提高经济水平,因而通过科技政策促进科技与经济结合,以引导国家提高经济实力成为研究的焦点。

科技战略与计划。自1987年十一届三中全会以来,为使科技转化为生产力促进经济发展,国家制定了一系列科技计划,如加强基础科学研究的科技攻关计划、攀登计划、自然科学基金、"973计划",促进高技术产业发展的"863计划"、火炬计划,促进区域科技与经济结合的星火计划,以及为鼓励中小企业技术创新而设立的国家科技型中小企业创新基金,这些计划及基金都有力地刺激了经济的发展。

科技投入。包括科技人力投入与财政投入,其中R&D经费投入占地区生产总值比重已成为衡量一个地区科技财政投入力度的重要指标。

科技成果转化力。主要体现在将科学、技术、知识转化为生产力的中介服务机构,如科技企业孵化器、生产力促进中心、科技咨询评估中心、专利代理机构、科技信息服务机构、创业风险投资机构等。

高新技术产业。指具有尖端技术的产业,如信息技术、生物工程和新材料等领域的产业群,其特点是技术与知识密集,资源、能源消耗少,研发投资大,工业增长率高,对一国综合国力的提高具有重要作用,已成为21世纪最具前景的产业。

(三)制定节能减排科技政策的必然性分析

节能减排的最终目的是促进社会、经济与环境的协调发展,是探讨如何以最低的环境效益来制造最大的经济利润为主旨,而科技政策用于促进一国的科学、技术、知识向生产力转化,国家通过制定有利于节能减排技术引进、吸收、消化、创新等一系列的科技政策,从而使经济朝着资源能源投入少、利用效率高、环境污染少、又好又快的方向发展,这不仅仅只是科技政策带来的单一效应,而是通过一级一级的放大,是对过去粗放型经济发展方式的突破,它将当今社会的经济发展提到了一个新高度。

二、节能减排科技政策支撑体系

节能减排科技政策创新不是一朝一夕就能完成的,也不是某个部门能够单独进行的,其顺利发展必须通过国家、各级政府部门、企业以及社会团体和个人的共同努力,同时需要多个支撑体系的共同支撑和促进。

(一)基础研究支撑体系

2006年,科技部下发了《国家中长期科学和技术发展规划纲要(2006—2020年)》,确定了"十一五"期间我国基础研究发展的总体目标。今后,要坚持科学家自主创新的自由探索和国家战略任务的定向性基础研究的双动力驱动,做到学科发展推动与任务需求牵引相结合。选择基础研究重要研究领域和主攻方向,进行前瞻性人才培养优先部署和基础研究经费超前投入,在若干重大科学前沿和国家战略需求领域实现重点突破,推进基础研究的跨越式发展。

(二)方法与政策支撑体系

要积极推进循环经济理论方法和政策的研究,认真学习和总结国外学者关于循环经济的理论方法和研究成果,并借鉴发达国家发展循环经济的政策措施和成功经验;重点开展绿色国民经济核算框架体系、循环经济与生态工业的发展模式与评价指标研究,推动循环经济发展的战略框架及政策措施研究,尽快制定符合中国国情的循环经济政策和措施。

(三)技术支撑体系

国务院和地方政府有关部门要加大科技投入,支持节能减排共性和关键技术的研究开发。积极引进和消化、吸收国外先进的节能减排技术。尽快采取废物综合利用技术、循环经济发展中延长产业链和相关产业链接技术、"零排放"技术、有毒有害原材料替代技术、可回收利用材料和回收处理技术、绿色再制造技术以及新能源和可再生能源开发利用技术等,以提高节能减排技术支撑能力。

(四)创新支撑体系

节能减排是一个庞大的系统工程,需要建立一种新型技术经济模式,以保持社会经济的快速可持续发展。要实现"经济增长、就业增加、环境保护、资源可持续供给"的"四赢"目标,只依靠现有的工程科技是无法完成的,必须持续进行体制创新和技术创新。

(五)法律、法规支撑体系

制定中国特色的节能减排法律、法规体系,这个体系可以包括五大层次:最高层次——宪法,应把节能减排写进我国宪法之中;第二层次——节能减排法,该法应是一部统摄节能减排事业的总法规;第三层次——资源减量开发法、资源循环利用法、废物再生利用法;第四层次——行业技术政策;第五层次——地方循环经济法规。

三、创新节能减排科技政策的路径选择

任何政策都要通过理论、体制、制度、组织结构及方式方法去落实,创新节能减排科技政策的路径选择包括科技政策理念创新、制度创新、体制创新、组织创新及方式方法创新。

(一)科技政策理念创新

节能减排是一项长期而艰巨的任务,在借鉴发达国家经验的同时,必须按照我国的立法传统和我国环境保护、经济、科技发展的实际确立自己的发展理念。首先要确立科学发展的思想,即摒弃"资源—产品—废弃物(含低水平的回收利用)"的传统资源利用和经济增长模式,推行"资源—产品—再生资源"循环使用的生态经济发展模式,使经济增长和社会发展、环境保护相协调。其次要确立统筹发展的思想,即在推行节能减排的进程中,既要统筹纵向的经济、社会发展和环境保护关系,还要考虑横向的产业统筹、负担统筹和保证措施统筹方面的关系。再次还要确立政府引导和市场推进相结合和循序渐进、因地制宜的思想。

(二)科技政策制度创新

完善而健全的法律体系是节能减排的基础。根据美、日、德等国的经验,只有强化国家立法并强制执行,才能建立起真正的循环型经济社会,最终实现节能减排的目标。制度体系的建立和完善,必须注意以下几个问题:一是注重法律制度体系的整体性,把制度的建设贯穿于资源与生态环境的规划与开发、资源的流通与利用、产品消费、产品与包装再用、废弃物再生利用的全过程;二是注重法律制度的衔接性和系统性,充分发挥科教支持、行政引导、市场推进和经济刺激的作用;三是注重法律制度的前瞻性和可操作性,并充分考虑我国国情和各地的实

际情况;四是注重制度的公平性、效率性和平衡性,既要平衡考虑各方面的要求和利益,又要保证资源、收益、义务和责任分配的公平,提高行政执法和节能减排的效率。

(三)科技体制创新

以科技为支撑,围绕节能减排整个目标体系,建立科技体系。尝试建立研发中心,发挥技术开发的核心骨干作用;广泛开展对外合作,引进国外先进技术和设备;建立科技投入保障体系,建立以政府投入为引导、企业投入为主体、金融信贷为支撑、社会投入为补充的多元化科研经费投入机制;建立政府扶持制度。由于循环经济的科技研发和前期投入很多,很多经营都是微利甚至不赢利的,因此强调政府的扶持作用尤其必要。政府投入是节能减排工作的重要资金来源。以欧盟国家为例,其对循环经济的政府扶持措施主要为融资帮助、政府绿色采购、财政绿色补贴、环保专项基金支持、贴息贷款、增值税和所得税减免,鼓励绿色消费,照顾性地分配污染物排放总量指标,建立循环经济科技研究和中小企业发展基金,鼓励废物回收与再生企业投资、建设与运营的市场化,鼓励循环经济企业的股票上市,优先发行节能减排债券和彩票等。

(四)组织创新

任何科研成果只有应用到生产中才会产生巨大的社会价值。组织创新既是研究打破高校、科研院所、企业彼此之间割裂的格局,建立起能够推动各方积极性的动力机制,进而建立利益共享、风险共担、各展所长的产学研合作长效机制。充分发挥高等院校、科研院所的特殊作用,不断增强自主创新能力,为推进节能减排提供有力的科技和人才支撑;充分发挥政府的组织和调节作用,大力改善产学研合作的基础设施、政策环境,以优越的合作条件吸引国内外更多的高校和科研院所回暖产学研合作项目;充分利用新闻媒体的宣传引导作用,营造全社会支持产学研合作的氛围;推动建设社会中介服务组织并规范其运作,完善产学研合作交流的平台,加强生产力促进中心、科研成果转化中心、创业服务中心等中介服务机构建设。

(五)方式方法创新

从先进国家的发展实际看,各国政府大多制定了各种经济和产业政策,引导节能减排事业健康发展。这些政策主要有:税收政策、政府采购政策、补偿金制度、奖罚政策等。同时,各国都意识到生态工业园区是实现节能减排的富有成效的模式,它可以克服传统产业布局的弊端,把废弃物排放企业和再处理企业安排建在一个园区内,形成有机的循环组合。上游企业排放的废弃物直接供给下游企业进行再生利用,以从本源和总体上减少排放和提高废弃物的利用效率。美国、加拿大、法国、英国、奥地利、瑞典、荷兰、丹麦、意大利、日本等很多国家都在大力发展生态工业园区,而且在一些发展中国家,如泰国、印度和印度尼西亚等也开始建设生态工业园区。所以,我们的节能减排事业也需要借鉴发达国家和地区的经验,实现方式方法上的创新。

不同地区的自然资源、生态环境、经济基础、人文特点等差异较大,但发展的冲动、面临的机遇、竞争的环境却是大同小异的。因而,节能减排的目标、任务、路径、政策与技术基础等都有很大的差异,需要因地制宜,有针对性地采取相应的措施开展节能减排工作。基于前面的阐述,现将安徽省作为区域样本,以"现状分析—提出问题—解决途径"作为主线,对节能减排的科技政策进行分析。

四、安徽省节能减排背景分析

安徽省地处华东、长江三角洲腹地,近年来安徽省单位 GDP 能耗、单位工业增加值能耗在全国分别位列中上等与中等,但单位 GDP 电耗、工业废水、废气、固体废物排放量在全国排名靠后。2009 年,安徽省单位 GDP 能耗为 1.017 吨标准煤/万元,位居全国 31 个省市第 10 位,单位工业增加值能耗为 2.100 吨标准煤/万元,位居全国第 15 位,较 2008 年上升 2 位,单位 GDP 电耗为 1088.76 千瓦时/万元,位居全国第 17 位,较 2008 年下降 3 位。工业废水排放总量为 7.3 亿吨,位居全国第 19 位,较 2008 年下降 2 位,工业废气排放量为 15273 亿标 m^3,位居全国第 22 位,工业固体废物产生量为 8471 万吨,位居全国第 22 位。

(一)安徽省节能状况

1. 单位 GDP 能耗趋势

单位 GDP 能耗反映的是能源消耗强度,从图 1 中可以看出安徽省近年来单位产值能耗总体呈下降趋势,表明近年来安徽省节能势态良好。

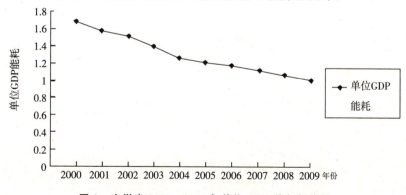

图 1 安徽省 1995—2009 年单位 GDP 能耗折线图

2. 能源消费结构

由图2可以看出,2009年安徽省高耗能行业主要集中在工业,工业能耗接近总能耗的4/5,其次为生活消费及交通运输和邮电通信业。其中原煤、原油、天然气在2009年规模以上工业企业能源消费中的构成为12448∶454∶51(折标准煤计算),可见煤炭仍然为安徽省工业主要能源消费品种。

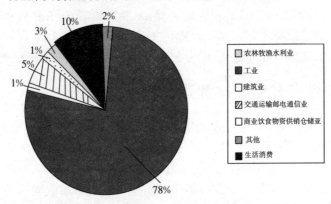

图2　2009年安徽省主要行业能源消耗比例图

3. 节能绩效

安徽省在"十一五"前3年,关停小火电机组3421万千瓦,淘汰落后炼钢产能4347万吨、水泥产能1.4亿吨;国家共安排157亿元人民币资金,用于支持重点工程实施;实施"节能产品惠民工程",2009年财政安排70亿元鼓励汽车、家电"以旧换新";加强重点用能单位节能管理,开展千家企业节能行动;推动建筑、交通和公共机构节能;推进节约型机关、学校、医院建设等。

(二)安徽省污染物排放

1. 单位GDP"三废"排放情况分析

表1　2000—2009年安徽省单位GDP"三废"排放量

项目 年份	单位GDP废水排放量 (吨/万元)	单位GDP工业废气排放量(标m³/元)	单位GDP工业固体废物排放量(吨/万元)
2000	46.018	1.359	0.970
2001	40.894	1.481	1.005
2002	39.772	1.454	0.970
2003	36.008	1.372	0.898

续表

项目 年份	单位 GDP 废水排放量 （吨/万元）	单位 GDP 工业废气 排放量（标 m³/元）	单位 GDP 工业固体 废物排放量（吨/万元）
2004	31.165	1.247	0.792
2005	29.133	1.295	0.781
2006	27.152	1.415	0.820
2007	23.808	1.800	0.809
2008	19.054	1.779	0.855
2009	17.857	1.518	0.842

从表1中可以看出，安徽省近年来单位GDP废水减排较乐观，单位GDP废水排放量由2000年的46.018吨/万元降至2009年的17.857吨/万元。但单位GDP工业废气与单位GDP工业固体废物排放量则存在上下波动，尤其以工业废气突出，其分别在2001—2002年，2005—2007年间呈上升趋势，且2009年排放量较9年前增加了12%；单位GDP工业固体废物排放量分别在2001、2006、2008年呈上升趋势，总体呈下降趋势，但下降幅度不大，2009年排放量仅较2000年降低了13%。

因而，安徽省减排形势面临挑战，除了废水的减排态势良好外，工业废气与工业固体废物的减排任重而道远。

2. 工业废气排放情况分析

从图3中可以看出，安徽省近10年来工业SO_2排放总体呈上升趋势，其中在2002—2005年间上升最快，并在2005年后保持在较高水平；工业粉尘排放量在近几年中波动较大，以2005年为拐点，2005年之前上升，2005年之后下降，其中2009年的排放量与2000年相近；工业烟尘排放量则一直没有太大的变化。表明SO_2已成为近年来安徽省工业废气排放的重要"贡献"因子。

3. 安徽省近年来减排状况介绍

"十一五"以来，安徽省已有1280家企业投资350亿元开展清洁生产审核，减少粉尘2318吨，减排化学需氧量7200吨、氨氮2010吨、二氧化硫965吨，减少污染物排放获得的经济效益约为14亿元；共建成污水处理厂63座，规模为313.5万吨/日；努力打造再生资源产业示范基地；对巢湖水污染进行综合治理；全面推行城市污水、垃圾及医疗废物等处理收费制度；研究设计垃圾无害化处理工程；研究建立危险废物处理保证金制度，继续推进排污权交易试点，完善排污费征收使用管理制度等。

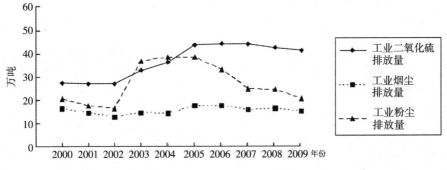

图3 安徽省2000—2009年工业废气各项排放折线图

五、安徽省节能减排科技政策

近年来,随着合芜蚌自主创新综合试验区及皖江城市带承接产业转移示范区的建立,自主创新与承接产业转移并行发展,为安徽省节能减排带来了新的挑战。通过科技政策推动节能减排,在安徽省近年来取得了一定的进展。

(一)节能减排科技政策条例

为促进节能减排,安徽省陆续颁布了一系列涉及节能减排技术条例,其中包括《安徽省发展新型墙体材料条例》、《安徽省水工程管理和保护条例》等,相关文件包括《安徽省人民政府关于加快新能源和节能环保产业发展的意见》、《安徽省人民政府关于印发安徽省"十一五"高新技术产业发展规划的通知》、《安徽省人民政府办公厅转发国务院办公厅转发发展改革委等部门关于鼓励发展节能环保型小排量汽车意见的通知》、《安徽省人民政府关于进一步加强淮河流域水污染防治工作的通知》、《安徽省人民政府关于开展有毒有害化学品专项整治工作的通知》、《安徽省人民政府关于加快发展循环经济的若干意见》,以及在一些专门的科技法规中也有介绍关于促进节能减排的条款,如《安徽省促进科技成果转化条例》。力图通过法规条例的约束,使科技政策能更好地融入到节能减排的各个环节中。

(二)节能减排共性与关键技术的研发

以节能、降耗、减排为主攻方向,以高能耗、高污染重点行业的重点企业为主体,实行产学研结合,围绕工业节能减排、重点领域节能减排等方面的技术需求,组织科技攻关。加强工业、建筑和交通等三个方面节能技术研发。如马钢公司燃气—蒸汽联合发电、高炉余压发电、长江钢铁公司蓄热加热、中橡公司尾气发电等一批节能新技术项目的投入使用使其在2009年1月至7月的余能发电量累计达65898.567万千瓦时,同比增长85%,即仅余能发电一项,马钢就比去年同期多赚 1.8 亿元人民币。

(三) 节能减排先进适用技术的推广

在工业上,针对安徽省火电、钢铁等 8 个高耗能、高排放重点行业中的重点企业节能减排的技术需求,着力推广提高能源资源利用效率的新技术,清洁生产审核,在城市社区推广建筑节能技术,在农村大力推广沼气技术。

(四) 新能源与可再生能源的开发利用

积极探索核能、风能发电研发新技术,同时加强在生物质能源利用的研发。阜阳市临泉县山羊集团投资 540 余万元兴建的秸秆膨化全价颗粒羊饲料生产线试产成功。该项目设计年生产能力 1 万吨,正式投产后可实现年销售收入 1800 万元,利润 324 万元,项目充分利用当地丰富的秸秆资源,实现秸秆等农业废弃物的综合利用,还能为当地群众提供近百个就业岗位,同时也为当地发展山羊规模饲养创造了便利条件,有利于促进山羊产业的加速发展。

蚌埠丰原集团创造性地提出了秸秆乙醇联产丁二酸的工艺路线。此项目利用农作物秸秆为原料,产品燃料乙醇是国家大力扶持的生物能源,另外丁二酸也可生产新型可降解塑料等。既是变废为宝,也将改变目前以粮食为原料生产燃料乙醇的现状。

(五) 再生资源产业示范基地建设

阜阳市积极打造再生资源产业示范基地,仅 2008 年再生铅 34.3 万吨、再生铝 8.5 万吨、再生铜 0.9 万吨、再生塑料 70 万吨,实现生产总值近 100 亿元,占全市工业总产值的 25% 左右,直接或间接带动就业人口 4 万多人。再生资源产业的发展为阜阳市实现工业突破,加快城镇化、工业化进程起到了积极的推动作用,已成为该市经济发展的一个重要支柱产业。

(六) 节能减排技术支撑平台与服务体系建设

2008 年,安徽省具有国家大科学工程 5 项,其中有 4 项涉及能源基础研究;5 个国家重点实验室中,核磁束核聚变国家实验室与汽车节能环保国家工程实验室将分别为新能源的研发与交通节能献力;同时安徽省还具有 9 个国家工程技术研究中心及 14 个国家级企业技术中心,这其中包括国家金属矿山固体废物处理与处置工程技术研究中心、国家金属矿产资源高效循环利用工程研究中心、国家煤矿瓦斯治理工程研究中心、国家节能环保汽车工程技术研究中心等机构。

在取得的科技成果中,EAST 全超导非圆截面托卡马克核聚变实验装置的研制、奇瑞节能环保汽车技术平台建设均获国家级一等奖科技奖励,15MnNiNbDR 钢制 2000m^3 低温乙烯球罐研制与应用、HFC7240C/7200C 型轿车、工业窑炉燃烧监测与控制系统、光谱法水体 COD/DOC 在线监测系统及其应用、复杂难采深部铜矿床安全高效开采关键技术研究、真菌杀虫剂产业化及森林害虫持续控制技术的研究等均获省科技奖一等奖。

同时,安徽省积极探索产学研长期合作机制。"安徽省新能源汽车产业技术创新战略联盟"成立,标志安徽省新能源汽车产业技术创新战略联盟正式运行,也标志着安徽省新能源汽车企业及高校、科研院所已形成一种优势互补和协同创新的长期稳定的利益共同体。截至2010年9月,安徽省引导组建了新能源汽车、生物医药等20多个产业技术创新战略联盟;组织开展科技创新展览展示及各类产学研对接活动百余次,促进技术转移项目成交240多项。目前,全国首个城域量子通信试验示范网项目已在合肥开工;中航、中建材、中电集团等央企纷纷与合肥市开展战略合作;合肥京东方6代线于2010年10月份建成投产,形成新的经济增长点。在芜湖市,总投资272亿元的奇瑞公司扩能技改、总投资108亿元的新兴铸管大型铸锻件基地等项目正在稳步推进。

(七)高新技术产业迅速发展

2008年,安徽省高新技术产业增加值占全省GDP比重由2001年的4.3%上升至10.2%,营业总收入超过10亿元的高新技术企业有63家。其中,合芜蚌高新技术产业开发区实现营业总收入2018.0亿元,具有特色产业基地16个,其中国家级6个。高新技术产业一支独秀,逐渐在安徽省国民经济体系中占据重要位置。

(八)循环经济试点建设成效显著

铜陵市是全国很少见的市企国家双试点单位,目前已形成了以循环经济企业、园区和社区为节点的高效集约型经济社会发展体系。淮南矿业、皖北煤电、淮北市国家试点,辅以省级有关试点,为发挥皖北资源优势、促进资源型城市转型探索建立了新型振兴之路;界首再生铅循环经济工业园,改变了传统铅回收再利用产业的高污染高耗能形象,并带动废弃塑料、铜铝等几大回收再利用产业,形成了一个皖西北新的产业基地,2010年又入选国家发改委第一批"城市矿产"试点;奇瑞、江汽汽车零部件再制造试点,为处于激烈竞争的安徽省汽车行业再造一个政策支撑点;阜南县是我国唯一的农业循环经济试点县,它与一些省级农业循环经济试点开拓了一条建设社会主义新农村的有效途径;丰原集团从燃料乙醇到秸秆利用,形成了世界独特的农业废弃物低碳产业化之路;海螺水泥的低温余热发电设备和技术,成为国家示范推广重点,并由此发展成为一个新型产业。同时,一批循环经济理念指导下的产业基地和园区快速发展壮大。如煤化——盐化一体化项目的一期工程淮北临涣煤焦化项目、淮南矿业循环经济煤化工基地、无为煤基多联产精细化工循环经济示范基地、铜陵循环经济工业园等投资百亿元以上的项目投产或开工建设。目前,安徽省拥有循环经济示范市

(县)7个,工业循环经济示范单位26个,农业循环经济示范单位22个,园区循环经济示范单位3个,餐厨废弃物再利用及城市矿产7个、再制造3个、节能环保产业示范基地2个。

(九)重点企业大力实施节能减排技术

马钢集团投资400多亿元快速实施完成了"十五"和"十一五"两轮大规模钢铁主业结构调整系统工程,建成了大型化、现代化、节能型工艺装备和高档板材系列生产线,同时对高速线材、H型钢、车轮、中板等原有生产线实施了高起点的技术改造;严格落实"精料"方针,优化用料结构,降低了吨钢原燃材料消耗;投资3亿元对高炉冷却水、制氧机供水、部分厂区集中用水等一批水循环处理系统技术改造;投资1.2亿元实施了烧结烟气脱硫工程;新建了3座220吨/小时全烧高炉煤气锅炉,年发电量达18.4亿千瓦时;充分利用余热,在行业第一家采用了烧结余热发电技术;利用富裕饱和蒸汽建成了饱和蒸汽发电机组,利用夏季富裕余热蒸汽建成了和双效溴化锂制冷机组;新建成投产的153兆瓦燃气——蒸汽联合循环发电机组(CCPP),极大地提高了企业的自发电水平;对高炉瓦斯灰、瓦斯泥、转炉污泥、高炉水渣、高锌粉尘、氧化铁皮等废弃物或副产物进行了回收利用。

安徽晋煤中能化工集团与科大创新股份有限公司共同开发合成氨优化系统项目;采用"三元流体技术"改造脱碳多级泵,年节电116.8万千瓦时;实施循环水泵节能改造,采用高效流体输送技术,年节电96.5万千瓦时;建设了10万吨/年炉渣粉碎装置、75吨/小时循环流化床锅炉等装置,实现了煤末、废渣的循环利用;投资2000多万元,实施了造气吹风气余热回收项目;投资3000多万元,实施氮肥清洁生产零排放技术,对造气循环水、锅炉循环水、脱盐水等水处理设施进行改造,年减少排水量300万吨、COD220吨、氨氮180吨;自主研发了高效节能的HT—L粉煤加压气化示范项目(航天炉技术),使每年直接经济效益达到6225万元,并以此项目为龙头,构建生产尿素、硝酸、三聚氰胺及乙二醇、二甲醚、醋酐等精细化工的煤化工产业链。

至2009年12月,铜陵有色集团共完成重点节能工程有闪速炉自热熔炼冶炼工程、铜加工燃煤工业锅炉节能改造工程、闪速炉及硫酸余热余压综合利用项目、电机变频调速节能改造项目等,累计完成投资8.2亿元,年减少能源消耗8.1万吨标准煤;积极开发和生产技术含量高、适销对路的铜及铜合金精深加工产品,拉长铜产业链,编织铜加工循环圈;年产6万吨碳酸二甲酯项目已建成投产,年消耗二氧化碳10万吨左右;以铜陵有色循环经济工业园为平台,以硫酸、铁球团、热电厂、精细化工、炉渣再选和稀贵金属提炼为基本项目,形成了产业上下游有机衔接的循环经济产业链。

海螺集团完成6万千瓦全烧高炉转炉煤气综合利用发电工程、焦炉煤调湿工程、电机系统节能改造工程、造纸污泥及浆渣发电工程、纸机节能减排技改工程等。

六、科技政策促进节能减排发展中存在的问题

安徽省综合实力位居全国中游,促进节能减排的科技政策发展刚刚起步,在制度、体制、组织、结构等方面尚有一些缺陷,仍有待于进一步完善。

(一)推进节能减排的制度体系不完善

1. 缺乏统一的节能减排科技发展战略或计划

任何政策的执行都需要一个中长期的发展战略或计划作为今后各项指标考核达标的依据,科技政策也不例外,目前安徽省缺乏专门针对节能减排的科技发展战略,使节能减排的科技因素不能完全渗入到其中的各环节,造成科技资源的浪费及节能减排科技政策运作的低效率。

2. 节能减排科技政策法律制度系统不完整

目前安徽省节能减排科技政策的法律制度系统还不够完善,仅有《安徽省发展新型墙体材料条例》、《安徽省水工程管理和保护条例》等是涉及节能减排的关键技术的法规,显示安徽省在节能减排共性与关键技术、新能源及可再生能源研发技术等众多技术则得不到法律上应有的保护,这将成为阻碍节能减排科技政策作用的主要因素。

(二)推进节能减排的体制机制不健全

1. 管理体制的缺陷

地方各级环保机构、科技部门主要受当地政府领导,一些地方保护主义严重,重数量轻质量、重速度轻效益、重建设轻管理,有些短期暴利污染行业受到地方政策保护,影响了科技政策的有效实施。

2. 政府对节能减排技术等环保领域的科技投入不高

2008年安徽省R&D经费占地区GDP比重为1.12,低于全国平均水平1.54,而日本、美国在2006年R&D经费占地区GDP比重就已经分别达到了3.4与2.61;安徽省财政科技拨款占财政支出的比重为1.45,远远低于全国平均水平(4.12)。

3. 推动节能减排科技政策的风险投资制度不健全

安徽省风险投资起步晚、规模小,节能减排技术创新单纯靠政府财政支持空间十分有限,目前安徽省有关节能减排技术研发的科技金融合作主要表现为总体合作力度不够,与之合作的金融机构数量少,且合作方式单一,对企业中节能减排的推行造成了一定的困难。

4. 推动节能减排科技政策的环保核查制度很不健全

缺乏对企业的环保科技核查、过程控制的环保监管体系,缺乏健全完善能源统计、监测和考核体系,导致某些"双高"企业或利用投资者资金继续扩大污染,或在成功获取科技支持后不兑现环保承诺,环境事故与环境违法行为频频发生。

(三)推动节能减排的组织化程度有待于提高

科技中介机构种类较少,不能满足不同产业、不同行业科技成果产业化的需求。2008年,安徽省大中型工业企业新产品销售收入占主营业务收入的比重为12.7%,而中部六省中湖南、湖北、江西均以19.8%、18.3%、13.7%超过了安徽,而同时期安徽省科技活动经费占主营业务的收入为中部六省中最高,为2.3%,大大超出了位居第2的湖南(2.0%),表明科技政策组织创新的缺乏导致科技投入的低产出,造成资源的浪费。

(四)重化工业化阶段产业结构的不合理导致节能减排压力增大

2008年,安徽省第一产业占总产值为16%,第二产业为47%,第三产业为37%,安徽省经济发展以第二产业为主导,采矿业、制造业、建筑业等重化工业的迅猛发展必然带来能源资源的大量消耗,其中文教体育用品制造业、化学纤维制造业、纺织业、非金属矿采选业、水的生产和供应业、医药制造业已构成污染排放大户,这给安徽省节能减排带来了巨大的压力。同时,以煤炭为主的能源结构促使 SO_2、烟尘、粉尘等污染物常年居高不下。

(五)高新技术产业结构较单一且大中型企业数量较少

2008年,安徽省高新技术产业中光机电领域实现增加值占高新技术产业的39.5%,新材料领域占38.6%,生物医药领域占7.3%,电子信息领域占5.7%,新能源与高效节能领域占5.5%,高新技术服务领域占3.4%。光机电与新材料发展较快,而生物医药、电子信息、新能源与高效节能领域发展较慢,呈现出发展的不平衡。

2008年,安徽省高新技术企业1328家,其中10亿元以上的63家,上市高新技术企业37家,大中型高新技术企业数量偏少,安徽省高新技术产业的规模有待于逐步发展壮大。

七、创新节能减排的科技政策体制与机制

以创新引领节能减排的科技政策,既要结合承接产业转移所带来的发展契机,又要结合安徽省节能减排现状的大背景,重点抓薄弱环节,因地制宜开展节能减排的科技支持。

(一)健全推进节能减排科技政策的战略规划与法律法规保障体系

首先,安徽省应制定一套以创新为核心的节能减排科技中长期发展战略规

划,指导思想为:迅速培育发展新兴产业,大力发展高新技术产业及现代服务业,以创新节能减排的科技投入与组织机制为核心,积极营造有利于节能减排科技发展的外部环境,促进工业节能减排关键技术的研发与产业化;其次,为节能减排科技政策建立完备的法规体系,如激励节能减排科技活动,有《节能及环保产业、产品、服务科技促进条例》,保障相关技术成果不受侵犯,有《节能减排专利促进条例》,节能减排技术专项条例,有《促进新能源技术研发条例》、《再生资源回收利用管理条例》、《废旧家电及电子产品回收处理管理条例》、《废旧手机回收利用条例》、《垃圾资源化再利用条例》等,力图建立一套贯穿支持节能减排科技投入——产出——专项技术的法律法规体系;最后,加强科技、环保、发展和改革、国资监管、国土资源等相关部门的协调,健全完善相关配套政策,形成跨部门协同推进节能减排科技政策合力。

(二)强化企业自觉贯彻节能减排科技政策的动力机制

1. 继续完善节能减排科技政策的市场环境

政府要继续加大经济调节力度,促使环境、资源等外部性成本在企业成本中内部化,通过加大差别资源价格政策力度,实行严格的奖罚制度;在普通排污收费的基础上大幅提高征收标准,迫使企业投资和运营治理污染设备;征收可持续发展专项基金,用于支持产业的健康发展和国家可持续发展能力的提高等措施,增强企业节能减排技术创新的外在压力。

2. 深化企业体制改革和分配制度改革

进一步规范公司治理结构,完善对国有及控股企业的考评指标体系,培育企业家群体和企业家创新精神,不断增强节约发展、清洁发展、安全发展、可持续发展的战略观念和忧患意识,加大科技研发投入力度,为企业技术创新提供体制机制保障。同时,把技术要素参与分配作为企业产权制度改革的重要内容,通过实施技术入股、股权激励、股票期权、管理者收购以及创新奖励等方式,激发企业通过技术创新实现可持续发展的内在动力。

(三)加强节能减排的科技投入

1. 加大节能减排科技投入力度,建立政府投入稳定增长机制

安徽省政府应继续加大对节能减排的拨款力度,各级财政部门要安排一定的资金对重大节能工程项目和重大节能技术研发、示范项目和高效节能产品的推广予以重点支持,着力提升安徽省财政科技拨款占财政支出的比重。

2. 制定并完善针对节能减排的优惠政策

积极推进以奖促治、差别电价、脱硫补贴、出口退税、排污权交易、生态补偿、绿色信贷、绿色税收、绿色采购、绿色贸易、绿色保险促进节能减排的环境经济政策;鼓励科技成果、知识产权等以股权形式参与分配。

支持节能减排技术研发与转让。对于新技术、新产品、新工艺产生的研发，采取加计扣除的税收优惠，对于企业节能减排技术转让及单位和个人从事技术转让、技术开发业务和与之相关的技术咨询、技术服务业务，可以在企业所得税和营业税方面进行税收优惠。

鼓励企业使用节能减排专用设备。可以按设备的投资额的10％从企业当年的应纳税额中抵免；当年不足抵免的，在以后5个纳税年度结转抵免。

鼓励发展资源综合利用产业。相关企业可以享受减计收入的税收优惠。扶持从事环境保护、节能节水项目等企业，按"三免三减半"进行优惠。鼓励企业实施中国清洁发展机制基金及清洁发展机制项目，并进行企业所得税优惠。

支持节能服务公司发展。如对于节能服务公司实施合同能源管理项目取得的营业税应税收入，可以暂免征收营业税及增值税；对于其从项目取得第一笔生产经营收入，按"三免三减半"进行优惠等。

3. 实施有保有压的融资政策，健全风险投融资机制，吸引社会资金参与节能减排技术的研发

对优先淘汰落后产能以及应用减排技术的企业，在发行股票、企业债券、公司债、中期票据、短期融资券以及银行贷款、吸收私募股权投资等方面给予支持，必要时给予贷款贴息支持。对产能落后及违反污染物排放标准的企业，实施融资限制等措施。

建立政府引导企业为主，金融机构贷款和社会资金积极参与的节能减排投入机制。2007年，安徽省的创业风险投资机构仅有8家，远远不能满足社会的需求。首先，政府应建立相应的中小企业管理机构，专门研究对长期贷款和风险投资的优惠设计，建立多元化的科技投融资体系；其次，允许和鼓励非银行金融机构、上市公司、产业投资基金和个人参与对节能减排技术创新企业的投资和并购，建立风险投资退出渠道，使风险投资进入良性循环；最后，金融业应积极为中小企业提供多元化的金融工具和手段，如资产证券化、可转换债券、贷款调期、票据贴现等，促进科技创新。

（四）创新节能减排技术的组织机制

1. 搭建促进节能减排技术创新的组织机制和交易平台

创新组织形式，建立产学研合作的新机制。一是着眼于节能减排技术的创新需求，在核心项目实施上，力求项目跟着需求走、资金跟着项目走、集中精力抓项目，合理配置科技资源，努力构建产学研相结合的技术创新战略联盟，为增强自主创新能力、突破关键技术、促进技术创新成果产业化提供支撑；二是建立产、学、研与政府、银行结合的"3＋2"机制，充分发挥政府的引导支持作用和银行等金融部门的金融服务功能，促进长期合作；三是积极推进应用技术研究机构通过股份制等形式与相关企业重组并入企业,或者改组为独立的企业法人,加快科研机构企业化进程。如企业与专门的"节能减排服务公司"签订合同,通过技术改造使企业获得节能减排效益。与此同时,可以以省技术产权交易市场、国家专利技术(安徽)交易中心为依托,积极探索科技成果拍卖、技术预定、技术期货和技术风险投资等多样化技术交易模式,完善网上技术交易平台,加快建设覆盖中部、辐射全国的技术交易所。

2. 完善节能减排技术的科技中介网络体系及其管理体制改革

建立健全创业服务、科技信息、科技咨询、科技评估、技术产权交易、技术经纪、科技人才中介、农村技术推广服务等科技中介机构,鼓励其开展节能减排相关的技术和管理咨询服务,国际标准认证咨询服务,企业管理顾问服务,培训基地服务,企业孵化器技术、融资、市场综合配套服务,技术市场服务,技术产权交易服务,科技咨询评估服务,科技查新咨询服务,科技情报信息服务,经济科技发展的宏观政策研究和重点经济技术领域发展态势的跟踪研究服务等。

对已有的以公共科技服务为主的科技企业孵化器、生产力促进中心、科技咨询评估中心、专利代理机构及科技信息服务机构等中介机构,要通过改革管理体制,使之成为科技中介机构的骨干力量;鼓励大专院校、科研机构充分发挥科技人才和科技资源优势,兴办生产力中心、企业孵化器和科技咨询机构等,以提供先进的节能减排技术开发应用平台;对于人力、财力、物力较雄厚的从事节能减排技术相关项目的科研机构,鼓励其整体转为科技中介机构;鼓励重点耗能排污行业的国有企业、民营企业结合自身的改革、改组和改造,单独或联合兴办科技企业孵化器,重点开展节能减排技术攻关项目;鼓励社会力量创办科技类非企业单位,提供节能减排技术相关的科技中介服务;鼓励兴办各类农民技术经济协作组织,重点研究节能减排技术成果农业的产业化。

3. 加强科技中介行业协会对科技中介机构促进节能减排技术成果转化的督导作用

科技中介行业协会要依照有关政策法规,在政府指导下对从事节能减排技项目的科技中介机构实行严格的行业准入制度、资质认定制度及从业人员考核持证上岗制度,制定实施相应的行业行为规范、行业服务标准、从业人员守则、违规惩戒、资质认证、信誉评估等行业管理制度,促使形成良好的行业风尚,加大科技中介机构促进节能减排技术成果转化的力度。

(五)构建绿色产业体系,转变经济发展方式

1. 重点发展高效率、低污染和低碳排放的产业

一是严把环境影响评价门槛,对于不改造、不达标的企业坚决不予进入;二是调整结构,迅速培育发展新兴产业,提升和改造传统产业,大力发展高新技术

产业和现代服务业，做大做强优势产业。在新兴产业中重点发展语音产业、节能环保产业、生物产业、高档数控装备产业、新材料产业、新能源汽车产业、公共安全产业，加快高新技术成果转化和产业化，促进产业结构优化升级，抢占新一轮经济增长的制高点。

2. 加大煤炭产业结构调整及技术创新

一要注重煤炭资源合理开发。稳步推进煤矿升级改造，加快煤矿企业兼并重组，提高大型煤炭基地产量及大中型煤矿生产能力；加大煤层气、页岩气等非常规天然气资源的开发；加快突破煤矿瓦斯治理技术瓶颈和自主创新步伐，积极开展煤矿瓦斯综合治理与利用关键技术研发和装备研制项目，如低透气性煤层瓦斯抽采增效技术和工艺开发、低浓度瓦斯输送技术和装备研制、井下及地面钻机研制，地面瓦斯抽采的欠平衡车装钻机等项目；二要建立及完善煤化工循环经济产业链，使煤炭工业由单一的原煤销售逐步转向原煤生产—洗精煤加工—炼焦—矸石、煤泥、焦炉煤气等副产品利用的发展模式；三要优化火电开发布局、继续淘汰落后小火电机组、发展热电联产等方式，推动传统能源的清洁高效利用；在合理控制火电建设规模的基础上，安全开发太阳能、核能、生物质能、地热能等新能源。

（六）促进重点领域节能减排关键技术的研发与产业化

1. 装备制造业中节能减排关键技术的研发与推广

汽车制造业中开展"产、学、研"相结合的汽车关键零部件技术中心建设，加大新能源汽车的研发与推广，重点支持一汽加快插电式混合动力自主品牌汽车产业化及纯电动轿车的研发制造，突破电池、电机、电控关键生产技术，加大新能源汽车整车技术开发及示范推广，零部件及相关材料技术、智能充电网络建设等；机械装备制造业中，促进节能降耗变电产品设计与制造，余热、余压、高炉尾气综合利用等发电机组及关键配套设备设计与制造，固体垃圾处理及资源回收利用设备设计与制造，大型水泥熟料、特种玻璃、新型墙材等建材专用设备及关键零部件开发与制造等。

2. 原材料产业中节能减排关键技术的研发与推广

冶金业中加强铁合金、碳素和耐火材料等产品生产节能减排技术的开发和应用，其中钢铁行业要继续推进节能型工艺装备和高档板材系列生产线建设，加大对水循环处理系统、余热烧结余热发电技术、烧结烟气脱硫工程技术、燃煤锅炉的改造与推广应用；铅冶炼行业要加大重力除尘、袋式除尘、水洗脱硫、煤改气、富氧底吹等先进工艺的推广使用；铜冶炼行业要加大对闪速炉自热熔炼冶炼工程、硫酸余热余压综合利用项目、电机变频调速项目的节能改造与推广，碳酸二甲酯项目的发展。化工业中开展煤制合成氨等压合成技术及促进循环水泵节能的高效流体输送技术应用,航天炉技术的推广与应用;硫回收、磷石膏综合利用、中低品位磷矿利用及各种专用肥、缓控释肥等高效支农化学品生产;采用洁净煤气化工艺的煤基多联产精细化工产品生产,焦化副产品回收及深加工;高附加值、安全、节能、环保的胶管胶带产品及为汽车等高技术产业配套服务的新型非轮胎橡胶制品。非金属材料中加强节能环保型装饰、装修、建筑材料生产和技术开发,优质节能复合材料、发泡板材、门窗及五金配件生产,其中水泥行业要积极推进煤气综合利用、焦炉煤调湿、电机系统等工程节能改造,造纸污泥及浆渣发电工程的建设;发展日产5000吨以上新型干法窑外分解技术,提高新型干法水泥熟料比重;水泥粉磨要推广辊压粉磨、助磨剂技术;生料磨要推广立磨和挤压技术等;加大推广水泥窑纯低温余热发电技术;淘汰全部机立窑、湿法窑、干法中空窑及其他落后的水泥生产工艺。

3. 轻纺产业中节能减排关键技术的研发与推广

家用电器中注重节能、环保、智能、信息化家用电器产品及零部件开发及产业化;农产品加工业中,努力促进粮食、油料、畜禽、果蔬、水产品、蜂产品、茶叶及特色、生态农产品等储藏、保鲜和深加工及综合利用,生物饲料、秸秆饲料、水产高效安全环保饲料的开发生产,发展以非粮生物质为原料生产各类生物可降解材料、生物基高分子材料及生物化学品的生物技术;纺织服装业中发展采用特种动物纤维,应用节水型高效洗毛、提脂、洗毛污水处理设备及新型纺纱工艺技术生产高档毛织物技术,促进清洁、环保生产技术用于高档麻纱与织物的开发及生产,注重高效、自动化、节能、低耗的连续式印染设备和工艺的应用;注重日常生活中节能技术的研发与推广,如高效节能灯生产技术、固态汞替代液态汞新工艺技术的节能灯生产,绿色、环保、新型日用化学产品制造。

4. 建筑业中节能减排关键技术的研发与推广

建筑业中注重城市建筑供热平衡与节能控制系统技术开发应用及政府办公建筑及大型公共建筑节能监管平台建设,国家康居示范工程、安徽省节能省地环保型住宅建设试点项目、住宅性能认定试点项目建设,建筑一体化与可再生能源应用技术研发、生产及示范工程建设,既有建筑节能改造技术研发及示范工程建设等建筑节能;严格执行城镇新建建筑和大型公共建筑强制性节能标准,发展节能省地型建筑;推进节能型环保厨浴设备、LED节能灯的使用及采暖、空调温度节能设置;加快推进集中供热工程建设;逐步淘汰高压汞灯;推广使用节能门窗、胶粉聚苯颗粒及膨胀聚苯板抹灰外墙外保温系统等新型墙体材料等建筑节能产品;建筑陶瓷行业推广辊道窑技术,改善燃烧系统;卫生陶瓷生产改变燃料结构,采用洁净气体燃料烧成工艺;积极推广应用新型墙体材料;加大对建成后的公共建筑进行建筑能效专项测评及相应的建筑节能检测站的建设。

5. 交通运输业中节能减排技术的推广

积极推进节能型综合交通运输体系建设,优先发展公共交通,推广厢式货车和集装箱等专业运输车辆;开展地区货运联盟试点,提高运输集约化程度,优化运输组织结构;减少单车单放空驶现象,提高运输效率;引导消费者购买低油耗汽车,推行公交车、出租车"油改气"工作;执行车辆燃料消耗量限制标准、大力发展运用节能环保型车辆、新能源汽车及电动车;推进轨道交通和新能源汽车配套电网和快速充电站建设及运营。

6. 太阳能光伏产业技术的研发与推广

成立太阳能研究机构,增强太阳能技术研发能力和科技人才储备;加快制定《安徽省太阳能资源评价报告》及《安徽省太阳能利用中长期规划》,对全省太阳能资源的关键数据进行系统分析研究,提出安徽省太阳能发展利用的基本思路和建议,为全面综合利用太阳能资源奠定基础;大力推动单晶硅和多晶硅太阳能发电技术发展,积极抓太阳能发电基地示范项目建设,通过示范带动全省太阳能发电产业发展。借鉴宁夏发电集团的冶金物理法多晶硅新技术,加大对太阳能级硅材料制备工艺以及太阳能光伏应用研发及推广,实现太阳能发电的低成本化;提高光伏电池的转换效率;优化太阳能电池的生产流程,降低晶体硅片的厚度,减少材料的消耗量,促进形成高纯多晶硅制造、硅锭、硅片生产、太阳能电池制造、光伏组件封装以及光伏系统应用等环节产业链,推动太阳能光伏产业园建设及发展。加大建筑光伏组件的研发与应用,将太阳能光热系统作为建筑设计的组成部分,与建筑工程同步设计、施工、验收,支持城市建筑安装小型分散并网光伏电池;加大薄膜太阳能电池、太阳能路灯、太阳能空调技术的开发与应用,其中太阳能空调要进一步解决集热、蓄热等技术难题。

7. 其他新能源技术的推广与应用

积极推广秸秆的资源化利用,如秸秆固化成型燃料、秸秆制备活性炭、秸秆直接燃烧发电、秸秆制沼气、秸秆气化集中供气、秸秆热解液化、秸秆生产燃料乙醇等;沼气发电、沼气燃料电池技术等的开发与推广;CO_2捕获与埋存技术的研发与推广。

(七) 节能减排的高新技术产业发展政策

1. 加大高技术产业多元化培养,扩大高技术产业规模

2007年,安徽省高技术产业主要集中于光机电及新材料领域,领域分布过于单一,一旦遇到冲击,极易走向崩溃。因而,培养多元化的高新技术产业集群成为必然趋势。

2. 鼓励外商投资,促进技术的引进、消化与吸收

对外商投资企业开发的具有自主知识产权的高新技术成果转化项目给予支

持,政府返还项目用地的土地使用费、土地出让金和部分购置项目所需生产经营用房所缴纳的房产契税;鼓励外商投资企业加强技术开发活动,外商投资企业在安徽境内发生的技术开发费比上年增长10%以上(含10%)的,经税务部门批准,允许再按技术开发费实际发生额的50%抵扣当年度的应纳税所得额。经认定的外商投资技术密集型、知识密集型企业,报税务部门批准,减按15%的税率缴纳企业所得税。外商投资设立的研究开发中心,在投资总额内进口的国内不能生产或性能不能满足需要的自用设备及其配套的技术、配件、备件,可按规定免征关税和进口环节增值税;鼓励外商投资设立的研究开发中心参与国内产、学、研合作,并可参与政府科研计划的招投标。

3. 注重高新技术产业节能减排关键技术的研发与产业化

电子信息产业中重点发展数字化多功能雷达整机、专用配套设备及部件制造,3G移动通信系统、终端、核心芯片及测试设备制造,兼容IPV4/IPV6的下一代互联网设备制造及大容量、高可靠性锂离子电池、聚合物锂离子电池、氢动力电池及关键材料等的研发及产业化;生物产业中要促进再生医学产业发展,生物农药、兽用中药、生物肥料等绿色农用生物制品的开发生产及应用,注重生物技术对医药、化工、酿造、食品、农产品加工、饲料、纺织、造纸、制革等传统制造过程的改造;公共安全产业中注重应急通讯指挥与救援技术装备研发和制造,促进安全生产监控技术、矿井安全生产信息技术、灾害监测预警技术、火灾探测报警应用新技术、建筑物防火性能化设计方法与技术、电力安全技术、新型防雷过电压保护材料与技术,食品快速检测技术、安全控制技术、安全溯源与预警技术,环境安全监测预警和应急处置的光学监测、等离子体处置等技术,城市智能视觉监控技术、视频分析技术、视音频辅助刑事侦查技术等的研发与应用。

(八)完善节能减排科技统计监测体系,营造节能减排科技支撑的外部环境

完善节能及环保产业、产品及服务相关的科技统计监测体系,进一步落实投资项目节能评估和环境评价制度,开展能耗计量器具配备、能耗计量数据及使用、高耗能设备专项检查;各地市县科技部门每年定期公布上一年度节能及环保产业科技统计状况,并依照节能减排科技发展战略中指定的预期目标施行考核评价制度。加大对节能减排的宣传力度,一要调整教育结构,扩大学校办学自主权,设置节能减排、清洁生产等专业;二要通过媒体(网络、电视、广播、报纸)向广大民众科普节能减排方面的知识,从而了解公众对节能环保产品、技术和服务的需求信息,营造节能减排科技支撑的外部环境;三要加强人员的培训、考核制度与保险福利措施,提供良好的保障措施。

(与储莎合作研究)

发展低碳经济的区域实践

随着全球气温以每10年0.2℃的速度上升,极地冰川融化,海平面上升等一系列由温室效应带来的灾害引起了社会各界的高度关注。气候变化已成为全球可持续发展面临的最严峻挑战之一。在此情况下,"碳足迹"、"低碳经济"、"低碳技术"、"低碳发展"、"低碳生活方式"、"低碳社会"、"低碳城市"、"低碳世界"等一系列新概念、新政策应运而生[362]。

低碳经济是指在可持续发展理念指导下,通过技术创新、制度创新、产业转型、新能源开发等多种手段,尽可能地减少煤炭石油等高碳能源消耗,减少温室气体排放,达到社会经济发展与生态环境保护双赢的一种经济发展形态。从《联合国气候变化框架公约》、《京都议定书》、《斯特恩报告》到"巴厘岛路线图"、G8峰会,再到最近的哥本哈根联合国气候大会,低碳经济的发展经历了一段艰难的历程。作为世界最大贸易出口国的中国,为承担共同而有区别的责任也做出了一个发展中大国的榜样,如《中国应对气候变化国家方案》的发布及承诺到2020年实现单位国内生产总值CO_2排放比2005年下降40%—45%。

目前国内对低碳经济的研究较多,包括从行政类、市场类、自愿类[363]政策工具到低碳立法、优化能源结构、促进低碳技术创新、优化产业结构等多角度的研究,范围广泛。如岳岚[364]对CO_2排放的动态规律与发展趋势进行了分析,得出发展碳交易市场用以调控 CO_2 减排;胡宗义[365]等采用动态 CGE 模型模拟分析得出低碳经济使能源密集型产业对能源需求的减少是降低能源强度的主要原因等。庄荣盛[366]提出以共生性发展理论为指导实现高碳农业向生态农业的转变。林挺进[367]通过齐方差与异方差模型的比较得出环保投入水平积极影响环保绩效及其离散程度。董方晓[368]对辽宁省森林碳汇量进行估算,并得出其对经济可持续发展的积极作用。

作为省会城市,合肥在安徽省的首位度近年来迅速提高,地区生产总值、全社会固定资产投资、城镇居民人均可支配收入等增速均列中部 6 省省会城市第 1 位,省会经济首位度超过 20％。在经济快速发展的同时,需要在发展的质量上苦下功夫,以创新为动力,大力发展低碳经济和循环经济,构建资源节约型、环境友好型社会。"不要牺牲环境的发展,不要浪费资源的增长,不要未经环评的建设"已成为全市上下的共识。在"十二五"时期,合肥市应继续贯彻低碳经济的发展理念,不遗余力地狠抓节能减排关键环节、薄弱环节。分析合肥市发展低碳经济的主次影响因素,从而提出具有借鉴意义的相关政策建议是本部分研究的主要目的。

一、选取变量及建立模型

(一)变量的选取

分产业结构、科技、财力、农业、碳汇 5 个部分介绍发展低碳经济的影响因素,共选取 5 个变量。

产业结构因素:现阶段我国正处于产业结构调整与工业化加速推进阶段,重新重化工业化现象的出现成为资源能源大量消耗与生态环境破坏的罪魁祸首。由发展工业与服务业所产生的环境经济外部性悬殊差异。这里依据三次产业分类法,采用产出状况——第三产业 GDP/第二产业 GDP 来衡量。

科技因素:科学技术作为第一生产力在转变粗放的经济增长方式,变革高耗能、高污染、低效率的产业结构中发挥着巨大的推动作用。科技因素中包括人力、财力、科技中介转化力、金融服务力等,这里选取科技投入因素——R&D 经费支出/GDP。

财政投入因素:"经济基础决定上层建筑",这句话同样适用于发展低碳经济。据《中国绿色国民经济核算研究报告 2004》[369],在现有的环境治理技术水平下全部处理 2004 年环境污染物,需要的环境治理投资额应占当年 GDP 的 6.8％左右,而事实上 2004 年实际投资总额仅占当年 GDP 的 1.19％,还不到预算的 1/5。因而财政投入成为影响低碳经济发展的一大因素。这里选取工业污染治理施工项目当年完成投资额/GDP。

农业现代化因素：据估计，当前我国农业源排放的 CO_2 量占总人为温室气体排放量的 21%—25%。除了土壤释放碳外，化肥、机械动力等的大量使用也加速了 CO_2、CH_4 等温室气体的排放。目前我国平均每公顷施化肥 400 公斤以上，远远高出发达国家认定的 225 公斤/公顷的安全上限[370]。化肥的施用成为高碳农业的主要"贡献"因子，这里选取农用化肥施用量指标。

碳汇因素：碳汇，指绿色植物吸收并储存 CO_2 的能力，包括陆地碳汇与海洋碳汇。据联合国政府间气候变化专门委员会（IPCC）估算：全球陆地生态系统中约储存了 2.48 万亿吨碳。同时，《京都议定书》等国际公约也认可通过增加碳汇用以抵减一国碳排放指标的方案。在城市体系中，人口的高聚集性使得森林的恢复可能性大大降低，只能通过人工绿化去除空气中的 CO_2，这里选取城市建成区绿化覆盖率指标，该指标也能间接地反映市民的环保意识。

（二）建立模型

选取合肥市 1999—2008 年的数据，通过以上 5 个自变量分别对因变量碳排放强度（2003—2008 年的数据计算）、单位 GDP 工业废水排放量、单位 GDP 工业固体废物排放量建立数学模型，并对相关指标数据进行对数处理。

$$\ln CI_i = \alpha + \beta_1 \ln(TIG_i/SIG_i) + \beta_2(RD_i/G_i) + \beta_3(PMI_i/G_i) + \beta_4(FA_i) + \beta_5(GC_i) + \mu_i$$

$$\ln(IWD_i/G_i) = \alpha + \beta_1 \ln(TIG_i/SIG_i) + \beta_2(RD_i/G_i) + \beta_3(PMI_i/G_i) + \beta_4(FA_i) + \beta_5(GC_i) + \mu_i$$

$$\ln(ISD_i/G_i) = \alpha + \beta_1 \ln(TIG_i/SIG_i) + \beta_2(RD_i/G_i) + \beta_3(PMI_i/G_i) + \beta_4(FA_i) + \beta_5(GC_i) + \mu_i$$

其中 CI_i、IWD_i/G_i、ISD_i/G_i、TIG_i/SIG_i、RD_i/G_i、PMI_i/G_i、FA_i、GC_i 分别代表碳排放强度、单位 GDP 工业废水排放量、单位 GDP 工业固体废物排放量、第三产业 GDP/第二产业 GDP、R&D 经费支出/GDP、工业污染治理施工项目当年完成投资额/GDP、农用化肥施用量、城市建成区绿化覆盖率，μ_i 是随机干扰项。

二、数据分析

（一）碳排放强度的计算

由于缺乏终端能源消费量的具体数据，此处以安徽省为对照对合肥市碳排放量进行估算，即合肥市的工业终端能源分品种消费量/工业总能源分品种消费量＝安徽省的工业终端能源分品种消费量/工业总能源分品种消费量。

其中，电力既有合肥市本地火力发电也有市外来电，热力主要是本市供热，其碳排放是按火力发电和供热投入的能源计算，不再计算能源终端消费部门电力和热力的碳排放。

能源消费碳排放量计算依据 IPCC 碳排放计算指南[371],按以下公式计算:

$$A = \sum_{i=1}^{12} B_i \times C_i \quad (1)$$

其中,A 为碳排放量,10^4 吨;B_i 为能源 i 消费量,按标准煤计,10^4 吨;C_i 为能源 i 碳排放系数,(10^4 吨)/(10^4 吨);i 为能源种类,取 12 类(表 1)。合肥市主要消费能源的碳排放系数来源于 IPCC 碳排放计算指南缺省值,原始数据以 J 为单位,为与统计数据单位一致,将能量单位转化成标准煤,具体转化系数为 1×10^4 吨标准煤等于 $2.93 \times 10^5 GJ$。各种能源的碳排放系数(表 1)。

表 1 各种能源的碳排放系数[10]

能源种类	碳排放系数(10^4 吨/10^4 吨)	能源种类	碳排放系数(10^4 吨/10^4 吨)
原煤	0.7559	柴油	0.5921
洗精煤	0.7559	燃料油	0.6185
焦炭	0.8550	液化石油气	0.5042
原油	0.5857	其他石油制品	0.5857
汽油	0.5538	天然气	0.4483
煤油	0.5714	焦炉煤气	0.3548

采用 2003—2008 年的数据,将原始能源数据转化为标准煤后,带入公式(1),得出碳排放量估算值,进而求出碳排放强度,即碳排放量/GDP(表 2)。

表 2 2003—2008 年合肥市碳排放量及碳排放强度

年份(年)	碳排放量(10^4 吨)	碳排放强度(吨/10^4 元)	年份(年)	碳排放量(10^4 吨)	碳排放强度(吨/10^4 元)
2003	302.6	0.513	2006	328.0	0.305
2004	352.2	0.488	2007	315.0	0.236
2005	318.1	0.362	2008	301.9	0.181

数据来源:《2000—2009 年合肥市统计年鉴》,《2004—2009 年中国能源统计年鉴》。

(二)采用 SPSS13.0 软件得出回归统计结果

根据回归方程,采用逐步回归方法,利用 SPSS13.0 软件,得到相应的回归结果(表 3)。

表3 影响合肥市发展低碳经济因素的多元线性回归统计结果

Mod.	碳排放强度 —LN(X)			单位GDP工业废水 排放量—LN(X)			单位GDP工业固体废物 排放量—LN(X)		
	Cons	TIG_i/SIG_i	PM_i/G_i	Cons	RD_i/G_i	GC_i	Cons	RD_i/G_i	TIG_i/SIG_i
Std. β		0.890	0.290		−0.750	−0.479		−0.561	0.474
T		10.606	3.458		−4.626	−2.954		−3.310	2.796
Sig.		0.002	0.041		0.002	0.021		0.013	0.027

数据来源:《2000—2009年合肥市统计年鉴》。

(三)方程回归结果分析

1. 影响合肥市碳排放强度的数据分析

所选变量对合肥市碳排放强度的解释能力为96.6%,说明建立的模型能够解释碳排放强度变化的差异。除第三产业GDP/第二产业GDP、工业污染治理施工项目当年完成投资额/GDP指标外,其余指标变量均被剔除,其中第三产业GDP/第二产业GDP单个变量的解释能力就达到87.4%。两指标与常数项均通过5%的显著性检验。标准化残差直方图显示标准化残差的正态曲线的均值为0,标准差为0.755,接近标准正态曲线,基本满足随机误差项正态分布的假设理论,模型拟合效果比较好。残差的正态P-P图中得到,残差服从正态分布。

2. 影响合肥市单位GDP工业废水排放的数据分析

所选变量对合肥市单位GDP工业废水排放的解释能力为76.4%。除R&D经费支出/GDP、城市建成区绿化覆盖率指标外,其余指标变量均被剔除,且R&D经费支出/GDP、城市建成区绿化覆盖率与常数项均通过了5%的显著性检验。标准化残差直方图显示标准化残差的正态曲线的均值为0,标准差为0.882,接近标准正态曲线,基本满足随机误差项正态分布的假设理论,模型拟合效果比较好。残差的正态P-P图中得到,残差服从正态分布。

3. 影响合肥市单位GDP工业固体废物排放的数据分析

所选变量对合肥市单位GDP工业固体废物排放的解释能力为84.8%。除R&D经费支出/GDP、第三产业GDP/第二产业GDP指标外,其余指标变量均被剔除,其中R&D经费支出/GDP单个指标的解释能力达到71.8%。两指标与常数均通过了5%的显著性检验。标准化残差直方图显示标准化残差的正态曲线的均值为0,标准差为0.882,接近标准正态曲线,基本满足随机误差项正态分布的假设理论,模型拟合效果比较好。残差的正态P-P图中得到,残差服从正态分布。

三、基本结论与问题的提出

由 SPSS13.0 软件得出合肥市发展低碳经济影响因素的回归统计结果,进行分析后发现产业结构、科技构成近年来合肥市发展低碳经济的主要制约因素,其次为财政投入及碳汇。

(一)传统行业占据重要位置,新兴产业发展低迷

正处于快速工业化和城市化双轮驱动、跨越发展新阶段的合肥,仍是一座典型的能源缺乏型城市,2008 年,电力、成品油、液化气、天然气等能源品种的市外净调入量,占全市消费总量的 98.6%。在三次产业结构中,第二产业所占比例大;从产业内部结构看,高新技术产业比重相对比较低,新兴行业发展相对滞后,传统行业比重大。机械、家电和化工等传统行业成为支柱产业,低碳经济发展任务艰巨。

(二)低碳产业发展滞后,技术创新不足

与先进地区相比,合肥光伏产业、新能源汽车、建筑节能和环保设备等低碳产业发展相对落后。以太阳能光伏发电为例,项目少、企业规模小、缺乏完整的产业链。2008 年我国太阳能光伏装机容量达到 34 兆瓦,由于对清洁能源技术创新财力支持、金融支持不够,清洁能源技术人才严重缺乏,企业发展低碳经济的参与意愿不高,制约着低碳经济的发展。

(三)低碳经济技术应用不足,关键技术需要引进和开发

先进的技术是发展低碳经济的根本,受经济规模和生产成本影响,无论在广度上还是深度上,合肥市在经济发展中低碳技术应用不足,主要体现在工业废水与城市生活废水处理技术、新型环保材料开发技术、清洁生产技术、废旧家电拆解处理技术、农业环境污染综合治理技术等方面。

(四)碳市场、碳税渐行渐远,企业与市民减排意识不高

由于目前合肥市还没有形成完全的碳交易市场,且未建立相应的法规政策予以保障指导,同时还缺乏碳金融、银行贷款、碳保险、碳证券等一系列创新金融工具为其支撑,致使通过配额进行的总量限制与交易机制及基于碳信用进行的基线与信用机制不能发挥其应有的作用,导致企业环保意识不强,缺乏自主减排动力;且碳税在合肥市区还未开征,造成市民节约意识不高,绿色消费意识淡薄。目前,合肥市太阳能热水器使用量约 100 万 m^2,普及率仅约 6.12%,与国家要求 15%的目标相差甚远。建筑节能推广效果一直不尽如人意,太阳能应用率仅为 12.70%,远低于全国平均水平 18%。

四、政策建议

(一)科学制定规划,完善政策保障体系

将发展低碳经济作为经济工作的重中之重,并与生态市建设、循环经济、节能减排和环境保护等统筹发展。一是将低碳经济纳入合肥"十二五"国民经济和社会发展总体规划,确定其指导思想、具体目标和保障措施;二是将低碳技术研发纳入科技规划和科技攻关计划;三是以低碳经济的理念制定节能环保、新能源、建筑节能等重点行业和部门的低碳经济发展规划,普及碳排放测算技术,摸清区域、行业的排放水平,尽快制定低碳经济的统计和考核指标体系,并逐步将其作为经济发展的约束性指标。

制定并完善鼓励科技创新、节能减排、降低CO_2排放、可再生能源使用政策,在税收减免、财政补贴、政府采购、绿色信贷等方面加大支持力度;加大政府投入,建立鼓励低碳经济发展专项资金,用于支持低碳产业项目、低碳技术研发及推广应用;推行碳税,建立完善的碳交易市场,积极发展碳金融,加快碳金融产品创新。

(二)构建绿色产业体系,挖掘工业节能潜力

充分利用皖江城市带承接产业转移示范区建设机遇,统筹兼顾经济发展与绿色环保,重点发展高效率、低污染和低碳排放的产业。一是提高"高碳"产业准入门槛,不经改造、不达标的"三高"企业不予准入;二是调整结构,提升和改造传统产业,大力发展高新技术产业和现代服务业,开发和生产高附加值、低能耗产品,实现产业结构的低碳化;三是依据中央限制发展、降低产能的六大产业政策,在全市进行一次全方位排查,逐步建立起"谁污染、谁治理"、"不达标、不放行"的有效机制;四是大力发展太阳能、生物质能等可再生能源和新能源产业,构筑完整的产业链;五是积极创办节能洁净、高端高效的产业和项目。

工业是合肥发展低碳经济主体,在工业领域发展低碳经济,一是强化工程技术手段,围绕装备制造、钢铁、汽车、家电、化工、建材等重点行业,实施电机改造和余热余压利用等节能技术改造专项行动;二是强化产业结构调整,抓紧建立完善淘汰落后产能退出机制和配套政策,建立健全工业固定资产投资项目节能评估和审查管理办法与机制;三是强化重点用能企业管理,开展节能管理试点,加快建立工业节能技术创新体系与服务体系;四是强化工业节能的保障体系,逐步建立行业节能减排监测体系。结合调整经济结构和产业优化升级,推动新材料、新能源、生物质能、光伏光电、生物制药和量子通讯等新兴产业加快发展,推动现代物流、服务外包、文化动漫产业等快速发展,构建以循环经济为导向的低碳经济产业体系,形成低碳节能产业集群,培育壮大新的经济增长点。

(三)鼓励低碳技术的自主创新,增强科技支撑能力

低碳技术是低碳发展的核心驱动力,是支撑经济发展方式转变、实现可持续发展的重要保证。加快企业技术升级改造,依托先进科学技术,淘汰落后工艺,加速科技成果的转化和应用;多渠道引进、消化、吸收国内外先进适用的低碳新技术、新工艺;对发展低碳经济的链接技术、共性技术、关键技术进行科研攻关,对碳捕捉和碳封存技术、能源利用技术、能源替代技术、减量化技术、再利用技术、资源化技术、生物技术、新材料技术、绿色消费技术、生态修复技术等进行自主创新;逐步完善科技服务平台建设,促进以企业为主体、以市场为导向的低碳技术产学研战略联盟的形成;建立和完善侵权行为的举报、投诉制度,加强知识产权保护工作。

(四)积极推广先进实用技术,发展现代农业

农业发展低碳经济,大有作为,关键在于推广先进适用的农业技术。推广测土配方施肥技术,实现减量增效;推广合理用药技术,实现减量控害;推广农田节水技术,实现节能节水;推广免耕栽培技术,实现节本节能;推广秸秆综合利用技术,发挥能源效益;推广沼气利用技术,实现变废为宝。

(五)广泛开展宣传教育,倡导绿色生活方式

一是加大宣传力度,充分利用电视、报纸、影像等各种媒介,普及气候变化和低碳经济知识,鼓励及引导人们更多地选择低碳消费方式;二是加大行动力度,坚决完成或超额完成节能减排的指标,积极创办节能洁净、高端高效的产业和项目,加快发展可再生能源和新能源,增加森林碳汇;三是建设低碳城市,就现阶段而言,城市的能源消耗占80%以上,温室气体的排放量占90%左右,建设低碳城市是推广低碳生活与生产模式的重点。

低碳经济与新型工业化道路

绿色经济最早在英国经济学家皮尔斯1989年出版的《绿色经济蓝皮书》提出,是指以市场为导向、以传统产业经济为基础,以经济、环境和谐为目的发展起来的一种新的经济形式。绿色经济是产业经济为适应人类环保与健康需要而产生并表现出来的一种发展状态,是指能够遵循"开发需求、降低成本、加大动力、协调一致、宏观有控"等五项准则,并且得以可持续发展的经济。

绿色经济与传统产业经济的区别在于:传统产业经济是以破坏生态平衡、大量消耗能源与资源、损害人体健康为特征的经济,是一种损耗式经济;绿色经济则是以维护人类生存环境、合理保护资源与能源、有益于人体健康为特征的经济,是一种平衡式经济。

低碳经济,是指在可持续发展理念指导下,通过技术创新、制度创新、产业转型、新能源开发等多种手段,尽可能地减少煤炭石油等高碳能源消耗,减少温室气体排放,达到社会经济发展与生态环境保护双赢的一种经济发展形态。低碳经济的特征是以减少温室气体排放为目标,构筑低能耗、低污染为基础的经济发展体系,包括低碳能源系统、低碳技术和低碳产业体系。低碳能源系统是指通过发展清洁能源,包括风能、太阳能、核能、地热能和生物质能等替代煤、石油等化石能源以减少二氧化碳排放。低碳技术包括清洁煤技术

(IGCC)和二氧化碳捕捉及储存技术(CCS)等。低碳产业体系包括火电减排、新能源汽车、节能建筑、工业节能与减排、循环经济、资源回收、环保设备、节能材料等等。我国提出以2005年为基准线,碳排放量到2020年减少40%—45%的目标。

绿色经济是低碳经济、循环经济和生态经济三者的结合,发展绿色经济的最终目的是要达到人与自然和谐相处,促进人类社会可持续发展。

一、发展低碳经济的财政政策

绿色经济是一项复杂的系统工程,必须充分发挥政府的作用,切实增强财政政策的协调性、有效性和系统性。

(一)完善转移支付办法,加大财政投入力度

环境保护、污染治理的钱迟早要拿,早治理早主动,晚治理必被动。各级财政部门要把环境保护投入作为公共财政支出的重点,进一步加大投入力度。第一,增加预算安排,确保环保投入增长幅度高于财政收入增长幅度,确保各级财政预算内基本建设支出中用于生态保护项目、环境公共设施的比例不低于上年水平;第二,中央财政和省级财政要加大对重点生态保护地区、资源枯竭地区、关闭重点污染行业和企业所在地区的财政转移支付力度,保障其提供均等公共服务所需财力;第三,按照"谁受益,谁付费"的原则,建立横向财政转移支付制度,确保河流上游水源林保护区、动植物保护区、湿地草原保护区、天然林保护区从受益地区得到相应的经济补偿;第四,扩大生态效益林管护范围,提高管护费补助标准,调动林农护林的积极性。

(二)完善激励机制,加大政策引导力度

根据发展绿色经济,建设节约型社会,保护生态环境,实现可持续发展的要求,今年各地财政安排的经济建设支出、科技支出和农业支出要逐步减少对经营性、竞争性、高耗能、高污染领域的投入,重点向以下十个方面倾斜:一是支持编制绿色经济总体规划和制定发展生态工业园区建设纲要;二是对市场风险较大的绿色经济产业项目提供一定比例的投资参股或贴息;三是支持重点耗能行业和企业,重点污染行业和企业实施清洁生产、节能降耗措施的落实;四是对一些发展绿色经济的重大基础设施项目进行直接投资或给予一定的资金补贴支持;五是加大对节约资源和能源的重大技术研究与开发的投入;六是支持城乡节水技术改造,加强海水利用、污水治理和水资源管理;七是加强退耕还林、动植物保护,森林防火和病虫害防治,林木良种和草场基地建设,速生丰产林基地建设,自然保护区和湿地建设,石漠化和沙漠化治理,进一步保护生态环境;八是支持推进废物综合利用,再生资源回收利用和秸秆综合利用;九是奖励环保节能先进地

区、企业和个人;十是支持建立能够体现资源稀缺程度的价格形成机制,推进阶梯式定价制度和超计划、超定额实行加价机制的建立,促使人们节约使用资源。

(三)完善税收体系,加大宏观调控力度

税收政策是落实绿色经济政策的重要手段之一。绿色经济要解决的主要问题是资源短缺和环境污染,因此,要通过税收来调控成本价格,以提高循环利用资源,减少污染,保护生态的成本优势。第一,加大资源税改革。一是扩大征税范围,将国家目前已经立法管理的一些资源纳入其中,如水资源、土地资源、森林资源、草场资源、滩涂资源等实施税务管理,以真正体现对资源的"普遍征收";二是在征税方式上,改"从量计征"为"从价计征",以充分体现资源本身的价值与稀缺性;三是理顺地方与中央关系。调整资源税归属为共享税,代表国家利益的中央政府和地方政府之间保持一个适当的分配比例,以调动中央与地方共同保护自然资源的积极性。第二,对生态工业减征或免征增值税和企业所得税。第三,调整和完善进出口关税政策,对那些高耗能、高污染、低效率的资源产品和初级产品提高出口关税税率;对绿色经济企业进口技术和设备免征关税,出口产品全面退税。第四,对节能产品和节约资源的技术与设备投资全面推行税收抵扣。第五,对节水节能建筑物给予减征或免征税收优惠。第六,适时开征燃油税,减少大排量汽车快速增长。第七,加快增值税向消费税转型的进程。第八,逐步将排污费过渡到环境税,建立包括污染税、污水税、噪声税、汽车税、化肥税、农药税和一次性用具在内的环境税体系。第九,对新能源产业,优惠要逐渐递减,促使其技术改进,不断降低成本。第十,制定能源消费累进税制(或者叫碳排放累进税制),即给每个人一定的碳排放量,超出之后就得交税,超得越多税率就越高。

(四)完善政府采购制度,扩大政府采购规模

各级财政部门应研究对采购目录范围内的清洁、节能、环保产品给予优先采购。通过采购预算拉动循环经济的需求,引导公众消费绿色产品,以需求拉动循环经济的发展。优先采购经过生态设计或通过环境标志认证的产品,优先采购经过清洁生产认证企业的产品;办公用品优先采购经过清洁生产认证企业的产品;办公用品优先采购有节能标识的产品,并在使用过程中注意节约、重复使用及废弃后主动回收。

(五)完善资金管理办法,加大监督检查力度

为使有限的财政资金发挥最大效益,做到投放准确,真正为缓解资源供需矛盾、减少废弃物排放、保护生态环境、促进社会经济可持续发展发挥应有的作用,就必须不断完善资金管理办法,加强监督管理。

整合现有资金。通过整合,把资金集中用于绿色经济的一些重大技术示范项目、重大资源节约技术开发和产业化项目。例如,可将发改委掌握的基本建设

资金,掌握的企业挖潜改造资金,科技部门掌握的科技三项费用,环保部门掌握的排污专项资金进行整合,用于钢铁厂、水泥厂、糖厂、发电厂的节能技术改造、污染治理和废物回收利用,以达到节约资源,提高效益的目的;将沼气池建设与发展畜牧业、无公害农产品生产基地建设、农村公共卫生、改水改厕改厨等资金、项目、技术进行整合,形成合力,共同推进生态家园的建设。

创新扶持方式。将过去的间接扶持改为无偿扶持。同时,灵活运用补贴、补助、参股、贴息、担保、保险等扶持方式,使资金投放更加直接明了,更加简便易行,更加规范透明。

强化财政监督检查。把资金分配使用前、中、后监督结合起来,把日常监督与重点检查结合起来;把内部监督与社会监督结合起来。通过建立公示制、评审制、采购制、验收制和专人专账专户管理,加强监督、精打细算、规范管理,确保资金的分配使用合理、安全、高效,更好地为发展循环经济,建设资源节约型、环境友好型社会提供财力保障。

(六)推行资源有偿使用机制

运用财税制度,使企业承担保护环境的社会成本,同时奖励发展新能源的企业。一是全面实行资源有偿取得的制度。新设立的资源开采权,需要通过市场方式有偿取得,并规范市场取得的程序和方法,对老的矿山企业、已经占有资源开采权的老矿山,也要补缴相应的费用,使得新老企业、内外资企业均站在同一起跑线上竞争;二是建立企业矿山环境治理和生态修复的责任机制。通过建立矿区环境治理和生态保证金制度,强制企业承担资源开采中的环境成本和生态修复的成本;三是在充分考虑资源有偿利用的基础上,研究改革资源费征收办法,促进企业珍惜资源合理开采及高效利用;四是明确企业在安全生产上的主体地位,加大安全生产的投入。要使企业成本中充分反映安全的要求,同时政府也要加大安全的投入;五是中央财政加大对公益性资源勘探的投入力度,并加快推进国有资源企业现代企业制度改革的步伐。

二、发展低碳经济的产业政策

城市的低碳产业发展应注重三个环节:提高能源利用效率,促进可再生能源替代及发展碳汇碳捕捉,即输入端的碳源减少,用可再生能源替代化石能源;转化端的能源效率,主要提高工业能源效率、建筑能源效率、交通能源效率;输出端的碳汇吸收,从生态挖掘到生态建设。

发展低碳经济从以下四个层次进行:第一个层次,发展动态化二氧化碳的产业,包括太阳能、核能、地热能等。同时,包括文化产业、现代的服务业、现代金融业、现代管理业等。第二个层次,降低二氧化碳的排放量。如同等发电量的情况下耗能最少。第三个层次,利用二氧化碳。现阶段对二氧化碳的利用主要集中在饮料工业,存在一定的局限性,可以将二氧化碳的利用扩大到化学工业等行业。第四个层次,封存。将收到的二氧化碳经过提纯、液化以后,输送到30km以外地下3km的某个地方封存起来。

在中心城区大力发展绿色服务业。结合旧城改造和新区建设,鼓励中心城区工业企业搬迁到工业园区或郊县(市)发展。对中心城区周边水泥、焦化、化工、冶金、电力等重污染企业,组织实施异地搬迁或清洁生产技术改造,有效解决"工业围城"问题。

坚持环境优先原则,以环境容量总量控制为手段,科学划分生态经济园区,合理优化产业布局,推进工业向园区集中。各类工业园区要按照"同业入园、专业集群、形成循环、绿色发展"的原则,大力发展循环经济,全面推行节约型增长方式,努力创建生态工业园区,积极构建绿色经济体系。工业园区要依法进行规划环评,入园项目必须符合环保要求。

发展低碳经济要开发利用可再生能源。中国的可再生能源资源很丰富,且相当一部分已经商业化。如太阳能热水器,农村的小沼气,风电(如新疆塔里木的风电)等,农作物秸秆等生物质能,已经商业化的可再生能源,可以加大推广。加大太阳能光伏发电、光热发电、氢能燃料电池技术的研发投入。在交通领域,推广混合动力汽车、太阳能汽车、电动汽车等。

三、农业低碳经济发展的政策措施

以市场为导向,以利益机制为纽带,以产业化为方向,以项目建设为支撑,以典型示范为推动,充分发挥龙头带动作用和政府扶持引导作用,实现规模化、标准化、产业化、组织化目标,促进产业发展。

(一)建设基地,规模化发展

围绕特色产品,加快产业基地的建设,以实施农业项目工程支撑绿色产业基地建设,科学规划,区域布局,促进其基地规模的壮大。

(二)依靠科技,标准化建设

用现代农业科技武装绿色产业的发展,坚持农产品质量标准化建设,制定实施标准,严格规范操作,搞好质量检测监测,确保农产品质量安全,以标准化推进市场化和产业化。

(三)培育龙头,产业化经营

培育农产品龙头市场带动主体是绿色经济产业化的关键,各地要在政策上、资金上、税收上、土地上大力扶持龙头企业的发展,要在巩固壮大现有龙头企业发展的同时,通过招商引资,培植发展新的龙头企业。市、县(区)领导都要亲自挂包联系重点龙头企业。鼓励扶持农村专业大户、业主经营发展壮大成为新的龙头,增强带动能力。加强龙头与基地、农户的利益联结,形成利益联结机制,促进农业产业化。

(四)创新机制,组织化生产

把培育发展农村专业合作组织、提高农民组织化程度,培植一批有示范典型,积极提供技术、资金、信息、市场、人才服务,加强对专业组织的带头人的培训,提高其组织管理水平。尤其要在发挥专合组织的"经营"作用上苦下功夫,健全内部管理机制、利益分配机制和风险防范机制,充分发挥其桥梁和纽带作用。

四、建立健全规划环评制度及绿色考核体系

建立健全规划环评制度。所有市级及市级以上土地利用规划、区域流域建设和开发规划、工业、农业、畜牧业、林业、能源、水利、交通、城建、旅游、自然资源开发等专项规划必须依法进行规划环评。未完成规划环评工作的,审批机关不予审批。

提高建设项目准入门槛,所有建设项目必须达到国内或国际清洁生产先进水平。在环评中设置清洁生产专章,对单位产品的能耗、物耗及污染物产生排放进行综合评价;通过以新带老、区域削减、排污交易等方式,减少工业废气,做到增产不增污或增产减污;鼓励推行中水回用和污水资源化,实现工业废水"零排放";推进综合利用,实现工业固体废物"减量化、资源化、无害化"。

统计部门会同发改委、经信委、环保等部门,对社会经济发展考核评价体系中有关资源环境、能源环保指标进行考核,逐步建立以绿色GDP为核心的绿色考核体系;环保部门每年对工业企业污染物排放及能耗、物耗等指标在同行业内进行考核,实施末位淘汰制。

五、发展低碳经济的消费政策

积极推进绿色消费,提高公众环境意识,鼓励引导单位和个人积极参与绿色消费活动。控制公共消费,政府应率先垂范。借鉴国外在低碳社区、低碳城市等领域的先进经验,加强国际合作。提倡低碳生活模式。缩小高碳阶层,扩大和稳定中碳阶层,减少低碳贫穷阶层。

六、发展低碳经济的科技政策

促进低碳经济中的CCS技术的发展:第一,分析和评估CCS技术路线。

CCS技术目前还未臻成熟,因此,需要对中国未来能源战略有着重要影响的煤制油、IGCC等技术及其CCS技术进行重点研发与示范。对于中国未来CCS技术路线进行分析与评估。第二,加强碳储存的研究。中国的地质条件相对复杂,对于可能作为碳储存的含煤盆地、含气盆地、含油盆地和深层盐构层等陆地和近海盆地结构,应加强地质调查研究,对于地层结构、储存潜力、泄漏风险、监测可能等方面进行全面调查与评估。第三,增强风险管理的能力。对于CCS技术的各个环节捕获、运输和储存过程中的风险进行系统评估和管理。第四,建立CCS治理结构和相关法律法规。最后,促进公众参与CCS的研究,通过宣传教育,加强公众对于CCS及其价值与风险的了解。

参考文献

[1] 严行方. 绿色经济[M]. 北京:中华工商联合出版社,2007.

[2] 皮尔斯,徐少辉等译. 绿色经济的蓝图[M]. 北京:北京师范大学出版社,1997.

[3] 刘思华. 当代中国的绿色道路——市场经济条件下生态经济协调发展论[M]. 武汉:湖北人民出版社,1994.

[4] 李向前,曾莺. 绿色经济——21世纪经济发展新模式[M]. 成都:西南财经大学出版社,2001.

[5] 刘思华. 绿色经济论——经济发展理论变革与中国经济再造[M]. 北京:中国财政经济出版社,2001.

[6] 赵弘志,关键. 绿色经济发展和管理[M]. 沈阳:东北大学出版社,2003.

[7] 朱德明. 产业结构失衡对可持续发展的影响与环境政策选择[J]. 环境科学动态,1998(2):5-9.

[8] 高超,朱建国,窦贻俭. 农业面源污染对太湖水质的影响:发展态势与研究重点[J]. 长江流域资源与环境,2002,5(3):262-263.

[9] 范金. 可持续发展下的最优经济增长[M]. 北京:经济管理出版社,2002.

[10] 李文君. 工业转型与可持续发展初探[J]. 北京师范大学学报(社科版),2000,(2):122-128.

[11] 尹春华,顾培亮. 我国产业结构的调整与能源消费的灰色关联分析[J]. 天津大学学报,2003,(1):104-107.

[12] 彭建,王仰麟,叶敏婷等. 区域产业结构变化及其生态环境效应[J]. 地理学报,2007,615:798-806.

[13] 王传民. 县域经济产业协同发展模式研究[J]. 北京.中国经济出版社,2006,10:86-88.

[14]胡应成.广州市番禺区工业经济结构与环境质量的优化研究[J].环境保护科学,2001,27(107):40-42.

[15]陈业勤.城市工业结构与环境质量关系的方法研究[J].城市环境与城市生态,1989,2(2):33-37.

[16]周景博.北京市产业结构现状及其对环境的影响分析[J].统计研究,1999(8):40-44.

[17]雷明.绿色投入产出核算—理论与应用[M].北京:北京大学出版社,2000.

[18]孔爱国.可持续发展的产业结构研究[M].数量经济技术经济研究,1997(2):15-21.

[19]叶茂林,林峰,葛新权.可持续发展与产业结构调整[M].北京:社会科学文献出版,2006.

[20]汪顺刚,黄家祥,查良松.巢湖流域生态环境质量定量分析[J].资源开发与市场,2007,23(11):987-988.

[21]陈卫鲁,先红.我国每年20个天然湖泊消亡[N].安徽市场报,2007,7(13):(A2).

[22]党啸.巢湖流域水环境问题的观察与思考[J].环境保护,1998,(9):38-40.

[23]徐国华.巢湖流域水污染治理的研究[D].合肥:安徽农业大学,2002:7-9.

[24]单平,殷福才.巢湖水污染防治回顾评价及对策研究[J].安徽师范大学学报(自然科学版),2003,26(3):289.

[25]合肥市巢湖水环境综合治理规划报告,2008:1-97.

[26]J.弗雷德.威斯通,S.郑光,苏珊,E.候格.兼并、重组与公司控制[M].唐旭等译,北京:经济科学出版社,1998.

[27]崔功豪,魏清泉,陈宗兴.区域分析与规划[M].北京:高等教育出版社,1999.

[28]范文华,王静,扈仕娥等.山东黄河水资源及水环境与沿黄经济发展关系[J].水资源与水工程学报,2004,15(4):70-73.

[29]马敏立,温淑瑶,孙笑春等.白洋淀水环境变化对安新县经济发展得影响[J].水资源保护,2004,(3):5-8.

[30]谢红彬,虞孝感,张运林.太湖流域水环境演变与人类活动耦合关系[J].长江流域资源与环境,2001,10(5):393-400.

[31]黄智华,薛滨,逢勇.太湖水环境演变与流域经济发展关系及趋势[J].长江流域资源与环境,2006,15(5):627.

[32]焦峰,秦伯强.太湖水环境污染的社会经济因子分析[J].地域研究与开

发,2002,21(2):89.

[33]刘国东,丁晶.水环境不确定性方法的研究现状与展望[J].环境科学进展,1996,4(4):46—51.

[34]刘丽丽.农村产业结构灰色系统分析与预测[J].首都师范大学学报,1994,(2):22—29.

[35]李元元,聂华.北京市林业产业结构发展的灰色动态关联分析[J].林业调查规划,2006,31(3):94—97.

[36]中国环境状况公报 http://www.zhb.gov.cn/plan/zkgb/06hjzkgb/200706/t20070619_105424.htm.

[37]安徽省环境状况公报,2006:6—7.

[38]单平,殷福才.巢湖水污染防治回顾评价及对策研究[J].安徽师范大学学报(自然科学版),2003,26(3):289.

[39]林保国.巢湖流域污染防治综合效益评价[D].合肥:合肥工业大学,2007:9—12.

[40]陈卫鲁,先红.巢湖四点原因诱使蓝藻暴发[N].安徽市场报,2007,7(13):A2.

[41]巢湖流域水污染防治"十五"计划.
http://www.hefei.gov.cn/n1105/n235791/n237719/n240439/n4603855/4916233.html.

[42] http://www.66wen.com/06gx/shuili/shuiwen/20061108/50080.html.

[43]巢湖水质的污染及治理研究报告[R].2002.

[44]王锡桐.长江上游地区退耕还林的紧迫性与对策[J].生态经济,2000,(9):35—38.

[45]林保国.巢湖流域污染防治综合效益评价[D].合肥:合肥工业大学,2007:7.

[46]阎伍玖,吴防修,汪国良.巢湖区域主要环境问题及其整治对策的初步研究[J].长江流域资源与环境,1994,3(4):358—364.

[47]合肥市巢湖水环境综合治理规划报告,2008:1—97.

[48]孙贤斌.巢湖生态环境污染与防治对策[J].国土与自然资源研究,2001,3:51.

[49]杨建军,张斗胜.巢湖污染现状与治理对策[J].安徽科技,2008,(10):18.

[50]马敏立,温淑瑶,孙笑春等.白洋淀水环境变化对安新县经济发展得影响[J].水资源保护,2004,(3):5—8.

[51]谢红彬,虞孝感,张运林.太湖流域水环境演变与人类活动耦合关系[J].长江流域资源与环境,2001,10(5):393－400.

[52]走向世界的灰色系统理论[J].市场周刊.财经论坛,2002,1.

[53]罗党著.灰色决策问题分析方法[M].郑州:黄河水利出版社,2005:1.

[54]邓聚龙.灰理论基础[M].武汉:华中科技大学出版社,2002:225－233.

[55]黄智华,薛滨,逄勇.太湖水环境演变与流域经济发展关系及趋势[J].长江流域资源与环境,2006,15(5):627.

[56]焦峰,秦伯强.太湖水环境污染的社会经济因子分析[J].地域研究与开发,2002,21(2):89.

[57]刘国东,丁晶.水环境不确定性方法的研究现状与展望[J].环境科学进展,1996,4(4):46－51.

[58]刘丽丽.农村产业结构灰色系统分析与预测[J].首都师范大学学报,1994,(2):22－29.

[59]李元元,聂华.北京市林业产业结构发展的灰色动态关联分析[J].林业调查规划,2006,31(3):94－97.

[60]王治祯,柏景方.灰色系统及模糊数学在环境保护中的应用[M].哈尔滨:哈尔滨工业大学出版社,2007:1－10.

[61]罗上华,马蔚纯,王祥荣,雍怡,余琦.城市环境保护规划与生态建设指标体系实证[J].生态学报,2003,23(1):54.

[62]王爽英.上市公司复合财务系数的灰关联算法[J].系统工程理论与实践,2000,(2):122－130.

[63]陈淑莲,吴皓莹,陈文斌.灰色系统多目标决策方法在图书采访中的应用[J].情报杂志,2003,(7):58－60.

[64]罗党著.灰色决策问题分析方法[M].郑州:黄河水利出版社,2005:10－26.

[65]邓聚龙.灰色控制系统[M].武汉:华中理工大学出版社,1988:25－40.

[66]李万绪.基于灰色关联度的聚类分析方法及其应用[J].系统工程,1990,(3):52－56.

[67]肖新平,宋中民,李峰著.灰技术基础及其应用[M].北京:科学出版社,2005:29－33.

[68]李少岩,魏佳.灰色关联分析方法在黑龙江省林业产业结构规划调整中的应用[J].商业经济,2007,1:17.

[69]陈广洲,李传军.投影法在城市产业结构评价中的应用探讨[J].技术经济,2005,7:93.

[70]黄贤金等著.区域循环经济发展评价[M].北京:社会科学文献出版社,

2006:45.

[71]李辉,杨振宏.黄金矿山地下水水质污染的动态趋势分析[J].黄金,2000,(5):42-45.

[72]王学萌.经济增长灰色动态模型及其周期分析[J].系统工程理论与实践,1997,17(5):105-108.

[73]宋中民,肖新平.反向累加生成及灰色GM(1,1)模型[J].武汉理工大学学报(交通科学与工程版),2002,26(4):531-533.

[74]肖庭延.实用预测技术及应用[M].武汉:华中理工大学出版社,1993:1-340.

[75]刘凡.基于灰色系统理论的高校教育成本预测研究[D].南昌:江西理工大学,2007:54-55.

[76]邓聚龙.灰色预测与决策[M].武汉:华中理工大学出版社.1986:1-190.

[77]赫轶,张文鸽.GM(1,1)等维新息模型在区域需水量预测中的应用[J].东北水利水电,2006,24(4):6-8.

[78]戴羽,王媛媛,王伦夫.基于灰色GM(1,1)模型的安徽省GDP总量预测[J].重庆工学院学报(自然科学),2008,22(2):56-59.

[79]周勇,刘凡贺,纪正,吴丹,李植生,邱炳文.回归分析与灰色系统耦合用于水环境预测研究[J].中国环境监测,1999,15(5):42-43.

[80]王伟,程永清,石砚秀.灰色预测模型在渭河水环境信息系统中的应用[J].环境保护科学,2007,33(6):100-102.

[81]廉小虎,姜铁兵.基于改进GM(1,1)模型的电力市场期货价格的预测[J].水电能源科学,2006,24(1):19-21.

[82]冯启言,马长文,何康林,於俊杰,刘仲伟.京杭运河徐州段水污染趋势预测[J].中国矿业大学学报,2002,31(6):588-591.

[83]王国平.地表水COD浓度灰色预测的GM(1,1)模型[J].干旱环境监测,2000,14(1):39-42.

[84]李霞,胡彩虹.灰色系统GM(1,1)模型在预测汾河水库淤积中的应用[J].气象与环境科学,2007,30(2):80-91.

[85]董道明.长江铜陵段水环境中铜浓度的灰色GM(1,1)预测[J].黑龙江环境通报,2006,30(40):68-70.

[86]杨晖,张江山,洪棉棉.2010年厦门市区域环境噪声的灰色预测[J].环境科学导刊,2008,27(2):80-82.

[87]肖新平,宋中民,李峰.灰技术基础及其应用[M].北京:科学出版社,2005:137-140.

[88] 李小明,王敏,陈昭宜.灰色理论模型预测城市垃圾量[J].环境工程,2002,20(3):70-71.

[89] 王翠茹,孙辰军,杨静等.改进残差灰色预测模型在负荷预测中的应用[J].电力系统及其自动化学报,2006,18(1):86-89.

[90] 刘建清,陈连侠.枣庄市旱涝灾害的灰色系统预测方法[J].山东气象,2005,25(102):16-17.

[91] 纪燕新,熊艺媛,麻荣永.改进的灰色模型及其在土坝沉降预测中的应用[J].红水河,2006,20(4):132-135.

[92] 严修红,许伦辉.基于神经网络实现的改进灰色组合预测及应用[J].交通与计算机,2006,24(6):9-12.

[93] 张宸,林启太.模糊马尔科夫链状模型在矿区降水灾害预测中的应用[J].国外建材科技,2004,5(1):56-58.

[94] 陈育峰.我国旱涝空间型的马尔科夫概型分析[J].自然灾害学报,1995,4(2):66-72.

[95] 韩宇平,阮本清,周杰.马尔科夫链模型在区域干旱风险研究中的应用[J].内蒙古师范大学学报自然科学(汉文)版,2003,32(1):65-67.

[96] 陈挚,文军,谢政.灰色预测模型在汇率分析中的应用[J].模糊系统与数学,2001,9(15):98-101.

[97] 王治祯,柏景方.灰色系统及模糊数学在环境保护中的应用[M].哈尔滨:哈尔滨工业大学出版社,2007:21-24.

[98] 杨德志.基于马尔科夫残差修正的等维新息 GM(1,1)预测模型分析[J].科技信息,2008,33:617-618.

[99] 吕佳良,张振刚.基于灰色关联指标筛选的 BP 神经网络中长期电力负荷滚动预测马尔科夫残差修正模型研究[J].华东电力,2008,36(9):11.

[100] 张瑞,迟道才,王晓瑜,李炎,石丽忠.基于马尔科夫过程的改进残差灰色灾变预测模型研究[J]中国农村水利水电,2008,1:8-10.

[101] 张克中,毛树华,袁卫红.马尔科夫残差修正灰色模型及其在公路网规划中的应用[J].武汉理工大学学报(交通科学与工程版),2005,29(4):503-505.

[102] 白先春,李炳俊.基于新陈代谢 GM(1,1)模型的我国人口城市化水平分析[J].统计与决策,2006,(3):40-41.

[103] 王瑞娜,唐德善.基于灰色理论的辽宁省农业产业结构优化研究[J].农机化研究,2007,12:5-8.

[104] 谢红彬,虞孝感,张运林.太湖流域水环境演变与人类活动耦合关系[J].长江流域资源与环境,2001,10(5):393-400.

[105]合肥市计划委员会.合肥市国民经济和社会发展第十个五年规划纲要[S].合肥市"十五"规划研究.

[106]http://www.4oa.com/bggw/sort02902/sort02951/182743_2.html.

[107]姜爱林.论区域环境规划[J].长江流域资源与环境,2000,4:424—429.

[108]黄智华,薛滨,逄勇.太湖水环境演变与流域经济发展关系及趋势.长江流域资源与环境,2006,15(5):627.

[109]焦峰,秦伯强.太湖水环境污染的社会经济因子分析.地域研究与开发,2002,21(2):89.

[110]邓聚龙.灰理论基础.武汉:华中科技大学出版社,2002:225—233.

[111]何琼.巢湖流域生态安全的评价研究[学位论文].合肥:合肥工业大学,2004:37.

[112]罗党著.灰色决策问题分析方法.郑州:黄河水利出版社,2005:25—26.

[113]肖新平,宋中民,李峰著.灰技术基础及其应用.北京:科学出版社,2005:29—33.

[114]李少岩,魏佳.灰色关联分析方法在黑龙江省林业产业结构规划调整中的应用.商业经济,2007,1:17.

[115]周勇,刘凡贺,纪正,吴丹,李植生,邱炳文.回归分析与灰色系统耦合用于水环境预测研究.中国环境监测,1999,15(5):42—43.

[116]肖新平,宋中民,李峰.灰技术基础及其应用.北京:科学出版社,2005:137—139.

[117]吕佳良,张振刚.基于灰色关联指标筛选的BP神经网络中长期电力负荷滚动预测马尔可夫残差修正模型研究.华东电力,2008,36(9):11.

[118]张瑞,迟道才,王晓瑜,李炎,石丽忠.基于马尔可夫过程的改进残差灰色灾变预测模型研究.中国农村水利水电,2008,1:8—10.

[119]王治祯,柏景方.灰色系统及模糊数学在环境保护中的应用.哈尔滨:哈尔滨工业大学出版社,2007:21—24.

[120]杨德志.基于马尔可夫残差修正的等维新息GM(1,1)预测模型分析.科技信息,2008,33:617—618.

[121]孙贤斌.巢湖生态环境污染与防治对策.国土与自然资源研究,2001,3:51.

[122]黄智华,薛滨,逄勇.太湖水环境演变与流域经济发展关系及趋势.长江流域资源与环境,2006,15(5):627.

[123]焦峰,秦伯强.太湖水环境污染的社会经济因子分析.地域研究与开

发,2002,21(2):89.

[124]邓聚龙.灰理论基础[M].武汉:华中科技大学出版社,2002:225—233.

[125]肖新平,宋中民,李峰.灰技术基础及其应用[M].北京:科学出版社,2005:137—139.

[126]罗上华,马蔚纯,王祥荣,雍怡,余琦.城市环境保护规划与生态建设指标体系实证[J].生态学报,2003,23(1):54.

[127]高吉喜.可持续发展理论探索—生态承载力理论、方法与应用[M].北京,中国环境科学出版社,2001:2.

[128]伊恩莫法特(英),宋国军译.可持续发展—原则、分析和政策[M].北京:经济科学出版社,2002:1.

[129]世界自然保护同盟,联合国环境规划署,世界野生生物基金会合编.保护地球—可持续生存战略[M].中国环境科学出版社,1992.

[130]尚卫平.可持续发展的定义及其评价指标体系[J].统计研究,1999,增刊:184—1870.

[131]王军.《可持续发展》[M].北京:中国发展出版社,1997.

[132]中国可持续发展战略报告 2008[M].北京:科学出版社,2008.

[133]许联芳,杨勋林.生态承载力研究进展[J].生态环境,2006,15(5):1111—1116.

[134]MalthusTR. An essay on the principle ofpopulation. London: Pickering,1798.

[135]Guevara. J. C, et al. management and development problems in the arid rangeland central Mendoza plains[J]. Journal of Arid Environments,1997, 35:575—600.

[136]UNESCO & FAO,Carrying capacity assessment with a pilotstudy of Kenya:a resource accounting methodology for sustainable Development[M]. Paris and Rome:1985.

[137]叶文虎,梅凤桥,关伯仁.环境承载力理论及其科学意义[J].环境科学研究,1992,5:108—111.

[138] Arrow K, Bolin, Costanza R, et al. Economic growth, carrying capacity,and the environment[J]. Science,1995,268:520—521.

[139]王俭,孙铁珩.环境承载力研究进展[J].应用生态学报,2005,16 (4).

[140]朱环.生态承载力度量方法与应用研究[D].上海:同济大学. 2006.

[141]张洪军.生态规划—尺度、空间布局与可持续发展[M].北京:化学工业出版社,2007:1.

[142]徐中民,程国栋,张志强等.生态足迹方法:可持续性定量研究的新方法——以张掖地区1995年的生态足迹计算为例[J].生态学报,2001,(9):1485—1494.

[143]Rapport DJ,etal. Evaluating landscape health: integrating societal goals and biophysical process[J]. Journal of environmental management. 1998,53:1—15.

[144]王家骥,姚小红,李京荣等.黑河流域生态承载力估测[J].环境科学研究,2000,13(2):44—48.

[145]曾慧卿等.近40年气候变化对江西自然植被净第一性生产力的影响[J].长江流域资源与环境2008,17(2).

[146]王中根,夏军.区域生态环境承载力的量化方法研究[J].长江职工大学学报,1999,6(4):9—10.

[147]袁晓兰,刘富刚,孙振峰.德城区区域承载力的状态空间法研究[J].德州学院学报,2005,21(4):50—54.

[148]余丹林,毛汉英,高群.状态空间衡量区域承载状况初探——以环渤海地区为例[J].地理研究,2003,22(2):201—210.

[149]高鹭,张宏业.生态承载力的国内外研究进展[J].中国人口•资源与环境,2007,17(2):19—26.

[150]常玉光,常春勤,牛海鹏.基于层次分析法的云台山旅游景区生态承载力研究[J].河南理工大学学报(自然科学版),2008,27(2):188—192.

[151]黄起凤.鄱阳湖区生态承载力综合评价[D].江西:江西师范大学2008:27,37—39.

[152]师育新.安徽巢湖杭埠河流域环境变化的湖泊沉积地球化学记录[D].广州:中国科学院广州地球化学研究所2006:17.

[153]巢湖市地方志编纂委员会.巢湖县志[M].合肥:黄山书社,2007.

[154]安徽省人民政府.巢湖流域水污染"十五"计划[EB/OL].http://www.ahzwgk.gov.cn/xxgkweb/showGKcontent.aspx?xxnr_id=43262.

[155]李如忠.地质环境与巢湖富营养化控制机制研究[M].合肥工业大学博士后流动站报告,2007.

[156]何慧.巢湖东部古河道遥感信息提取及水系变迁研究[D].安徽师范大学,2007:16.

[157]胡宏祥.巢湖北岸中东部水土迁移过程及规律研究[D].合肥工业大学,2008:23.

[158]王睿.巢湖流域水环境质量评价与水质预测模型研究[D].合肥工业大学,2009:16.

[159]周广金,吴连喜.近30年巢湖流域土地利用变化及其驱动力研究[J].东华理工大学学报(自然科学版)2009:32(3).

[160]过龙根,谢平等.巢湖渔业资源现状及其对水体富营养化的响应研究[J].水生生物学报,2007,31(5):700-705.

[161]林保国.巢湖流域污染防治综合效益评价[D].合肥工业大学2007:47.

[162]周文华,王如松.基于熵权的北京城市生态系统健康模糊综合评价[J].生态学报,2005,25(12):3244-3251.

[163]陈斌.巢湖流域水土流失现状、成因和综合治理对策[J].华东森林经理,2000,14:4.

[164]吴静.天津市滨海新区生态承载力综合评价[D].天津师范大学2003:22.

[165]王密.喀斯特地区生态承载力综合评价[D].贵州师范大学2005:18.

[166]王海燕.农业资源可持续利用研究—农业资源承载力和可持续评价[D].中国农业大学,2002.

[167]王宁,刘平.新疆额尔其斯河流域生态承载力研究[J],干旱地区农业研究,2005,23(5):207-212.

[168]安徽省水利厅.安徽省水土保持监测公报2005[EB/OL].http://www.wswj.net/dt2111111180.asp?docid=2111111410.

[169]郭军,李明财,刘德义.天津地区归一化植被指数时间动态及其与气候因子的关系[J],生态学杂志2009,28(6):1055-1059.

[170]杜灵通.MODIS 1B 数据的预处理及归一化植被指数计算[J].沙漠与绿洲气象,2008,2(1):25-28.

[171]Rouse J. W, Haas R. H., Sehelle J. A., et al. Monitoring the vernal advancement or retorgradation of natural vegetation. NASA/GSFC, TyPe III, Final Report, Gerenbelt, MD:1974,371p.

[172]李德美.利用归一化植被指数评价酿酒葡萄地块内生长性差异性[D].中国农业大学,2005.

[173]王宁.新疆额尔齐斯河流域生态承载力研究[D].新疆农业大学,2005:42.

[174]吴连喜.20年巢湖流域土地利用变化及生态服务功能价值分析[J].土壤2009,41(6):986-991.

[175]林保国.巢湖流域污染防治综合效益评价[D].合肥:合肥工业大学,2007:9-12.

[176]李云生.巢湖流域的土地利用变化及其生态系统功能损益[J].地理研

究,2009,28(6):1656-1664.

[177]周广金,吴连喜.近30年巢湖流域土地利用变化及其驱动力研究[J].东华理工大学学报(自然科学版),2009,32(3):265-269.

[178]彭国桢.巢湖流域生态林建设的重点与措施[J].林业科技开发,2001(13):21-22.

[179]鲁丰先等.旅游生态足迹初探——以嵩山景区2005年"五一"黄金周为例[J].人文地理,2006(5):31-35.

[180]施旌旗.巢湖流域林业生态工程建设初探[J].安徽林业,2000,6:8.

[181]苗世龙等.天津市生态承载力分析[J].中国生态农业学报,2008,16(6):1546-1551.

[182]http://www.cccct.com/cn/difang_list.asp?id=10742&bid=16.

[183]刘寿如.黄山风光游[M].河南科学技术出版社,2004.

[184]林泽新.太湖流域水环境变化及缘由分析[J].湖泊科学.2002,5(2):23-25.

[185]http://www.mwr.gov.cn/ztbd/nsbdzt/ldzs/zs4.htm.

[186]国家"十一五"重点流域水污染防治战略规划.

[187]叶文虎.环境管理学[M].北京:高等教育出版社,2000.

[188]乔琦,夏训峰,姚扬.生态工业园区规划理论与方法研究[M].北京:新华出版社,2006.

[189]叶亚平,王如松,任景明等.日照市生态产业园发展构想[J].农村生态环境,2003,19(3):58-60.

[190]Frosch R. A. Industrial ecology:A philosophical introduction[J]. Proc. National Acad. Sci. USA,1992,(89):800-803.

[191]Frosch, R. A, Gallopoulos, N. E. Strategies for Manufacturing[J]. Scientific American, 1989, 261(3):144-152.

[192]Kumar C. Patel N. Industrial Ecology[J]. Proc. National Acad. Sci. USA,1992,(89):798-799.

[193]王如松,杨建新.产业生态学和生态产业转型[J].世界科技研究与发展,2000,22(5):24-32.

[194]杨建新,王如松.产业生态学的回顾与展望[J].应用生态学报,1998,9(5):555-561.

[195]杨建新,王如松.产业生态学基本理论探讨[J].城市环境与城市生态,1998,11(2):56-60.

[196]王灵梅,张金屯.生态学理论在发展生态工业园中的应用研究——以朔州生态工业园为实例[J].生态学杂志,2004,23(1):129-134.

[197]周文宗,刘金娥,左平等.生态产业与产业生态学[M].北京:化学工业出版社,2005.

[198]王如松,杨建新.产业生态学和生态产业转型[J].世界科技研究与发展,2000,22(5):24—32.

[199]杨建新,王如松.产业生态学基本理论探讨[J].城市环境与城市生态,1998,11(2):56—60.

[200]乔琦,夏训峰,姚扬.生态工业园区规划理论与方法研究[M].北京:新华出版社,2006.

[201]Tong C. Review on environmental indicator research. Research On Environmental Science[J]. 2000,13(4):53—55.

[202]何琼,孙世群,吴开亚等.区域生态安全评价的AHP赋权方法研究[J].合肥工业大学学报(自然科学版),2004,27(4):433—437.

[203]金国平,朱坦,唐弢,林妍.生态城市建设中的产业生态化研究[J].环境保护,Vol.390/2008.2B,56—59.

[204]邓伟根,王贵明.产业生态学导论[M].北京:中国社会科学出版社,2006.

[205]高昆谊.3E系统理论与云南生态农业可持续发展[J].安徽农业科学,2008,36(22):9765—9767.

[206]王兴中.中国旅游资源开发模式与旅游区域可持续发展理念[J].地理科学,1997,17(3):218—223.

[207]宋旭光.生态占用测度问题研究[J].统计研究,2003,(2):44—47.

[208]合肥报业网,http://www.hf365.com/html/01/02/20071013/59572.htm.

[209]合肥市政府门户网站,http:/www.hefei.gov.cn/.

[210]安徽旅游政务网,http://www.ahlyj.gov.cn/.

[211]王雪梅,张志强,熊永兰.从文献计量看"生态足迹"的国际研究态势[J],地球科学进展.2007,8(2):872—875.

[212]Wackernagel M, Rees W E. Our ecological footprint:reducing human impact on the earth[M]. Gabriola island:New Society Publishers B C,1996.

[213]李永展译(台湾),Mathis Wackernagel等著.生态足迹——减低人类对地球的行为[M].创新出版社,2000:48—52.

[214]WWF. Living planet report 2004 [EB/OL]. http://www.panda.org/news_facts/publications/general/livingplanet/lpr04.cfm,2004.

[215]Redefining Progress. http://www.rprogess.org.

[216] WWF. Living Planet Report 2002. http://www.wwf.org.uk/filelibrary/pdf/livingplanet2002.pdf.

[217] 白艳莹,王效科,欧阳志云,等.苏锡常地区生态足迹分析[J].资源科学,2003,25(6):31—37.

[218] 徐长春,熊黑钢,秦珊,等.新疆近10年生态足迹及其分析[J].新疆大学学报(自然科学版),2004,21(2):181—185.

[219] 岳东霞,李自珍,惠苍.甘肃省生态足迹和生态承载力发展趋势研究[J].西北植物学报,2004,24(3):454—463.

[220] WWF, Zoological Society of London, Global Footprint Network. Living Planet Report. 2006. http://www.panda.org/news_facts/publications/living_planet_report/index.cfm.

[221] 谢高地,鲁春霞.成升魁等中国的生态空间占用研究[J].资源科学,2001,23(6):20—23.

[222] 刘宇辉,彭希哲.基于生态足迹模型的中国发展可持续性评估[J].中国人口·资源与环境,2000,14(5):58—63.

[223] 徐中民,陈东景,张志强等.中国1999年的生态足迹分析[J].土壤学报,2002,39(3):441—445.

[224] 张志强,徐中民,陈国栋.中国西部12省(区市)的生态足迹[J].地理学报,2001,56(5):599—610.

[225] 陈东景,徐中民.中国西北地区的生态足迹[J].冰川冻土,2001,23(2):164—169.

[226] 徐中民,张志强,程国栋.甘肃省1998年生态足迹计算与分析[J].地理学报,2000,55(5):607—616.

[227] 胡新艳,牛宝俊,刘一明.广东省的生态足迹与可持续发展研究[J].上海环境科学,2003,22(12):926—930.

[228] 李金平,王志石.澳门2001年生态足迹分析[J].自然资源学报,2003.18(2):197—302.

[229] 董泽琴,孙铁珩.生态足迹研究——辽宁省生态足迹计算与分析[J].生态学报,2004,24(12):2735—2739.

[230] 熊鹰,王克林,郭娴等.生态足迹在可持续发展定量测度中的应用——以湖南省2000年为例[J].长江流域资源与环境,2004,13(4):322—327.

[231] 梁星,王祥荣.上海地区可持续发展状况的生态痕迹评价[J].复旦学报(自然科学版),2002,41(4):388—394.

[232] 邓跞,杨顺生.四川2001年生态足迹分析[J].四川环境,2003,22(6):45—47.

[233]周嘉,尚金城.绥化市可持续发展状况的生态足迹分析[J].地理科学,2004,24(3):333-338.

[234]赵秀勇,缪旭波,孙勤芳等.生态足迹分析法在生态持续发展定量研究中的应用——以南京市1998年的生态足迹计算为例[J].农村生态环境,2003,19(2):58-60.

[235]胡孟春,张永春,缪旭波等.张家口坝上地区生态足迹初步研究[J].应用生态学报,2003,14(2):317-320.

[236]陶明娟,赵军.兰州市2002年可持续发展状况的生态足迹分析[J].云南地理环境研究,2005,17(2):44-51.

[237]赵云龙,唐海萍,李新宇等.河北省怀来县可持续发展状况的生态足迹分析[J].自然资源学报,2004,19(1):128-134.

[238]陈东景,徐中民,马安青.祁连山区生态经济系统可持续发展研究——以青海省祁连县为例[J].国土与自然资源研究,2002,(3):3-5.

[239]蔺海明,颉鹏.甘肃省河西绿洲农业区生态足迹动态研究[J].应用生态学报,2004,15(5):827-832.

[240]王键民,王伟,张毅等.复合生态系统动态足迹研究[J].生态学报,2004,24(12):2124-2129.

[241]陈六君,毛谭,刘为等.生态足迹的实证分析[J].中国人口·资源与环境,2004,14(5):43-45.

[242]章锦河,张捷.旅游生态足迹模型及黄山市实证研究[J].地理学报,2004,59(5):763-771.

[243]赵长华.旅游概论[M].北京:旅游教育出版社,2000:41.

[244]北京大学,城市规划设计著.安徽省旅游总体规划[M].北京:中国旅游出版社,2004.

[245]舒小林,明庆忠,毛剑梅,等.生态旅游、旅游循环经济和旅游可持续发展[J].昆明大学学报,2007,18(2):55-56.

[246] Stefan Gossling, Carina Borgstrom Hansson et al. Ecological footprint analysis as a tool to assess tourism sustainability, Ecological Economics,2000,32:199-211.

[247]颜庭干.论旅游景区循环经济的策略[J].四川环境,2006,25(1):44-42.

[248]邹统钎,吴丽云,彭海静.中国旅游循环经济研究动态分析[J].云南师范大学学报(哲学社会科学版).2008,40(1):36-42.

[249]张万茂.循环经济发展与我国产业结构调整[J].安庆师范学院学报,2007,26(2):29.

[250]朱菲,李庆雷,杨文娟等.旅游循环经济理念下的珠江源旅游区建设初探[J].资源开发与市场,2008,24(3):284.

[251]张凯,刘长灏.循环经济系统的稳定性问题探讨[J].环境保护,2007,(10B):8.

[252]诸大建,邱寿丰.生态效率是循环经济的合适测度[J].中国人口、资源与环境,2006,16(5):2-3.

[253]合肥报业网,http://www.hf365.com/html/01/02/20071013/59572.htm.

[254]合肥市政府门户网站,http:/www.hefei.gov.cn/.

[255]安徽旅游政务网,http://www.ahlyj.gov.cn/.

[256]北京大学,城市规划设计著.安徽省旅游总体规划[M].北京:中国旅游出版社,2004.

[257] Stefan Gossling, Carina Borgstrom Hansson et al. Ecological footprint analysis as a tool to assess tourism sustainability, Ecological Economics,2000,32:199-211.

[258]杨开忠,杨咏,陈洁.生态足迹分析理论与方法[J].地球科学进展,2000,15(6):630-636.

[259]李永展.台湾地区生态足迹量度之研究[C].台湾区域科学学会98年度年会论文研讨会(B),2000.

[260]徐中民,张志强,程国栋,陈东景.中国1999年生态足迹计算与发展能力分析[J].应用生态学报,2003,14(2):280-85.

[261]张志强,陈东景,程国栋,徐中民.中国西部12省(区市)的生态足迹[J].地理学报,2001,56(6):509-610.

[262] Zhongmin Xu, Guodong Cheng Journal, Zhiqiang Zhang, et al. 2003. The calculation and analysis of ecological footprints, diversity and development capacity of China. Journal of Geographical Sciences13(1):19-26.

[263]杨志峰,隋欣.基于生态系统健康的生态承载力评价[J].环境科学学报,2005,25(5):586-587.

[264]WCED, World Commission on Environment and Development. Our Common Future [M]. Oxford: Oxford University Press,1987.

[265]中国科学院可持续发展研究组.中国可持续发展战略报告[M].北京:科学出版社,2001:25.

[266]Beth E. Lachman [U.S.], The sustainable community "movement" and pollution prevention,Rand,1996.

[267] Beth E. Lachman, Linking Sustainable Community Activities to Pollution Prevention: A Sourcebook, Critical Technologies Institute, April 1997.

[268] Broat L. The predictive meaning of sustainability indicators In KuikOetal. Insearch of indicators of sustainable development [C]. Dordrecht: Kluwer Academic Publishs, 1994:57—67.

[269] Dwight Sanderson Dwight Sanderson & Robert A. Polson, Rural Community Organization, NewYork, John Wiley & Sons, 1939.

[270] E. Davis. Human Society, Macmilian Press, 1949.

[271] Hamer M. Down Came the Drought. New Scientist, 1992, 2(5): 22—23.

[272] 熊德国, 鲜学福, 姜永东. 生态足迹理论在区域可持续发展评价中的应用及改进[J]. 地理科学进展, 2003, 22(6): 618—626.

[273] 郭秀锐, 杨居荣, 毛显强. 城市生态足迹计算与分析——以广州为例[J]. 地理研究, 2003, 22(5): 654—662.

[274] 陶在朴(奥). 生态包袱与生态足迹——可持续发展的重量及面积观念[M]. 经济科学出版社, 2003:169.

[275] Stefan Gossling, Carina Borgstrom Hansson et al. Ecological footprint analysis as a tool to assess tourism sustainability, Ecological Economics, 2000, 32: 199—211.

[276] Li Peng, Yang G H. Ecological footprint study on tourism itinerary products in Shangri-La, Yunnan Province, China. Acta Ecologica Sinica, 2007, 27(7): 2954—2963.

[277] 王书华, 王忠静. 基于生态足迹模型的山区生态经济协调发展定量评估——以贵州镇远县为例[J]. 山地学报, 2003, 21(6): 324—330.

[278] 刘德威, 许树辉. 生态足迹: 测度可持续性的指标框架[J]. 湖南师范大学社会科学学报, 2001, 3(5): 334—336.

[279] 曹辉. 城市旅游生态足迹测评——以福建省福州市为例[J]. 资源科学, 2007, (6): 98—105.

[280] Li Peng, Yang G H. Ecological footprint study on tourism itinerary products in Shangri-La, Yunnan Province, China. Acta Ecologica Sinica, 2007, 27(7): 2954—2963.

[281] 李江天, 甘碧群. 基于生态足迹的旅游生态环境承载力计算方法[J]. 武汉理工大学学报(信息与管理工程版), 2007, (2): 96—100.

[282] 陈成忠, 林振山. 中国1961—2005年人均生态足迹变化[J]. 生态学报, 2008, 28(1): 338—344.

[283] 王保利,李永宏.基于旅游生态足迹模型的西安市旅游可持续发展评估[J].生态学报,2007,(11):4777-4784.

[284] 合肥土地利用总体规划(1997-2010年)[EB/OL].国土资源部信息中心,http://www.lrn.cn/basicdata/landplan/maincity/.

[285] 北京大学,城市规划设计著.安徽省旅游总体规划[M].北京:中国旅游出版社,2004.

[286] 合肥报业网,http://www.hf365.com/html/01/02/20071013/59572.htm.

[287] 胡海胜.山地景区生态足迹分析——以庐山为例[J].长江流域资源与环境,2007,16(6):814-820.

[288] 蒋依依,王仰麟,彭建,杨磊,张源.基于旅游生态足迹模型的旅游区可持续发展度量——以云南省丽江纳西族自治县为例[J].地理研究,2006,(6):1134-1142.

[289] 高春燕.社区人口与发展[M].中国环境科学出版社.1999:143-151.

[290] 建设部.外交部.中华人民共和国人类住区发展报告[R].中国建筑工业出版社.2001:115-119.

[291] 金薇,金笠铭.绿文化与绿色社区的策划——关于"理想家园"的思考[J].城市规划.2000,24(11):50-53.

[292] 刘春香.刘红艳.节能设计—实现建筑与城市可持续发展的出发点[J].辽宁工学院学报.2000,2(2):61-63.

[293] 徐一大.略论城市社区及规划[J].规划师.2002,8(18):23-25.

[294] 黄青,任志远,王晓峰.黄土高原地区生态足迹研究[J].国土与自然资源研究,2003,7(2):57-58.

[295] 陈东景,徐中民.生态足迹理论在我国干旱区的应用与探讨——以新疆为例[J].干旱区地理,2001,24(4):305-309.

[296] 刘颖辉."末端治理"和"清洁生产"[J].中国环保产业,2002,(6):14-15.

[297] 陈德敏.资源循环利用论[M].北京:新化出版社,2006:53-77.

[298] 周富如.合肥·六安·巢湖发展报告[M].北京:社会科学文献出版社,2007.

[299] 欧阳志云,王如松著.区域生态规划与方法[M].北京:化学工业出版社,2005.

[300] 方创琳.国外区域发展规划的全新审视及对中国的借鉴[J].地理研究,1999,18(1):16-25.

[301] 王建.美日区域经济模式的启示与中国"都市圈"发展战略的构想[J].

战略与管理,1997,(2):150—151.

[302]Gary W. Barrett and Almo Farina Integrating Ecology and Economics[J]. BioScience,2000,5(4).

[303]刘贵利.城乡结合部建设用地适宜性评价初探[J].地理研究.2000,(19):80—85.

[304] Frederiek Steiner, Laurel Mcsherry, Jill Cohen. Land suitability analysis for the upper Gila River watershed[J]. Landscape and urban planning,50(2000):199—214.

[305]梁艳平等.基于GIS的城市总体规划用适宜性评价探讨[J].地质与勘探,2001,(3):64—67.

[306]刘天齐,孔繁德,刘民海等.城市环境规划规范及方法指南[M].北京:中国环境科学出版社,1991.

[307]江中秒.土地生态适宜性分析与评价的实践应用研究[D].北京:北京林业大学,2006.

[308]陈燕飞,杜鹏飞,郑筱津,等.基于GIS的南宁市建设用地生态适宜性评[J].清华大学学报(自然科学版).2006.46(6):801—804.

[309]段七零.江苏省城市生态位适宜度的测算与空间差异研究[J].曲师范大学学报.2008.34(1).

[310]谭萌佳,严力蛟,李华斌.城市人居环境质量定量评价的生态位适宜度模型及其应用[J].科技通报,2007,23(5):439—445.

[311]欧阳志云,王如松,符贵南.生态位适宜度模型及其在土地利用适宜性评价中的应用[J].生态学报,1996,16(2):113—120.

[312]田江海.转轨期的中国投资[M].北京:经济管理出版社,1998.

[313]赵宏志,关键.绿色经济发展和管理[M].沈阳:东北大学出版社,2003.

[314]百度百科.温室效应[EB/OL]. http://baike.baidu.com/view/3198_0.html#sub3198,2011—04—14.

[315]中华人民共和国环境保护部.全国环境统计公报[EB/OL].

[316]国家环境保护总局,国家统计局.中国绿色国民经济核算研究报告2004[M].北京:中国环境科学出版社,2005.

[317]金涌,Jakob de Swaan Arons.资源、能源、环境、社会——循环经济科学工程原理[M].北京:化学工业出版社,2008.

[318]新华社.胡锦涛在党的十七大上的报告[EB/OL]. http://news.xinhuanet.com/newscenter/2007—10/24/content_6938568_3.htm,2007—10—24.

[319]央视国际.国民经济和社会发展第十一个五年规划纲要[EB/OL].

[320]马克思等.1844年经济学哲学手稿[M].北京:人民出版社,2005.

[321]卡尔·马克思.资本论[M].湖北:武汉出版社,2010.

[322]弗·恩格斯.英国个人阶级状况[M].北京:人民出版社,1956.

[323]弗·恩格斯.自然辩证法[M].北京:人民出版社,1955.

[324]蕾切尔·卡逊.寂静的春天(Silent Spring)[M].Boston:Houghton mifflin company,1962.

[325]丹尼斯.米都斯等.增长的极限[M].山东:吉林人民出版社,1997.

[326]南海,薛勇民.关于可持续发展的理论基础[J].理论探索,2009(6):41—43.

[327]常江,王忠民.科学发展观对可持续发展理论的创新与发展[J].西北大学学报(哲学社会科学版),2010,4(3):112—116.

[328]鲁传一.资源与环境经济学[M].北京:清华大学出版社,2004.

[329]周珂.循环经济立法研究[J].财经政法资讯,2005,(6):61—62.

[330]尤飞,王传胜.生态经济学基础理论、研究方法和学科发展趋势探讨[J].中国软科学,2003,(3):131—138.

[331]马传栋.生态经济学[M].济南:山东人民出版社,1986.

[332]崔兆杰,张凯.循环经济理论与方法[M].北京:科学出版社,2008.

[333]张秉福.循环经济若干问题探析[J].汕头科技,2006,(3):23—26.

[334]蔡志华.我国发展循环经济的必要性及实证分析[J].上海环境科学,2007,26(3):121—124.

[335]牛桂敏.基于系统科学的循环经济系统分析[J].南方论丛,2008,(1):38—52.

[336]薛惠锋.日本、德国发展循环经济的考察与启示[J].国际学术动态,2009,(2):30—33.

[337]王军.循环经济的理论与研究方法[M].北京:经济日报出版社,2007.

[338]吴季松.循环经济概论[M].北京:北京航空航天大学出版社,2008.

[339]贾克平.我国生态省建设和循环经济发展综述[J].宁波经济丛刊,2005,(2):12—19.

[340]欧阳晓光.对马鞍山市建设循环经济型工业园区的探讨[J].设计技术,2008,(1):28—31.

[341]程达军.产业集群与循环经济工业园模式[J].商业时代,2006,(11):49—51.

[342]李建平等.中国省域经济综合竞争力发展报告(2008—2009)[M].北京:社会科学文献出版社,2010.

[343]程大友.基于变异系数法的财产保险公司绩效评价研究[J].改革与战略,2008,24(2):128—130.

[344]安徽省统计局,国家统计局安徽调查总队.安徽省统计年鉴2000—2009[M].北京:中国统计出版社,2000—2009.

[345]国家统计局,环境保护部.中国环境统计年鉴2000—2009[M].北京:中国统计出版社,2000—2009.

[346]百度百科.合肥[EB/OL].http://baike.baidu.com/view/7504.htm#sub7504,2011—04—14.

[347]蚌埠市人民政府.中国蚌埠[EB/OL].http://www.bengbu.gov.cn/dt2111111203.asp?DocID=2111114040,2011—04—14.

[348]百度百科.马鞍山[EB/OL].http://baike.baidu.com/view/54782.htm#sub54782,2011—04—14.

[349]合肥市统计局.2008合肥统计年鉴[M].北京:中国统计出版社,2008.

[350]蚌埠市统计局.2008蚌埠统计年鉴[M].北京:中国统计出版社,2008.

[351]马鞍山市统计局.2008马鞍山统计年鉴[M].北京:中国统计出版社,2008.

[352]倪合金.马鞍山市工业产业结构模式研究[J].江东论坛,2009,(1):14—19.

[353]安徽省科技厅.2008年安徽省科技统计公报[EB/OL].http://www.ahkjt.gov.cn/service/kjtj/A040404index_1.htm,2009—05—13.

[354]储灿春,李悦.多渠道投融资对区域经济增长的贡献分析——以马鞍山市为例[J].区域金融研究,2011,(1):84—88.

[355]黄磊,黄己立.合肥市区域自主创新模式选择的研究[J].创新,2009,(1):54—57.

[356]李德才.再论构建合肥科技创新型城市的环境支持系统——兼谈科学发展观在安徽转化的软环境障碍[J].合肥学院学报(社会科学版),2009,26(3):41—43.

[357]陈一萍.基于密切值法的节能减排评价研究[J].生态环境学报,2010,19(2):419—422.

[358]程大友.基于变异系数法的财产保险公司绩效评价研究[J].改革与战略,2008,24(2):128—130.

[359]刘思峰等.灰色系统理论及其应用[M].北京:科学出版社,1999.40.

[360]罗上华.城市环境保护规划与生态建设指标体系实证研究[J].生态学

报,2003,23(1):45—55.

[361]沈骋等.面向资源和环境的企业节能减排评价体系研究[J].武汉理工大学学报,2010,32(4):49—52.

[362]肖春梅.低碳经济背景下甘肃工业发展应对策略研究[D].兰州:兰州大学.2010.

[363]刘淑华,王晓田等.国外发展低碳经济的政策工具选择及启示[J].科技导报,2010,28(19):120—121.

[364]岳岚.低碳经济发展趋势与CO2减排形势的动态分析[J].辽宁工程技术大学学报(自然科学版),2010,29(1):170—173.

[335]胡宗义等.低碳经济的动态CGE研究[J].科学学研究,2010,28(10):1470—1475.

[366]庄荣盛.中国农业现代化共生性发展道路研究[J].中共中央党校学报,2010,14(5):38—42.

[367]林挺进.地级市财政环保投入与环保绩效的定量研究:齐方差模型与异方差模型的比较[J].武汉大学学报(哲学社会科学版),2010,63(4):600—605.

[368]董方晓.对我国森林碳汇量的估算与分析——以辽宁省森林资源为例[J].林业经济,2010,(9):54—57.

[369]国家环境保护总局,国家统计局.中国绿色国民经济核算研究报告2004(公众版)[Z].北京:环境保护部环境规划院.2006.

[370]李丹,曾繁娟.专家建议:农村应限制化肥使用量缓解水污染[N].经济参考报,2009—11—27.

[371]IPCC. 2006 IPCC guidelines for national greenhouse gas inventories: volume Ⅱ [EB/OL]. Japan: the Institute for Global Enviromnental Strategies, 2008 [2008-07-20]. http://www.ipcc.ch/ipccreports/Methodology—reports.htm.

后 记

党的十八大报告明确指出,大力推进生态文明建设,将生态文明建设放在突出地位,融入经济建设、政治建设、文化建设、社会建设各方面和全过程,着力推进绿色发展、循环发展、低碳发展,形成节约资源和保护环境的空间格局、产业结构、生产方式、生活方式,为人民创造良好生产生活环境,为全球生态安全作出贡献。

建设生态文明,一是要转变发展理念,坚持科学发展,坚持可持续发展,大力发展循环经济、低碳经济,实现绿色发展;二是要转变消费理念,全面倡导"建设生态文明,是我的责任"的基本理念,坚持节约、集约、高效利用资源,保护有限的自然资源与人类赖以生存的环境,促进人与自然和谐发展;三是加强自主创新,大力推进资源利用方式、能源生产与消费方式的革命,加快两型社会建设的步伐;四是高度重视制度建设,建立健全体现中国特色社会主义道路、体现生态文明建设要求、体现人与自然和谐共生的制度体系,不断强化制度的引导与规范功能。

本书是安徽大学管理科学与工程学术创新团队的部分研究成果,也是与我的研究生团队合作研究的成果。在科学研究的过程当中,得到了安徽大学文科处相关领导与工作人员的大力支持,在此深表谢意。本书的巢湖流域产业结构演化及其生态效应部分主要与袁抗生合作撰写,巢湖流域生态承载力与可持续发展部分主要与徐强合作撰写,生态产业园区与产业集群化发展部分主要与宋小龙合作撰写,产业生态化与生态城市建设部分主要与宋倩合作撰写,合肥旅游业循环经济发展的生态足迹部分主要与潘红合作撰写,合肥经济圈工业布局的生态适宜性部分主要与黄婷婷合作撰写,基于变异系数法的区域节能减排评价部分主要与储莎合作撰写,储莎参与了节能减排的科技政策与技术创新的研究工作。李君等参与了资料收集与书稿的修改工作。

陈 来

2014 年 4 月